"博学而笃志，切问而近思。"
(《论语》)

博晓古今，可立一家之说；
学贯中西，或成经国之才。

复旦博学·复旦博学·复旦博学·复旦博学·复旦博学·复旦博学

作者简介

杨海军，1964年生，上海广告研究院院长，上海大学新闻传播学院教授，博士生导师。主要研究领域为广告理论与广告史、品牌理论与文化产业、新媒体与社会治理等，担任中国新闻史学会广告与传媒发展史专业委员会理事长、中国高等教育学会广告教育研究会副会长、中国新闻史学会常务理事、中国广告协会学术委员会常委。近五年主持教育部社科规划项目"上海近代百年广告史研究"、国家社科基金规划项目"中国当代广告舆论传播与话语变迁研究"、国家社科重大课题"加快推进传统媒体与新兴媒体融合研究"子课题"传统媒体和新兴媒体融合集群发展研究"、国家社科基金后期资助项目"民国时期上海公益广告研究"等。出版著作和教材《广告舆论传播研究：基于广告传播及舆论导向的双重视角》《上海近代广告史研究》《中外广告史新编》《中国古代商业广告史》《世界商业广告史》《广告创意》《传媒经济学》《品牌案例教程》《新媒体广告教程》等16部。其中，《中国古代商业广告史》获吴玉章人文社会科学优秀奖、《中外广告通史》获上海市优秀教材奖。在《中国社会科学》《新闻与传播研究》《广告研究》等刊物发表学术论文80余篇，近年来在广告舆论传播、公益广告与中华文化传播、新媒体传播与超大城市社会治理、广告战略与国家形象传播等研究领域多有建树。

新闻与传播学系列教材／新世纪版

中外广告史教程

（第二版）

杨海军　等著

复旦大学出版社

内容提要

本书以全新的视野审视中外广告发展历程，系统、全面地阐述了广告演变的规律和特点。首先，从宏观角度描述了中外广告发展的经济环境、商业环境和广告环境等，在此基础上勾勒出中外广告发展的基本脉络；其次，较为详尽地介绍了不同时期、不同国家和地区的丰富多彩的广告表现形态，以及不同广告表现形态之间的演进关系；最后，分析并探讨了中外广告发展的历史地位、历史作用和社会影响。

本书提出广告产生于人类的生存与生产活动，又服务于人类的生存与生产活动的基本观点。认为广告发展经历了以生存、生产为目的的原始群体广告活动时期，以行商坐贾、推销商品为生活手段的个体广告活动时期，以广告市场多角关系的利益互动为制衡的广告行业活动时期和以物质生产与精神生产和谐统一为任务的广告产业运作时期。这几个时期的交替与发展是中外广告发展的内在要求的逻辑体现，反映出广告发展的基本规律。不同时期的广告活动均有不同的表现特征和时代特色，不仅在横向上反映出不同时期广告发展的兴衰程度，也在纵向上具有很强的延续关系和文化传承关系。

全书体系完整，案例新颖，结构严谨，层次分明，每一章均辅以具有创意的广告图片，可读性强，是广告、公关、营销专业学生的必备专业书。

目 录

绪论 广告的历史演进与历史坐标 …………………………………………… 1

上编 中国广告史

第一章 中国古代广告的起源与早期发展 ………………………………… 15
 第一节 中国古代广告的起源 ……………………………………… 15
 第二节 中国古代广告的历史分期 ………………………………… 17
  一、广告的萌芽时期 ……………………………………………… 17
  二、广告的初步发展传播时期 …………………………………… 18
  三、广告的发展和兴盛时期 ……………………………………… 19
  四、广告的成熟繁荣时期 ………………………………………… 19
 第三节 原始社会的广告活动 ……………………………………… 20
  一、肢体语言——广告信息传递的特殊符号 …………………… 21
  二、借代物——广告信息传递的特定标记 ……………………… 22
 第四节 先秦时期的广告活动 ……………………………………… 24
  一、先秦时期的商业活动 ………………………………………… 25
  二、先秦时期的广告表现 ………………………………………… 28
 思考与练习 …………………………………………………………… 32

第二章 中国古代广告的传播 …………………………………………… 33
 第一节 秦汉时期 …………………………………………………… 33
  一、秦朝统一后的政治、经济改革 ……………………………… 34
  二、秦朝商业广告的表现形式 …………………………………… 34
  三、两汉时期中国的政治、经济形势 …………………………… 35
  四、汉代社会广告的发展表现 …………………………………… 38

五、汉代的城市发展及商业广告表现形式 …………………………… 39
　第二节　三国两晋南北朝时期 …………………………………………… 42
　　　一、大分裂时期的政治、经济特征 ……………………………………… 43
　　　二、社会广告的特征及表现 ……………………………………………… 45
　　　三、三国两晋南北朝时期商业广告的表现形式 ………………………… 45
　第三节　隋唐时期 ………………………………………………………… 46
　　　一、隋唐时期大一统下的政治、经济特征 ……………………………… 47
　　　二、隋唐时期的社会广告表现形式 ……………………………………… 48
　　　三、隋唐城市经济的发展及广告表现形式的多样化 …………………… 49
　第四节　宋元明清时期 …………………………………………………… 58
　　　一、宋元明清时期的社会广告表现 ……………………………………… 58
　　　二、宋代商品经济的发达及广告表现的繁荣 …………………………… 60
　　　三、元代商业的发展及新的广告表现形式 ……………………………… 70
　　　四、明代商业的特点及广告表现形式 …………………………………… 75
　　　五、清代商业的繁荣及中国古代广告发展的全盛时期 ………………… 82
　思考与练习 ………………………………………………………………… 92

第三章　中国古代广告的特点及发展规律 ……………………………… 93
　第一节　中国古代广告的特点 …………………………………………… 93
　第二节　中国古代广告的发展规律 ……………………………………… 99
　思考与练习 ………………………………………………………………… 101

第四章　清朝末年的中国近代广告 ……………………………………… 102
　第一节　鸦片战争前后的近代广告 ……………………………………… 102
　　　一、鸦片战争前后社会发展概况 ………………………………………… 102
　　　二、中国近代广告业的兴起 ……………………………………………… 104
　第二节　洋务运动时期的广告传播 ……………………………………… 108
　　　一、洋务运动时期中国的政治、经济背景 ……………………………… 108
　　　二、洋务运动时期的中国民族工商业 …………………………………… 109
　　　三、洋务运动时期中国报刊广告 ………………………………………… 109
　　　四、月份牌广告的出现 …………………………………………………… 114
　第三节　辛亥革命前后的广告传播 ……………………………………… 115
　　　一、辛亥革命前后中国的政治状况 ……………………………………… 115

二、辛亥革命前后民族工商业的发展 …………………………………… 117
　　三、辛亥革命前后的报刊广告 ……………………………………………… 118
　　四、近代广告管理的出现 …………………………………………………… 127
思考与练习 ……………………………………………………………………………… 127

第五章　民国时期的广告 …………………………………………………… 128
第一节　民国初年的广告传播 …………………………………………………… 128
　　一、民国初年的广告繁荣 …………………………………………………… 128
　　二、民国初年的广告管理 …………………………………………………… 136
　　三、民国初年的广告自律 …………………………………………………… 139
　　四、民国初年的广告研究和广告教育 …………………………………… 141
第二节　抗战时期的中国广告 …………………………………………………… 144
　　一、抗战时期国统区的广告业 ……………………………………………… 145
　　二、抗战时期沦陷区的广告业 ……………………………………………… 148
　　三、抗战时期解放区的广告业 ……………………………………………… 149
第三节　解放战争时期的中国广告 ……………………………………………… 151
　　一、解放战争时期的广告业 ………………………………………………… 151
　　二、解放战争时期的广告管理 ……………………………………………… 152
思考与练习 ……………………………………………………………………………… 153

第六章　中华人民共和国成立后至改革开放前的广告 ……………… 154
第一节　国民经济恢复时期的广告业 …………………………………………… 154
　　一、中华人民共和国成立初期的国内政治经济形势 …………………… 154
　　二、中华人民共和国成立初期的中国民族工商业的恢复与
　　　　发展 …………………………………………………………………………… 155
　　三、中华人民共和国成立初期的广告传播环境 ………………………… 155
第二节　社会主义改造和全面建设社会主义时期的广告业 ………………… 158
　　一、社会主义改造和全面建设社会主义的时代背景 …………………… 158
　　二、对工商业的社会主义改造 ……………………………………………… 159
　　三、广告业的公私合营 ……………………………………………………… 160
　　四、全面建设社会主义时期的广告表现形式 …………………………… 161
第三节　"文革"时期的广告传播活动 …………………………………………… 165
　　一、"文化大革命"的时代背景 ……………………………………………… 165

二、"文革"对商业广告的破坏…………………………………………166
　　三、"文革"时期政治广告的兴起………………………………………167
　思考与练习…………………………………………………………………168

第七章　广告业的全面复兴……………………………………………169
　第一节　广告业复兴期的时代背景………………………………………169
　　一、真理标准大讨论与十一届三中全会的召开………………………170
　　二、丁允朋为广告正名…………………………………………………172
　第二节　广告业复兴期的商业环境………………………………………173
　　一、以经济建设为中心…………………………………………………174
　　二、商品经济的恢复与发展……………………………………………175
　第三节　广告业复兴期的广告环境………………………………………177
　　一、媒体广告业务的恢复………………………………………………177
　　二、广告公司广告业务的恢复…………………………………………181
　　三、复兴期的广告著述…………………………………………………182
　　四、广告教育的初始……………………………………………………184
　思考与练习…………………………………………………………………185

第八章　在探索现代广告运作模式中前进……………………………186
　第一节　探索现代广告运作模式期的政治、经济环境…………………186
　　一、市场经济体制的逐步确立…………………………………………187
　　二、国民经济的高速增长与消费品市场的活跃………………………189
　第二节　探索现代广告运作模式期的广告环境…………………………192
　　一、对现代广告意识的认识……………………………………………192
　　二、广告代理制…………………………………………………………212
　　三、国外广告理论的引入与实践………………………………………214
　　四、广告教育的蓬勃发展………………………………………………222
　第三节　广告发展的过热与广告业的管理、自律………………………224
　　一、广告市场的放开与广告业发展的过热……………………………225
　　二、广告管理与广告自律的逐步完善…………………………………227
　思考与练习…………………………………………………………………233

第九章　新形势下广告业的发展 …… 234
第一节　新形势下广告业发展的时代背景 …… 234
一、政治、经济改革的持续深入 …… 235
二、国民经济的高速、稳步发展 …… 236
第二节　新形势下广告业发展的广告环境 …… 237
一、传媒集团化 …… 238
二、广告业的开放与整合 …… 249
三、新的广告理论的引入与广告教育的新发展 …… 263
第三节　广告表现的新形式 …… 269
一、网络媒体的壮大与网络广告的兴起 …… 269
二、其他数字媒体广告 …… 277
三、户外广告的集中与整合 …… 283
四、计算广告的发展 …… 287
五、新形势下广告创意的发展趋势 …… 288
思考与练习 …… 293

第十章　我国香港、澳门、台湾地区广告发展简史 …… 294
第一节　香港地区广告发展史 …… 294
一、香港地区的广告业概况 …… 295
二、香港地区的广告公司 …… 297
三、香港地区的广告媒介 …… 299
四、香港地区的广告管理 …… 306
五、香港地区广告的新形态 …… 307
第二节　澳门地区广告发展史 …… 309
一、澳门地区的广告业概况 …… 309
二、澳门地区的广告公司 …… 310
三、澳门地区的广告媒介 …… 311
四、澳门地区的广告管理 …… 314
五、澳门地区广告的新形态 …… 314
第三节　台湾地区广告发展史 …… 316
一、台湾地区的广告环境 …… 316
二、台湾地区的广告公司 …… 317
三、台湾地区的广告媒介 …… 320

四、台湾地区广告的新形态 ………………………………………… 324
　思考与练习 …………………………………………………………… 325

下编　外国广告史

第十一章　外国古代的早期广告 …………………………………… 329
　第一节　世界不同文明地区早期的广告表现形态 …………………… 329
　　一、农业革命与古典文明的兴起 …………………………………… 329
　　二、美索不达米亚 …………………………………………………… 330
　　三、古埃及 …………………………………………………………… 332
　　四、古希腊与古罗马 ………………………………………………… 333
　　五、腓尼基 …………………………………………………………… 338
　思考与练习 …………………………………………………………… 340

第十二章　中世纪时期的广告 ……………………………………… 341
　第一节　中世纪时期的社会、经济特征 …………………………… 341
　　一、中世纪的工业、贸易与行会 …………………………………… 342
　　二、中世纪城市的复兴与发展 ……………………………………… 345
　第二节　中世纪的广告表现形态 …………………………………… 348
　　一、叫喊人与叫卖 …………………………………………………… 348
　　二、招牌 ……………………………………………………………… 349
　　三、标记 ……………………………………………………………… 351
　思考与练习 …………………………………………………………… 352

第十三章　世界近代广告发展史 …………………………………… 353
　第一节　西方近代的社会、经济变革 ……………………………… 353
　　一、地理大发现与商业革命 ………………………………………… 353
　　二、活字印刷术的发明 ……………………………………………… 359
　　三、资产阶级革命与资本主义生产方式的确立 …………………… 360
　第二节　西方近代的广告表现形式 ………………………………… 361
　　一、商业传单与小册子 ……………………………………………… 361
　　二、新闻书与广告 …………………………………………………… 362
　　三、广告中介机构 …………………………………………………… 366

四、报纸的产生与广告 ……………………………………………… 369
　　　五、早期的广告评论 ………………………………………………… 377
　第三节　近现代过渡期的广告发展史 ……………………………………… 378
　　　一、工业革命及其影响 ……………………………………………… 378
　　　二、近现代过渡期的广告环境 ……………………………………… 380
　思考与练习 …………………………………………………………………… 385

第十四章　世界现代广告发展史 …………………………………………… 386
　第一节　现代广告发展期的社会、经济背景 ……………………………… 386
　　　一、第二次工业革命及其影响 ……………………………………… 386
　　　二、报业的垄断 ……………………………………………………… 388
　第二节　现代广告发展期的广告环境 ……………………………………… 391
　　　一、现代广告中心的确立 …………………………………………… 391
　　　二、品牌的初始——商标的广泛使用 ……………………………… 392
　　　三、全面代理型广告公司的成立 …………………………………… 395
　　　四、对于消费者的重视 ……………………………………………… 399
　　　五、广告研究与广告理论 …………………………………………… 401
　第三节　现代广告时期的广告表现形式 …………………………………… 407
　　　一、杂志广告 ………………………………………………………… 407
　　　二、广播广告 ………………………………………………………… 408
　　　三、电视广告 ………………………………………………………… 413
　　　四、户外广告 ………………………………………………………… 418
　思考与练习 …………………………………………………………………… 419

第十五章　世界当代广告发展史 …………………………………………… 420
　第一节　当代世界的社会、经济特征 ……………………………………… 420
　　　一、新科技革命与冷战的结束 ……………………………………… 420
　　　二、全球经济一体化与跨国公司的发展 …………………………… 424
　第二节　当代广告业发展的广告环境 ……………………………………… 428
　　　一、传媒集团化与广告集团化 ……………………………………… 428
　　　二、广告理论与广告运作模式的新发展 …………………………… 435
　第三节　广告的表现形式 …………………………………………………… 438
　　　一、网络广告 ………………………………………………………… 438

二、传统媒体广告表现的新形式 …………………………………… 441
思考与练习 ……………………………………………………………… 444

第十六章　世界各国广告管理、教育与国际广告组织和奖项 ………… 445
第一节　美国的广告管理和行业自律 ………………………………… 445
一、行政、法规管理 …………………………………………………… 445
二、行业自律 …………………………………………………………… 447
第二节　英国的广告管理和行业自律 ………………………………… 448
一、行政、法规管理 …………………………………………………… 448
二、行业自律 …………………………………………………………… 448
第三节　日本的广告管理和行业自律 ………………………………… 449
一、行政、法规管理 …………………………………………………… 449
二、行业自律 …………………………………………………………… 450
第四节　世界各国的广告教育 ………………………………………… 451
一、美国的广告教育 …………………………………………………… 451
二、日本的广告教育 …………………………………………………… 452
第五节　国际广告组织与世界广告奖项 ……………………………… 453
一、国际广告组织 ……………………………………………………… 453
二、世界广告奖项 ……………………………………………………… 455
思考与练习 ……………………………………………………………… 461

参考文献 ……………………………………………………………………… 462
后记 …………………………………………………………………………… 465

绪论

广告的历史演进与历史坐标

如果把人类社会的发展历史比喻成一条由信息传播构成的汹涌澎湃的长河的话,那么,广告信息传播就是其中的一条支流,蜿蜒前行,连绵不绝,两岸风景秀丽,景色宜人。它和其他不同类型的信息传播支流一起,共同构成人类信息传播的美丽图景。作为人类信息传播方式之一的广告传播,其迷人之处,就在于她以独特的视角关注到人类内心深处那种奇特的、无处不在的求知欲和告之欲,并以"广而告之"的方式来满足人们对生存、生产、生活信息的热切渴求。广告是人类追求美好生活的指南针和风向标。

一

广告伴随着人类的生存与生产活动而出现,广告出现的历史和人类社会发展的历史一样漫长和悠久。广告活动和原始人类的群体活动及阶级社会的个体活动、行业活动、社会活动密不可分,广告同时又与社会发展不同时期人们的信息交流、文化的传播、制度的建设与文明的进步直接关联。统观中外广告发展史可以发现,广告的表现形态从简单到复杂,逐渐丰富;广告的传播技术从单一到多元,不断更新;广告的功能从弱小到强大,日益完善。广告是人们美好生活的助燃剂,是经济活动的导航仪,是文明进步的助推器,是人类社会生活中不可或缺的重要组成部分。从中外广告演进的历史进程来看,大致经历了以生存、生产信息交流为中心的广告群体活动时期,以简单的商品生产和交换为主要内容的广告个体活动时期,以专业化运作和行业竞争为主要特征的广告行业竞争时期,以及以资本运营和规模化运作为重要手段的广告产业运作时期。这种阶段划分基于以下判断。

首先，广告作为人类信息传播活动的一种特殊形式，其自身的发展态势必然和人类文明发展的程度相吻合，其发展方向必然同社会进步的走向相一致。广告演化的过程是自身发展逻辑与社会发展逻辑相观照的过程，其发展结果也是自身阶段性选择和社会周期性选择相适应的必然结果。从某种意义来说，广告历史演进的这四个历史时期，既是广告历史发展脉络的自然延续，也是广告在人为控制和社会选择中逐渐明晰的四个历史坐标。

其次，生产力发展和社会分工不断深化是广告的社会特征不断显现的两个基本推动力。生产力的发展促使人类的传播技术水平不断提高，广告的表现形态追随着传播技术的进步日趋丰富多彩，广告的传播渠道得益于传播媒介的创新而日益开阔，广告的信息传递本质特征则在传播网络的构建中得到强化，广告的社会影响力随之扩大。社会分工的不断深化则导致人们对广告信息的需求更加迫切，促使广告传播的区域不断增多，广告发挥作用的领域日益扩大，进而促使广告的社会文化功能日益增强。与此同时，广告传播的群体特性、个体特性、行业特性、产业特性都得到不同程度的强化和提升。

二

原始社会的人们过着逐水而居、饮血茹毛的生活，生产力水平比较低下。在恶劣的生存环境下，人类必须相互协作才能维持生存。在相互协作的过程中，人类产生了信息交流的需要，并依靠这种信息交流来抗争大自然的挑战。在族群、氏族和部落时代，这种交流一开始是面对面的交流，后来借助自然界的媒介物来传达简单信息，再后来就有意识地制造媒介，并利用手工制造物来传递特定信息。广告就是在这种原始的信息交流活动中产生的。原始人所传递的信息内容首先是和人类生存、生活密切相关的东西，如围捕野兽过程中为彼此呼应所发出的代表特定含义的叫喊声，诱捕动物时所使用的肢体语言，氏族部落之间为互相识别而使用的图腾，设立的标记，为确定据土范围而留下的印记等。随着原始人活动区域扩大，部落内部和部落之间人类交往增多，所传递的信息内容逐渐丰富起来，传递的方式也趋向多样化。这一时期，用于原始人争夺据土范围的烽火、鼓、号，方便指引原始人生活的岩画路标，反映原始人喜怒哀乐的壁画、舞蹈，帮助原始人记忆出行日期内容的结绳，称为部落酋长"史书"的贝壳串，以及反映原始艺术的雕刻、绘画、象形文字等，都可以视为原始广告的形态。

原始人最初传递的信息多与生活生存环境有关,用烽火传递信息,便是其中一例。火的发明,对于原始人来说,具有非凡的意义。火的出现可使原始人食用熟食,改善了其饮食结构,促进了其体质发展;火还可以帮助原始人进行围猎活动,扩大了其食物来源;火同样可以帮助原始人取暖,并使其可以生活在结冰线以北,扩大了其活动的区域和范围;更重要的是,火还成为原始人进行信息交流的工具。印第安人在围猎的过程中,为了动员部落成员集体围猎或调整围猎方向,便将冒烟的火时而盖住,时而揭开,借助烟火把有效信息传递给氏族部落成员。火地岛原始氏族用烟火传递信息的方法更复杂,他们用漩涡状的烟来传递具有特定信息的信号。一个表示一切平安,两个表示发生了意外,三个则意味着发生了死亡。在南美的原始部落普埃奇人和兰克里人那里,流行着用烟火报警的做法,这种信息传递方式在进入阶级社会以后仍保留下来。在中国古代社会里,既有"烽火戏诸侯"的历史故事,也有"孤山几处看烽火,壮士连营候鼓鼙"的诗句。由于烽火用于传达特定的信息,且具备信息源和受众两个基本要素,我们可以把其看成是原始广告的形态。

原始人为了把信息传递得更远和更有效,还人为地制作了一些信息传播的工具,可以看作是原始的广告信息传播媒介。在西非、南美和新几内亚的一些原始部落,用树木雕刻成木槽鼓,用木槌敲击不同的部位能发出不同音高的声音,通过复杂的敲击组合,能把较为复杂的信息传递出去。赤道非洲的一些原始部落发明创造了箱形鼓、锥形鼓和圆桶鼓。其中,圆桶鼓是将一种树木中间挖空,下面安装四条木腿,并用木槌或橡皮槌进行击打。我国基诺族的牛皮木鼓也是将一段较粗的树木中间凿空,再缚以黄牛皮,敲打发出不同的声音来传递信息。我国少数民族怒族在举行丧礼时,则以吹竹号的形式来传递信息。竹号的数目按死者的身份地位不同而有所增减:未婚死者吹一个报丧,已婚死者吹两个,老人和首领吹五个或六个,这种竹号发出的声音,既是特定的信息,又起到"广而告之"的作用,通知部落成员闻讯赶到死者家中,送来鸡蛋进行吊唁,实际上起到原始广告的作用。

远古时期,在中国、日本、波斯、埃及、墨西哥、秘鲁以及太平洋的波利尼亚及附近岛屿,曾盛行过结绳记事的办法。人们用绳子打成各种各样的结来记忆不同的事情。不同颜色的绳子和大大小小的结,以及结与结之间的距离包含着不同意义的信息。例如,墨西哥的惠乔尔人每年都要步行三百英里去采集一种无刺仙人掌作为食物,这期间,外出者和留家者各有一条绳子,并且每天打结,这样双方都知道今天是什么日子,应该到什么地方活动,何日返回等。这里,原始的广告形式实际上就是一种帮助大家记忆的信息符号。

图画文字是介于图画和文字之间表达原始人思想的一种手段，它没有读音，目的在于表意，绘画简单，多半画在树皮、皮革或刻画在石头上。这里所传达的信息除了人类生活的踪迹外，还包含丰富的文化艺术信息。例如美国印第安人易洛魁部落的酋长在开会时常说，他的话都保存在贝壳串中，他把紫色、白色或其他颜色的贝壳排列成各种图形，串成各种珠带，一定图形的珠带表示一定的意思，因而成为他们部落或氏族所共同拥有的"文件"或"史书"。在内蒙古西部北阴山山脉分支的两狼山地区乌拉特中旗、乌拉特后旗境内所发现的阴山岩画中，有弓和箭形状的岩画。我国有些学者认为这是原始人在打猎时设置的路标，是人类广告的雏形，也是迄今为止发现的人类最早的广告。这些反映氏族部落生活情形的图画文字所载有的文化信息含量较之结绳记事为多，这也表明，原始广告形态所传递的信息内容首先应是文化信息。

随着私有制的出现和金属饰物的使用，富有逐渐成为美的标志。为了向人们展示自己的富有，许多部落的人们喜欢把骨制、木制、石制或自然金属制成的装饰品如手镯、耳环、指环、项链戴在脖子上、套在手指上或是挂在胸前，这种装饰品所传达的信息既是美的标志，又是富有的象征，按照广告最初所具有的"告之"含义，这种装饰品已具有明显的广告特征。原始人的艺术表现形式还有精彩的雕刻、绘画、音乐和舞蹈。这些艺术表现形式刻绘在原始人居住的洞穴、墙壁上，出现在原始人的生活劳动中，反映着原始人的喜、怒、哀、乐，也向周围的人们传递着某种特定的思想信息，并对原始人的生活产生一定的影响，也可视为是一种广告信息的传递。

图腾崇拜产生于原始社会母系氏族早期，其特点和内容是人们把某一动物或植物以及其他自然事物如山、石、河、海、风、雨、雷、霜、虹等当作氏族的亲属或祖先，或当作本氏族的保护神加以崇拜。如美洲印第安人易洛魁部落联盟的塞纳卡部落有八个氏族，他们的图腾均是动物，有狼、龟、海狸、熊、鹿等，各氏族还以此为名称，称为狼氏族、熊氏族等。我国《诗经》中也有"天命玄鸟，降而生商"的记载，反映出商族的图腾是"玄鸟"。图腾在原始社会人类生活中所发挥的作用是多方面的，其作用之一是用来作为氏族的名称和标记，用来传达一定的社会信息。如有的氏族把图腾形象画在脸、胸或背上，这样在对外作战时就不会错杀同氏族的人，这里的图腾似乎具有原始军事广告的性质。当氏族组成胞族并联合成部落联盟时，图腾又成为其军旗上的图案。如古代罗马人军旗上的图案就有狼、鹰、马、野猪、人身牛头野兽等。当原始社会向阶级社会过渡，在国家逐渐形成的过程中，一些国家的国徽、族徽、王冠的图形等，也多是从原始社会普遍存在的图腾崇拜发展而来的。图腾因为具有明显的"告之"功能,且传递着丰富的文化信息,应可视为原始社会最为成熟的广告表现形态。

三

公元前4500—前3000年,在世界不同区域,分别出现了人类奴隶制文明的新曙光。西亚的两河流域,埃及的尼罗河流域,中国的黄河流域,印度的印度河、恒河流域,以及古希腊的爱琴海地区最早建立了奴隶制城邦,随后,又陆续出现奴隶制王国、奴隶制帝国。国家机器的建立,社会阶层的形成,使人类信息交流的内容更加丰富,信息交流的渠道更加复杂,信息传递形式更加多样化。在生产力快速发展和社会分工进一步加剧的情形下,一种新型的社会经济形态出现,进而为一种新型的广告类别出现创造了条件。奴隶社会初期,人类社会实现了第三次社会大分工——工商业从手工业中分离出来。商业的出现直接促进了商品的生产和交换,市场形成,在频繁的商品交换活动中,商业广告随之出现。最早的商业广告出现于古代文明时期海上贸易比较发达的古巴比伦、古埃及、古希腊、古罗马以及农业文明繁荣的古代中国。如古埃及的葡萄酒标签广告和中国甲骨文中记载的有关殷商时期青铜器中的卖马交易广告。在漫长的欧亚大陆的古代文明时期,广告表现形态由最早的实物陈列和口头叫卖发展为实物陈列、口头叫卖、标签、招牌和墙体等多种广告形式。如古巴比伦商人雇用的"招徕者",古埃及的葡萄酒标签,在古希腊、古埃及等地区的港口等地方和古罗马拍卖会上出现的"叫喊人",在庞贝废墟中发掘的登有格斗表演、房屋出租、公共浴池等广告内容的墙体广告,古罗马废墟中的商业标记,以及中国的《诗经》中记载的"氓之蚩蚩,抱布贸丝"实物陈列广告,等等。

罗马帝国的晚期,强大的军事独裁制和奴隶占有制生产方式的危机严重破坏了社会的生产力并削弱了帝国以前存在过的经济联系。在公元4世纪至5世纪的时候,西方手工业、商业和城市生活都迅速衰落下去。这种状况一直延续到公元9世纪左右,这期间,闭塞的自然经济在欧洲一直占统治地位,生产主要用以满足自己的需要,产品的交换量极其有限,商业没落到原始的形式,商业广告基本消亡。

10世纪初,由于欧洲封建化过程的完成,生产力发展达到新的水平,劳动技能的改善引发了手工业者进一步专门化的要求,个别手工业分出了新的部门,城市手工业与行会逐步兴起,城市商业随之复兴,世界广告的中心也由古代文明古国转移到近代文明的发源地——欧洲。广告表现形态进一步发展，首先是"叫卖"广告的繁荣。在城市中，各种各样的叫卖声不绝于耳。1141年，法国贝星州还出现了一支得到国王特许的由12人组成的专业叫卖队，他们常与酒店商户签订合同，沿街叫卖，为商户做专业宣传。到14世纪，从伦敦到巴黎叫卖声遍布城市的每一个角落，据记载，在巴黎，每天有上百种不同的"叫卖"广告。其次是纹章广告的盛行。14世纪，德国刀剑工行会规定必须使用统一的标记。15世纪，Aldus of Venice 出版的书上印的"海豚与铁锚"装饰被他人假冒，曾引起早期西方的商标纠纷①。再次是招牌广告的多样化。包括实物招牌、图画招牌、由纹章演变而来的图案招牌和组合图案招牌等多种形式，内容涉及酒店、鞋店、农具店、金属加工店、食品店等多个领域。16世纪末，仅伦敦的酒店就有各种各样的招牌近百种。另外，印刷品广告的出现。15世纪，由于木版印刷术的传入和活字印刷的发明，欧洲出现了早期的印刷品广告，商业广告册、传单广告和新闻书广告等陆续出现。

在中国，长期的封建王权统治造就了许多封建大都市，随着封建社会经济的不断发展，城市商业逐步繁荣，城市贸易范围不断扩大，商业广告活动一步步走向兴盛。汉朝至南北朝时期出现"旗亭""市鼓""铭刻""当垆"和口头叫卖等。隋唐时期出现"鼓、钲"声响广告、"标记"广告、"唱衣"口头广告、商品陈列广告和独具中国特色的"诗歌广告"。宋代不仅有"字号、名号"招牌、"正店、脚店"招牌、彩楼、欢门、"吟唱"、"幌子"等多种常见的广告形式，还出现了运用多种广告形式组合的广告形式，如以"济南刘家功夫针铺"为代表的铜版雕版印刷形式的标记广告。另外，由于雕版印刷术的发明，书坊广告、书籍广告、广告画和产品包装广告等早期印刷品广告陆续出现。元朝，元杂剧被应用到吟唱广告中，并出现印刷包装纸广告等。明朝，叫卖、吟唱等口头声响广告进一步普及，幌子、招牌广告极大丰富。清朝出现了"票号"，招牌广告又有了新发展，"水牌""冲天"招牌出现，声响广告发展为吆喝、吟唱和音响三种类型，广告形式空前繁荣。

在整个古代文明时期和欧亚大陆的整个封建社会时期，广告的发展主要以表现形态的丰富和发展为主要特征。"广告活动往往与市场上的商业活动相关联，商品的生产者就是商品的销售者，同时也是广告的发布者，广告活动在时间和空间上没有更多的伸延机会，广告市场以及市场中的多角关系还未

---

① 《知识产权的起源》，找法网，2019年5月26日，https://china.findlaw.cn/chanquan/zsvqrw/shangbiaofalunwen/16215.html，最后浏览日期：2022年10月15日。

形成。"虽然在欧洲出现了专职的"叫喊人",但从整体上看,广告活动还处于自发、零散的状态下,属于个体行为,广告行业并没有作为一个独立的行业出现,广告发展处于广告个体活动时期。

四

17世纪开始,伴随着地理大发现和文艺复兴运动,欧洲各国先后经历了资产阶级革命和工业革命的洗礼,生产力实现了跨越式发展,生产方式由工厂手工业阶段进入机器大工业阶段,重商主义经济制度得到确立,企业主阶层崛起,资本主义商品经济得到巨大发展,原有的建立在自发的、零散性广告活动上的广告表现形态已不能满足资本主义商品经济进一步发展的要求,具有组织性的广告中介组织和专业技能的广告代理业务呼之欲出。1612年,在法国国王的特许下,被称为"近代广告的先驱"的法国人泰奥弗拉斯托·雷诺德(Theophraste Renaudot)在法国创立了"广告局",为有招聘、求职、出售房屋及其他需求的人提供服务。1675年,英国人尼德姆在伦敦开办了公众广告事务中心,尼德姆还为客户提供专业的文案代理业务,他在《公共信息》第一期刊出的第一条广告就是他亲自撰写的:"希望号轮船即将出航,70吨,船主必多普雷库在神的祝福下,近日完成了向墨尔本启航的准备。船主每天在交易所办理委托业务。"18世纪中期,随着周刊报纸上插图广告的盛行,欧洲的一些国家出现了代理广告插图业务的广告画家和广告设计者。

广告中介和专业的广告业务代理的出现,表明商业广告的发展开始跳出单一的广告表现形态的发展模式的限制,而开始了简单的、零散的广告代理业务的发展模式,生产者、销售者和广告者开始分离。但是,由于当时整个社会对广告的需求并不充分,特别是对商业广告的需求并未形成规模,广告市场还未真正形成,广告业并未发展为具有现代广告代理运作特征的"广告主—广告代理公司—广告媒介"的广告运作模式,因此,广告业的发展还只是处于广告行业的萌芽时期。进入19世纪,随着美国的崛起和世界广告中心的转移,作为一个独立行业而存在的广告行业最终在美国形成。

一方面,19世纪初,欧洲工业革命的浪潮登陆美国,美国北部的工业得到迅速发展,散发出勃勃生机。交通运输的新方法、新工具扩大了国内市场,外来移民浪潮促进了人口总数,特别是城市人口数量成倍增长,促进了商品消费市场的迅速扩大,生产得到极大刺激,广告业务需求猛增。另一方面,蒸汽印刷机得到不断改良,报纸印刷效率得到极大提高。随之,面向大众的廉价报纸——"便士报"①应运而生,报纸之间的竞争日益激烈,广告收入越发重要。到19世纪30年代,美国几乎所有的报纸都大量刊登广告,并有明确的广告刊登标准,媒体市场形成。商品市场、广告代理业务市场和媒体市场的形成使得零散性的广告行为、初级的广告中介机构或零散性的广告业务代理行为不能满足商品生产者、销售者和媒体对广告代理业务的大量需求,广告活动必须要由专门的商业代理机构进行运作,具有现代广告代理特征的广告公司应运而生。广告业的发展正式进入以广告专业化运作为主要特征的行业发展阶段。

1841年,沃尔尼·帕尔默(Volney Palmer)在费城开办了第一家广告公司,自称"报纸广告代理人",为报纸代理出售广告版面,这是从报纸分离出来的一个独立的广告经营实体,从而宣告了广告代理业的诞生。与此同时,约翰·胡坡(John Hooper)在纽约开办了广告公司,他批发购买广告版面,然后把版面零售给广告主。随后,许多广告代理商开始为报纸作版面代理。19世纪末,随着美国全国消费市场的进一步扩展,可口可乐、柯达、宝洁等全国性广告主的陆续出现以及媒体的进一步发展,广告代理业市场迅速扩充,广告公司数量迅速增长。到19世纪末,美国的广告公司达到近1000家,并开始由专门的报纸版面代理向文案写作、策略的广告宣传和专门的路牌、电车和杂志广告等多种业务扩展。20世纪初,随着第二次科技革命在美国的兴起,生产力得到巨大解放,美国工业得到了前所未有的巨大发展,新兴部门、新兴产业层出不穷,社会产品极大丰富,消费市场空前繁荣,市场竞争愈演愈烈,一时间,"广告找到了尊严、名誉和荣耀,在所有职业中,广告是最摩登的职业,也成为企业自由精神产生的地方"。美国的广告业行业得到了迅速、全面的发展。广告公司数量激增,并且一些公司开始向具有媒介投放、市场调查、广告制作甚至营销策划等多种专业服务能力的综合性广告代理商转变,以此为客户提供更专业、更多样的广告代理业务。到20世纪中期,美国涌现出奥美、达彼思、麦肯、BBDO②、DDB③、FCB④等一批享誉全球的广告公司。它们的一举一动在接下来的世界广告业的发展中备受关注,新的世界广告的中心正在它们的躯体中形成。

---

① 便士报是以非常低廉的价格面向大众出售的报纸,在当时,有代表性的为四家,分别是《太阳报》《先驱报》《论坛报》和《纽约时报》。

② 1928年,Batten传播公司与Barton, Durstine Osborn合并成立,中文名为天高。

③ 1949年,艺术派广告大师——Bill Bernbach(伯恩巴克)与Mac Dane共同创建。

④ FCB中文名为美格,前身为Lord & Thomas,1873年成立于芝加哥,1943年改名为FCB。

从17世纪欧洲资产阶级革命到19世纪美国崛起再到20世纪70年代广告业在美国开始进入全盛时期,广告业的发展由最早的广告中介和零碎的业务代理发展为一个专业的、全面的、稳定的甚至是社会经济发展不可或缺的行业。这期间,广告行业作为一个独立的行业正式形成,广告市场以及市场中的多角关系正式确立,"广告主—广告代理—广告媒介"的广告运作模式不断走向成熟,广告代理的专业化程度越来越高,业务代理越来越丰富,广告行业已经发展成为社会经济发展不可或缺的重要行业,因此,这一时期为广告行业发展时期。

五

20世纪50—70年代,人类社会迎来了以信息技术的产生和应用为标志的第三次产业革命,社会生产力得到又一次大发展,加之战后各个国家经济的逐步恢复,世界经济开始新一轮的发展热潮,并呈现出新的发展特征:①全球市场的形成;②以信息技术为依托的服务业的大发展;③跨国公司、跨国企业集团的崛起。这些变化对广告业的发展产生了深远的影响,主要包括以下三点。①全球市场的形成给世界广告业的发展带来了巨大的市场空间。据统计,1976年全球用于广告的费用为595亿美元,1980年为1 114亿美元,1986年为1 800亿美元,增速惊人。1986年,世界上有近20个国家广告费占国民生产总值的比率达到1%,美国更是达到2.43%。亚洲(如日本、韩国)、南美(如巴西、阿根廷)和澳大利亚等地区的广告市场开始崛起。②信息技术的发展促成了信息产业在全球的兴起,新的媒介形式不断出现,四大传统大众媒体进一步发展,广告媒体空间获得空前释放。③跨国公司的崛起掀起了全球市场的争夺战,它们凭借雄厚的资本优势和巨大的规模优势瓜分世界市场。面对着众多的地区市场、大规模的市场业务和全球品牌的建设与维护,固有的传统广告代理方式已远远不能满足跨国公司开拓全球市场的需求。为了适应这些需求,一些优秀的广告公司开始寻求经营方式上的变化,它们通过合并、兼并、上市、多元化经营等多种途径寻求规模优势。如1966年奥美上市,1971年IPG上市,1986年恒美广告(DDB Needham Worldwide)与天联广告(BBDO)合并建立奥姆尼康广告集团(Omnicom,又译宏盟),以及1986年马丁·索罗[①](Martin Sorrell)在广告圈内掀起一股18个月进行15项收购

---

① 1986年,马丁·索罗收购英国购物车制造公司,建立WPP广告集团。

的狂潮等。广告集团取代广告公司，规模化运作和多元化经营开始替代仅有的专业化的广告运作，全球业务开始覆盖地区市场，世界广告业的中心也由美国变为以世界性的广告集团为基本单位所组成的世界广告网络。世界广告业的发展呈现出明显的产业特征，开始步入产业发展阶段。

所谓"产业"，是指居于微观经济的细胞（企业）与宏观经济的单位（国民经济）之间的一个"集合概念"，它既是具有某种同一属性的企业的集合，又是国民经济以某一标准划分的部分。产业的产生和发展是社会生产力和社会分工不断发展和细化的必然结果，一般来讲，一个产业的产生必须具备以下条件：①必须是具有某种同一属性的企业集合，运行的主体是单个的企业或企业联盟；②必须有可经营的内容与服务；③必须以盈利作为活动的主要目的；④必须达到一定的市场规模和产出规模；⑤对经济的发展要有一定比例的贡献率。

经过20多年的发展，世界广告业已经成为一个成熟的产业，主要表现在以下四个方面。①20世纪末21世纪初在世界范围内形成了以奥姆尼康、WPP、IPG、灵狮（Publicis）、哈瓦斯（Havas）、电通（Dentsu）等为代表的全球性的广告集团，它们占有着全球约60%的广告市场，并且凭借强大的资本在全球范围内掀起了兼并狂潮。②广告业的竞争模式也由专业化的代理能力的竞争演变为"广告集团比资本，广告公司比服务"的竞争模式。③广告公司的服务范围由专业的广告代理发展为包括广告代理、媒介购买、信息顾问、公关、品牌识别、健康营销、直销、关系营销、客户关系管理、互动营销、体育营销甚至客户的公司战略等多项内容在内的综合性营销服务。④广告产业已得到许多国家政府的普遍重视，如英国、韩国、澳大利亚等国家已把创意产业列为国家重点支持发展的产业。我国也在《国家"十一五"时期文化发展规划纲要》中把广告及其相关产业列为重点发展的文化产业。

从20世纪80年代到今天，世界广告业呈现出以广告集团为基本单位，以资本运作和多元化的规模经营为基本经营方式的发展态势，各国广告业得到普遍发展，对经济发展的贡献作用也越来越明显，并得到了许多国家政府的普遍重视，不仅具有明显的产业发展的特征，并且呈现出良好的发展势头。广告在经历数千年的跋涉后，终于进入以创意为核心、以利润生产和文化传承为主要目的产业发展时期。

广告产生于人类的生存与生产活动，又服务于人类的生存与生产活动。从本能需要到自主创新，广告发展经历了群体广告活动时期、个体广告活动时期、广告行业活动时期和广告产业运作时期。这几个时期的交替与发展是中外广告发展的内在要求的逻辑体现,反映出了广告发展的基本规律。不同时期的广告活动有不同的表现特征,这些表现特征不仅在横向上反映不同时期广告发展的兴衰程度,而且在纵向上具有很强的延续关系和文化传承关系。广告发展的原动力是生产力发展水平,广告依附于不同时期的政治环境、经济环境、文化环境而发展,不同类型的广告在不同的环境中有不同的消长,受到地域和疆土的限制,并表现出极大的地区不平衡性。地理大发现和全球殖民浪潮席卷着世界广告中心不断转移,广告的行业特征和产业特征逐渐明晰,由广告市场多角关系组成的产业链条具有强大的生产力和创造力。在政治、经济、文化三个强有力的引擎带动下,世界广告业中心由地理范畴内的某个国家、某个地区发展为今天突破地理范畴的、以几大广告集团为基本单位的全球广告网络,这正反映出世界广告业发展的整体走向,也与人类生产力和世界经济发展的总体趋势相互吻合,与人类的现实需求和心理期待相吻合。了解这些,不仅对于我们观察和把握世界广告发展的整体进程十分有益,而且也对我们透过复杂纷繁的广告现象洞察广告发展的本质不无裨益。

上 编

中国广告史

第一章

中国古代广告的起源与早期发展

 **本章摘要**

广告的出现和人类社会的历史一样久远,是伴随着人类社会的族群生活及人类日常活动而出现的。中国古代广告的发展经历了四个历史时期。原始社会广告活动与原始人所使用的原始媒介直接关联。所使用媒介主要有肢体语言、自然或人工借代物。广告活动与原始人的生存与生产活动相生相伴,广告表现形态较为原始、简单。先秦时期的广告活动与社会分工和产品交换密切相关。广告活动开始大量使用自创手工媒体,商业广告活动逐渐频繁,社会广告的表现形态也趋于丰富。

第一节 中国古代广告的起源

美国著名传播学者埃弗雷特·M. 罗杰斯(E. M. Rogers)说过:"任何涉入一条新的河流的人都想知道这里的水来自何方,它为什么这样流淌。"对于广告来说同样如此,广告的起源问题是广告发展进程中的一个重大问题,是历史广告学研究不可回避的问题,任何对广告感兴趣的人都不会忽略这一问题的存在。

中国广告的起源最早可追溯到原始社会早期,社会广告早于商业广告产生,生活形态广告在原始社会中期占据主导地位。原始社会末期,出现政治、军事广告。文明社会初期,商业广告产生。广告的起源问题对于广告学研究非常重要,对于我们了解广告发展演化的脉络及规律也很关键。

但是，由于年代久远和相关资料的缺失，我国学者对原始广告产生的环境、发展的过程及其表现形态的研究不够深入，对广告本身认识的角度不同，持有的观点也不尽相同。大体上来说，关于中国广告的起源有两种代表性的基本观点：一种观点认为，广告是人类信息交流的产物；另一种观点认为，广告是商品生产和商品交换的产物。这两种观点对于我们认识广告的起源问题提供了基本路径。

陈培爱在第二版《中外广告史——站在当代视角的全面回顾》中提出："广告是人类信息交流的必然产物，即使在生产力水平十分低下的人类社会初期，社会生活中就产生了广告信息的萌芽，社会广告便应运而生。到原始社会末期，出现了商品生产和商品交换，作为传达商品信息的经济广告也随之产生了。"这种观点指出，广告是人类有目的的信息交流活动的必然产物，是一种信息传播方式，对于我们探讨社会广告的起源问题很有启发。社会广告包括政治广告、军事广告和文化广告。在人类社会发展的历史进程中，无论是政治广告，还是军事广告、文化广告，都在人们的生活中发挥着重要作用。

孙有为在其编著的《广告学》中阐明，"广告的产生和发展，已有悠久的历史，它是阶级社会里产业分工的必然产物，是人类社会发展到一定阶段，社会生产达到一定水平之后，人们从事商品买卖和物质交换的辅助手段。因此，可以这么说，广告伴随着商品的出现而出现，并随着商品经济的发展而发展"。余明阳、陈先红主编的《广告学》提到，"广告是一种经济行为，是随着商品生产和商品交易的产生而产生的"。这种观点把广告产生的时间定在原始社会末期和奴隶社会初期，即商业广告出现的时期，强调了广告作为一种促销手段的功能，把广告产生的原因归结于商品生产和商品交换，追溯了商业广告的起源问题。

广告的出现和人类社会的历史一样久远，是伴随着人类社会的族群生活及人类日常活动而出现的。综合考察人类的信息交流活动，广告的起源最早可追溯到原始社会早期。早期的广告主要是与人类生存、生活密切相关的信息，借助口语和肢体、符号、实物等口语的辅助手段传播，也可以称作生活形态广告或文化广告。原始社会大部分时期内，文化广告都占据着主导地位。原始社会末期，政治广告和军事广告的原始形态开始出现，象征氏族部落酋长权力的贝壳串、各色羽毛、饰物都被赋予了特定的含义。而用于氏族部落争战的烽火、氏族图腾则明显发挥着社会广告的作用（图1-1）。

随着氏族制度的瓦解，阶级和国家的产生，广告环境发生了巨大的变化，出现了政治、军事、文化广告的成熟形态。而其中最重要的变化就是一种新

的广告形式——商业广告出
现了。商业广告是随着商品
交换的产生而产生的。据历
史学家吴晗考证,周朝时期,
周民中有一部分会做买卖的
商人,即殷遗民,他们被限定
在特定区域内,只能从事商业
活动,这就说明在商代就有专
门从事商品交换的商人。早
在原始社会末期,就有了物品
交换,在氏族部落的边缘就出

图 1-1 原始图腾崇拜

现了专门用于交换物品的场所。到了奴隶社会,在城邦内逐渐出现市场交
易,于是商业广告也就作为商品交换中必不可少的信息交流工具而出现在人
们的生活中。

第二节 中国古代广告的历史分期

中国古代广告的发展按照社会政治及经济发展状况大致经历了以下四
个时期:广告的萌芽时期,包括原始社会时期和先秦时期;广告的初步发展传
播时期,包括秦汉时期、三国两晋南北朝;广告的发展和兴盛时期,包括隋唐
时期;广告的成熟繁荣时期,包括宋元明清时期。

一、广告的萌芽时期

包括原始社会时期和先秦时期,涉及社会广告的起源和商业广告的起
源。原始社会广告传播处于萌芽、原生状态,传播媒介多是传播者自身的肢
体语言或自然物,且广告传播多在有血缘关系的族群中进行,并没有超出原
始群、氏族、胞族、部落联盟的社会组织范畴,因此,使用的广告媒介也处于原
生状态,其影响力也较有限。

古代原始居民的广告传播活动也经历了从无意识偶然为之到自觉传递
与生活、生存密切相关信息的漫长过程。在这一过程中,广告媒介的使用决

定着广告传播的方式、方法及传播范围。在这一时期,社会广告是主要的广告表现形态,广告传播主要在族群内进行,广告活动的群体性特征明显。

所谓社会广告,在原始社会里主要是指与人类生活密切相关的,借助特定媒介或标志物发散,具有目的性的信息传递活动。在这里主要指原始人的生活形态广告,包括原始人信息交流体态语言、狩猎过程中的手势、表达情感的文身、岩画、舞蹈等。在文明社会里则指非商业性的信息传递活动,包括较为成熟的政治广告、军事广告、文化广告等具体广告表现形式。《尚书·尧典》记载了尧、舜禅让的故事:尧在帝位时,"咨询"四岳,四岳推举虞舜为继承人。《左传》记载:"禹铸九鼎,以示天下。"(图1-2)又如"诰"是夏、商、周三代一种训诫勉励的广告。此后各朝代的"制""策书""檄文""露布"等,都是社会广告的形式。社会广告概念宽泛,早于商业广告产生,伴随着人类文明发展的始终,社会广告在原始社会主要以文化广告形态为主,政治广告、军事广告形态简单。在奴隶社会及以后时期,政治广告、军事广告和文化广告的形态则趋于成熟,成为统治阶级政权统治延伸的工具。

图1-2　商鼎

原始社会末期和奴隶社会初期,生产力的发展、生产关系的变革以及产品出现剩余,直接促成了行业的形成以及商品的生产和交换,进而催生了中国古代商业广告的产生和初步发展。从夏、商、周到春秋战国,中国古代社会完成了从奴隶社会到封建社会的转变,商业经济得到了不断发展,商品生产、商品交换的地区范围和交换的商品种类均有扩大。城市商业的出现和"市""肆"的形成,促进了商业广告的进一步发展。

春秋战国时期,商人的活动日益频繁,商品交换的规模不断扩大。商人阶层在这一时期也出现了分化,分为行商和坐贾。所谓行商就是走街串巷或进行区间贸易的商人。坐贾则是守着固定场所或摊位招徕顾客进行买卖的商人,促使广告表现形态从原始的叫卖和陈列向更为复杂的招牌、幌子等新的广告形式延伸。自由贸易和自由大商人开始出现,区间贸易发达,也促使广告发展突破狭隘的地域限制,广告活动的个体性特征也得以彰显。

二、广告的初步发展传播时期

秦汉时期的商业贸易较之春秋战国时期又有了进一步的发展。秦始皇统一全国,拆除关隘城堑,统一币制和度量衡,使全国性的贸易往来成为可能。汉代初期的"休养生息"政策,促使商业经济进一步繁荣。商业环境的变化,使广告环境有了新的突破,官府统一规制下的广告形态有了新规范,以"市场"为中心的广告形态,如旗亭、市鼓、铭刻、标志在这一时期表现较为突出,而招牌、幌子、声响等广告表现形式在这一时期表现得更为活跃。

三国时期,争霸战争给商业经济造成较大破坏,由于各地经济发展不平衡,商业经济发展的环境有很大差异。但总的看来,三国时期,地区间的贸易还继续存在,吴、蜀之地还相当繁荣,诸多广告表现形式存在的基础仍然没有消失。两晋南北朝时期,商业经济的发展总体上随着政权的更迭而有兴有衰,其发展的格局是北方的商业城市因战乱呈现衰败趋势,南方的城市则呈现兴盛,广告发展的总体趋势是南方好于北方。这一时期,中国古代商业广告在波折中继续向前发展,在江南一些手工业领域,广告活动的行业性特征有所显现。

三、广告的发展和兴盛时期

隋朝是中国古代社会走向鼎盛时期的起点,中国古代的商业广告也由此进入一个新的时期。唐朝是中国封建社会发展的鼎盛时期,商业广告十分兴盛。这一时期,商业经济的发展因国家的长期统一和社会的长期稳定而呈现出持续发展的势头,城市贸易兴盛,跨区域贸易十分频繁,商业广告表现日渐丰富多彩,出现了全国性的商品展览、陈列等广告形式,传统广告形态也得到进一步复兴,商帮和行会的出现,增强了广告活动的行业性。

四、广告的成熟繁荣时期

两宋时期,随着政治、经济、文化中心的变化,城市商业呈现出东进和南移的总体趋势,城市商业发展呈现出新的割据,商业环境和广告环境发生了较大变化。"坊市"制度被打破,市场空间得到了广泛的延伸。早市、日市和夜市的轮流出现使市场交易的时间得到充分的延长。在这种环境下,广告环境变得更宽松,广告与普通百姓的联系更加密切,广告的表现形态更加多样化,传统的广告形态进一步发展,新型的广告形式也不断出现。

元代是一个承上启下的朝代,它的建立不仅奠定了元、明、清七百年国家的长期统一,而且也为商业经济的发展提供了一个新的环境,元代的商业发展因而呈现出新的特点。国家的统一和民族融合,使这一时期商业广告传播区域重心北移,广告传播内容更具民族特色,广告传播形式呈现出浓郁的民族文化风格(图1-3)。城市商业的进一步发展,为诸多形式广告的出现奠定了物质基础。

图1-3 大元顺德路大天宁禅寺虚照禅师明公塔铭(民国拓本)

明代是我国商品经济发展的重大转折时期。随着社会分工的进一步扩大,商品交易日益活跃,具有全国规模商品生产的专门行业出现。区域贸易更富特色,商业行会组织在区间贸易中所发挥的作用越来越大。这一时期,商品贸易多在中心城市、沿海或港口城市及集镇之间往返进行。明代商品经济发展整体上呈上升趋势,商业广告在新的广告环境中也得到进一步发展,其表现形态更加丰富多彩,传播区域更加宽广。从总的情况来看,明代既是中国传统广告的继续发展时期,也是不同类型广告在更宽泛领域进一步传播时期。清代城市商业步入繁荣时期。从商业发展的总体格局来看,南方的城市商业繁荣程度超过北方,南、北城市商业地域关系或产品关系呈现出不同的发展特点。这一时期,集镇商业发展进入一个新时期,处于城乡交界或农村地区的集市、庙市和墟市也相当活跃。城市、集镇、集市商品交换是诸多广告表现形式产生的直接土壤。明清时期的诸多广告形态均是依附于这些不同类型的商业活动、商业设施而出现或存在的,并伴随着这些类型的商业活动日益兴盛,逐渐走向繁荣。明末清初,中国部分地区出现资本主义萌芽,商业行会大量出现,为广告从个体活动走向行业活动奠定了基础。

第三节 原始社会的广告活动

原始社会广告活动与原始人所使用的原始媒介直接关联,其信息交流凭借的传播媒介主要有三类:一是符号系统,包括语言、绘画、音乐、舞蹈等;二是实物系统,比如与信息传递有关的牛角、石磬,还包括凝结了人文信息的各种物品,其本身既是传播的内容又是文化载体;三是人体系统,包括人的肢体语言和族群迁徙等。其中,面对面的人际交流即口语传播是最基本、最主要的传播方式。广告在这种原始的信息交流活动中产生了,反映原始人日常生活琐事的图像文字、表形文字,把特定信息传递给受众的拟态与手势语,以及雕刻、舞蹈、绘画等都属于原始广告表现形式。

一、肢体语言——广告信息传递的特殊符号

原始社会的人们传递信息,往往借助特定的肢体动作、有声语言及文身、饰物、舞蹈等以身体为传播媒介或载体的广告传播形态来达到目的。身体或肢体是最原始的广告媒介(图1-4),其媒介功能在中国古代社会漫长的岁月里被不间断地保留并延续下来。古代社会常用的肢体语言大致分为以下几类。

图1-4　贺兰山岩画

(一)拟态与手势语

在语言使用之前,拟态与手势语是把特定信息传递给受众的最实用、最有效的方式。如原始人在狩猎过程中,当一个人遇到野牛群时,就立即跑到同部落的人都能望见他的高地上,两手举起身上遮体的东西,伸到头顶,然后再慢慢放下,反复不已。这是动员全部落成员围猎的信号。原始人狩猎喜欢结伴合作,当猎手们发现兽迹时,需要隐蔽行进,就相互用手势语交换情况。那些手势往往都能表现动物最显著的特征。高举双手,食指伸直,表示所见野兽是有一对大角的羚羊;中指弯曲,其余四指伸展,众人会明白这是发现了长颈鹿;发现鸵鸟则斜举手臂,象征其长颈。民族学研究证明,这种拟态与手势语在古代社会里是到处存在的,是原始人传递信息的重要载体。

(二)身体彩绘和文身

在身体上涂色彩或画图形的装饰叫做绘身,这种装饰起源极早。在数万

年以前的旧石器时代后期遗址中,经常发现有可以作为颜料的赭石。直到近代,许多保持着古老习俗的民族仍喜欢在自己身上绘彩。我国旧俗端午节,不少地区的少数民族都习惯在头面、手腕等处涂雄黄或画符,将牙齿染黑,这也可以说是一种绘身装饰。古籍中记载我国东南方有一个"黑齿国":"倭国东四千有裸国,裸国东南有黑齿国,船行一年可到。"

文身在原始社会氏族部落之间的交往及原始人的群体活动中具有较强的识别作用,在不同的群体交流、争斗及通婚过程中又传递着特定的信息,随着原始群体的迁徙与活动,又在更宽泛的据土范围内发挥作用,因而也可以视为一种能够传达生活及社会信息的原始广告媒介。

(三) 人体饰物

在人体上加装饰品,最早可以追溯到旧石器时代后期。在我国北京周口店山顶洞人遗址中,就发现了丰富的装饰品。其中有空孔的兽牙、空孔的海蚶子壳、钻孔石珠、钻孔小砾石、钻孔的鱼骨和有刻痕的骨管等。它们是用带子串起来套在身上的。人体饰物形形色色,名目繁多,大体上可以分为发饰、头饰、耳饰、鼻饰、唇饰、颈饰、脚饰等。人体饰物不仅反映着原始人的喜怒哀乐,而且还把这种生活文化信息传播到族群每个成员当中,甚至传播到邻近或敌对氏族群体之中,原始广告传播的功能也表现得较为强大,具有明显的广告"告知"功能。

根据以上材料不难看出,在原始社会及早期文明漫长的岁月里,包括中国在内的广大地区的不同人群,传递信息的方式在相当长一段时间都是靠肢体语言进行的,特别是一对众、群族对群族之间特定的、具有"告知"和"识别"功能信息的传递,都是以这种方式来完成的。肢体语言在这里成为最原始也是最重要的广告传播媒介。

二、借代物——广告信息传递的特定标记

原始人传递信息除了使用肢体语言外,更常常依靠现实世界的自然物来实现广告信息的传递。这些自然物,一种是自然界自然生成或存在的,如树木、岩石等,另一种虽然是人类创造的,但尚没有被有意识地专门用来当作广告媒介来使用,而是在传递信息过程中被借用了,如图画、绳索等。这种借代物分为两种情形,一是特定借代物,二是生活借代物。

(一) 结绳

结绳记事是一种常见的原始信息传递方法。我国古代社会结绳记事的

做法在史书中多有描述。《周易》载:"上古结绳而治,后世圣人易之以书契。百官以治,万民以察。"《庄子》载:"昔者容成氏……祝融氏、伏羲氏、神农氏,当是时也,民结绳而用之。"《北史》载:"射猎为业,淳朴为俗,简易为化,不为文字,刻木结绳而已。"结绳法在我国古代历史上应用广泛且年代久远。在阶级社会里,结绳的传统也被商人继承下来,并在形制和用途上加以变化。在店铺、酒肆、茶楼及行商的摊位上,各种各样的幌子或招牌,往往饰以各种饰片,用绳串缀,下缀幌绸、五彩条状织物、各种料珠或排穗,也有许多造型独特的幌子,由粗麻绳打结编织而成。在这里,绳结成为传递广告信息的新型媒介。

(二) 鼓号

原始人为了把信息传递得更远和更有效,还人为地制作了一些信息传播的工具,可以看作是原始的广告信息传播媒介。其中,作用于听觉的信息传递主要借助于音响传播工具来进行,以信号鼓最为常见。我国基诺族牛皮木鼓就是将一段较粗的树木中间凿空,再缚以黄牛皮,敲打发出不同的声音来传递信息。

(三) 烽火

原始人最初传递的信息多与生活生存环境有关,用烽火传递信息,便是其中一例。火的发明,具有非凡的意义,不仅改善了人类的饮食结构,扩大了人类的食物来源以及活动的区域和范围,更为重要的是,火还成为原始人进行信息交流的工具。在中国古代社会里,既有"烽火戏诸侯"的历史故事,也有"孤山几处看烽火,壮士连营候鼓鼙"的诗句。由于烽火用于传达特定的信息,且具备信息源和受众两个基本要素,我们可以把其看成是原始广告的形态。

(四) 图画、岩画

图画文字是介于图画和文字之间表达原始人思想的一种手段,它没有读音,目的在于表意,绘画简单,多半在树皮、皮革上,或在石头上刻画。这里所传达的信息除了人类生活的踪迹外,还包括丰富的文化艺术信息。在内蒙古西部北阴山山脉分支的两狼山地区乌拉特中旗、乌拉特后旗境内所发现的阴山岩画中(图1-5),除了代表我

图1-5 阴山岩画

国古代北方少数民族图腾遗迹的动物形象外,还有弓和箭形状的岩画,我国有些学者认为是原始人在打猎时设置的路标,是人类原始广告的雏形,也是迄今为止发现的人类最早的广告。

(五) 象形文字

图1-6 象形文字

图画文字进一步发展,产生了象形文字(图1-6)。象形文字是指纯粹利用图形来作文字使用,而这些文字又与所代表的东西在形状上很相像。一般而言,象形文字是最早产生的文字。象形文字的出现,标明人类传递信息的方式更加成熟,其"告之"的功能也就更加明显。

特定借代物的广泛使用,说明广告传播的方法、途径有了很大的变化。随着传播活动的频繁和传播技术的进步,人们借用一切可以借用的工具或物件更有效、更富有针对性地传递广告信息。媒介形态的丰富,使人类的广告传播在更宽泛的地域内进行,并传递着更为丰富的思想、文化及商业信息。

第四节　先秦时期的广告活动

先秦时期包括夏、商、周、春秋、战国时期,这一阶段,奴隶制城邦形成,城市国家发展,城市商业繁荣,一种新的广告形式——商业广告产生。商业广告的产生,有两个基本前提。一是在物质方面,人类的信息交流活动随着生产力水平的提高而日益频繁,交流范围不断扩大,广告传播的媒介也随着社会物质财富的丰足而丰富起来,人类不再满足于基本的生存需求,剩余产品的交换成为一种可能,这是商业广告出现的基础。二是在社会组织方面,出现了第三次社会大分工。人类的第一次社会大分工,大约发生在原始社会晚期,畜牧业与种植业分离;进入文明社会以后,第二次社会大分工和第三次社会大分工相继发生,即农业和手工业的分离,以及商业和手工业的分离,这两次社会大分工均发生在奴隶社会初期,大约是在夏朝(约公元前21世纪—前17世纪)。第三次社会大分工促使了行业的形成和商品生产及商品交换的出现,这是商业广告出现最直接的动因。

一、先秦时期的商业活动

夏朝,商人阶层开始分化,行商开始在城邦国家之间和集市上做买卖。商代和西周时期,商品交换的地区范围和交换的商品种类均有扩大,其中一个重要标志就是货币成为商品交换的主要媒介,尧舜时以珠玉为"上币",牲畜、生产工具等成为一般的交换媒介。"夏后以玄贝",夏代用海贝(染黑色)为货币,以后贝币一直广泛使用,直至被金属铸币取代为止。在商代和西周的城市国家里,已出现商业比较集中的"市",市内分布着不同行业"肆"。据史书记载:"殷君善治宫室,大者百里,中有九市。"①另载:"宫中九市,车行酒,马行炙。"②表明商代和西周的市肆已有相当的规模。

商朝统治者对农业、畜牧业非常重视,在商代出土的除了有六畜的遗骸外,还有象骨,说明当时北方还有驯象,并且掌握了猪的阉割技术,开始了人工养淡水鱼。同时,商代的手工业全部由官府管理,分工细,规模巨,产量大,种类多,工艺水平高,尤以青铜器的铸造技术发展到高峰,成为商代文明的象征。而且商朝人已经发明了原始的瓷器(图 1-7),洁白细腻的白陶颇具水平,造型逼真,刻工精细的玉石器表现了商代玉工的高超技艺。丝织物有平纹的纨,绞纱组织的纱罗,千纹绉纱的縠,已经掌握了提花技术。

图 1-7 商代原始瓷器——旋纹尊

商代农业和手工业的进步促进了商品交换的发展。在商代,商人作为一个阶层开始出现,并且在城邦国家之间和集市上做买卖,商人的个体活动较为频繁。商族的祖先王亥早在夏代中期就曾驾牛车载帛到黄河北从事商业活动,商代末期辅佐周文王的大臣吕尚在遇文王前,也曾"宰牛于朝歌,市饭于孟津",工商奴隶主也经常驱使商业奴隶驾着车马从事商业贩运。根据史

---

① 《六韬》。
② 《太平御览》卷八二七。

书记载,在商代的一次区间贸易活动中,就有50头牛被牵往外地交换,像在这种大型的交易活动中,必然存在着商品展示和陈列等广告活动。口头广告和实物陈列及展示广告已成为夏、商、周时期商业活动中一种普遍存在的现象。

自商代起,中国音乐进入了信史时代。民间的音乐和宫廷的音乐,都有长足的进步。由于农、牧、手工业的发展,青铜冶铸达到了很高的水平,从而使乐器的制作水平飞跃,大量精美豪华的乐器出现了。乐舞是宫廷音乐的主要形式。可考证的有《桑林》《大护》,相传为商汤的乐舞,为大臣伊尹所作。从事音乐专业工作的,主要有"巫"、音乐奴隶和"瞽"三种人。有关商朝的民间音乐的材料很少,《周易·归妹·上六》和《易·屯·六二》就是商代的民歌,民歌传唱和流行为吟唱广告的出现和诗歌广告的创作提供了素材。

商代甲骨文兼有象形、会意、形声、假借、指事等多种造字方法,已经是成熟的文字。在出土的甲骨卜辞中,总共发现有4 672个字,学者认识的已有1 072个字。甲骨文因刻写材料坚硬,故字体为方形。而同时的金文,因系铸造,故字体为圆形。文字、经济技术以及文化的发展都为商代广告的发展奠定了坚实的物质基础。

西周时期,商业被列为"九职"之一,同时,统治者还对市场交易时间和交易对象进行了区分。《周礼·同市》载:"大市,日昃而市,百族为主;朝市,朝时而市,商贾为主;夕市,夕时而市,贩夫贩妇为主。"①而且,市设专职官吏"司市"来进行管理,下面有:分区管理、辨别货物真假的"胥师",掌管物价的"贾师",维持秩序的"司虣",稽查盗贼的"司稽",验证"质剂"(契约),并管理度量衡的"质人",征收商税的"廛人"。《周礼》一书中对此有详细的记载。不同时间、不同交易人群的出现,完整有序的市场管理,丰富和规范了商品交换的内容和层次,也进一步为不同类型的广告表现形式的出现创造了客观条件。

从总的情况来看,商代和西周的商业主要控制在官府手中,奴役商业奴隶从事商品活动,商业收入归官府所有,人们称这种商业形式为"工商食官"制度。在商代,商人从事商业活动已经成为一种普遍的现象,商人作为一个阶层已经出现。商朝灭亡后,周公曾经把商遗民召集在一起训诫,他说:"纯其艺黍稷,奔走事厥考厥长。肇牵车牛,远服贾用。孝养厥父母,厥父母庆,自洗腆,致用酒。"②要求商族人继续发挥其经商特长,通过经商来获得收入,供养父母。这表明,商族人整体从事商业活动已有较大影响和规模。

---

① 《周礼·地官司徒》。
② 《尚书·酒诰》。

春秋战国时期社会发生剧烈动荡，随着官府对士农工商的控制减弱，整个社会的经济文化交流空前活跃，百家争鸣的局面开始出现，商业也获得广阔的发展空间；自由贸易和自由大商人开始出现，以铜铸币为主的金属货币的出现进一步促进了商业的发展，区间贸易更加活跃；各诸侯国把经营商业提升到"富国强兵"的高度来看待。这些变化，客观上为工商业的发展创造了条件。据史书记载，东方的鱼盐、南方的象牙、北方的皮革、西方的马匹在当时中原地区市场上都可以买到。许多城市作为经济、政治中心随之兴起。如齐国的临淄，赵国的邯郸，楚国的郢，都是当时全国著名的商品集散地。

由于春秋时期经商人数众多，区间贸易发达，市肆交易繁荣稳定，于是在这一时期出现了商人阶层的分化，分为行商和坐贾。关于行商和坐贾的区别，《白虎通义》"商贾"篇也有描述："商之为言章也，章其远近，度其有亡，通四方之物，故谓之商也。贾之为言固也，固其有用之物，待以民来，以求其利者也。行曰商，止曰贾。"①

春秋后期至战国时期，随着铁制农具的推广，生产的增加，需要交换的剩余产品的增多，商业经济的发展具备了前所未有的良好条件。这一时期的商业经济繁荣主要表现在以下三个方面。

其一是区间贸易更加活跃。春秋战国时期，由于山林薮泽的大量开发，手工艺品的地域分工，各地区自然形成的特色产品的丰富多彩，在水陆交通逐渐方便的情况下，商人们加强活动，充当了地区间经济联系的中介。"其商人通贾，倍道兼行，夜以续日，千里而不远者，利在前也。"②

其二是城市商业更趋兴盛。在战国时期的城市里，商品交换有固定的场所，叫作"市"，市的四周有"市门"，设官管理。市内列肆成行，分置商品归类。战国时期城市商业的繁荣首先和城市自身的发展密切相关。战国时期，各诸侯国都注意实行富国强兵政策，在这样一个大背景下，城市数量增多，城市人口增加，城市规模也在不断扩大，在各国总体经济水平和城市经济实力提高的前提下，城市商业得到进一步繁荣。

其三是货币制度的发展进一步促进了商品交换的频繁。起源甚早的金属货币到春秋中晚期使用更广，战国时货币经济日趋活跃（图1-8）。战国的铜币有四种类型：一是铲形的"布币"，二是刀形的"刀币"，三是环形的"圜

---

① 《白虎通义》。
② 《管子·禁藏》。

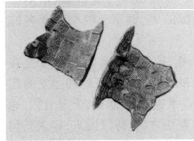

图1-8 战国时期的货币

钱",在北方各有其不同的流行地区,四是铜贝,流行于南方的楚国,称"蚁鼻钱"。民间交易已大量使用铜币,主要农产品粟的价格都用铜钱计算;"握粟出卜"的实物交付现象已经少见。黄金代替珠玉,作为"上币",在各国之间通用。金属货币的推广和广泛使用,使交换手续更加便利,给商业的进一步发展创造了条件,同时也给商人操纵物价提供了方便,使商业资本的积累加速进行。

春秋战国时期,是我国古代商业史上第一次繁荣时期。和前一时期相比较,这一时期商业领域出现了一些较为显著的变化。"工商食官"制度被打破,自由贸易和自由大商人开始出现,金属货币的出现加剧了商业的发展,区间贸易发达,市肆交易繁荣,城市商业兴盛,各诸侯国在政策上把经营商业提升到"富国强兵"的高度予以支持。这些变化,客观上为工商业的发展创造了条件,也促使"市""肆"里的摊位广告,即以"市""肆"为中心的旗帜广告、悬物广告等表现形式更加丰富。伴随着商品生产和商品交换的进一步发展,原始的旗帜广告、悬物广告朝着更加成熟的幌子广告和店铺广告等表现形式过渡。

二、先秦时期的广告表现

(一) 夏、商、周时期广告的表现形态

原始社会解体后,进入奴隶社会的夏代有关商品生产和商品交换的传说很多。从中国的古典文学作品中,尤其是在《诗经》中,还可以看到对商业活动的片段描写。《易经·系辞下》记载:"日中为市,致天下之民,聚天下之货,交易而退,各得其所。"《诗经》的《邶风·谷风》用"既阻我德,贾用不售"这样的比喻来描写购买商品遭人拒绝之后的心情。这些都从一定程度上反映了原始社会晚期和奴隶社会时期的商业发展情况和原始的商品销售形式——利用陈列展示物品和口头叫卖来招徕顾客。

在史书的记载中,虞舜本人就是擅长从事商业交换活动的历史人物。传

说舜曾"作什器于寿丘(今山东曲阜),就时于负夏(今河南濮阳附近)"①。"就时"即乘时逐利进行交易的意思。据《尚书大传》载,舜"贩于顿丘",《尸子》的记载则更明确:"顿丘买贵,于是贩于顿丘;传虚卖贱,于是债于传虚。"在这些记载中,虞舜成了一个专业从事区间贩运买卖的商人。史书中,还有"禹以历山之金铸币"和商族的首领王亥驾牛车在氏族部落间经商的传说。这些记载虽然没有提到具体的广告形式,但伴随着商品交换和区间贸易,原始的实物广告和口头广告必然存在,还是大致可以推测出来的。如《诗经·氓》中的"氓之蚩蚩,抱布贸丝"证明了实物广告在当时已出现,是原始广告的形式之一;《楚辞·天问》记载:"师望在肆……鼓刀扬声。"《楚辞·离骚》中记载:"吕望之鼓刀兮,遭周文而得举。"吕望和师望都是指姜太公,他在被周文王起用之前,曾在朝歌做买卖,鼓刀扬声,高声叫卖,以招徕顾客。人们认为这里的"鼓刀"和"扬声"已经是比较典型的口头叫卖的广告形式。

(二)春秋战国时期商业广告的初步表现

1. 悬物广告

由于经商人数众多,春秋时期商人阶层出现了分化,分为行商和坐贾。行商和坐贾的分化,直接导致了新的广告形式的出现。坐贾守着固定的场所或摊位经营,为了引人注目,除了口头和实物陈列展示广告外,他们还把陈列在地上的商品悬挂起来,以期达到吸引顾客购买的目的。这样,在实物陈列广告的基础上出现了悬物广告。

悬物广告就是商品经营者在门前悬挂与经营特征和范围有关的物品或习惯性标志,起到招牌广告的作用。如经营扫帚的店铺,在门前悬挂一把扫帚作为标记;卖灯笼的店铺在门口挂上一个灯笼。悬物广告在史书中也有描述。《晏子春秋》载:"君使服之于内,而禁之于外,犹悬牛首于门,而卖马肉于内也。"②晏子是春秋时期齐国的宰相,引文含有"要使臣民从内心信服,要表里如一"的意思,但客观上也反映了当时曾经将牛头陈列于门首以招徕顾客的情况,是以实物作为幌子的广告的历史记载。

2. 标记广告

标记广告是另一种古老的广告形式。最初,在产品上刻上铭文、年号是为了表示私有权和纪念、装饰。随着生产的分工和商品交换的扩大,开始成为产品生产者的标记。在西周墓葬出土的文物中,发现有奴隶主产品的标志

---

① 《史记·五帝本纪》。
② 同上。

图1-9 北京图书馆藏良季鼎全形拓

和各种官工的印记。在山东寿光出土的西周己侯钟,铭文刻有"己侯作宝钟"的字样;称作"良季鼎"(图1-9)的铭文上有"良季作宝鼎"字样。春秋出土的文物中,发现不少民间手工业者制作的陶器、漆器和绢绣等产品的上面,刻有"某记造"的字样。如果这些物品的一小部分拿到市场上交换,那么这些文字就兼有实物广告和文字商标的职能。

3. 悬帜广告

随着封建经济的发展,织染、缝制等技术的进步,广告的形式和技术都有了很大的发展,商人的广告宣传意识也日益增强。为了更加美观、简便,以增强广告效果,经营者们开始尝试用布、帛等材质画上物品的形象进行悬挂,原始的悬帜广告开始出现,并且成为战国时期又一重要的广告表现形式。史书对悬帜广告同样也有记载,战国末年的韩非子在《外储说右上》中有一段记载:"宋人有酤酒者,升概甚平,遇客甚谨,为酒甚美,悬帜甚高。"这里提到的"悬帜甚高"指的就是把酒旗这种悬帜广告高高挂起。

(三)先秦时期的社会广告

先秦时期,商业广告有一定的发展,社会广告也有所增加。如据史书记载,西周时,每到正月,都会悬教令之法于"象魏",使万民观览,得知国政。象魏,是指上古天子或诸侯宫廷的大门。它巍然高耸,经常用来悬挂或张榜法令布告等。后世王朝也把有关国家政教、法令的图像或条文,如安民告示、通缉令、收租公告之类张贴在城门两旁,以便出入城门的人们观看,往往还会引起许多人围观。

夏商周时期,每到初春,朝廷还会派一些官员专门坐着轻便的小车,右手摇着木制的铃铛,嘴里不停地宣讲朝廷的命令,以求政情下达,众所周知。每次行军打仗之前还必进行一些军事动员,例如发布"檄文"之类,当时叫作"诰"或"誓"。商朝末年,武王率领大军讨伐残暴无道的纣王。公元前1027年正月,在商都城附近进行决战,即著名的"牧野之战",结果仓促纠结起来的商朝奴隶倒戈大起义,商王朝顷刻间土崩瓦解,纣王也自焚而死。在这场战役开始前,周武王站在即将参战的各路诸侯和士兵面前,发表讨伐演说(《周誓》),历数商王朝的腐败堕落,激发出战士无比的斗志,最终一举灭商。周武王的这篇"檄文",记载于《尚书》里,堪称一次成功的军事广告。

上述的"诰誓""表木""象魏"等属于军事广告和政治广告的范畴,军事广告和政治广告归属于广泛意义上的社会广告。所谓军事广告指的是古代社会人们传递军事信息、调动军队、安排军事活动的命令、文书及相关的信息传递活动。中国古代的军事广告源于原始人的狩猎活动和氏族、部落之间的战争,在文明社会里得到进一步发展,其表现形式逐渐成熟。政治广告,多指通知者设立的代表权力、权威的标志物、歌功颂德的象征物,以及借助特定媒体和特定渠道传递、自上而下颁布的政令、法规、文件、文书等。中国古代的政治广告是伴随着国家机器的出现和国家政权机构的设立,以及各级权力机关的运转而出现的。

具体说来,先秦时期,我国的政治广告最典型的表现形式主要有"进善之旌""诽谤之木""敢谏之鼓""悬诸象魏"及"振木铎巡于路"等。据古书记载,先秦时期的统治者,如尧舜等为了搜集信息、尊重舆论、倾听人民群众的呼声,往往在"五达之道"或"通都大邑"设置"进善之旌""诽谤之木""敢谏之鼓"。"进善之旌"指的就是悬挂旌旗,作为进言的标志;"诽谤之木"则是指竖立华表等标志,让人民群众在其下进"诽谤"之言,或者把意见写在木牍上;而"敢谏之鼓"指的是在进言之前,击鼓以警众,引起人们的注意。其中,"进善之旌"或称"建善之旌""告善之旌"。《初学记·政理部》引《尸子》曰:"尧有建善之旌。"《管子·桓公问》则曰:"舜有告善之旌。"

至于"敢谏之鼓",古书记载大致相同。《吕氏春秋·自知》云:"尧有欲谏之鼓,舜有诽谤之木。"《淮南子·主术训》云:"尧置敢谏之鼓,舜立诽谤之木。"《淮南子·记论训》亦云:"(禹)为号曰:教寡人以道者击鼓。"《管子·桓公问》也有记载:"舜有告善之旌,而主不蔽也;禹立谏鼓于朝,而备讼诉也。"尹知章注:"讥,问也;唉,惊问。"后世历代朝廷在宫阙外设置的"登闻鼓"就是上古"谏鼓"的遗制。人民群众遭受冤屈,若有司不理,可以直赴公堂门口,击鼓申冤,大声疾呼,以引起注意,扩大影响。

再说一下"悬诸象魏"。如前所述,"象魏"是上古天子、诸侯宫门外的建筑物,又称阙、观,因其魏然耸立,故又称"魏阙""象魏",是古代张榜公布法令的地方(图1-10)。据《左传·哀公三年》记载:"夏五月辛卯,司铎火……季桓子至,御公立于象魏之外……命藏《象魏》,

图1-10 汉画像砖上的阙门形象

曰:'旧章不可亡也。'"由此观之,"悬诸象魏",即统治者往往把有关国家政教、法令的图像或条文,悬挂在"阙下",以广泛告知于人民群众。后世的统治者,也往往把告示、公告之类文书,张贴在城门口两旁,以便出入城门的人们观看。这是"悬诸象魏"古风的流亚。

最后,应该提一下"悬赏广告"。这也是统治阶级为了实现一定的政治目的,借助特定媒体和特定渠道传递、自上而下颁布的政令、法规、文件、文书等。在春秋战国时期,最著名的悬赏广告莫过于"商鞅'徙木赏金',取信于民"。公元前356年(秦孝公五年),秦孝公任命商鞅为左庶长,准备实行变法。商鞅把法令拟订完备后,在刊布之前为了取信于民,便"立木为信",在国都雍的市井南门竖起三丈长的木头,悬出赏格:有能把木头搬到北门的赏十金。民众皆认为非常奇怪,无人敢搬。于是他又下令:有能搬走的,赏五十金。果然有一个人搬走了,商鞅马上兑现,给他五十金,以示讲求信用,言出必行,终于把法令顺利颁布下来。

随着中国古代社会的发展,政治广告表现出很多种类型,以上都是其中的代表性形式,以后各历史时期的政治广告形式一般也是以这个时期为发端演化发展下来的。

思考与练习

1. 试列举中国古代社会广告的表现形态,并详细说明其历史演变过程。
2. 原始社会时期,哪种广告最早产生且占据着主导位置?原始广告的表现形式有哪些?
3. 试述夏、商、周时期商业广告的表现形态;春秋战国时期商业广告的表现形态又有哪些?

第二章

中国古代广告的传播

 **本章提要**

秦汉时期是中国古代广告的发展传播时期。秦始皇统一全国,汉代的"休养生息"政策,促使商品经济进一步发展繁荣。商业环境的变化,使广告环境有了新的突破,社会广告得到了新的发展,官府统一规制下的商业广告形态有了新规范,一些新的广告形态如旗亭、市鼓、标记、铭刻在这一时期表现较为突出,口头和实物广告也得到不同程度和形式的繁衍和发展。三国两晋南北朝时期是中国古代广告的曲折前进时期,这一时期的广告在继承两汉时期传统的基础上有进一步的发展。隋唐时期结束了长期的战乱分裂局面,是中国封建社会空前统一鼎盛时期,也是中国古代广告多样化发展时期,广告形态有了新的发展,旗帜、招牌、幌子、音响等广告表现形态丰富多彩。宋元明清时期的中国商品经济发达,广告表现繁盛,中国古代商业广告进入相对成熟的时期,印刷术等先进技术的发明使印刷广告、书籍广告等新的广告形态诞生,招幌广告、诗歌广告、字画广告、彩楼欢门广告等得到进一步的发展。

第一节 秦汉时期

秦朝建立了中国历史上第一个统一的封建王朝。秦朝建立后采取统一货币、统一度量衡、统一文字等措施,加强了各地之间的交流,促进了社会经济的进一步发展,对中国历史产生深远影响。继之而来的汉王朝,在秦朝的废墟上建立起来,对秦朝的制度多有继承和发展。"士农工商"的四民结构基本形成,内外经济交流频繁,商人成为社会的重要组成部分。张骞通西域后,丝绸之路的阵阵驼铃声响彻寰宇,历经魏晋,远及隋唐。随着社会环境、商业环境的变化,广告环境有了新的突破,广告形态有了新的发展。

一、秦朝统一后的政治、经济改革

公元前221年,秦始皇以坚实的经济为后盾,依靠强大的军事实力统一了中国,建立了中国历史上第一个统一的封建王朝。为了巩固统一的中央集权国家,他采取了一系列政治、经济措施,有力地推动了生产力的发展和商品贸易的发展。秦代的商业经济较之春秋战国时期又有了进一步的发展,主要归功于秦始皇制定的一系列经济政策和改革措施。

其一,拆除关塞城堑,修筑道路,建成了以首都咸阳为中心的四通八达的交通网,有利于商旅往来和贸易活动。其二,聚集天下豪富到都城咸阳,使咸阳不仅是全国政治中心,更成为全国的经济中心,呈现出"市张肆列"的繁华景象。其三,统一币制。以黄金和铜钱作为法定货币,简化了商品交换的程序,方便了地区性、全国性的商品贸易往来。其四,统一全国的度量衡制度,有助于征收赋税(图2-1)。其五,采取"车同轨,书同文"的政策,有利于商品运输和商品契约的签订。

图2-1 秦·两诏铜椭量

通过这些改革,秦始皇基本上理顺了秦朝的经济,为社会经济的发展创造了有利的条件,客观上也有利于商品生产和商品贸易的发展,但秦代的商业却没有出现较为繁荣的景象。这是因为一方面秦始皇推行了重农抑商政策,从政治上限制了商业经济的发展;另一方面是商业活动涉及的行业如冶铁、铸币、制陶、织绢、制盐等多为官府和少数巨商富贾所把持。

二、秦朝商业广告的表现形式

秦代商业广告的形式和内容较之春秋战国时期的广告并没有实质性的变化,民间所具有的广告形式在秦代也基本延续下来,但是由于秦代的商业贸易活动多为官府控制,且在重农抑末政策的指导下,加强对于市场的管理和控制,因此,秦代的商业广告宣传也相应有了新的变化,即在政府的管制下有了统一的规定和要求。

1975年,湖北省云梦县睡虎地出土大批秦简(图2-2),为研究秦朝历史提供了新的材料,也使秦代商业广告历史的研究工作取得新进展。这批竹简中有一部分是关于秦代法律《秦律》的。学者从中发现,秦朝对当时市场上各种商品的价格都作了细致的规定,叫作"各婴其价"。根据《辞源》的解释,"婴"有系或戴之意。就是说,秦政府要求商贩要将所卖商品系上价格牌,以利于监督和购买,维持市场的运行秩序。这与先秦的"陈肆辨物"一脉相承,也是较早的有关价格广告的记载。在秦代当时这种商业贸易环境下,一种新型的广告宣传形式,即由市场管理者统一规定的悬牌广告出现了。但是,由于这一时期市场发展并不成熟,市场管理也不十分规范,市场中这种广告形式是否十分普遍,就不得而知了。直至唐代官府明确规定悬牌经营时,这种广告形式才成为市场中的普遍现象。

图2-2 湖北省云梦县睡虎地出土的秦简

三、两汉时期中国的政治、经济形势

公元前206年,西汉王朝建立,鉴于秦朝速亡,汉高祖废秦苛法,实行与民休息政策,社会经济从恢复走向发展,手工业及商业也有发展。西汉初期,商业的发展得益于两方面。一是汉初的"休养生息"政策,为商业经济的迅速恢复和发展奠定了良好的基础。例如,随着割据局面的结束、经济的恢复和社会的安定,汉朝对商贾的限制也逐渐减少,"开关梁,弛山泽之禁,是以富商大贾周流天下,交易之物莫不通,得其所欲"[①]。这一系列宽松的关市政策,促进了当时商品经济的发展,全国各地出现了一大批富比王侯的大商人,以至于司马迁在《史记》中为他们专门立传,给予高度评价。二是两汉国

---

① 《史记·货殖列传》。

力的强盛和国家经济的快速发展,使得商业经济的发展保持在一个较高的水平。《盐铁论·力耕》中说:"自京师(长安)东西南北,历山川,经郡国,诸殷富大都,无非街衢五通,商贾之所臻,万物之所殖者。"可见当时商业的繁荣景象。

两汉时期中国的政治、经济形势主要体现在以下几个方面。首先,由于连年的征战,社会经济遭到巨大破坏,为恢复农业生产,促进手工业、商业经济的发展,汉初在经济上主要采取了"休养生息"的政策,并且在相当长的一段时间内为历代统治者所推崇和切实贯彻。例如,汉代统治者开放山泽之利,取消秦时的盐铁官营,给商人以更为广阔的活动场所等来活跃经济。其次,在汉初统治者的得力措施下,各大城市的城郭逐步得到修复,城市经济快速发展。汉代繁荣时期,以城市为中心,将全国的经济发展地区划分为五个大的区域,包括二十个重要城市。其中,都城长安的市场交易较为兴盛,史书称当时的长安有"九市"。《三辅黄图》载:"长安市有九,各方二百六十六步。六市在道西,三市在道东。凡四里为一市。"

汉代的商品经济发展比秦代更加兴盛,还出现了"生意经"。司马迁在其名作《史记》里曾单独为商贾作传(《货殖列传》),当时商业活动之兴盛可见一斑。另据《太平御览》记载,在西汉末年,长安城里的太学生们每到初一、十五就聚在学宫旁边的几排老槐树下,或带着各地的特产、书籍、笙磬等物,互相交易,或雍容儒雅,讨论天下大事。这就是有名的"槐市"。那几排老槐树,无形中起到广告招揽这些太学生的作用。

西汉武帝时期三次大规模出击匈奴,扫平了漠北,掀开了与西域交往的新篇章。汉王朝派官吏经营西域,设立西域都护,不仅加强了中原与西域各民族之间的联系,也给"丝绸之路"上来来往往的东西方商人提供平安和保障,带来了古丝绸之路的第一次繁荣时期(图2-3)。中原的大批商人带着长长的马队或骆驼队,携带沉甸甸的货物如丝绸、茶叶等,鱼贯西行。他们

图2-3 张骞通西域壁画

穿过河西走廊,越过葱岭、天山,到达西域,与西域商人进行贸易。用带来的货物,换回西域的特产,如良马、金银器物等,然后东返。在这来往贸易中,中国古代商人不仅将中原的商品带出国门,更将中国的商业文化广布开来。

秦始皇统一中国在某种程度上为跨区域的贸易创造了市场交易的空间。而汉代城市商业的兴盛,以当时二十多个重要城市为中心所构建的五大贸易区域的出现,以及与西域各民族贸易往来的"丝绸之路"的开拓,不仅使区域贸易更加发达,而且使商品贸易逐渐突破了区域的限制,地区与地区间的贸易更加频繁,客观上也为市场管理的进一步规范和广告宣传的进一步拓展创造了条件。

最后,汉代在市场管理上继承了秦代的传统,进一步使市场管理规范化。汉代统治者在城市中把市场固定在一定区域,并与居民区分开,以便于管理。如长安九市都分布在突门附近,横桥大道的两侧,其中,道东有三市,道西有六市,相对集中,称为东市和西市;每一市场的规模也有成制,大致为二百六十步见方;市场内的经营也井然有序,市场内按其所卖商品的类别区分为列肆,列肆内经营同类商品的店铺或摊位则整齐排列,数以百计,商品经营者按照市场管理的要求规范经营、有秩有序而不失熙攘繁荣。史书载:"九市开场,货别隧分。人不得顾,车不得旋,阗城溢郭,旁流百廛。红尘四合,烟云相连。"①正是指长安市内按商品分列肆,买卖拥挤的情景。

市场的管理者是市官,在汉代城市的市场内均设有此类管理人员,称为市令或市长,在其之下也设有相应的管理人员,辅助市令或市长管理市场,分别称为"市史""市掾"和"市啬夫"等。长安的东、西两市因地处京都且规模巨大,其市令直接受京兆尹节制。

汉代市场管理的规范化和全国范围内互相有关联的贸易区域的形成(图2-4),为商品经济的进一步发展创造了

图2-4 东汉墓画像砖——市井交易形象

---

① 〔汉〕班固:《西都赋》。

有利的条件,也使得这一时期的广告形式除了传统的口头叫卖、陈列展示等外,也出现了一些直接为市场交易或商品交换服务或由市场经营直接派生出来的其他广告形式。

东汉时,市场上出现了一种新兴的商品——纸。西汉时虽已有粗制的纸,经过东汉蔡伦改进了造纸方法,纸才成为价格较低廉且易于推广的商品,逐渐代替了简帛,有利于文化的传播。与之相伴,笔、墨、砚等文具也在市上大量出售。手抄的书籍已进入流通,书肆在城市中兴起。笔、墨、纸、砚尤其是纸的发明和大量使用,在很大程度上推动了我国古代广告的发展,促使了日后字画广告、书籍广告、广告招贴画等新型广告形式的出现。

四、汉代社会广告的发展表现

(一) 汉代皇帝的"求贤诏"与"罪己诏"

汉高祖刘邦时期,曾下"求贤诏",布告天下:"贤士大夫有肯从我游者,吾能尊显之。"言外之意是,天下豪杰如果跟我建功立业,我可以使你获得荣华富贵,光宗耀祖。他的这种做法被他的后世子孙频频仿效。

西汉文帝二年(公元前178年)十一月,汉文帝诏示诸侯、王、公、卿、郡守等:"及举贤良方正能直言极谏者,以匡朕之不逮。"①

西汉武帝元封五年(公元前106年)四月,武帝因"名臣文武欲尽,乃下诏曰:盖有非常之功,必待非常之人。故马或奔踶而致千里,士或有负俗之累而立功名。夫泛驾之马,跅弛之士,亦在御之而已。其令州郡察吏民有茂材异等可为将相及使绝国者"②。

与此相反,"罪己诏"是另外一种类型的诏书。西汉武帝时,北伐匈奴,南辟岭越,国势鼎盛。大臣桑弘羊请求在轮台(汉代西北的一个军事地点)附近增加驻军屯田,以图再次进攻匈奴。但是,汉武帝考虑到连年征战,国家财力紧张,老百姓的大半收入都被充作了军费,日子过得很苦,便没有采纳桑弘羊的建议,毅然决定下诏"罪己",这就是有名的"轮台罪己诏"。在诏书中,他检讨历年征战带来的祸害,表示要与民休息,减免赋税,并告诫后世子孙绝不可穷兵黩武,要以国家的长治久安为念。可以说汉武帝的这项措施,为后来帝王树立了一个贤明典范,也成就了西汉两百年功业。

---

① 《史记·孝文本纪》。
② 《汉书·武帝纪》。

（二）零丁——寻人招贴

现代人形容一个人孤单悲苦，往往会使用"孤苦零丁"一词。"零丁"在汉代却是寻人启事（招贴）的意思。《后汉书》说时人戴良有"失父零丁"，清人方浚师的《蕉轩随录·续录》中对此招贴广告有全文记载："……《失父零丁》曰：'敬白诸君行路者，敢告重罪自为积。恶致灾交天困我，今月七日失阿爹。念此酷毒可痛伤，当以重重用相赏，请为诸君说事状。我父躯体与众异，脊背伛偻卷如戴，唇吻参差不相值，此其庶形何能备。请复重陈其面目，鸱头鹄颈獦狗啄，眼泪鼻涕相追逐，吻中含纳无牙齿，食不能嚼左右蹉，似西域骆驼。请复重陈其形骸，为人虽长甚细材，面目芒苍如死灰，眼眶臼陷如羹杯。'"这份寻人启事（招贴）首先表达了作者对"丢失"父亲的负罪感和悲伤心情（"敢告重罪自为积"），又交代了"丢失"的时间（"今月七日"），表示要对能帮助找回父亲的人给予重谢（"当以重币用相偿"），然后详细描述了父亲的躯体形貌等特征（如"脊背伛偻卷如戴""鸱头鹄颈獦狗眼啄"等）。此文算是一份要素比较齐全的招贴（寻人）广告。

以上是秦汉时期社会广告的典型表现，但是汉代最引人注目的还是随着城市发展，商业广告出现了许多新的表现形态。

五、汉代的城市发展及商业广告表现形式

（一）旗亭

汉代市场内标志性建筑，市官的官舍。汉代称市亭，也称为市楼，并以其上高悬旗帜为标志而被称为旗亭。旗亭作为新型的广告宣传形式，具有双重含义：其一，旗亭本身就是市场的标志；其二，旗亭上多悬挂旗帜，更为引人注目，旗帜广告成为旗亭广告的一个组成部分。

汉代的统治者出于市场管理的需要，在市场中为市官建立官舍，市官居住在市楼里，便于就近对市场进行管理，由于市场的巨大，且肆、隧纵横，所以市楼多为高楼重屋，以便市官能够随时居高临下，俯察百隧。

对于两汉时期市场内建旗亭一事，史书有不少记载。《三辅黄图·长安九市》载："市楼皆重屋，又曰旗亭。"东汉的张衡在《西京赋》里说："尔乃廓开九市，通阓带阛……旗亭五重，俯察百隧。"这两则史料都从不同角度对旗亭进行了描述，说明旗亭是当时市场内最高的建筑物，也是市场的标志，带有明显的标志识别作用，是这一时期新型的广告形式。

(二) 市鼓

市场的标志之一，多悬挂在市楼之上，每当市场开启或关闭之时，均击鼓告之于民众（图2-5）。市鼓本身也是旗亭广告的组成部分。击鼓示众也是一种声响广告形式。

市鼓的设置和汉代市场的建制密切相关。

图2-5 东汉墓画像砖——市鼓

汉代的市场与居民区分开，主要为了方便商人交易，并出于安全的需要，市场的四周多建有围墙，四方开门，按时关闭。市场的这种形制也称为"阛阓制"。何谓"阛阓"？史书记载："市墙曰阛，市门曰阓。"[①] 东汉时期，市鼓在不同地区渐成风俗。这种情形在出土的东汉墓葬砖所组成的画像中得到印证。

(三) 标记、铭刻

刻木为另一种符号语言。史书上也曾记载我国各地刻木记事的历史事实。如《后汉书》载，"大人有所召呼，则刻木为信"，虽无文字，亦不敢违。《岭外代答》也载："瑶人无文字，其要约以木契合二板而刻之，人执其一，守之甚信。"汉代，随着区域贸易的频繁和城市商业贸易的兴盛，刻木为记的习俗在商品生产和交换过程中，则演变为官工的铭刻或个人商品的标记，即在所售商品上打上官工的名字或名人的名字，以标明产品的质量可靠或显示商品生产者的商业信誉。

在中国古代商业发展史上，春秋战国时期就已经出现生产者在所生产商品上刻上标记或刻上铭文的传统，这种传统在汉代得到继承和发扬，成为汉代一种重要的广告表现形式。

汉代的标记、铭刻中，最具代表性的则为漆器。在长沙马王堆等汉墓出土的文物中，人们发现了大量打有标记和刻有铭文的漆器。如在汉文帝、汉景帝统治时期生产的漆器上，多打有"成市草""市府草"的标记，表明这些漆器是由蜀郡成都市府作坊生产的。在一些铭文中，生产者有意识刻上一些祝福或吉祥用语，这些用语迎合了人们的心理需要，自然会有不错的销路。如

---

① 〔晋〕崔豹：《古今注》。

在马王堆汉墓中的漆器上就发现有"君幸酒""君幸食"等铭文,可视为带有浓郁民俗风格的广告形式。

除了以上提到的由官方统一管理的市场交易和与此有关的广告形式外,民间贸易也在发展,特别是汉初推行"开关梁,弛山泽之禁"的政策后,民间贸易更为顺畅兴旺,在频繁的民间贸易中,一些广告形式便应运而生,成为商家的促销手段。

(四) 音响器具

我国新石器时代庙底沟遗址出土的陶钟、陶埙,姜寨遗址的三孔陶埙都具有音乐发声作用。进入阶级社会以后,随着商品生产和商品交换的发展,声响广告的形态日益丰富多彩,日常生活中的各种器物都有可能成为声响广告的传播媒介,如与日常生活密切相关的碗、盏、盆等,与娱乐相关的箫、琴、瑟、鼓、锣等(图2-6),也成为广告信息传递的工具。汉代就出现了吹箫卖饧的广告推销方式。汉代卖麦芽糖的小商贩往往以吹箫或吹管的方式来招揽顾客。箫和管都是中国古代乐器,周代的史书对此有记载,汉代学者郑玄对其进行注释,分别为"箫,编小竹管,如今卖饧者所吹也。管如篴,并而吹之";"管,如今卖饧所吹者"①。反映出当时吹箫或吹管卖麦芽糖渐成风俗,这是声响广告的一种类型。

图2-6 姜寨遗址出土的陶埙

(五) 悬壶售药

悬壶是中国古代医生的职业标志和广告招揽的工具,属于幌子广告的一种类型。行医作为一种特殊的经营活动,可以散布在居民区当中,也可以在市场中设立固定场所经营。悬挂药壶作为售药的标志也是民间的一种风俗。在《后汉书·方术传》里曾有最早的记载:"费长房者,汝南人也,曾为市掾。市中有老翁卖药,悬一壶于肆头。"翻译成现代汉语就是:费长房,家住汝南郡(今河南境内),曾经当过管理市场的小官。在他管理的集市上有位老者开药

---

① 郑玄笺注周代史料前一句为《诗经·周颂·有瞽》:"箫管并举",后一句为《周礼·春官·小师》:"小师掌教鼓……箫、管、弦、歌。"

铺,悬挂一个药壶在药铺房顶伸出的椽子上。后代常以"悬壶问世"或"悬壶济世"比喻某人从事医生这一行当,通过给人看病来实现经邦济世的理想。

(六)美女当垆

垆,原指放酒坛的土台阶,多用以温酒,后来将摆放酒坛或卖酒的柜台都称作"垆"。因汉初民间可以酿酒和卖酒,酒店前多有此物,逐渐成为酒店的标志。美女当垆也是商家促销的手段,即让容貌娇好的女子在垆前招徕顾客,往往能起到非常好的促销效果(图2-7)。

图2-7 文君当垆图

《史记》中讲到,西汉的司马相如与卓文君一见倾心,不顾家庭的反对,一起私奔到成都居住。但不久迫于生计,只好搬回临邛(今四川境内)开了一家酒店。可是起先的生意并不好,于是司马相如让长相出众的卓文君站在柜台前卖酒,招揽顾客。自己则穿着店小二的服装,给卓文君打下手。人们都听说卓文君的美貌,争相前来观看。每天来酒店的人络绎不绝,酒店的生意也很快好起来。司马相如与卓文君的故事成为中国古代广告史上的一段佳话,成语"美女当垆"也源于此。东汉诗人辛延年曾在《羽林郎》中留下了"胡姬年十五,春日独当垆"的诗句,可见当时美女当垆卖酒已经成为一种普遍的现象。这种利用"美人"吸引顾客,进行促销的广告手法,后世仿效不衰。

第二节 三国两晋南北朝时期

东汉末年,朝政腐败,宦官外戚掌握实权,民不聊生,终于爆发了黄巾起义。政府为了有效地镇压叛乱,加强了地方州郡的权力,这导致此后中央无法控制地方的局面,开始了群雄割据的混乱时期。公元220年,曹丕称帝建魏,公元221年,刘备称帝建蜀,公元222年,孙权称王建吴,三国鼎立局面形成。三国时期,各国经济都得到了不同程度的发展。

三国后期,魏国的力量日益强大。公元263年,魏灭了蜀。公元265年,司马炎夺取魏政权建立晋朝,史称西晋。公元280年,西晋灭吴,结束了三国鼎立的局面。西晋的统一是短期的,由于阶级矛盾和民族矛盾日益尖锐,内迁的少数民族和各地流民不断起义、反抗,终于导致了西晋的灭亡。

　　三国分治和西晋的统一时期,商业得到短暂的恢复。西晋灭亡后,中国又陷入分裂割据的混战局面,西晋皇族司马睿在江南建立政权,史称东晋。东晋之后,南方经历宋、齐、梁、陈四朝,统称为南朝。北方先后经历了十六国和北魏、东魏、西魏、北齐、北周等许多政权和朝代,统称为北朝。两方势力划江而治,所以又称为南北朝。南北朝的历史一直持续了200多年,直至隋文帝平定南北,再次统一全国。在这政局动荡、南北对峙的形势下,商业的发展受到了严重的影响。

一、大分裂时期的政治、经济特征

　　在东汉瓦解后的300多年大分裂时期中,豪族地主的大土地占有制继续发展,许多少数民族进入中原,阶级矛盾和民族矛盾十分尖锐,战争连绵不断,朝代更替频繁,经常出现若干政权同时并存的局面。北方各民族在长期历史活动过程中,互相融合,促进了北方经济的恢复和发展;而大量北方移民迁往南方,和当地土著共同开发,致使南方经济有了迅速的发展。尽管当时南北分裂,以中原为中心,各民族各地区始终保持着密切的联系,对外经济文化往来更加频繁,为隋唐的统一和经济文化的繁荣奠定了基础。

　　自东汉末年,由于连年战乱,使中国人口数量减少,经济水平大幅降低,而三国鼎立局面进一步促使经济恶化。三国都曾因粮食问题而不能完成其军事行动,故而魏、蜀、吴在统治期间都将农业生产放于首要地位。而由于战争的需要,金属冶炼及造船等技术在三国时期都有较大进步。但是,连年的征战毕竟消耗了大量的人力物力,使中国的发展进入了一个较缓慢的时期。但从总的形势来看,三国时期地区间的贸易还继续存在,吴、蜀之地还相当繁荣,民间贸易也很活跃,成为各地经济发展的重要补充,诸多广告表现形式存在的基础依然没有消失。

　　两晋南北朝时期,商业经济的发展总体上随着政权的更迭而有兴有衰。城市商业在各自政权统治范围内也有所发展,其发展的格局是北方战乱频仍,城市多遭受破坏,商业贸易呈衰败趋势,而南方局面相对稳定,经济发展较快,城市总体呈兴盛趋势,商业贸易时有繁荣之景象。时人颜之推说:"昔在江南,不信有千人毡帐,及来河北,不信有二万斛船。"①

汉代都城洛阳在两汉时期商业贸易一直都很繁荣,因为其后连年的战乱而遭到破坏。直至公元493年,魏孝文帝迁都洛阳后,这里的商业贸易才恢复繁荣。经过魏孝文帝政治经济方面的改革和多年的经营,洛阳呈现出一派繁荣昌盛的景象,再次成为北方政治、经济、文化中心,其商业大都市的轮廓已初步显现。《洛阳伽蓝记》记载:"京师东西二十里,南北十五里,户十万九千余。"

洛阳有六个市,其中洛阳城西城南市场较大,城西市场包括"周回八里",分东、南、西、北四个方向,除了以上八里外,还有"阜财""金肆二里",加在一起共十里。"凡此十里,多诸工商货殖之民,千金比屋,层楼对出,重门启扇,阁道交通,迭相临望。金银锦绣,奴婢缇衣,五味八珍,仆隶毕口。"②

洛阳城南市场有"金陵""燕然""扶桑""崦嵫"四馆和"归正""归德""慕化""慕义"四里,用来安置南朝以及东北、西北各族的依附之民和"商胡贩客",人数之多,高达"万有余家",其间"门巷修整,阊阖填列,青槐荫陌,绿树垂庭,天下难得之货,咸悉在焉"③,呈现出一派繁荣昌盛的景象,以至于许多先前不愿迁都的鲜卑贵族,在繁华的洛阳居住多年之后,习惯了安逸的生活,再也不愿回到荒凉的北方去了。

北方还有许多城市,时有兴衰,如长安、汴州等。长安在西魏、北周时期,商业贸易有所恢复,汴州在北魏后期也成为商业贸易兴盛的新兴城市,隋唐以后,均成为全国的商业贸易中心。而自汉代以来商业贸易就较为发达的名城,如山东的临淄、河北的定陶则逐渐衰落下去。

东晋、南朝时期,社会较为稳定,战乱较少。北方的民众在"永嘉之乱"之后,大量向南迁徙,形成中国历史上规模巨大的移民潮,渡江移民沿河流向南发展,使水陆交通线上的新兴城市不断出现,原来商业基础不错的城市则得到进一步发展。

这一时期,南方的新兴城市和重要城市为数众多,较为著名的有建康、京口、山阴、寿春、襄阳、江陵、成都、番禺等。

除了以上提到的规模较大的城市外,南朝还出现了许多商业和手工业均较发达的中、小城市。这些城市有的占地利优势而商业贸易日趋发达,有的

---

① 《颜氏家训·归心篇》。
② 《洛阳伽蓝记·城西》。
③ 同上。

则由于处于边界地带而为南北贸易带来便利。前者包括宣城、毗陵、吴郡、会稽、余杭、东阳等,后者则有彭城、寿阳、襄阳等。这些城市规模虽然不是很大,但也是川泽沃衍,海陆产品丰饶,珍奇异物荟萃,商贾云集。东晋、南朝商业贸易整体繁荣程度远远高于北方。

二、社会广告的特征及表现

三国两晋南北朝时期,由于政局的动荡,政治广告等社会广告形式也表现出了独特的政治效用。这一时期的政治广告及社会广告中,最为重要的是"露布"。露布原指不缄封的文书,是为了张功讨逆,需要大力宣传,应该使更多人知道个中消息。实际上,露布的源头完全可以追溯到武王伐纣时的"周誓"。刘勰在《文心雕龙·檄移》篇中考证,"檄"这种文体源于上古三代的"誓","暨乎战国,始称为檄",到了汉末及魏晋南北朝时期已经非常流行。露布分为两种形式。一种是在出师讨伐时,用来暴露、宣布、声讨敌人罪恶的文书,属军书性质,也叫"檄文"。一般将文字书写在一尺多长的木板上,其特点是"露布者,盖露板不封,播诸视听也"[1],"所以名露布者,谓不封检,露而宣布,欲四方速知"[2]。著名的檄文有晋代隗嚣《移檄告郡国》、陈琳《为袁绍檄豫州》、钟会《移蜀将吏士民檄》、桓温《檄胡文》等,堪为一时佳作。另一种形式是捷报,一般将文字书写在长缣(长幅的绢帛)上。唐封演《封氏闻见录》载:"露布,捷书之别名也。诸军破贼,则以帛书建诸竿上,兵部谓之露布。"

南宋洪迈《容斋四笔》卷十亦云:"用兵获胜,则上其功状于朝,谓之露布。……自魏晋以来有之。"

三、三国两晋南北朝时期商业广告的表现形式

依照三国两晋南北朝时期的商业贸易发展形势,这一时期的各种广告形式,如口头叫卖、击鼓开闭市场、悬物、当垆、悬帜等仍然很活跃。史书虽然没有留下更多的记载,但按照广告伴随着商品贸易发展而发展这一规律推断,这一时期的广告表现在继承两汉时期传统的基础上应有进一步的发展。史书有关卖酒人刘白堕的记载也证明了这一推断。《洛阳伽蓝记》载:"河东人

---

[1] 〔南朝梁〕刘勰:《文心雕龙·檄移》。
[2] 《封氏闻见记》。

刘白堕善能酿酒。季夏六月,时暑赫晞,以罂贮酒;暴于日中,经一旬,其酒不动,饮之香美而醉,经月不醒。京师朝贵多出郡登藩,远相饷馈,逾于千里。以其远至,号曰'鹤觞',亦名'骑驴酒'。"①

由于京师朝贵争相饮用或送与他人,该酒便有了品牌名称,进一步提升了该酒的知名度,更值得一提的是,该酒后因与一则故事联系在一起,便有了浓郁的文化特色。这个故事记载于史书《洛阳伽蓝记》,说北魏时期,南青州刺史毛鸿宾路遇劫匪,贼人喝了刺史随身所带的刘家酒而大醉,因此被擒获。刘白堕闻知此事,又将酒命名为"擒奸酒"了。

两晋南北朝时期,城市商业,特别是新兴城市商业得到进一步发展,各地区之间的贸易因城市商业的发展进一步兴盛,商业广告的发展呈现出南方较之北方相对繁荣的特点。同时,在城市人口增多、城市贸易频繁的情形下,以日常消费品和奢侈品为消费主体的广告形态逐渐增多,这种情形在隋朝以后得到进一步强化。

第三节 隋唐时期

公元581年,北周外戚杨坚废周静帝自立,建国号为隋,定都长安,杨坚就是隋文帝。公元589年,隋灭陈最终统一了中国。隋的统一结束了自东晋十六国以来270多年的分裂割据局面,建立了统一的中央集权国家,有利于各民族的融合和经济文化的发展。隋朝是中国古代社会走向鼎盛时期的起点,中国商业广告的发展也由此进入一个新的时期。

公元618年,隋末太原留守李渊父子趁农民起义之机起兵反隋,攻下长安后利用手中兵力消灭割据势力,统一了全国,建立唐朝。唐朝一般分为两个时期,即前期和后期。中间以安史之乱为界限,前期是昌盛期,后期则是衰亡期。唐朝前期出现贞观之治与开元之治,商业呈现空前繁荣的景象,使当时的中国在政治、经济、文化等各方面都居于世界领先地位。安史之乱后唐朝走向衰亡。唐朝是中国封建社会发展的鼎盛时期。

---

① 《洛阳伽蓝记·法云寺》。

一、隋唐时期大一统下的政治、经济特征

（一）隋朝统一后的政治、经济特征

隋朝的建立结束了中国长期分裂的局面，统一了全国，并且承上启下，为中国封建社会鼎盛时期的到来奠定了基础。隋建立后采取了一些有利于经济发展的重要举措。首先，结束了长期的战乱分裂局面，人民生活相对比较稳定，促进了封建社会经济的发展。其次，开通了京杭大运河，促进南北经济的融合，有利于经济的发展，对后世的影响也很大。最后，统一钱币和度量衡。在隋朝以前，钱币长期紊乱，大小轻重不一，影响了商品交换的发展。隋建立后，改铸新五铢钱，"又严其制，自是钱货始一，所在流布，百姓便之"。在统一钱币的同时，也采取了一些统一度量衡的措施。钱币和度量衡的统一，为工商业的繁荣提供了条件。

（二）政治、经济空前昌盛的唐代

唐朝前期，农业生产蒸蒸日上，手工艺品日益精巧，商品经济空前繁荣，城市生活繁华。唐朝后期，江南经济进一步发展，为以后南方经济水平超越北方奠定了基础。当时在政治上，先后出现了"贞观之治"和"开元之治"，国家统一，社会安定，呈现一派升平景象。唐玄宗统治时期，鼎盛局面达到了高峰。杜甫的《忆昔》回忆了开元盛世时期唐朝经济发展繁荣的情况："忆昔开元全盛日，小邑犹藏万家室。稻米流脂粟米白，公私仓廪俱丰实。九州道路无豺虎，远行不劳吉日出。齐纨鲁缟车班班，男耕女桑不相失……"

首先，就当时的世界范围来看，唐帝国也是最重要、最强盛的国家之一。欧洲的封建强国主要有法兰克王国和拜占庭帝国，但就社会发展阶段而言，它们都远远落后于唐朝。东方重要的国家还有印度和日本。印度戒日王重新统一次大陆前后刚刚确立了封建制，可他死后次大陆随即分崩离析，割据局面一直持续到12世纪末。日本的"大化改新"虽然尽量模仿唐朝的制度，但改革本身却是具有由奴隶制向封建制过渡的性质。所以，在世界范围内，唐朝不但能够自立于世界民族之林，而且属于最先进的行列。

其次，唐代在中国多民族国家的发展壮大中也具有重要的历史地位。中国社会经过魏晋南北朝的民族融合和文化整合，到隋朝重新实现了政治统一。但隋朝短暂，中华民族新的统一体的巩固和发展，中国商业经济的形成和繁盛，到了唐朝才得以真正实现。唐历时近三百年，国力强盛，疆域辽阔，高度的物质文明和高水平的文化使周边各族增强了向心力。

二、隋唐时期的社会广告表现形式

（一）具有政治宣传性质的檄文

隋唐时期，檄文作为一种号召天下推翻腐败统治的文书，起到了政治宣传的作用。"罄南山之竹，书罪未穷；决东海之波，流恶难尽"——隋末瓦岗军首领李密于公元616年宣布杨广十大罪行讨炀帝檄文中的名句，也成了"罄竹难书"这一成语的典故由来。唐代，"初唐四杰"之一的骆宾王一篇《讨武曌檄》更影响非凡，大收政治宣传之功效。骆宾王的生花妙笔，连武则天本人都赞不绝口。

（二）唐代初现的带有公益性质的广告

隋唐广告史上还有几点值得人们记颂。20世纪初，英国考古学家斯坦因在我国新疆吐峪沟（吐鲁番）发现一张隋初高昌国（当时西域一个小国）延昌三十四年（公元594年）"告白"残纸。纸上写有"……自官私……延昌卅四年甲寅……家有恶狗，行人慎之"等字样。这是现存我国古代最早的广告实物，带有某种公益的性质。经我国历史学家考证，认为此残纸片上文字系麹氏高昌国时期毛笔楷书，因系民家张贴于户外之告白，不必大量印制，不属于印制广告。

（三）唐代的招工广告

另外，唐代有的商人还贴出招佣的"纸榜子"，类似今天的招贴式招工广告。据唐人李公佐的唐传奇小说《谢小娥传》记载，谢小娥为了报杀父之仇，"为男子服，佣保于江湖间。岁余，至浔阳郡（浔阳，在今江西九江附近），见竹户上有纸榜子，云'召佣者'。小娥乃应召诣门……""诣门"在文中指前去敲门拜问。谢小娥就是靠这种"纸榜子"广告的指引找到工作，挣钱养活自己，以图终有一日实现复仇的心愿。

（四）"散写诏书"——传单广告的雏形

隋唐时期也出现了"散写诏书"这种传单广告的雏形。隋文帝为统一江南，大举伐陈。在大军进发前，他曾下令散写诏书30万张，揭露陈后主的罪恶，对陈展开强大的政治宣传攻势，以瓦解陈的民心、军心。据《资治通鉴》卷一七六《陈纪十》记载，开皇八年（陈祯明二年，588年）"送玺书暴帝（陈后主）二十恶，仍散写诏书三十万纸，遍谕江外"。次年，隋一举灭陈。

（五）科举放榜——唐代出现的一种特殊广告

科举放榜是唐代一种特殊的广告形式。我国的科举制度萌芽于隋代，至唐高祖武德年间逐渐形成，其基本特点是以进士科为主，定期考试，平等竞争,择优录取,奠定了我国文官制度选拔人才的基础,因此受到历朝的高度重视。

唐代会试二月放榜,可谓盛况空前。"金榜"(图2-8)张贴于礼部南院,只书写及第人姓名,供人观看。另外一种"金花帖子"或"榜帖",先书主司衔,后书同榜姓名、籍贯,汇集一册,用素绫为轴,上贴金花,四处传阅。同时,新科进士及第后,用泥金书帖向家乡亲友报喜,谓之"喜信",于是亲朋好友奔走相告,共同庆祝。刘禹锡《宣上人远寄和礼部王侍郎放榜后诗,因而继和》诗云:"礼闱新榜动长安,九陌人人走马看。一日声名遍天下,满城桃李属春官。"

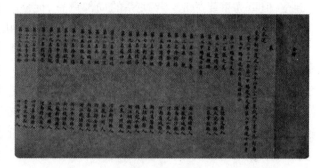

图2-8 金榜

至清代,殿试结束后,由读卷大臣阅卷,皇帝钦定名次,然后行"传胪礼",即由传胪官在太和殿宣布新进士名单。典礼结束后,礼部尚书手捧黄榜,承以云盘,由校尉等以黄伞鼓吹引导送出太和中门,将殿试张挂于东长安门外的长安街上。在清末还在报纸上公布。

清光绪三十一年(1905年)八月,清廷宣布《立停科举以广学校谕》:"停科举以广学校……推广学堂必先停科举,著即自丙午科为始,所有乡会试一律停止,各省岁科考试亦即停止。"自此,这种延续了一千多年的特殊广告形式绝迹。

三、隋唐城市经济的发展及广告表现形式的多样化

(一)隋唐城市商业的兴盛

隋朝时期,城市商业已经初具规模。史书记载,隋炀帝时,"天下之舟船,集于通济桥东,常有万余艘,填满河路。商贾贸易车马,填塞于市。诸蕃酋长入朝者,常请于东市交易,炀帝许之,先命整顿市肆。檐宇如一,咸设纬帐,珍货充集,人物货盛。卖菜者,藉以龙须席,胡客或过酒食店,悉令邀延就座,醉饱而散,不取其直"①。这一段描述说明了当时的商品交换集市的规模之大、

---

① 《资治通鉴》卷一八一。

涉及之广。东市由隋炀帝批准对外开放，并在开放前整顿市容，把珍贵质优的商品充实陈列起来，并令菜贩把菜陈放在龙须席上，外商用餐，免费供应。隋炀帝的这一套措施固然是要显示他的尊威，但在客观上，不啻是一次带有国际性的商业展览和广告宣传。

至唐代，因国家统一，交通顺畅，统治者再度免征关税，币制经整顿又趋健全，但更为重要的是生产关系的局部调整，促使生产力提高，从而扩大了商品流通的物质基础。唐初在农业上实行均田制和租庸调法，有力地推动了经济的发展。工商业日趋繁盛，商业空前兴旺。广州、扬州、泉州和都城长安，成为"万国通邦"的国际贸易中心。尤其是丝绸之路的开拓和发展，包括海上贸易的发展，使这些大都市"街市繁华，中外商贾云集，市肆店铺各有专营"，出现了肉行、金银玉器行、衣行、麸行、秤行、绢行、药行、渔行等商业行业，同时还发展了为商业流通服务的金融银行业——钱庄，这是我国最早的银行雏形，比欧洲地中海沿岸出现金融机构要早六七百年。手工业生产水平的不断提高，使商品品类日益丰富。唐朝西京长安城内有东西二市，各市有212行。东都洛阳有130行，3 000余家肆店。同时，还在一些地区形成了专业性行市，如米市、草市、丝市、药市等。

唐朝对市场已有一套严格的管理制度，凡市皆由官设。市场划定地域，以墙圈围，四方设门，定时关闭。市内分肆，入市交易商品以类相聚，分别在规定的肆中出售，商品价格由官家评定，悬牌经营。《唐律》规定："诸平赃者，皆据犯处当时物价及上绢估。……依令，每月旬别三等估，其赃平所犯旬估，定罪取所犯旬上绢之价。"即对违反当时物价规定的，要给予必要的处理，同时也说明悬挂招牌不仅起着广告的作用，而且还成了官方对摊商进行管理的一种手段。

（二）国际贸易中心出现

隋唐时期，长安、洛阳是全国商业中心，城中有东西两市，营销全国各地物资，还有许多外商。隋朝，长安城内设有东西两市，东市称为都会市，西市称为利人市，各占两坊面积，商业贸易十分繁荣。洛阳是隋朝的东都，历经数代，这里的商业贸易一直保持着较为繁荣的局面。特别是京杭大运河开通后，贯通南北数千里，洛阳正处于中心位置，商业贸易流通的范围较之以前有了很大的扩展。

隋朝统治者对外实行开放政策，对外交通发达，许多波斯、新罗商人来中原经商，对外贸易超过前代。长安、洛阳、扬州、益州聚集大量外商。登州、扬州、广州是著名的外贸港口。在社会生产发展、政治安定的条件下，隋代商业也获得发展。早在隋初,地处南北交通要道的汴州郭外有船客散居,这些船客应是商人。北齐故都邺城的郊郭也居住着许多商贾、工匠。成都是西南最大的都市,历来以手工业、商业繁盛著称。长江流域大致仍然继承着南朝商船往来不绝的情况。开皇十八年(598年)隋文帝所禁止的江南民间私造的大船,多半是用以运货的商船。沿江东下,自江陵、豫章以至下游诸郡治所在的城市,商业都较发达。

长安和洛阳是全国政治中心,隋炀帝兴建东都后,洛阳的商业比长安更为繁盛。洛阳置有东、南、北3市,东市名丰都,南市名大同,北市名通远。丰都市最大,周围8里,开12门,市内有122行,3 000多家商店,四壁有400余店。大同市周围4里,开4门,141区,66行。通远市周围6里,有渠通往洛口,可通大船,来自各地的船舶数以万计。史书对丰都市有这样的记载:"市四壁有四百余店,重楼延阁,互相临映,招致商旅,珍奇山积。"①

唐朝建立后,随着农业和手工业的发展,商业和交通也迅速发展。当时,所有政治性城市都在程度不等地迅速增加商业城市的性质。首都长安和陪都洛阳则是世界性的大都会。长安城(图2-9)周围70多里,由宫城、皇城和外郭城构成。外郭城是居民区和工商业区,共有108坊和东西两市。坊是住宅区,市是工商业区。市内出售货物的店铺称"肆",经营同类货物的肆集中在同一区域,称"行"。东市有220行,数千肆,四周还有许多为商人存放和批发货物的邸店。西市比东市更繁华,而且外商云集,"胡风"甚盛。当时各大城市和州以及多数县的治所都设有市。在乡村也有定期进行交易的场所,称为"草市""墟"或"集"。

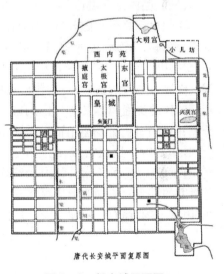

图2-9 长安城平面图

东市商业贸易相当兴盛,历史上对唐代都城市场失火的一次记载反映了当时市场的规模及行市的划分情况。史书《入唐求法巡礼行记》载:"会昌三年(843年)六月二十七日,夜三更,东市失火,烧东市曹门以西十二行,四千余

---

① 〔唐〕杜宝:《大业杂记》。

家。"由此可见东市市场规模之大。西市则是一个国际贸易市场,中亚、波斯、大食等国许多"胡商"聚集到这里进行商业交易或在周边居住,以至于这一地区"胡风""胡俗"盛行。唐朝后期,北方经济有所衰微,但长安的商业贸易仍保持着相当的规模,直至唐末期,长安的大商人还较为活跃。

洛阳城内设有南市、西市和北市3市,共有103坊,周围有坊墙,墙正中开门,坊内正中设十字街,并且每市都傍可以行船的河渠。通远市南沿洛河,北傍漕渠;丰都市通运渠;大同市通通济、通津两渠。根据洛阳市、渠的安排,可以推知洛阳的设计更多地考虑繁荣工商业的问题。隋唐洛阳城独特的设计和规划创自隋朝。

在唐代,新兴的商业城市像雨后春笋般兴起。当时世界出名的商业城市,有一半以上集中在中国,除了长安和洛阳以及沿海的交州、广州、明州、福州外,还有内陆的洪州(江西南昌)、扬州、益州(成都)和西北的沙州(甘肃敦煌)、凉州(甘肃武威)等。

(三)国内交通发达

汴州也就是今天的开封,隋朝时期南北漕运繁忙,逐渐成为商品贸易的中心。隋朝,陆海两道的丝绸之路仍然是对外贸易的通道。陆道以张掖为中心,聚集国内西北各族和外国商人。炀帝曾派遣裴矩到张掖去主持贸易事宜。南海是最大的贸易港口,输出丝绸,输入象牙、珠宝等传统商品。

唐代的交通相当发达。国内陆路交通以长安为中心,东至宋(今河南商丘)、汴(今开封),远达山东半岛;西至岐州(今陕西凤翔)、成都;西北至凉州(今甘肃武威),远通西域;北至太原、范阳(今北京);南至荆(今湖北江陵)、襄(今襄樊),远达广州。国内水路交通有大运河贯通南北,黄河、淮河、长江与南方的许多河流湖泊形成纵横交错的水道网。国内海运也初具规模,今河北、山东、江苏、浙江、福建、广东、广西等地都有沿海航线。

唐与国外的交通也很发达。主要交通线有西北的陆路和东南沿海的海路。陆路由洛阳、长安经河西走廊、西域,通往中亚、西亚、南亚和欧洲,这就是历史上著名的丝绸之路(图2-10)。东南海路从广州、扬州、

图2-10 丝绸之路线路图

登州(今山东蓬莱)、楚州(今江苏淮安)、明州(今浙江宁波)等港口可达东南亚各国以及新罗、日本、波斯、大食等国。

(四) 城市管理的规范和"市坊"制度新变化

随着各地商品贸易的繁荣,唐代的市场管理也进一步规范化。秦汉以来的"市""坊"分区制度在隋唐时期得到延续。"坊",即居民区;"市"则指商业区,无论是坊还是市,四面都设有围墙。由于唐代商业贸易较为发达,市场发育也较为成熟,"市"往往是城市的商业中心。唐代的市主要集中在城市里,几乎所有的大、中、小城市均设有市。

唐代的市场管理较之前代更为严格,主要集中表现在市官的设置、度量衡的管理、商品价格管理及市场交易的规定等。

唐代较大的市往往设市令一人,主要负责"市内交易,察禁非为"。市令之下设"通判市事丞一人,掌判市事,佐一人、史一人、师三人,掌分行核查"。中央各部及较小的市,也均设市官对市场进行管理。

市场交易中所使用的度量衡器皿,要采用官方制定的标准器皿,每年八月还要到官府规定之所进行平校,平校合格,方可使用。

市场的商品也要按其质量分为精、次、细三等,分等论价,每半个月重新论价一次。一些特殊商品,如刀、矢、弓等,则要按照官方制定规格,并刻上工匠的名字,才能在市场上出售。

在市场经营管理上,唐代规定了较为详细的办法。如对粗制滥造、缺斤短两、哄抬或故意压低物价、扰乱市场秩序及市场管理人员营私舞弊等各种现象都有相应的处罚措施。这些对市场的稳定和贸易的发展起到了积极的促进作用。

唐中叶以后,坊间开始零星出现一些小店铺(图 2-11),这些小店铺设在市、坊之外,打破市、坊严格分离的界限,统一行内的许多肆形成一种组织,也称为"行",一般每个行包括几个、十几个甚至几十个肆。秦汉以来实行的坊市制度随着唐代中期夜市、草市和农村集市的出现,也有所突破,这为宋代市场完全突破市场限制奠定了基础。

图 2-11 店铺

这一时期,夜市出现在一些较为繁华的地区,这样坊市制度上的时间限制被打破了。扬州、长安、苏州等地夜市已成为一种比较普遍的现象。王建诗曰:"夜市千灯照碧云,高楼红袖客纷纷"①,即描写了扬州夜市的盛况。临街有市肆,坊内有商业,夜间做买卖,意味着古代的市制到唐代已开始松动。这是城市商业发展的必然结果。

在城市商业发展的同时,商业也逐步向农村延伸。唐代草市的出现,是农村商品交换日益频繁的必然产物。草市多出现在离州、县比较远但交通便利的农村地区,大多在交通要道或水道两旁,是一种较为固定的商业贸易活动地点,多设有固定的店铺。史书所提到的草市为数众多,如建德草市、灌口草市、赤壁、汴州境内也多有类似草市。除了草市外,农村集市在唐代也逐渐出现。这种农村集市就是农村村落间定期交易的小市场。草市、农村集市等农村贸易形式的发展,是封建社会商业前进的又一重要标志。

(五) 商品交流日益活跃

隋唐时期,商品种类繁多,各地之间商品交流日益活跃,也是这一时期商品广告得以发展的重要原因。当时,进入市场交换的商品主要分为纺织品、金属器皿、文化用品、漆器以及茶、糖、瓷器等新兴的商品。

隋唐时代,上市交易的纺织品又分为丝、麻、毛、棉及混合织品。丝织品包括绫、罗、锦、缎、绢、绸、纹、丝等;麻织品则有葛麻布、女穄布、胡女布、楚布、直布、竹布数十种;毛织品有驼毛、褐毛布等。

图 2-12 唐代金银平脱铜镜

金属制品主要用于制作生产工具,包括锄、铲、镰、犁、锤、链、镏、钻等。另外,各地有特色的商品也很多,如襄州的漆器、并州的铁镜、伊州的刀、绵州的金银器、扬州的铜镜(图 2-12)等,有些金属制品上已标有商标,甚为名贵,如扬州的铜镜,以其做工精良而闻名全国。这些打有商标的名贵产品在交流过程中,本身就是一种具有品牌效应的广告宣传形式。

文化用品主要有笔、墨、纸、砚等。唐代,各地都有自己的名贵纸张,如九

---

① 《夜看扬州市》,《全唐诗》(第九册),中华书局 1960 年版,第 3430 页。

江的云兰纸,益州的黄白麻纸,杭州的上细黄白状纸,均州的大模纸,宣州的案纸。四川是纸张的重要产地,沿江纸坊众多,做工精细,品种齐全,在市场上口碑较好,比较知名的有麻面、屑末、滑石、金花、长麻等品名。墨的产地较多,质量较好的多产自潞州、绛州、易州、燕州等地。名砚的产地则首推虢州。笔的产地有宣州、升州、越州等。各地均有自己的名贵产品,而在商品交换过程中,则在全国享有盛誉,这也反过来更加促使生产者注重产品的质量和信誉,更加珍视自己的品牌或字号,客观上为品牌的推广及名人广告的出现创造了可能。

甘蔗、砂糖和茶为唐代居民日常生活中常见的商品。甘蔗和砂糖是唐代新进入市场的商品,产地主要为适合甘蔗生长和加工的益、梓、越、巴、潞等州。茶叶的产地则遍布南方各州,产名茶的地方则分布在四川、湖南、江西、浙江、安徽、福建、河南等地。茶叶在唐代不仅是居民日常生活中必不可少的用品,也是官府税收和对外贸易的重要商品。

瓷器制造在我国历史悠久。早在战国时期,我国部分地区就开始生产釉陶,这样,就为瓷器的真正出现打下了基础。唐代中期以后,饮茶风气盛行,茶具需求量巨大,而此时正是代宗因大量铸造钱币而禁用铜铸造器皿的时期,瓷器作为饮茶器具便普遍流行起来。当时,制瓷名窑很多,其中较为出名的有鼎、岳、寿、洪等州的瓷窑,而最为有名的当属邢州窑与越州窑。瓷器的大量生产,造就了许多著名的瓷窑和产品,这一时期的唐三彩(图2-13)就是诸多名窑中的一种。

图2-13 唐三彩马

(六)隋唐时期丰富的商业广告表现形式

隋唐时期,我国商品经济得到较快发展,由于国家统一,政局稳定,生产力水平大幅提升,商品生产和交换也日趋活跃,在日益繁荣的商品经济发展和日趋活跃的商品交换活动中,存在着丰富多彩的广告形式,较为流行的有如下几种广告形态。

1. 口头叫卖

唐代的口头广告日渐丰富,特别是唐末商品交易突破市坊制度的限制以后,商品广告的口头叫卖形式得到进一步发展。如唐朝人的笔记作品中,就有"其时卖饧之人,吹箫以自表也"的记载。诗人元稹《估客乐》中"经游天下遍,却到长安城。城中东西市,闻客次第迎。迎客兼说客,多财为势倾"的诗句,生动地描写了当时的口头广告内容。

2. 招牌广告

唐代市场交易,分肆进行,又规定必须挂牌营业,因此招牌广告十分普及。招牌传播媒介的出现,也是和店铺紧密联系在一起的。招牌的位置多出现在门面或门前,多以悬挂、镶嵌、砌筑的方式来设置。招牌作为广告媒介所传递的信息,内容十分丰富。具体来说,一是书写店铺的名号、字号;二是传达商家的经营思想和经营特色,如招牌上书写"公平交易""童叟无欺"等;三是反映行业性和服务范围的词句,如"知味停车,闻香下马"等。招牌作为古代广告信息传播媒介,从其悬挂的位置来看,又分为不同的横额、竖招牌(图2-14)、挂板及店外冲天招牌等。诗仙李白一生嗜酒如命,与酒结下不解之缘,留下许多关于酒的名篇佳作。"五花马,千金裘,呼儿将出换美酒,与尔同销万古愁","抽刀断水水更流,借酒浇愁愁更愁。……人生在世不称意,明朝散发弄扁舟",等等,乃至后来许多酒家经常会在酒馆(楼)的显著位置挂上牌匾写上四个大字:"太白遗风。"

图2-14 竖招牌

3. 鼓、钲声响广告

唐代的"市"门启闭各有定时,为了提醒人们注意启闭时间,便分别以击鼓和击钲为号。这里的鼓,即为市鼓。钲则为一种铜制乐器,形状如盘,敲打时发出的声音清脆悠长。关于击鼓、击钲为号的情形,史书《唐六典》中有描述:"凡市,以日午击鼓三百声,而众以会,日入前七刻,击钲三百声,而众以散。"[①]

---

① 《唐六典·大府寺》。

4. 商品展销会

为了展示都城的繁华富裕,隋炀帝时期曾多次在丰都市专门进行商品陈列和展示。唐代城市规模扩大,商品种类繁多,客观上为较大规模的商品陈列、展示之类的商品展销会创造了条件。《旧唐书·韦坚传》中记载,天宝年间,韦坚将渭水通往长安的漕舟集于宫苑墙外,供皇帝御览所载各地货物,其时"坚预于东京、汴、宋取小斛底船三二百只置于潭侧,其船皆署牌表之。若广陵郡船,即于艄背上堆积广陵所出锦、镜、铜器、海味;丹阳郡船,即京口绫衫缎;晋陵郡船,即折造官端绫绣;会稽郡船,即铜器、罗、吴绫、绛纱;南海郡船,即玳瑁、珍珠、象牙、沉香;豫章郡船,即名瓷、酒器、茶釜、茶铛、茶碗;宣城郡船,即空青石、纸、笔、黄连;始安郡船,即蕉葛、蚺蛇胆、翡翠"①。这虽然是供皇帝御览的一种广告形式,但"其船皆署牌表之",因而也就具有商品广告的性质。

5. 旗帜广告

旗帜广告是用写有白字或黑字的布、绸缀在竿头,竿竖立店前(图2-15)。早在春秋战国时期,韩非子就对此有过"悬帜甚高"的描写。唐时亦多用于酒店,唐朝知名诗人杜牧写过"水村山郭酒旗风"的著名诗句。在一些唐代书画中,有时也可见到酒家旗帜的样子。"悬帜"又称为"酒望子"。

6. 标记广告

唐朝商品种类齐全,商品交换也往往超出地域范畴在全国流行。为了保证产品质量并提高产品知名度,标记广告也大量出现。唐代一些流通领域较为宽广的产品,除了要打上生产者的标记外,还往往有一些推销产品的词句,使标记广告的特征更为显著。如

图2-15 酒旗

唐代长沙窑生产的青釉褐斑壶,曾分别发现壶口下刻有"卞家小口天下有名"和"郑家小口天下第一"字样的广告语,表明生产者此时已有了很强的宣传意识。

---

① 《旧唐书·韦坚传》。

第四节 宋元明清时期

　　公元907年后梁灭唐,唐朝灭亡后,我国又出现了藩镇割据分裂的局面。北方相继出现后梁、后唐、后晋、后汉、后周五个政权,南方和山西地区则先后出现了吴、南唐、吴越、楚、闽、南汉等十个政权,统称为"五代十国"。

　　公元960年,后周大将赵匡胤在陈桥黄袍加身,发动陈桥兵变,夺取后周政权,建立了宋朝,定都东京,即今天的河南开封,史称北宋。赵匡胤凭借手中强大的兵权,南征北战,用近20年时间结束了五代十国的分裂局面,初步稳定了北宋的政权。

　　北宋时期,在其北方和西方的辽、金、西夏等少数民族政权逐渐强大起来,与北宋逐渐形成对峙的局面,少数民族不断渗入中原地区,对北宋政权造成极大的威胁。公元1127年,金兵攻破开封,俘虏了北宋皇帝,北宋政权自此宣告结束。

　　公元1127年,北宋皇族赵构在今天的河南商丘称帝,后南迁临安(今杭州)为都,史称南宋。两宋时期是中国古代的"一个新的继续发展时期"。

一、宋元明清时期的社会广告表现

(一)重要的政治广告形式——榜

　　在宋代,通常用"榜"来公布法令和某些急需向公众宣布的诏书、奏章和赏功罚罪等方面的事情。在非常时期,也用"榜"来通告战讯及人民群众关心的军国大事。"榜"的本义是指木片、木板,后引申为写了字的木牌也叫"榜",再引申为公开张贴的文书、告示也叫"榜"。"榜"一般张贴在过往群众较多的内外城门口、市镇的商业繁华区及交通要道处。这也是宋代一种重要的新闻传播手段。在北宋时期的开封,榜多数张贴在皇城的东西垛楼和宣德楼外。上自皇帝及内寺、监司等部门,下至开封府及开封府属下的四厢都巡检衙门,都经常有榜"揭之通衢"。其中,以皇帝名义发布的则称为皇榜。大部分的榜是用毛笔书写的,也有一部分是用雕版印刷的。

　　到了元代,还有人以榜为斗争武器,喊冤叫屈,以造成广泛的社会影响。明初文学家高启在其《凫藻集·书博鸡者事》一文中,写元代袁州路一个"任气好斗"的"博鸡者"(以斗鸡赌博的人)为人打抱不平,到大街上喊冤,并"连楮(纸)为巨幅,广二丈,大书一'屈'字……游金陵市中。台臣惭,追受其牒(状子),为复守官而黜臧使者"。

(二) 重要的社会广告形式——公益广告

自宋代伊始从真正意义上出现了一种新的也是一种重要的社会广告形式——公益广告。《东京梦华录》卷三"天晓诸人入市"条载北宋汴京云:"每日交五更,诸寺院行者打铁牌子或木鱼循门报晓,亦各分地方,日间求化。诸趋朝入市之人,闻此而起。"又据《梦粱录》卷十三"天晓诸人入市"条记载南宋临安云:"每日交四更,诸山寺观已鸣钟,庵舍行者头陀,打铁板儿或木鱼儿沿街报晓,各分地方。若晴则曰'天色晴明',或报'大参',或报'四参',或报'常朝',或言'后殿坐';阴则曰'天色阴晦';雨则言'雨'。盖报令诸百官听公上番虞候上名衙兵等人,及诸司上番人知之,赶趁往诸处服役耳。虽风雨霜雪,不敢缺此。"

直到后代,这种公益广告的形式仍然存在。例如,明朝的历代皇帝每年年初都要颁布劝农勤耕的谕旨,着令广为宣传。每个皇帝的说辞不尽相同而又大同小异,从二月到十一月的农事活动及注意事项都说到了。据明代沈榜《宛署杂记》第一卷"日"字"宣谕"条记载:

(明朝)祖制:(每年)朔旦,文书房请旨传宣谕一道,顺天府府尹率宛(宛平)、大(大兴)二县知县自会极门领出,府首领一员捧之前,至承天门桥南,召两县耆老而谕之。月一行,著为令。语随时易。惟正月、十二月,以农事未兴,无之。其初,盖重农意,欲其自畿内布之天下也。乃嘉、隆末,畿民困敝,不及时至,则雇市井无赖充之,名曰倒包。里长间阎,无复知德意者。而且以称病,甚或有以代役持其短,而宣谕遂浸失其初矣。遐迩小民,其谁知之!先年宣谕,语多无考,谨录其寸者如左(下):

正德十二年:二月,说与百姓每(们):春气发生,都要宜时栽种桑枣。三月,说与百姓每:勤谨务农,都着上紧耕种。四月,说与百姓每:田苗发生,都着上紧耘锄。五月,说与百姓每:农忙时月,不要懒惰废业。六月,说与百姓每:田苗发生时节,都着上紧耘锄。七月,说与百姓每:勤谨务农,不许早眠晏起。八月,说与百姓每:生理艰难,凡事务要节俭。九月(缺)。

正德十四年:二月,说与百姓每:各务农业,不要游荡赌博。三月,说与百姓每:趁时耕种,不要懒惰农业。四月,说与百姓每:都要种桑养蚕,不许闲了。五月,说与百姓每:谨守法度,不要教唆词讼。六月,说与百姓每:盗贼生发,务要协力擒捕。七月,说与百姓每:互相觉察,不许窝藏盗贼。八月,说与百姓每:田禾成熟,都要及时收敛。九月,说与百姓每:收了田都要撙节积蓄。十月,说与百姓每:天气向寒,都要上紧种麦。十一月,说与百姓每:遵守法度,不许为非。

嘉靖三年:二月,说与百姓每:依时务农,不许游惰失业。三月,说与百姓每:都要孝顺父母,不许缺了奉养。四月,说与百姓每:不许纵放头畜,作践田禾。五月,说与百姓每:耕田都要牛力,不许私自杀宰。六月,说与百姓每:不许假充内外势要,诓骗财物。七月,说与百姓每:遵守朝廷教令,不许违犯……①

(三) 特殊的广告形式——插草标卖儿鬻女

在我国古代,由于生活贫困,特别是遇到灾旱之年,贫苦人家往往被迫插草标卖儿鬻女,这是一种特殊社会环境下的特殊广告形式。明代山东临清一带的人贩子就是趁着荒年暴月认草标而"收购"人口,然后倒卖出去,从中牟取暴利。明代王象春所写竹枝词《济南百咏》中《鬻女》词云:"委巷低门立小鬟,青衫竖草惨愁颜。惯收瘦马临清客,鬟发成云又卖还。"②

二、宋代商品经济的发达及广告表现的繁荣

(一) 宋代发达的商品经济

北宋政权由于采取了一系列安定农村鼓励生产的政策,社会经济在经历了长达数十年的战乱之后,得到了一个休养生息的时机,经济再度回升,商业迅速发展且更趋完善,和封建社会前期相比,表现出许多不同的特点。可以说,宋代的商业是中国历史上商业的第二次飞跃。由于宋朝改革了自古以来的市坊制度,取消了"日中为市"的限制,市场交换的地域和时间不再为官方规定限制,随时可为,随地可为,商业活动有了更广泛的活动余地,出现了异常活跃的局面。北宋的汴梁不仅是政治经济中心,而且是商品的集散地,各地商人穿梭于此,导致了门面宽阔的大商店的出现,从而出现了店面装

---

① 参见〔明〕沈榜:《宛署杂记》,北京古籍出版社1983年版。
② 雷梦水、潘超、孙忠铨、钟山:《中华竹枝词》(第六册),北京古籍出版社1997年版,第2423页。

潢——彩楼、欢门这样的广告形式。同时,由于开禁夜市,商业贸易出现日市、晓市、夜市的分化,小商小贩忙着昼夜交易,"买卖昼夜不绝,夜交三四更游人始稀,五更复鸣"。此时,由于小商小贩被允许走街串巷做生意,因此城内各处叫卖之声不绝。宋孟元老的《东京梦华录》对此有过详细记载:"……又有小儿子,着白虔布衫,青花手巾,挟白瓷缸子,卖辣菜。""市人卖玉梅、夜蛾、蜂儿、雪柳、菩提叶、科头圆子、拍头焦半。唯焦半以竹架子出青伞上,装缀梅红缕金小灯笼子,架子前后亦设灯笼,敲鼓应拍,团团走转,谓之'打旋罗',街巷处处有之。"又有"是月季春,万花烂漫,牡丹芍药,棣棠木香,种种上市,卖花者以马竹篮铺排,歌叫之声,清奇可听"。由于行商叫卖,扯嗓吆喝,既费力气,声音又传不远,于是就从口头广告演化出各类具有专业特色的音响广告,用各种不同的器具摇、打、划、吹,发出不同的音响表示不同的行业,例如货郎的拨浪鼓、剃头匠的铁滑剪等。

两宋时期,都城的迁移带动政治、经济、文化中心的变化,同时,从总的趋势看,城市商业呈现出东进和南移的趋势。

北宋定都东京(汴京)后,东京逐渐成为全国政治、经济和文化中心,也是全国最大的商业城市。都城东京是在后梁、后晋、后汉和后周四代旧城的基础上,经过多次改造而逐步发展起来的。它有皇城、里城、外城三重城墙,它们的周长分别为9里、20里、48里。皇城是东京城的核心,是由原唐代节度使衙署改建而来的,因此规模狭小,又无法扩展,只能供皇帝办公及与后妃居住,而中央朝署官衙则多分散在里城办公,杂处于居民和商业区之间。自皇城正南门宣德门起,向南经过里城正南门朱雀门,直到外城正南门南薰门的中心大道,宽约两百余步,称为"御街",为全城的中轴线。宣德门到朱雀门内的州桥一段,实际上是一个宫廷广场,街两旁各建一条千步廊,准许商人买卖交易。东京有四条被称为"御路"的街道,它们既是皇帝出入所经之路,又是商业的集中处。其一就是前面提到的御街,以州桥至朱雀门的这一段最为繁华,这里酒楼、饭店、香药铺、茶馆、商店林立,夜市尤其著名,称"州桥夜市"。其二是从宣德门外向东经土市子,到潘楼街折向北,经马行街到新封丘门止。这一路上的潘楼街是大商人云集的场所,珍珠、匹帛、香药等店铺,"屋宇雄壮,门面广阔,望之森严,每一交易,动即千万,骇人闻见"。马行街一带,经常是"车马阗拥,不可驻足",这里的夜市又盛于州桥夜市。其三是从州桥向东,经相国寺前门,至新宋门止,有鱼市、肉市、金银漆器铺等,其中相国寺为最大的定期集市,每月举行五次万姓交易,各种货物无所不有。其四是从州桥向西,一直到新郑门,有珠玉铺、鲜果行等。

1. 北宋东京的人口，大大超过了唐代长安

唐都长安到底有多少人口，历史上缺乏确切的记载数字，但宋都东京的人口大大超过了它则是毫无疑义的。东京及开封府属各县共有23万余户，五代东京旧城周围扩大了一倍，筑起40里方圆的新城，后更在城外建立了八个厢。东京作为当时世界上人口最多的城市之一，也是世界上最大的国际性大都市之一，由此略见一斑。

2. 北宋东京打破了坊市界限，改变了前代都城的城市布局

唐都长安有严格的坊市制度，将居民居住区与商业活动区严格区别开，商业活动限于东市和西市，街面和坊内禁止经商。北宋中叶随着城市人口的增加，商业发达，使坊市制完全崩溃，都城东京的居民已面街而居，在街上开设店铺，出现了工商与居民杂处的局面。以后随着店铺的日益增加，形成了若干条商业街，商业街成为主要的贸易场所，终于取代了昔日的市。其他城市也突破了市的界限。

3. 北宋东京出现了夜市和早市，打破了前代都城对商业活动的时间限制

唐都长安实行宵禁，只有白昼市场，而且时间仅限于下午半天。宋都东京已经取消了宵禁，不仅白天市场的时间大为延长，而且新出现了夜市和早市(图2-16)。夜市从入夜开始，多设在酒楼、饭店、香药铺、茶馆、商店等比较密集的街区，至三更鼓罢结束。而闹市区，则通宵不绝。接着，早市又开始了，有卖粥饭、点心的，也有卖洗脸水的，主要为入城卖货的农民和上朝的吏胥服务，天亮时即散。随着清晨的到来，一天的买卖又开始了。东京的商业活动，真可谓是白天黑夜时时都有市。

图2-16 《闸口盘车图》中的彩楼欢门

4. 北宋东京出现了娱乐场所——"瓦肆"(又名"瓦子")

东京有数十个称作"瓦子"的娱乐场所,这些场所,有演戏的,说书的,还有表演杂技、摔跤的,吸引着大批观众。瓦子不仅是娱乐场所,也是买卖生意兴隆的地方。当时的东京城"八荒争凑,万国咸通。集四海之珍奇,皆归市易"①,成为各地商品集散地和商业贸易交易中心。

5. 宋代的商业组织形式发生了巨大变化

在北宋时期,"行制"代替了"市制"。行既是某一批发单位的名称,又是某类商品行业组织的名称。在唐代,一个行业在同城的各个市内各有一行,到宋代一个城市同一行业就只有一个统一的组织——行,分散在各处的零售商户和集中在某个街区的批发商人都加入这个行。行的首领——行老、行头,由官府批准,应付官府的"行户祗应"(以低价供应物品,在行户之间分担),同时,还有权掌握买卖的价格,检查商品的质量和校验度量衡器具等。

北宋都城在城市的布局、经商的方式、都市生活的面貌等方面,相比唐代都城长安都发生了重大的变化,这些特点说明了北宋都市的繁荣和商品经济的发展,也为丰富多彩的商业广告的出现奠定了基础。

南宋建都临安,偏安江南。南迁后的宋都,歌舞升平,一派繁华景象。临安之所以能够成为南宋都城,且商业经济得到快速发展,首先和其特殊的地理位置有关,地处大运河的最南端,与钱塘江相通,水上交通较为发达。其次是商业经济有较好的基础。早在吴越时期,这里的城市规模已达到周围70里。北宋时期,因其地理位置优越、交通发达,与京城汴京保持着紧密的经济联系,商业贸易较为发达。因此,南宋政权南迁在此建都后,很快成为全国的政治、经济和文化中心。

(二) 宋代兴盛的广告表现形态

两宋时期伴随着商品交易的发展,商业活动的增多和市场的繁荣,一些服务行业应运而生,从业者骤然增多,茶坊、酒楼、饭馆、客店,遍布街头巷尾,生意兴隆。在这种经济背景下,广告得到进一步发展,形式更加多样化。招牌、幌子、酒旗、灯笼各显其能,且随着大店铺的出现开始出现新的广告形式——门匾。北宋张择端画的《清明上河图》(图 2-17)中就可以看到诸如"刘家上色沉檀拣香""杨家应症"和"王家罗匹帛铺"等招牌门匾。

原始的广告形式——口头叫卖、音响、招牌、幌子、灯笼以及门匾、门楼、酒旗等店铺广告,在宋时已发展到相当繁荣。同时,由于科技水平的提高,发

---

① 〔宋〕孟元老:《东京梦华录·序》。

图 2-17 《清明上河图》局部

明了印刷工艺。在隋朝发明的雕版印刷,到了宋代已发展为活字印刷。印刷技术的发明为广告提供了新的传播媒介——印刷品。历史资料证明,在宋代已开始出现印刷品广告,现存上海博物馆的"济南刘家功夫针铺"的印刷铜版,就是相当珍贵的宋代广告印刷史料。

1. 店堂装饰和店招广告

宋代店铺打破了市坊制度的限制,店铺可随处开设,经营可随处而为,并且发展了大的店铺,商店的门面修饰也成为广告竞争的主要形式。《清明上河图》上可以看到一家"正店",其店面装饰已十分讲究。宋朝鼎盛时期的丰乐楼,"三层相高,五楼相向,各有飞桥栏槛,明暗相通,珠帘绣额,灯烛晃耀"。同期的《梦粱录》对杭州的描述更是详细,"今杭城茶肆亦如之,插四时之花,挂名人画,装点门面",可见当时已重视店堂装饰。同时,店招的形式和内容都发生了深刻变化。

其一,商家更注重宣传经营者的字号和名号,突出经营者的信誉和承诺。《清明上河图》中店铺林立,使用店招的店铺多以姓氏或经营的名牌产品作为店招,较清晰可辨的就有"刘家上色沉檀拣香""杨家应症"等店招,尽显店家的气派和经营特色。

其二,行业的标志性更加明显。北宋时期,饭店分为"正店"和"脚店"两种,《东京梦华录》载:"州东宋门外仁和店、姜店,州西宜城楼、药张四店、班楼、金梁桥下刘楼,曹门蛮王家,乳酪张家,州北八仙楼,戴楼门张八家园宅正店,郑门河王家,李七家正店,景灵宫东墙长庆楼,在京正店七十二户,此外不能遍数,其余皆谓之'脚店'。"①由此可见,东京城内"正店"及"脚店"具有相当的数量。在《清明上河图》中,能清晰地看到"正店"及"脚店"的招牌,其行业的特征由招牌广告便可以判断出来。

2. 彩楼、欢门广告

彩楼、欢门广告是宋代新出现的广告形式。彩楼主要指店铺的门面装饰,欢门则主要指喜庆节日临时用彩色的纸帛或树枝鲜花扎成的栅栏或特殊造型,均是店家为吸引或招徕顾客而设计的广告形态。北宋时期,彩楼欢门的设置成为一种时尚,特别是彩楼广告(图2-18)已具相当规模。酒肆茶楼争相设置彩楼欢门,竞比豪华,也使东京城内出现一些装饰华丽的大酒店。据《东京梦华录》载:"凡京师酒店,门首皆缚彩楼欢门。"②《都城记胜·食店》记:"汴京州南一带,酒店皆结彩棚。"当今的橱窗陈列广告可以说是古代彩楼广告的发展。

图2-18 彩楼广告

3. 招牌广告

自从唐代把招牌作为一种行市管理手段之后,招牌(图2-19)一直是横跨唐、宋、元、明、清上千年的广告形式。《清明上河图》上可以看到各种招牌的形象。宋代话本《京本通俗小说·碾玉观音》中有这样的描写:"不则一日,到了潭州,却是走得远了。就在潭州市里,讨间房屋,出面招牌,写着'行在崔待诏碾玉生活'。"早期的招牌一般比较简单,但为了在商业竞争中取得广告优势,后来就发展出请名人书写,并且出现了店铺中堂,如酒店的"太白遗风"、米店的"民以食为天"等。同时,在招牌的装饰上,也开始演变出艺术性

图2-19 招牌广告

---

① 〔宋〕孟元老:《东京梦华录·酒楼》。
② 同上。

图案和描金描红等竞比华贵的表现。

4. 吟唱广告

吟唱广告是用乐器演奏或是用特定器物互相敲打碰撞来招徕顾客,较多出现在酒肆茶楼和大街小巷,北宋时期较为盛行,是叫卖广告形式的进一步发展。吟唱广告实际上也是口头叫卖和民间吟唱艺术相结合的广告表现形态,《东京梦华录》和其他史书对吟唱广告的记载也较具体,如"瓦中多有货药、卖卦、喝故衣、探博、饮食、剃剪、纸画、令曲之类"[1]。这里提到的"喝故衣""令曲"等应是叫卖和吟唱艺术相结合的口头叫卖广告形态。

5. 声响广告

宋代已出现了声响广告。所谓声响广告,主要是指广告者利用所持器物击打或划、吹等发出声响来招徕顾客的广告表现形态。根据《梦粱录》记载,宋代杭州城里有家卖梅花酒的,就用鼓、笙、唢呐、梆子等演奏家喻户晓的古曲《梅花引》来吸引顾客。声响广告多为走街串巷的商贩所发明,最为典型的例如卖油的货郎敲木梆子,卖酒的敲竹板,卖针头线脑的货郎边吆喝边手打拨浪鼓并美其名曰"唤娇娘",磨铜镜的匠人手持铁呱嗒板,边打边吆喝"磨镜子哟"。因货郎多卖针线脂粉等闺房用品,小铜锣和小鼓起到告知深闺大院女子出门购买用品的作用,美其名曰"惊闺",指的不过是货郎手中所敲的小铜锣。"惊闺"在日常生活中已普遍存在,并且是货郎进行广告宣传的常用器物。

6. 幌子广告

幌子(图 2-20)是中国古代广告媒介中最成熟的媒介形态之一。幌子往往以生动、直观的形制,鲜艳的色彩和独具魅力的民俗性给人以视觉上强烈的冲击力。幌子从构成看,比较讲究的由幌杆、幌架、幌挑、幌盖、幌体、幌座和幌坠等部分组成;从形体上看,有圆形、方形、三角形、菱形及不规则形;从传播的内容看,凡是与商业经营或商品服务相关的信息均有可能以幌子的形式出现;从制作材料看,则有布、绸、缎、棉、铜、

图 2-20　幌子广告

---

[1] 〔宋〕孟元老:《东京梦华录·东角楼街巷》。

铁、木等各种材质，不少幌子由多种材料复合制成；从表现形式看，则又分为实物幌、模型幌、象征幌与特定标记幌等。宋朝出现的幌子广告主要存在于官员出行或审案、军事活动之时和酒肆茶馆之地。像官员出行，随行人员高举"回避"旗幌，审理案件时周围衙役高举"肃静"旗幌；军事活动中旗进则进，旗退则退；酒肆茶馆门口斜插酒幌、茶幌。宋代出现的幌子广告已经超越了春秋战国时期形成的幌子广告；其含义更加明确，且运用领域也更加具体。

7. 灯笼广告

灯笼是照明工具，我国古代有在灯笼上题字的传统，通常标明宅院、姓氏、府衙，在元宵节的时候还有花灯和灯谜。在灯笼上题字用作广告宣传，便成为早期的灯笼广告。这一时期的灯笼通常三面有字，采用明火照明，因此设有防火的木栅栏，以避免灯笼倾倒造成失火。在《清明上河图》上的孙羊店正门，下设"正店"等广告灯笼三个，其规模可观，宾客盈门，熙熙攘攘。在《清明上河图》另一处彩门下挂两块灯笼招牌"天之""美禄"，地设十个脚店立式灯笼广告，不仅设计制作精致，且有木栏围护，其作用是明火照明，同时具有防火功能。

灯笼广告出现较晚，大约在唐朝中后期。中唐以前，我国城市实行宵禁，没有夜市，暮鼓响后，一切文化商业活动广告便停止了。较早的灯笼广告记载，见于王建《夜看扬州市》的诗句"夜市千灯照碧云"。到了宋代，都市繁华，商业兴隆，夜市大兴，灯笼广告盛行。当代的灯箱广告、霓虹灯广告就是古代灯笼广告的延续发展。

8. 印刷广告

伴随着印刷技术的发展，特别是雕版印刷技术的发展，印刷媒介在广告信息传递方面开始发挥巨大作用。作为唐宋以后出现的新型广告媒介，其表现形式和表现内容在商家的经营活动中也日益丰富多彩起来。

纸和印刷术的发明，雕版印刷术的成熟，使得广告形式和手段也发生了质的变化，一种新型的广告媒介——广告铜版在北宋时期开始出现。最为典型的实物就是现存于中国历史博物馆的济南刘家针铺的广告铜版。这是一种商标和广告信息相结合的雕版印刷物。这块铜板宽12.5厘米，高13厘米，正面雕刻有"济南刘家功夫针铺"的标识字样，画面中央雕刻"玉兔抱杵捣药"的图案（图2-21）。图案两旁有八字"认门前白兔儿为记"分列两旁，图案下方还有特别的广告宣传文字。刘家针铺的广告铜版是目前世界上现存最早的印刷广告文物，它比西方印刷广告早三百多年，被视为印刷广告中的典

图 2-21 济南刘家功夫针铺印刷广告

代表。

从广告设计的角度出发,这则广告画面布局合理,构图严谨,借神话传说为商标图案,既强调了按时交货、质量不凡,又清楚地告知客户订货优惠多多,而且还有白兔作为防伪标记,图文并茂,文字简练,印刷精美,包含构成商品广告设计的最基本要素,即含有商标、标题、引导、正文,可以说是相当完整的古代平面广告作品。从某种程度上说,平面印刷广告是中国古代广告成就的最高峰。

9. 广告招贴画

广告招贴画出现在南宋时期,采用纸质印刷。据史料记载,南宋时出现《眼药酸》杂剧印刷广告(图2-22)。画面内容是两个穿戏装之人位于画面中央,一人用手指眼,示意有眼病,另一人则手拿眼药水请他使用,广告表现类似今天的广告招贴,十分生动形象。

10. 书籍广告

书籍广告在南宋也较为流行,南宋杭州有一家专刻佛经的"经坊"为沈二郎所开,他在刻佛教经卷《妙法莲华经》时,为所刻书卷所作的书籍广告也颇具特

图 2-22 《眼药酸》广告

色,该段文字如下:"本铺将古文《莲经》一一点句,请名师校正重刊。选拣道山场抄造细白上等纸札,志诚印造。见往杭州大街棚前南钞库相对沈二郎经坊新雕印行。望四远主顾,寻认本铺牌额,请赎。谨白。"该段广告不仅介绍了所刻书籍的纸质、书坊的位置和标识、刻书人、书坊的主人,还重点强调了该书"请名师校正重刊",其广告宣传已十分到位。

印刷广告的出现,不仅增加了宋代的广告表现形态,更为重要的是,书籍是打破地域限制而在全国流通的,书籍作为广告的载体,成为广告信息传递的媒介。

在古代较为原始的广告表现形态中,出现广告者、媒介和广告信息接收者三个要素。从信息传播的角度看,由于能够在更为广泛的范围内发生作用,印刷广告相对来说是一种更为成熟的广告形态。

11. 诗歌广告

诗歌广告在宋代有了进一步发展。唐代及唐代以前的诗歌广告,多为诗人在诗歌里涉及广告形式或广告现象,诗人在关注普通民众生活的同时,与普通民众生活密切相关的广告现象也同样为其所关注。这种诗歌或描写广告现象的诗歌体裁,只是诗歌广告表现形式的一种,在宋代也大量存在。宋代诗歌广告发展的一个重要表现是出现了诗人专为商品销售创作的广告诗,因数量较少,尤为珍贵。

宋代绍圣年间,苏东坡被贬至海南儋州,曾为一卖饼老妪写了一首广告诗,诗云:"纤手搓来玉色匀,碧油煎出嫩黄深。夜来春睡知轻重,压扁佳人缠臂金。"该诗描述了所销商品的色、香、味及形状,十分准确、到位,这首广告诗也为老妇人带来好生意,苏东坡也因而成就了一段"救弱扶贫"的佳话。"东坡肉"是苏东坡被贬至湖北黄州时所创,为了推广,他曾写了一首广告诗《猪肉颂》:"黄州好猪肉,价贱如泥,贵者不肯吃,贫者不解煮。早晨起来打两碗,饱得自家君莫管。"这首诗将东坡肉的价廉物美及制作工序描写得绘声绘色,说服力很强,老百姓争相仿制,东坡肉很快便名扬天下。

12. 字画广告

宋代茶肆酒楼多喜欢以"名人字画"或"四时之花"装饰门面,这里的"名人字画"实际上是一种店堂装饰,本身就是一种广告形态。宋代在一些画家的绘画作品中也出现了广告题材,如南宋画家李嵩所绘的《货郎图》(图2-23)就逼真地展示了货郎的广告手法和广告形态,画中的货郎将货郎担停在街上,担上及货郎身上都摆满或插满货品,货郎在手持拨浪鼓招徕顾客,一群儿童则在货郎担前嬉戏和购物。货郎手持拨浪鼓做广告宣传时的姿态、神情栩栩如生,形象十分生动。

图2-23 《货郎图》

三、元代商业的发展及新的广告表现形式

公元 1271 年,北方的蒙古族首领忽必烈在大都(今北京)建立起元王朝,从此,北京逐渐成为中国的政治、经济、文化中心。公元 1279 年,元朝发兵攻占南宋都城临安(今杭州),统一了中国全境。

(一)元代商业的继续繁荣

元代实现了国家的空前统一,为经济的进一步发展奠定了基础;重新疏通了京杭大运河,疏浚后的大运河从杭州直达大都;开辟了海运,海运从长江口的刘家港出发,经黄海、渤海抵达直沽(天津);元政府还在各地遍设驿站,横跨欧亚的陆上丝绸之路也重新繁荣起来。以上这些都促使元代商业继续繁荣。

随着元代商业经济的恢复和发展,元代的城市商业也逐渐恢复并趋向兴盛,当时的大都、杭州、泉州、广州都是声名远播的大都市,特别是都城大都既是全国的政治文化中心,也是繁华的国际商业大都会。从东欧、中亚,从非洲海岸,从日本、朝鲜,从南洋各地,都有商队来到大都。城内各种集市三十多处,居民不下十万户。国内外各种商品川流不息地汇聚于此。"百物输入之众,有如百川之不息。"据说每天仅运入城中的丝即达到千车,商业贸易十分繁荣,到此游历的马可·波罗在其游记里曾盛赞大都的富裕与繁华,他说:"外国巨价异物及百物之输入此城者,世界诸城无与伦比。"[①]杭州是南方最大的商业和手工业中心,"贸易之巨,无人能言其数"。泉州是元代对外贸易的重要港口,经常有百艘以上的海船在此停泊,外国旅行家誉之为世界第一大港。元政府在这里设有市舶司,严密控制对外贸易。

元统一全国后,水陆交通畅通,沿江、沿河城市商业经济也得到进一步发展,当时沿江、沿河商业贸易较为繁荣的城市有杭州、平江、镇江、集庆(今南京)、扬州等地;沿海城市有广州、泉州、福州、温州、宁波、上海等。这些城市大多实行市舶制度,管理海舶以及对舶货抽分起运等,城市商业贸易也十分兴盛。城市商业的进一步发展,为诸多形式广告的出现奠定了物质基础。

在元朝建立之后,朝廷在全国普遍推行和使用纸币。这样大范围地广泛使用纸币,活跃了一定的市场交换和商品贸易空间。元代农村市场也有所发展,尽管和宋代相比农村经济相对于繁荣的城市商业凋敝不少,但农产品上

[①] 参见[法]沙海昂:《马可波罗行纪》,冯承钧译,中华书局 2004 年版。

市交易的品种也明显增多,如粮食、水产品、海产品、茧、丝和棉花等。在元朝,中国南方的棉花种植已非常普遍,所以纺织业也随之发展起来。总之,作为城市商业经济的重要组成部分,农村市场的发育和发展也对元代广告形态的发育起到了积极促进作用。

(二)元代商业广告的新发展

元代的商业广告主要延续了宋代的广告表现形态,但在新的商业环境中,广告形态也有所发展和创新,概括起来,主要分为以下几种类型。

1. 印刷广告

自印刷广告出现以后,我国最早的广告设计者一开始就非常讲究广告的版式设计,以达到有效传播广告信息的目的。自宋代之后,印刷广告的版式设计,一般包括立冠、平目、齐身、落足几个方面。自上而下首先是立冠,它犹如一个人的帽子,是表现商家独特之处的最佳位置;其次是平目,它最吸引消费者的目光,多放置商家的名称;再次是齐身,它是广告文字的主体,商家宣传的重点;最后是落足,它与立冠遥相呼应,强化对商品的介绍。此外,古代的印刷广告也非常注重广告的文案设计,力求简洁明了,言之有物。

元代以后,随着我国造纸术和雕版印刷业的进步与发展,印刷广告也在不断增加。首先是元代先后发明了锡活字和木活字印刷术,可以用于排印蒙文和汉文,较之宋代的印刷术是一种进步。其次是铜版铸印技术已经开始出现,元朝政府用铜版铸印技术来印刷汉文或蒙文的印刷品,并用于印刷纸币,其中著名的至元通行宝钞(图2-24)就是一种。再次是套色印刷术开始运用于刻书。这些印刷术的进步,为书籍和印刷品的印刷提供了技术基础,也客观上促进了印刷广告的发展。

图2-24 至元通行宝钞铜钞版

元代的商家已经开始把广告印在包装纸上。湖南沅陵出土一纸元代广告,右边竖印:"潭州升平坊内白塔街大尼寺相对住危家,自烧洗无比鲜红紫艳上等银朱、水花、二朱、雌黄,坚实匙箸。买者请将油漆试验,便见颜色与众不同。四方主顾,请认门首红字高碑为记。"

左边竖印:"主顾收买银朱,请认元日祖铺内外国书印号为记。"这是当时潭州即今长沙一家油漆店的广告。这条广告语句简洁,说明了该店的详细地址,所售商品的种类、质量和特性,是一条较为完整、典型的印刷广告。

不仅普通的工匠如此进行标榜,书商们也别出心裁。由于活字印刷术的发明,节约印书成本,提高了印书效率,使更大规模印刷和发行书籍成为可能。书商们为了扩大图书销售,在图书印刷上大做文章,这应属一种特殊的文化广告。宋本书籍在目录或序文之后一般都会跟着印上"牌子"或"刊语",将书坊的字号、刻书年月、地点告诉读者,既表明刻书坊的信用,又起到了宣传本书坊的广告作用。有的书坊还直接刊印广告,进行张贴宣传。不仅如此,元代还出现了我国最早的征稿广告。至元二年(公元1336年)雕版印刷的《元诗》附有一则广告:"本堂今求名公诗篇,随得即刊,难以人品齿爵为序。四方吟坛多友,幸勿责其错综之编。倘有佳章,毋惜附示,庶无沧海遗珠之叹云。李氏建安书堂谨咨。"[①]阅读广告可以得出这则征稿广告是征求名诗佳作的,并以"倘有佳章,毋惜附示,庶无沧海遗珠之叹云"来劝说作者刊稿,内容上已经比较接近现代的征稿广告。

2. 吟唱广告

贩夫走卒的音响广告和叫卖广告,经过人民群众的长期口耳相传,加上智慧创造,逐渐趋于定型和艺术化,形成吟唱广告。元代杂剧比较兴盛。元杂剧是在宋金杂剧及南宋时期在温州流行的"南戏"这两种戏剧形式基础上发展起来的一种较为成熟的艺术形式。由于元杂剧继承了南戏的唱词风格,而南戏多采用具有故事情节的歌谣小曲进行表演,因此一些在居民生活中常见的广告形式在元曲的唱词中也被记载下来,或以"鹘伶声嗽"(意为优美的曲调)的演唱风格加以淋漓尽致地表现。在元曲里有许多市井俚语,就包括小商小贩的叫卖广告。其中最有名的当数杂剧《逞风流王焕百花亭》,此剧第三折写主人公王焕仿效洛阳一带卖果品的小贩叫卖道:"查梨条卖也!查梨条卖也!……这果是家园制造,道地收来也。有福州府甜津津香喷喷红馥馥带浆儿新剥的圆眼荔枝,也有平江路酸溜溜凉荫荫美甘甘连叶儿整下的黄橙绿橘,也有松阳县软柔柔白璞璞蜜煎煎带粉儿压扁的凝霜柿饼,也有婺州府脆松松鲜润润明晃晃拌糖儿捏就的龙缠枣头,也有蜜和成糖制就细切的新建姜丝,也有日晒皱风吹干去壳的高邮菱米,也有黑的黑红的红魏郡收来的指

---

① 转引自张秀民:《中国印刷史》,上海人民出版社1989年版,第325页。

顶大瓜子,也有酸不酸甜不甜宣城贩到的得法软梨条……"①

以上的记载,充分展示了元代吟唱广告的高超艺术,吟唱之人用"这果是家园制造,道地收来也"等语言描述所售商品的来源和信誉保证。特别是在唱词中,有大量的词句对商品的特征进行渲染和宣传,有独特的吟唱广告的艺术效果,如大量使用叠音词"甜津津""香喷喷""红馥馥""酸溜溜""凉荫荫""美甘甘"等,使商品的形象更加鲜明和突出,也能在吟唱过程中发挥淋漓尽致的广告效果。更难能可贵的是,唱词中也对所售商品或相关联商品的具体功能进行了描述,如"益生津""偏爽口""利阴阳""调和肺腑"等,使广告诉求更具说服力。

3. 招幌广告

招幌广告(图2-25)一般以生动形象的图案来表现出售的商品或服务的项目,容易为顾客所接受。元代的招幌广告继承了唐、宋以来的传统,酒幌仍是其主要表现形态,其他类型的招幌广告也大量存在。《京本通俗小说》中《志诚张主管》一篇中写道:"开起胭脂绒线铺,门前挂着花栲栳儿。"据《宋元明话本小说选》的注释,"栲栳儿是一种用竹子或柳条编制而成的筐篮,花是指筐篮的色彩和图案"。这里的花栲栳儿就是典型的招幌广告。

酒幌广告在元曲唱词中经常被提及:"酒店门前三尺布,人来人往图主顾。"②"酒店门前七尺布,过来过往寻主顾。"③对元大都实物幌描述较为详尽的,还有熊梦祥的《析津志》,该书中所记载的实物幌类型众多。

"市中医小儿者,门首以木刻板作小儿,儿在锦棚中若方相模样为标榜。"④

图2-25 招幌广告

---

① 《百花亭》第三折,载〔明〕臧晋叔:《元曲选》,文学古籍刊行社1955年版,第144页。
② 《王粲登楼》,载〔明〕臧晋叔:《元曲选》,文学古籍刊行社1955年版,第807页。
③ 《后庭花》,载〔明〕臧晋叔:《元曲选》,文学古籍刊行社1955年版,第93页。
④ 〔元〕熊梦祥:《析津志辑佚》,北京古籍出版社1983年版,第206—207页。

"又有稳婆收生之家,门首以大红纸糊篾筐大鞋一双为记。专治妇人胎前产后一应病症,并有通血之药。而生产之家,门悬草圈,上系以红帛,则诸人不相往来。"①

"医兽之家,门首地位上以大木刻作壶瓶状,长可一丈,以代赭石红之。"②

元代商家根据行业特点和经营特色,创造了诸多幌子形态,并和当时的民俗风情相吻合,上文提到的木版刻成的小儿、大红纸糊篾筐大鞋、系以红帛的草圈、壶瓶形状的木刻等均是这一时期诸多幌子形态的代表。

4. 商品装饰广告

西汉时期,人们就已经开始将纸作为商品的包装材料来使用。在1990年甘肃敦煌考古中,与大批竹简同时出土的还有若干纸片,其中一张纸片上写有九个字:"巨扬左利上缣皂五匹"。据有的学者考证,这就是后来的"仿单"。仿单,又有叫"裹贴"的,就是在出售某些商品时随带的纸单,或作为外包装,或夹在商品包里面,相当类似今天的产品说明书。像这样的仿单广告,有例证明。德国皇家考察队于20世纪初在新疆吐鲁番考察发现一块元代残纸,是用雕版印成的,五行文字之外有双线边框,其文字为:"信实徐铺,打造南柜佛金诸般金箔,不误使用,住杭州官巷,在崔家巷口开铺。"明显也是一张商品仿单广告。

仿单广告在宋元时期很是普遍,商家为了宣传商品、招徕顾客,经常将仿单随附商品一起出售。可惜的是,不知什么原因,应该在宋代普遍存在的,以文字装饰并具有宣传作用的宋代包装纸实物已无法见到,在后世却发现了不少元代包装纸实物,这些包装纸多印有文字,且具有广告宣传性质,可以看作是一种新的广告形式。

5. 文艺演出广告

元代杂剧盛极一时。杂剧演出前,"瓦子"(游艺场)里的"勾栏"(戏场)都要事先"挂招子""纸榜"及"花招儿"做广告宣传。这些名目都是当时戏剧海报的别称,相当于今天的戏剧、歌舞文艺演出海报。元杂剧本身就有不少有关剧场广告活动的记载,如《宦门子弟错立身》中第四出《桂枝香》"白"曰:"侵早已挂了招子";该剧第十二出云:"……[看招子介][白]:且入茶馆里问个端的";《蓝采和》第一折"白"曰:"昨日贴出花招儿去";等等。

此外,元代杂剧演出前挂的"招子"一般是彩色的,所以又叫"花招儿",或

---

① 〔元〕熊梦祥:《析津志辑佚》,北京古籍出版社1983年版,第206—207页。

② 同上。

叫"花碌碌纸榜",上面不仅写着戏名,也有演员的名字,所以杂剧《错立身》中延寿马看了"招子"后,就知道王金榜在"作场"(表演)。

随着元代经济重心的北移,广告传播区域重心也向北迁移,广告传播的内容更具民族特色。元代是中国古代广告环境发生重大变化的时期,也是广告承前启后、继续发展的转折时期,为明清时期广告的进一步兴盛奠定了基础。

四、明代商业的特点及广告表现形式

公元1368年,农民起义军领袖朱元璋依靠农民革命的力量推翻了寿命不长的元朝,在应天(今南京)称帝,并于同年攻陷元大都,开创了新的封建政权——明朝。

明代是我国商品经济发展的重大转折时期。尽管明代中期以后对外贸易实行了闭关锁国的政策,阻碍了国内经济与国外经济的交流与融合,但国内在区域经济不断发展、商品交流日益活跃的形势下,商品经济的发展整体上也出现了长足进展,呈现出一些新特点。

(一) 全国性商品贸易繁盛

明清时期,小农经济与市场的联系日益密切,农产品商品化又有很大的提高。城镇经济空前繁荣和发展,许多大城市和农村市场都很繁华。其中北京和南京是全国性的商贸城市,汇集了四面八方的特产。在全国各地涌现出许多地域性的商人群体,叫作商帮,其中人数最多、实力最强的是徽商和晋商。丰富的商品,活跃的市场,是以遍布城镇的大小店铺为依托的。当时的大中小城镇,均是店铺云集,经营繁忙,热闹非凡,而且都各具特色。走遍大江南北的地理学家王士性在评论各地码头时说:

天下马头,物所出所聚处。苏、杭之币,淮阴之粮,维扬之盐,临清、济宁之货,徐州之车骡,京师城隍、灯市之骨董,无锡之米,建阳之书,浮梁之瓷,宁、台之鳌,香山之番舶,广陵之姬,温州之漆器。

随着商品的日益丰富和流通渠道的不断扩大,市场区隔也在逐渐消融。大都会当然占尽优势。如北京,"天下财货聚于京师,而半产于东南……盖四方之货,不产于燕,而毕聚于燕。其物值既贵,故东南之人不远数千里乐于趋赴者,为重糈也"。"东南财货与山海珍藏无不聚辇毂下,诚为塞途积路"。不说丝绸罗缎、米粮棉布、珠宝器皿充斥市肆,就是原本只在江南沿海水乡才丰硕,又难于保鲜、不易贩运的"蛙、蟹、鳗、虾、螺、蚌之属",万历中期竟也在京城大量出现,人称"腥风满市廛矣"。万历末年,京城的"鱼、蟹反贱于江南",而且一些珍稀水产如"蛤蜊、银鱼、蛏蚶、黄甲"也"累累满市"。在南京,"斗门、淮清之桥,三山、大中之街……日中贸易,哄哄咤咤。云间之布、雅安之茶、吴会玉栅之灯、勾漏石床之砂、翠聚琼台之馆,曲曲连淮阴之车,万货各离其乡土,何聚会之纷拏……"

那里的招牌、广告更记录了并张扬着货物的外来性质,如"立记川广杂货""发兑官燕""福广海味发客""西北两口皮货发客""东西两洋货物俱全"……开封城内林林总总的商店中,可以确定从外进货或进原料的有杂货店、山货店、竹货店、大缎店、南北香料店、南果店、海菜店、西绒货店、毡货店、大米行、六陈杂粮行、杂粮大坊子、白布店、纸店、生熟药材店等。

在中小城市中,各地货物云集的现象也不断出现。史载,临清市"萃四方货物,土带鬻其中,率非其地所自出",福建同安县"往时市肆绸缎纱罗绝少,今则苏段、潞绸、杭货、福机行市,无所不有者"。以产纸闻名、僻远的江西铅山镇上,其货自四方来者,东南福建则延平之铁,大田之生布,崇安之闽笋,福州之黑白砂糖,建宁之扇,漳海之荔枝、龙眼;海外之胡椒、苏木;广东之锡,之红铜,之漆器,之铜器;西北则广信之菜油;浙江之湖丝、绫绸;鄱阳之干鱼、纸钱灰,湖广之罗田布、沙湖鱼……此皆商船往来货物之重者。

方圆几千里的各种名优特产,辐辏荟萃于山陬一隅,这确实很能反映明后期商业的繁茂景象。其他如铁器、瓷品、纸张、食糖等也在由生产它们的原产地源源不断地贩运到全国各地,进入大小城市中的千店万铺,供各地市民消费①。

明代初期,史书记载的全国商业比较发达的城市有杭州、苏州、镇江、淮安、常州、扬州、嘉兴、临江、广州、开封、济南以及沿江河的济宁、德州、临清等,其他一些城市如太原、平阳、成都、重庆、桂林、泸州等商业贸易也较为发达。不仅如此,明代的集镇也较为发达,已成为专门性的农副产品市场,其贸易大宗除转输粮食外,大都是重要的农产原料或重要的农村家庭手工业产品。集镇的发展使区间贸易沿中心城市向周边地区纵深发展,广告区域也逐渐从中心城市向农村地区扩散,这是明代以来广告环境随商业环境变化的一个新变化。

---

① 许敏:《明代商业与社会变迁》,道客巴巴,2012 年 9 月 19 日,http://www.doc88.com/P-696925561388.html,最后浏览日期:2022 年 2 月 15 日。

（二）经营规模的扩大和经营方式的创新——老字号店铺

明代的店铺,店主都愿意自己店内货物齐全,以吸引和满足顾客,使买卖兴隆。这是商品经济发展到一定阶段的必然趋势,也是有头脑店主应取的有效经营之道。《金瓶梅》在叙述西门庆开店铺时,曾借应伯爵的话:"常言道(开店)要的般般有,才是买卖。"当时有些店铺还千方百计收觅一些外国货或者是仿制品进来,如"天鹅绒、琐袱,皆产自西洋,会城人效之,天鹅绒赝者亦足乱真,琐袱真伪不啻霄壤"。广州的铺子就有这类商品出卖。李渔笔记小说中也有人们在古玩铺里看到和购买西方传教士带进的望远镜仿制品的详细叙述。求新寻异、热衷齐全的心态,即便是乡村的小杂货铺主亦然,他们也不时要去到大市场上办货。法国费尔南·布罗代尔（Fernand Braudel）笔下西方 19 世纪才兴盛的"什么都卖,但什么也不生产"的杂货店,在 16 世纪的晚明社会,已经到处可见了。

给店铺起个名字,原是极普遍之事,例如卖铁器的称铁店,卖布的叫布店,卖杂货的叫杂货铺等,但在店名字号上做起文章,以表明或标榜自己铺子的特色和诚信,则是稍后的事。宋代,给店铺取名、称作字号的做法已经为店主采用。宋魏泰《东轩笔录》卷八记载:"京师置杂物务,买内所需之物。而内东门复有字号,径下诸行市物,以供禁中。"这个记载,说明当时字号是为承应官府的征调而得名。但事实并非尽然,从史料记载看,给自己铺子起字号不只是较大商家,一般的民间铺商也这样做,如"潘节干熟药铺""宋五嫂鱼羹铺""沈家金银交引铺""徐茂之家扇子铺""陈花脚面食店""南瓦子北卓道王卖面店""彭家温州漆器铺""李生菜小儿药铺""仇防御药铺"等之所以要立字号,究其原因,除了为轮流承应官府征调外,主要在于:在行业竞争日趋激烈情况下,它是经营者对所经营商品的质量和对顾客诚信的一种承诺和保证,是一种新的经营理念和经营方式。顾客在你铺子买东西,如果东西质量好,服务也热情周到(所谓和气生财),那么他第二次还会到你铺子来买,而且会代做宣传,让更多人都知道而纷至沓来。这对商人来说,正是梦寐以求的。因此,到了明中叶以后,随着商品经济的进一步活跃,这种靠质量和信誉来赢得更多顾客的经营理念和经营方式就更加受到重视。城镇里众多商人不仅给自己的铺子起字号,并且都十分注意在字号上做文章,努力宣传、标榜自己。如《醒世恒言》写一小手工业者张权,才"搬至苏州阊门外皇华亭侧边开个店儿,自起了个别号,去那白粉墙上写两行大字,道:'江西张仰亭精造坚固小木家火,不误主顾。'"这可谓店号、标榜自己产品的货真价实和表明诚信服务的最原始和简单的做法。类似的事例在其他文献中也有记载。

随着经营实践的推移和经营经验的不断积累,到明后期尤其是到了清前期,各地都形成了一批有影响、有信誉的字号商铺,这些商铺因为经销可信的商品和具有自己独特的经营风格而在广大顾客中享有盛誉。这些商铺在市民眼里与一般的商铺有了区别。成书于清乾隆年间(但自言写明中叶事)的小说《歧路灯》中记,一官僚子弟考虑要经商,他说"我想做生意,或是海味铺,或是绸缎店",所开铺子一定"要立个字号,不是糊纸匾上写个堂名,羞死我哩"。这说明当时人们观念中已将有声誉字号的铺子与一般的商铺区分开来,业者也都以能经营和拥有有信誉的老字号为荣。这些有信誉的字号商铺,一般说来都是具有一定规模、商品质量可靠、有经营特色的店铺,且不少制定有严格、详尽的店规条例。店铺业主大都有孜孜以求长久发展的心理准备和计划,或者它们已历经了一代甚至几代人的苦心经营与培植。这种拥有信誉和特色的老字号店铺的出现,反映当时的商人注重广告宣传和品牌,为我国古代广告的进一步发展奠定了基础。

明中叶以后特别到晚明时期,社会产品商品化程度的明显增大,以及由此带来的商品的丰富、品种的增加、流通的扩大和对城镇发展尤其是店铺业繁荣的刺激,是当时商品经济活跃的一大显著特点,也是中国的商业经济(包括店业发展)史上一个重要的里程碑。尽管这种商品生产还是比较原始的、规模有限的,尽管对当时自然经济的分解作用还十分微弱,但它们毕竟促进了商品经济的整体发展,使晚明社会经济达到了中国封建社会的巅峰,也逐步促使中国封建社会的广告表现走向成熟。

(三) 不同类型的广告更广泛传播更深入发展

明代商品经济发展总体上呈上升趋势,社会产品更加丰富多样,伴随着这种变化,明代商业广告在新的广告环境中也得到进一步发展,其表现形态更加丰富,传播区域更加宽广。总的来看,明代既是中国传统广告的继续发展时期,也是不同类型的广告在更广泛的领域传播和深入发展的时期。

1. 叫卖广告

明代的叫卖广告已成为民俗文化的重要组成部分,较之宋元时期更加成熟,更彰显民俗特色。在明清时期的文学作品和史书中,对这种普通民众的日常生活中司空见惯的广告形式多有描述:"茉莉花儿街上卖,红粉佳人叫过来,这样正好在奴头上带,叫丫鬟,问他花儿怎么卖?卖花的闻声笑颜开,叫姑娘,挑着大朵只管戴,莫问价,我不图赚钱只图快。"[①]

---

① 转引自徐百益:《中外广告史话漫谈(连载九)》,《广告大观》1998 年第 2 期,第 36 页。

这段文字生动形象地描述了广告叫卖的氛围和卖花人笑脸迎客的高超推销技巧,口头叫卖广告拉近了销售者和顾客的距离,使双方的感情得到近距离的沟通,起到了很好的商品促销作用。

此外,北京小商贩的唱卖活动在明代人的记载中也有提及。京城三月时桃花初开,满街唱卖,声音悦耳清丽,而数日后花将谢尽,叫卖之声也转入悠长低哀。五月时分,各类时鲜的瓜果蔬菜齐集,小贩们"随声唱卖,听唱一声而辨其何物品者、何人担市"。唱卖稻麸的有四句,带着韵律,活像今天的打油诗。这里指出了叫卖之声应行业季节的不同而略有变化,而通过叫卖广告的内容,人们可以判断出小商贩贩卖的商品品种。

2. 诗歌广告

诗歌广告具有鲜明的时代特征,蕴含着丰富的文化内容,以其立意清新、格调高雅、语言精练、描述细腻而深受普通民众的喜爱。中国古代诗歌广告有两种基本形式:在诗歌中提及广告现象以及用诗歌这种艺术表现形式来宣传商品和服务的特色。明代的诗歌广告主要是指诗歌中出现的广告现象和广告形态,诗歌中频繁出现广告形态,说明当时广告宣传较为普遍,广告作为民俗文化的一种也成为诗人关注的对象。

> 独留一片西山月,犹照当年旧酒垆①。
> 扬子津头风色起,郎帆一开三百里。江桥水栅多酒垆,女儿解歌山鹧鸪②。

这些诗歌所提到的多是与百姓生活密切相关的酒垆、口头叫卖等广告形式,在一定程度上反映了随着商品经济和区域贸易的发展,广告已成为普通百姓生活中的重要组成部分。

3. 招幌广告

招幌广告包括招牌和幌子广告,招幌广告作为中国古代一种古老和成熟的广告形式,反映了古代商人对广告表现方法、手段的总结及广告艺术形式的加工、提炼过程,同时也从一个角度折射了中国古代社会的商业民俗和商业文化。

明代的幌子广告种类十分丰富,从明人画的《南都繁会景物图卷》

---

① 徐中行:《感归》,参见金性尧:《明诗三百首》,上海远东出版社2011年版。
② 高启:《忆远曲》,参见金性尧:《明诗三百首》,上海远东出版社2011年版。

(图2-26)描绘的当时南京商业街市的繁华图景看,其中的幌子广告就令人目不暇接,后人计算,在《南都繁绘会图卷》中所显现的幌子和招牌就达109种,真实地反映了明代南京商业繁荣、广告宣传兴盛的情景。在明代的《金陵繁盛图》中,我们也可以看到众多的字幌,如茶、酒、书、帽、药、米局等。上述幌子在装饰上多用大众喜闻乐见的云纹、钱纹、龙纹和福字等吉祥图案。招幌的色彩多以象征吉祥的大红色较为常见,具有浓郁的民间特色。

图2-26 《南都繁会景物图卷》

除了幌子,明清时期,招牌广告又有所发展。招牌的式样、色彩更为丰富多彩,制作的材料也多种多样,有纸、布、竹、木、皮革、铜、铁、锡等。根据朱彝尊《日下旧闻》的记载,北京"正阳门东西街招牌有高三丈余者,泥金杀粉,或以斑竹镶之。又或镂刻金片、白羊、黑驴诸形象,以为标识。酒肆则横匾连楹。其余或悬木罂,或悬锡盏,缀以流苏"。

由此可见,招牌广告发展到明代无论制作工艺还是形式已经比较成熟完备,不同的行业具有不同的模式。

4. 印刷广告

明代的印刷广告是伴随着雕版印刷业的发展而进一步发展的,特别是木版印刷在明代大有发展,除官方用来印书之外,民间亦用来印制话本小说和戏曲。尤其在明代中叶以后,印坊所出小说、戏曲大都加有插图绣像,作为书商推销刊本的宣传;同时在书籍的首尾甚至是封面上刊登书籍广告,这既是对元代书籍广告的继承,也是发展,因为此时的广告不再仅仅是对书坊或书籍内容的介绍,而是结合读者的心理进行诉求,其广告效果更为明显。最为典型的有两个例子。

一是明代弘治戊午年(1498年)刊本的《奇妙全像西厢记》,在其书尾就附有出版商金台岳家书铺的出版说明:"……本坊谨依经书重写绘图,参订编次,大字魁本,唱与图合。使寓于客邸,行于舟中,闲游坐客,得此一览始终,歌唱了然,爽人心意。"①从这段起到广告宣传作用的文字可见当时书商广告的功底。

二是明代汲古阁刻陶《南村辍耕录》书首所刊出的一则出版说明,该段文字内容丰富,广告更加艺术化,其全文是:"元末陶南村诸书,向来脍炙人口,异隐沦不传,海内博雅君子辄秘而密娱,不啻和璧隋珠矣!……不佞广搜博访,购得国初原刻,特恳汲古阁先生严加订正……监官黄之义君宜甫谨识。"这则广告以监书黄之义的名义对该类书刻的来龙去脉及该刻本的引人之处进行了较为缜密的阐述,广告词较为严谨,宣传效果明显。

与此同时,世界上的印刷技术也在不断发展,明末清初,彩印广告最早出现在沿海一带,当时,一些外国商船靠岸后派人四处张贴广告,兜售商品,因为从海上而来,人们称这种张贴画叫海报,但数量很小。

5. 名人广告

中国最早的名人广告大概源于相马专家伯乐,《战国策》中的"燕策"记载:"伯乐乃还而视之,去而顾之,一旦而马价十倍。"明代的商家不仅注重邀请名人做广告,而且将之策划成经典的故事进行传播,以达到口碑相传的广告效果,竭力保持货真价实的老字号信誉。

明代宰相严嵩却是在无意中做了名人广告。创业于明代的"六必居"原是一家酒铺,"六必居"的字号源于酿酒时必须遵循的六条原则,即黍稻必齐,曲蘖必实,湛炽必洁,陶瓷必良,火候必得,水泉必香。当时宰相严嵩下朝后也常来喝酒,店主很想请他给店铺题字,因不敢直接求他,便托严嵩的老婆代为请求。这位夫人也不敢让骄横的当朝一品屈身为小酒店题字,于是有人帮忙想出了一条妙计,让夫人练毛笔字。一天,严嵩下朝归来,没见夫人迎接他,感到奇怪。当他走进内宅一看,原来夫人正在练毛笔字,其中含有"六必居"三个字,当然写得很难看。于是,严嵩就提笔写了"六必居"三个字让夫人临摹。其后,夫人将这三个字给了店家,做了招牌(图2-27)挂起来,果然买卖更加兴隆。

图2-27 六必居招牌

---

① 转引自王伯敏:《中国版画史》,上海人民美术出版社1961年版,第21—72页。

6. 楹联广告

明清时代（至1840年），广告的发展越来越讲究形式美，还出现了政治名人和文化名人书写招牌和楹联广告的美谈（图2-28），店铺的名目和招牌的书写都很讲究，出现了"全聚德""六必居""都一处"等老字号的店铺，也出现了很多名人写的广告楹联。

图2-28 楹联广告

楹联广告是具有我国民族风格的一种文字广告形式。楹联起源于春联，春联起源于桃符。王安石《元日》诗中有"千门万户曈曈日，总把新桃换旧符"之句。清陈云瞻《簪云楼杂说》中记载："春联之设，自明太祖始。帝都金陵，除夕前忽传旨，公卿士庶家门口须加春联一副，帝微行时出观。"第二天，明太祖微服出巡，挨门观赏取乐。当他走到一户人家，见门上没有贴春联，便询问缘故。原来主人是阉猪的，既不识字，也不会写，明太祖当即挥笔写下"双手劈开生死路，一刀割断是非根"的春联送给了这户人家。这副对联幽默风趣，形象生动，为阉猪者做了广告宣传，是一副具有浓郁行业特色的对联广告。经明太祖的提倡，春联流行起来，对联这种广告形式也逐渐受到人们的青睐和欢迎。不少商家都以对联为广告，如戏园的对联广告："凡事莫当前，看戏何如听戏好；为人须顾后，上台终有下台时"；古玩店的对联广告："玩物岂真能丧志，居奇原只为陶情"；理发店的对联广告："操天下头等大事，做人间顶上功夫"。对联广告是对文字的巧妙运用，不少文人学士对此雅兴甚浓，如有"江南第一才子"美称的唐伯虎曾给商家题联"生意如春草，财源似水泉"；著名书法家祝枝山曾给酒家题联"东不管西不管，我管酒管；兴也罢衰也罢，请罢喝罢"。一则好的对联广告，既能让人体会到文字的美妙，也能提高商家的知名度。

五、清代商业的繁荣及中国古代广告发展的全盛时期

1644年，崛起在我国东北关外的清统治者，在腐朽的明王朝危亡之际，推翻其腐败的统治，并逐步镇压了明末农民起义军的反抗，夺取了政权，统一全

国。清朝从顺治帝福临入关到辛亥革命灭亡为止,共经历了近270年,是我国封建社会的进一步发展时期,清中叶商业进入一个更新更高的发展阶段,出现了中国历史上经济的第三次飞跃。

从清代的历史演进过程来看,大致可以分为两个阶段。第一个阶段是顺治帝入关到鸦片战争爆发时期,这一时期一般被认为是清朝统治前期,这是清王朝从建立到鼎盛,又从鼎盛走向衰微趋势时期;第二个阶段是从1840年鸦片战争爆发到1911年辛亥革命发生。

(一)清代前期商品经济的繁荣和发展

1. 农业、手工业得到较快的恢复和发展

明末清初的连年征战,使社会生产力遭到严重破坏,在统治得到巩固后,清初统治者就立即采取一系列措施,恢复社会生产,发展社会经济。

首先是奖励垦荒,发展农业生产。对有主荒地,由原主开垦,政府给优惠,三年不收税;对流民不论原籍本籍,编入保甲,开垦荒地,发放印信执照,永准为农,从而促进了全国农业生产的恢复与发展。公元1662年(清圣祖康熙元年)统计,全国有耕地549.3万顷,到公元1685年,全国耕地增长到607.9万顷。直隶京畿、太湖、长江三角洲、鄱阳湖地区,都已成为主要产粮区。其二是兴修水利,同时治理黄河。公元1662—1676年十多年间,黄河决口多达60余次,到了公元1703年,黄河两岸被淹农田日渐恢复耕作,黄河下游水患大体摸清。后又修治了淮河和永定河。然后是开发矿业,发展生产。清朝对采矿业实行奖励政策,广东罗定、海阳和阳山的铁、铅矿,广西南丹、贺县的锡矿,四川邛州、蒲江的铁矿,湖南衡州、永州两府的铜、铁、锡、铅矿,贵州的水银铅矿,山东莱阳与陕西临潼的银矿,河南涉县的铜矿等,都陆续得到开采。清政府还鼓励发展手工业。清朝对发展手工业实行物畅其流、民便为要的宽松支持政策,从而促进了全国手工业的恢复与发展。铁器铸造业方面,大城市汉口有铁行13家,芜湖有钢场数十家,山西陵川有铁铺12家。棉布染织业方面,在江苏常熟、苏州及广东佛山等地,染坊、织布作坊都有可观的数目。粮食加工业方面,全国在各个产米区都有较多的碾米作坊。制茶业方面,在全国各产茶区都有加工制茶的作坊。其余像制糖业、制瓷业、造纸业、木材加工业,全国各地都有很大的发展。

2. 商业贸易发展进入繁荣兴盛时期

清朝时期商业繁荣,在东北主要发展土特产人参交易,在吉林、黑龙江新建城市8座,辽沈地区新建城市15座。在长江以南,扬州、苏州、南京、杭州、广州、汉口等城市的工商业最为发达。除此之外,浙江的乌青镇、濮院镇、枫泾镇,江苏的平望镇、震泽镇、南翔镇,江西的景德镇,广东的番禺、东莞,四川的成都、重庆等大小城镇,工商业都已相当兴盛。旧城市的发展和新城市的兴起,是清朝城市发展的两大特点。当时天津已拥有 70 万人口,广州城内居民有 90 万,珠江上的帆船经常有 5 000 多只。从商品销售来看,全国茶叶销量,公元 1685—1725 年,由 15.8 万引,增加到 49.6 万引,40 年增长 2 倍;食盐销量,公元 1653—1733 年,由 376.2 万引,增加到 523.4 万引,80 年间增长近 40%;全国丝出口,公元 1741—1831 年,由 278 担增加到 8 560 担,增加近 30 倍。在发展对外贸易方面,清朝的对外贸易规定沿海广东、福建、江南、浙江、山东与直隶省船只可以自由贸易,在江南、福建、浙江、广东四省设海关,管理来往船只,征收税银,直隶、山东、江南、浙江、广东各省,取消一切海禁,所以清朝的海外贸易发展非常迅速。

3. 资本主义因素萌芽进一步发展

清乾隆年间,江南地区手工业作坊和手工业工场得到进一步发展,纺织业的规模不断扩大,如清代苏州的丝织业作坊"类多雇人工织,机户出(资)经营,机匠计工受值"。苏州的纸坊内部工序已细达八种,工序中又分若干专门匠作。工匠的工价实行按日计件工资制,并按照工匠技术的高低、工种的繁简规定了不同的工价。所谓"日往富家佣工,抵暮方回","机户出资,机工出力",工匠与作坊主的关系很明显是货币金钱关系,这已经是较为典型的、具有资本主义性质的手工工场了。

乾隆时期,广东、山东、河南、直隶、山西、辽宁、四川、湖北的一些地区都出现了区域性的农村劳动力市场。所谓"赴市觅雇主","赴市觅工","主雇双方任意买卖",说明当时的农村劳动力已具备商品性质,劳动力的市场价格已开始形成。依清朝《刑科题本》,乾隆三十年至六十年,仅农业雇工和雇主间发生的案件就达 77 件之多,可见雇工在法律上已获得较自由地位,只不过是数量较少而已。

随着商品生产和交换的发展,清代大商人从事手工业经营的现象逐渐增多,出现了商业资本向产业资本转化的趋向。例如,乾隆十八年至四十九年间,广西商人经营冶铁工场,炼铁炉多达 236 座,雇工无数。南京的丝织业,由业主提供原材料给机户,机户织成送缎,业主按质按量论价。到道光年间,民间有实力的手工业包买商能拥有五六百张织机。当时每张织机需要两三名工人操作,镇江一家丝织工场雇佣工人数竟达 4 000 人,资本主义因素的萌芽明显有了进一步发展(图 2-29)。

随着具有一定规模的手工业作坊和手工工场的出现,商品流通的规模和形式也发生相应的变化。在这种变化中,资金的流通和资本的运作也逐渐呈现出行业的特点,这就是票号和钱庄的出现。票号和钱庄均是商品流通的金融机构,既有官办的,也有民办的。票号在清代盛行,钱庄在明末出现,明朝中期以后,成为民间资金流通的重要桥梁。票号和钱庄的大量出现,不仅使商业流通领域出现了新兴的行业,也使清代的广告表现增添了新的内容。

图 2-29 明清时代的资本主义萌芽

4. 商业组织和管理机构的新发展

随着商业资本的积累和商业活动规模的扩大,中国宋元时期已经出现商业行业组织——行会。行会订有"行规",定期聚会,先是在茶肆中,如南宋《都城纪胜》载:"又有一等(茶坊)专是诸行借工卖伎人(手工业者)会聚行老处,谓之市头。"行会组织具有两种功能:一是行业组织内的全体成员共同分担政府的徭役赋税;二是政府指定行业首领征收行业内的各种摊派。行会的出现不仅使行业内部利益共享、风险共担,也有利于政府管理,是商业经济发展到一定程度的产物。明清时期的行会性质上与宋元时期基本相同,只是内容和形式又有了新的发展,分为手工业行会和商业行会等。明清时,商业行业组织继续保持了"行"的形式,除此之外,又出现了"公所"和"会馆"等形式。

公所和会馆都是具有地域特色的商业行会组织,各个行业的会馆和公所,都带有同乡会的性质,因为某一地区或某一行业从事商业活动的人,往往是同乡甚至是同一家族,这样也就形成了民间同行业或地域性的传统行会组织——行帮。行帮,以行业相称的,有山货帮、药材帮、皮货帮等;以地域相称的,有广帮、川帮、宁绍帮、扬州帮等,其中最为有名的当数徽州帮和山西帮,其足迹遍布全国各地。因此,在全国许多地方都有自己的会馆和公所。以当时的杭州为例,各行帮经营各有特色,如宁绍帮经营金银首饰,宁波帮还经营水产海鲜,徽州帮经营茶、漆、典当等,理发、浴室业多为扬州帮,打铁补锅多为义乌帮,泥水木匠多为东阳帮,等等。这些行帮在杭州都设有同乡会、同乡会馆等,以加强本籍人的团结,互相帮助解决在外地经商的困难。

各个行帮都订有规程章则,有"业规""帮规""会章""公议条规"等不同名称。手工业的行规,一般规定原料的分配、产品的价格、雇工的待遇、师徒关系等。商业的行规,一般规定同业关系、销售限制、经营管理办法等。清代的会馆和公所较之明代又有了较大发展,这和行帮的规模不断扩大,活动范围更加广泛,其地域特色更加鲜明密切相关。由行业性组织转变为行会性组织,也是明清与前代的不同之处。所有这些特点都标志着城市商业已发展到一个更高更新的水平。

(二)清代广告表现更加成熟

1. 叫卖和音响广告

叫卖是古时商业宣传最原始的习俗,也是清代商业经济中带有民俗标志的广告形式。叫卖主要是那些从事交易的小行商、小摊贩,为使顾客了解自己所经营的商品,用口头语言或物品作出的各种表示。

叫卖广告是直接说明所售商品的口头宣传,内容带有极大的宣传性和诱惑性,形式上多有节奏性和音乐性。清代的叫卖声,丰富多彩,四季都有,日夜不分。清人富察、郭崇所著的《燕京岁时记》载,京师伏暑以后,寒贱之子担冰叫卖道:"冰胡儿!"七月,有人卖菱芡,沿街叫卖:"老鸡头,才下河!"清代叫卖的方式已经很多,根据相关统计,清代北京地区的小商小贩及各类手艺人有近五百种。这么多的小贩和手艺人几乎各有自己的叫卖方式。一个自号为"闲园鞠农"的文人记载了北京地区大量的唱卖声,其中记卖鲜果和小吃的有如下一些。五月中卖桃者唱:樱桃嘴的桃呕嗷噎啊。七月中卖枣的唱:枣儿来,糖的渍哒喽,尝一个再买来,哎,一个光板喽。十月卖海棠的唱:秋的来红海棠来,没有虫儿来;黑的来糖枣儿,没有核来。又有的唱:栗子味的白薯来,是栗子味的白薯来。卖花生的唱:脆瓤的落花生啊,芝麻酱的一个味来,抓半儿空的——多给。卖面饽饽的唱:硬面唵,饽啊饽⋯⋯

这样的叫卖广告,长篇大段的也有。北京俗曲里就记载很多,像《杂银嵌换钱》里描写当时京师一个杂活小贩的吆喝是这样的:

> 杂银换钱,有那破坛子、烂罐子、马勺和盖垫,还有那酒漏子、酒壶、雨衣、褐衫、鸟枪和腰刀、撒带、号箭,有那夹剪和砝码、戥子、算盘,有那使不着的旧秤、天平和钱盘,还有那厨房里的油裙、打破了的鼓板、拨破的铙钹、法衣、偏衫,有那道士木鱼、鱼鼓、简板,有那打卦的竿子、算命的铁板,铜盆和衣架,使不着的案板、桌椅和板凳,摆坏了的佛龛,有那杉槁木垛、买卖人儿的扁担,有那车上煞绳、打牛的皮鞭,木匠的铁锯、铁匠的

风扇,有那裱糊匠的刀尺、画匠的图传、锡活的砧剪、棚匠的席竿,有那厨房的刀勺、庄稼人的锄镰、瓦匠的瓦刀,还有铁锨,安不着的门框、竹筒子、炕沿,有那古铜玩器、字帖手卷,这些个东西,都拿来换钱。旧靴子、旧袜子、旧褂子、旧帽子、旧袍子、旧罩子、凉席子、马褥子、套裤、口袋、破裤子、银簪子、铜镯子,待客使不得的火锅子、破笼子、烂罩子、员外戴不着的扎巾子,胰子盒、手炉,待客使不得的锡壶子、金冠子和银扇子,吊破了的纱灯、旧钿子,蒜罐子、醋坛子,打破了的雨伞、竹帘子、破铺陈、乱毡子,裁缝赚下的破湾资、破琵琶、烂弦子、胡琴、星儿、托盘子、腊扦子、灯坠子,剃头使不得的那破柜子,破纱橱、烂箱子,使不得的酒篓、小缸子,旧盆子、烂桶子,使不得的荷缸、小罐子、小刀子、手帕尖上的铜卡子,筒妆子、镜架子,阿哥们穿不着的马褂子、平口子、旧袋子、烂条子、荷包、顺带子、旧剪子、坏簪子,奶奶们戴不着的耳环子、铁钉子、铁镊子、灯台、香炉、蜡夹子、铜钮子、潮银子、宣卷,使不着的旧棉子、花棒槌、叉头子,小阿哥们玩的皮猴子、零绸子、碎缎子,姑娘们打带子剩下的绒辫子,马鞍子、透抽鞍、摔胸、肚带、链金镫、扯手、秋辔共嚼环,这些个东西全都要,拿将出来看一看。

　　从这一长段的吆喝广告里可以看出,此人真是无所不收,想把各类旧货杂货网罗殆尽!像这样的广告,已经达到很高的艺术水平,成为中国民间艺术的一件瑰宝。

　　音响广告是以其他物器声音代替叫卖的一种方式。在古时,除个别以洋号洋鼓吹打外,大多数采用打击声。如摇小鼓,表示破布换糖;打钹表示修补破锅;敲梆,是卖馄饨的信号;摇串铃,是走方郎中的声音。

　　清代道光年间笔记《韵鹤轩杂著》记载当时的情况:"百工杂技,荷担上街。每持器作声,各为记号。修脚者所摇折叠凳,曰'对君坐';剃头担所持响铁,曰'唤头';医家所摇铜铁圈,曰'虎撑';星家所敲小铜锣,曰'报君知';磨镜者所持铁片,曰'惊闺';锡匠所持铁器,曰'闹街';卖油者所鸣小锣,曰'厨房晓';卖食者所敲小木梆,曰'击馋';卖闺房杂货者所摇,曰'唤娇娘';杂耍货者所持,曰'引孩儿'。"这些五花八门的响器,千奇百怪的市声,代表了清代的音响广告已经分门别类,非常成熟。

　　2. 招牌广告

　　招牌广告是从中国古代的文字幌发展演化而来的。首先,明清时代的招牌首先注重以儒家"以义取利"的思想为主导,此时的招牌已不再是以单调的

图 2-30 内联升招牌

姓氏或街坊名字作为招牌的字号,而是赋予招牌文字以言简意赅的内容。如著名的北京同仁堂药店,取自"童叟无欺"的商业信条,"全聚德"烤鸭店,取其"全仁聚德,财源茂盛"的意思。其次,在含义上有的选用吉祥如意为主题,如开业于咸丰三年的"内联升鞋店"(图 2-30),由于该店专做清朝宫廷的生意,用"内"字,指的是"大内"即宫廷的意思,"联升"是指"连升三级",取其吉利,投宫廷官宦之所好,以招揽生意。最后,在招牌内容上有的还采用与商店商品有关的历史故事为主题。这些富有寓意的招牌字号易于激发顾客浮想,较快地实现审美感知——审美表象——形象思维的审美过程,同时也反映了儒家文化精神,表明商家以儒家的道德准则为行为规范,儒家文化也随着这些招牌字号被传达出来。

在宋代宽阔门面的大店铺出现以后,就出现了和大店铺相对应的冲天招牌。在清代,冲天招牌逐渐成为一种比较流行的广告形态。如《燕京杂记》有言:"京师市店,素讲局面,雕红刻翠,锦窗绣户,招牌至有高三丈者。夜则燃灯数十。纱笼角灯照耀如同白日。其在东西牌楼及正阳门大栅栏者,尤为卓越。中有茶叶店高甍(屋脊)巨桷(方形椽子),细榍(格门)宏窗,刻以人物,辅以黄金,绚云映月,洵是伟观。"《道光都门纪略》中云:"京师最尚繁华,市廛铺户,装饰富甲天下,如大栅栏、珠宝市、西河沿、琉璃厂之银楼缎号,以及茶叶铺、靴铺,皆雕梁画栋,金碧辉煌,令人目迷五色。"冲天招牌一般竖立在店铺门前或与店铺门面相对的街面中央,一般宽三尺,高不等,往往在门旁当街竖立。用两片长条石深埋地下,露出地面的两石之间则夹竖一个很长的黑漆金字招牌。石条有洞,可以把招牌拴紧。招牌很高,远远就能望见。招牌上写着"德爱堂沈家,祖传七代小儿七珍丹,只此一家,并无二处",或"脱衣认号,临行看箱;公文财物,交明柜上;如若不交,失物不管"(澡堂),等等。

正如上面所描述的,在清代,由于店家是充分利用冲天招牌来宣传其经营特色和经营宗旨,于是这种冲天招牌也就突破了传统招牌字数一般不超过4个的限制,而根据宣传的需要来撰写更详尽的广告词。清代比较典型的冲天招牌字数最多20余个,多是药店竖立在门前的冲天招牌,有的是宣传其经营特色,有的则是宣传其经营品种。前述北京德爱堂药铺竖起的冲天招牌题写了21字。

3. 幌子广告

这是中国古代店铺的营业标志,是用来招引顾客的市招。南宋时,酒肆酒店门前,常用竿挂一块布,称为"酒旗""酒帘"或"望子"。以后各店家都在自己店铺前悬挂一种表示自己商店性质的标志,称为"幌子"。这种幌子随着多年的应用逐渐趋向统一,成为社会公认的商业标志。

在清代,幌子的式样、色彩和制作质料是丰富多彩的,幌子广告的行业特征也更加明显。清人已经将幌子广告准确定义,徐珂《清稗类钞》写道:"……更有不用字,不绘形,直揭其物于门外,或以象形之物代之,以其人多不识字也,如卖酒者悬酒一壶,卖炭者悬炭一支,而面店则悬纸条,鱼店则悬木鱼,俗所谓幌子者是也。"在这里,清人对幌子是"直揭其物于门外"的判断是符合幌子的功能特点的。幌子的形式及纹饰随店铺的性质、经营商品的不同而异,起到行标的作用,大致可分文字幌、形象幌、实物幌、象征幌四类。文字幌用木板制成长方形、正方形,两面涂以黑漆,文字少而精,一目了然,如清代,有的酱园写"酱",当铺写"典当"(图2-31),等等。形象幌是用所售商品的模型形象作幌子,如有的中草药铺常画一只葫芦,表示出售中草药。实物幌即采用所售商品作为幌子,也就是说卖什么挂什么,如有的扇子店以大折扇作为幌子,鞋子店做一只大皮鞋。象征幌,即采用商店的象征物作幌子。

图2-31 当铺的幌子广告

4. 楹联广告

清代楹联广告较之前代得到进一步发展,更为流行,各个行业都有自己的专用楹联,成为商业广告的一种宣传形式。如"世间无此酒,天下有名楼"(酒楼);"相逢尽是弹冠客,此去应无搔首人"(理发店);"大将军,骑海马,身披穿山甲,过常山,去斩草寇;小红娘,坐荷车,头戴金银花,到熟地,接见槟椰"(药材庄);"到此皆洁己之士,相对乃忘形之交"(澡堂);等等。

更有民间相传,清代乾隆皇帝喜欢微服私访,察看民情。一日走到一家皮靴店,看到这家店里靴子质量上乘,可生意冷清。于是便叫随从拿来笔墨纸砚,挥笔写就一副长联:"大锒头小锤子打出穷鬼去,粗麻绳细皮线捆进财神来",横批:"越做越好"。写完,交给店家,告诉他将楹联裱起来,挂在店门口,很快就会有很多顾客临门的。店家半信半疑地按他的指示照办了。结果没出几天,门前挤满了人,都说是为观看楹联而来,还有些人买了他的靴子。有人告诉他,那楹联是乾隆皇帝的御笔。这时店家才恍然大悟。这家皮靴店有了皇帝的手书墨宝做广告,生意真是越做越好。

清末汉口附近有一茶馆兼酒店的铺子,生意非常冷清,店主便请一位秀才写了副楹联广告,贴出后生意便兴隆起来,内容为:为名忙,为利忙,忙里偷闲,且喝一杯茶去;劳心苦,劳力苦,苦中作乐,再倒二两酒来。这副楹联既蕴含了深刻的生活哲理,又对不同的消费群进行了心理暗示,达官贵人、凡夫俗子都被深深吸引。

清代商业楹联在其自身高雅文辞的基础上,最大限度地融入了商业文化的内涵、商人的志向与经营理念,与传统招牌匾额一样,常常被视为信誉的象征,具有极大的感召力和不可动摇的地位。

5. 诗词广告

清代的诗词广告艺术日趋成熟,已经出现了大量专门为产品做广告宣传的诗词,为产品品牌商标做了有力的推广。

清朝道光年间,诗人杨静亭曾作《都门杂咏》一百首,其中《水晶糕》一首为绍兴的水晶糕做了广告:"绍兴品味手艺高,江米桃仁软若膏。甘淡养脾疗胃弱,进场宜买水晶糕。"此诗句式整齐押韵,语言明快,节奏感强,使人们在了解产品性能的同时,也获得了审美享受,算得上是一首富有地方风味的、标准的广告诗。读罢此诗,谁不想尝一尝这水晶糕呢?

晚清诗人李静山编撰的《增补都门杂咏》中,有一首题为《王麻子》的诗,诗云:"刀店传名本姓王,两边更有万同汪。诸公拭目分别认,三横一竖看莫慌。"此诗分明是为"王麻子剪刀店"做广告的,提醒顾客识别老标记,谨防假冒,写得十分有趣。

除了以上诗词形式,在清代较为流行和常用的广告形式还有竹枝词。竹枝词原是流行于民间为普通劳动人民所传唱的一种民歌。唐代刘禹锡的一首《竹枝词》写道:"杨柳青青江水平,闻郎江上踏歌声。东边日出西边雨,道是无晴却有晴。"因为这是一首用民歌体写的恋歌,被人们广为传唱。刘禹锡之后,用竹枝词写诗的人越来越多,晚清时期,竹枝词在文人手中逐渐得到改造,其民歌风格渐渐褪色,而成为循规蹈矩的七言四句诗体。特别是乾隆盛世,国泰民安,诗人笔下的竹枝词更为关注普通百姓的生活,因而与普通民众生活密切相关的各种广告形态,也在诗人们笔下的竹枝词里得到形象描述,如"搜奇双足捷如轮,带得葫芦酒入唇。兴到只饮三两盏,当垆争卖洞庭春。""堆盘栗子炒深黄,客到长淡索酒尝。寒火三更灯半地,门前高喊灌香糖。"①"回回三代狗皮膏,祖传招牌竖得高。冬夏桥头长供奉,子孙买卖不辞劳。"②

6. 印刷广告

明清时期,尤其是清代,诸多广告形态均是依附于当时不同类型的商业活动、商业设施而出现和存在的。随着民间印刷业和印刷技术的成熟,木版年画作为一种反映普通百姓生活状态的艺术形式被用于商品包装,具有一定的广告宣传效果。

年画是我国人民喜欢的一种民间艺术。每逢年节,人们用它来布置环境,增添欢乐、祥和的气氛。年画主要反映的是广大民众特别是农民的思想和愿望。年画的题材有寓意吉庆的神像、胖娃娃和描述生活与自然场景的男耕女织、风景花鸟等。年画的历史,要从门神画谈起。门神画早在我国先秦时代就有记载。到了西汉,门神已成为人们避凶祈福的偶像,画门神也就在民间兴起。而民间年画的发展与流传,又是和我国雕版印刷术分不开的。沈存中在《补笔谈》中说:"熙宁五年(1072 年),上令画工摹拓吴道子之钟馗镂板……就东西府给赐。"如果所说的雕版印刷钟馗像就是木版年画的话,那么,从宋代木版年画就已兴起了。

继明代(1368—1644 年)起至清代乾隆年间(1736—1796 年)盛行,流行于大半个中国,清代民间的木刻年画由刻木制版翻印而成,各地制作极为普遍,主要产于江苏苏州桃花坞、河南朱仙镇、山东潍县杨家埠、天津杨柳青、山西临汾、河北武强(图 2-32)、陕西凤翔、四川绵竹、安徽阜阳、湖南隆回、福建漳州、广东佛山等地,在产量、影响、风格上,以天津的杨柳青、江苏苏州的桃花坞、山东的杨家埠最为著名,作品题材广泛,形式多样,印制方法和艺术风格也各具特色。清代木版年画十分盛行,广告年画逐渐成为新型广告媒体。如苏州桃花坞出土的"四时名点"广告年画中,绘有《失街亭》的戏文和插图,

---

① 《燕台口号一百首》。
② 《续都门竹枝词》。

图 2-32 天官赐福(武强木板年画)

而这种年画又充当"四时名点"的包装,具有鲜明的广告宣传功效。到了清朝末期,商人们更是纷纷看中了木版年画这种形式,大量复制,边款上面配以商品广告。此时广告的绘画题材多为反映人民彼此的祝愿和对美好生活的向往以及一些吉祥颂词等。到后来,广告画面除了灶王、门神、财神外,还逐渐吸取了戏曲故事、民间传说等带有各种民间文化特色的内容。

清末是近代中国新旧交替的转型时期,政治、经济、思想、文化诸领域发生了巨大的变化。新的事物在不断涌现,旧的事物还没有完全退出历史舞台,从各方面留下了新旧交替的烙印,广告也伴随着商业经济的发展和科学技术的进步出现了一些新型的广告形式,如户外广告牌、报纸广告、彩色招贴画、书籍广告等。但是,"夕阳无限好,只是近黄昏",伴随着这些广告形式的不断增多,清王朝也逐渐走向衰亡,鸦片战争前后,这些广告形态开始萌芽,并逐渐和中国传统广告并存,成为一种新型的广告宣传力量。随着民族资本的增长,外国资本的进驻以及与民族资本的竞争,中国广告依存的背景和环境发生了深刻的变化,中国广告的历史也逐渐进入了近代时期。

思考与练习

1. 除了以上提到的六必居老字号的来历,你还能说出其他中华老字号的典型例子和由来吗?
2. 宋代以后,随着印刷术的产生和发展,一种新的广告形态产生了,它具体表现在哪些方面?试举例加以阐述。
3. 简述商业发展与广告兴衰之间的关系。

第三章

中国古代广告的特点及发展规律

**本章提要**

中国古代广告的发展受政治环境和经济发展水平的影响颇深。广告作为一种人类社会的信息传播方式,自身也有一个产生、发展和演化的过程,尽管各个时期广告表现方式和特点不尽相同,但是各广告表现形态之间也有一个内在发展的必然规律。了解广告产生、发展的社会环境和规律,有助于我们了解中国古代广告发展的关系脉络。

第一节 中国古代广告的特点

虽然中国古代广告因政权更迭、社会经济发展而在各个历史时期表现不尽相同,但是纵观广告发展的历史,还是可以总结出一定特点和规律。这里,我们按照中国古代广告出现的先后时间给予简单归纳。

首先是文化广告。文明社会的文化广告大体可分为三类。一是与服饰文化相关联的广告表现形式。中国冠服制度到西周已基本完备,上至帝王重臣后妃,下至黎民百姓,衣冠服饰均有严格的区别,不同颜色、不同品质、不同穿着打扮,代表着不同的身份地位,不仅在统治阶级内部有着严格的区别,在民间也约定俗成,起到了广告宣传和识别作用(图3-1)。二是商品广告和文化广告的混合体。如中国古代原始的吟唱广告和声响广告就最具有代表性,除了宣传商品之外,更散发出丰富的文化气息,打上了民俗文化的烙印,也可

图3-1 清代服饰

以称其为文化广告。三是以文化传播、文化娱乐为主要内容的广告表现形式。如彩楼、欢门、灯笼,宋代杭州以四时之花、名人字画装饰门面的茶肆、酒楼,中国古代社会民间工艺的现场演示广告,民间节日庆典、婚丧嫁娶、寻人寻物启事等,传递的是与民间娱乐和文化活动有关的信息,都可视为文化广告的表现形式。

政治广告多指代表统治者权力、权威的标志物,歌功颂德的象征物,借助特定媒体和特定渠道传播,自上而下颁布的政令、法规、文件、文书等。从使用的媒介和信息流通的渠道不同来看,古代的政治广告可分为两大类:其一是带有象征、识别意义的标志、事物等;其二是带有宣传政教、昭示、训诫、晓谕、征召意义的政令、文书等。第一类的政治广告多出现在文明社会的初期,包括铸鼎示天下、石刻昭功绩、树碑立传等。如秦始皇统一中国后,于公元前219年在泰山顶立下石碑,刻上歌功颂德的言辞,以达到晓谕天下、巩固统治的目的。以后秦始皇每到一处均要留下石刻,记录自己的行踪和歌功颂德的言辞,石刻在这里起到了广告宣传功效,对维护帝王的统治权威、宣传其政治主张起到了积极的信息传播作用。第二类政治广告在中国古代政权机构相对完备的形势下使用较多,主要包括诏、制、策、诰、判、令、赦等。如制,始于秦代,汉为制度,唐代较为常见。史书记载,唐代凡行大赏罚,授大官爵,厘革旧政,赦宥降虏,皆用制书。作为政治广告的令,则是指命令、政令、军令。如《尚书·冏命》:"发号施令,罔有不臧。"在一定意义上,中国古代的政治广告可以视为中国古代社会国家机器的有机组成部分,是统治者权力延伸的一种工具。

中国古代的军事广告源于原始人的狩猎活动和氏族、部落之间的战争,在文明社会里得到进一步发展,其表现形式逐渐走向成熟。军事广告指古代传递军事信息、调动军队、安排军事活动的命令、文书及相关的信息传递活动。军事广告按照媒介和信息传递的方式不同,也可以分为两类:一是使用特定媒介来传递军事信息和与此相关的活动,这种媒介只有当传递的是军事信息时才能称为军事广告;二是在战事状态下公开发布的言辞和军令等。第一类军事广告主要借助特殊的媒介来传递军事信息,主要包括烽火传递、击鼓为号、立表为记等。第二类军事广告的内容较为丰富,既包括统帅的训令、将士的言辞,也包括借助特定程序,按照固定程序和通道上通下达的信息传递活动,包括露布、捷报、檄文、誓等。露布多用于发布军事信息,三国时期以后主要用于通报战况和发布捷报。檄文是古代在出师讨伐时,用来暴露、宣布、征讨敌人的文书。《史记》载:"此臣之所谓传檄而千里定者也。"《汉书》:"嘉为檄召通(邓通)诣丞相府。"《史通》载:"陈琳为袁檄魏。"在这里,檄文是国家内部政权管理,国家与国家、政权与政权之间的外交、对垒、抗衡的一种信息传播工具,是一种政治和军事色彩均很鲜明的广告宣传工具。誓主要流行于夏、商、周三代,是战争状态下告诫士兵出征的言辞。如《周礼》载:"(五戒)一曰誓,用之于军旅。"誓也是古代军事广告的一种形式。

文化广告、政治广告和军事广告是社会广告的三种表现形态,社会广告早于商业广告出现,和人类出现的时间一样久远。社会广告和商业广告是古代社会的两种广告形式,在社会的不同发展阶段,其比重有所不同,社会广告受政权更迭、战争、迁移等诸多因素的影响,而商业广告则受市场发育程度的制约。

在长达数千年的广告发展历史中,中国古代商业广告也经历了一个从简单到复杂,从单一广告类型到多种广告形式并存的发展过程。原始社会末期,随着商品生产和商品交换的出现,商品广告便出现在人们的社会生活当中,广告的表现形式也日益丰富多彩。中国古代广告发展有着必然的、一脉相承的继承关系,有着中国古代社会政治、经济、文化的深深烙印,呈现出鲜明的历史特色,并在社会发展的各个领域发挥着重要作用。

中国古代社会包括原始社会、奴隶社会和封建社会三个不同的发展阶段。原始社会中期出现了社会广告,原始社会末期和奴隶社会初期,商品广告走进人们生活。封建社会,中国古代广告发展也相对进入鼎盛时期。但从总的情况来看,中国古代广告的发展和其生产力发展水平相一致,在不同的历史时期,由于生产力发展水平的差异,广告表现形式也不尽相同。广告设计制作水平、传播的范围和传播的方式受当时社会政治、经济环境的制约和影响较大。具体说来,中国古代广告的发展具有如下六个比较显著的特点。

其一,中国古代广告的出现以及存在,多与人们的生存、生活需要直接关联。

社会广告是伴随着人类的信息交流活动而出现的,而人类最初的信息交流活动,多与人类的生存需要密切相关。人类最初的信息交流活动,主要出现在原始人的采集、狩猎、部落战争、氏族会议等活动中。这种信息交流不仅提高了原始人的协作能力和工作效率,也提高了其生存能力。从这个意义上讲,伴随着人类信息交流活动产生的原始广告一开始就成为人类生活不可分割的重要组成部分,这对于我们今天认识现代广告与人类生活的关系仍有重要意义。

随着商品生产和商品交换的出现,商品广告开始出现。商品生产和商品交换的出现,是人类生产力水平提高,产品有了剩余以及社会分工发展的产物。当商品生产和商品交换成为人们生活中一种经常性活动的时候,商品广告也就应运而生。由此可见,广告也是直接来源于人们的生活,并为提高人们的生活质量服务,成为人们生活中不可分割的组成部分。

其二,中国古代广告的发展水平与当时社会发展的物质基础及信息传播的方式、途径密切相关。

随着生产力水平的不断提高,从原始社会到奴隶社会、封建社会,人们的物质生活水平不断进步,广告得以存在和发展的物质基础也越来越丰富。生产工具的进步,社会分工的发展,社会组织的建立及不同社会阶层的形成,都为人们的信息交流增加了现实和潜在的需要。广告传播的信息不断增加,广告传播的媒介与相对应的传播方式多样化及广告受众的增多,活动区域扩大,都为广告的存在及发展创造了良好的物质条件。更为重要的是,伴随着生产力的发展和科学技术的进步,广告传播的方式、手段和途径也在不断变化。从原始社会到明清时期,手势、语言、文字的出现,四大发明中纸和印刷术的发明,促使招牌、幌子、酒旗、印刷广告等各种广告表现形式出现并得到发展,使得人们传递信息的方式更加准确,信息的传达也更加频繁迅速,信息扩散和传播的区域也更加广阔,最终使广告的形式变得更加成熟。原始广告最初为人们的生存和生产服务,社会广告则为人们日常生活及社会组织的管理及运行服务。商品广告出现以后,主要在人们进行的商品生产和商品交换中发挥作用,广告传递的途径虽然不同,但都伴随着人类物质需求的增多而增多,人类物质生活的丰富而发展。

其三,中国古代广告的发展程度与当时人们的精神文化生活状态紧密相连。

到了唐代,我国的戏剧艺术有了很大的发展,并出现了固定的演出场所——戏台。同时,其他市井间里演出则出现了勾栏,也出现了作广告宣传用的戏剧海报。这说明在唐代,随着物质生活水平的提高,广大人民对精神文化生活也有了较高层次的要求,戏剧艺术得到很大发展,戏剧广告应运而生。明人张宁《唐人钩栏图》一诗,为我们提供了这方面的明证:

君不闻天宝年中乐声技,歌舞排场逞新戏。教坊门外揭碑名,锦绣钩栏如鼎沸。初看散末起家门,衣袖郎当骨格存。咬文嚼字澜翻舌,勾引春风入座温……

仅从"教坊门外揭碑名"来看,"教坊"当指民间表演机构,不是朝廷里的教坊,而是官称的民称化,如唐代的"和尚教坊"一类;"碑名"指戏码;"揭"者,张也,有张挂、张贴的意思,也即公布、宣传之意。这类演出当为商业行为,这类广告活动也属商业性质。

宋元时代,广告更是广泛运用于勾栏瓦舍的文艺演出之中,出现了文艺演出及剧场广告。如宋代的说书、元代的杂剧等,在演出之前都要悬挂、张贴纸榜子。我国的"说书"及说唱艺术源远流长。在唐代有所谓"俗讲",在宋代则有"说话""话本"。特别是在宋代,由于商品经济的发达、城市的繁华富庶,形成了市民阶层。为满足市民阶层的文化娱乐消费需求,勾栏瓦舍中便有了许多以"说话"为生的演员。这些"说话"演员为了吸引听众,也往往用"招牌"做广告。这"招牌"相当于今天的戏剧、歌舞演出海报。

除此之外,自唐宋以来的字画广告、诗歌广告、楹联广告、书籍广告、广告年画、商品包装广告等广告形式极富文化艺术气息,而这些广告形式的出现与人们的精神文化生活状态紧密相连。

其四,社会广告和商品广告是古代广告的两种主要形式,但在不同的社会发展阶段其比重有所不同。

广告是人类有目的的信息交流的产物,当人类传播的信息是社会信息时,社会广告便开始出现,当人类传播的信息是商品信息时,商品广告便应运而生。原始社会中,社会广告占据着较大比重,只是到了原始社会末期,商品广告才开始出现。在中国古代社会夏、商、周以后的不同历史时期,社会广告特别是社会广告中的政治广告是中央政权和地方政府进行政权管理和权力延伸的重要手段,军事广告也同国家的战争、军情的通报和军队的调遣直接相关,文化广告则与不同时期民众的日常生活、文化娱乐及宗教文化活动密切关联。商品广告出现以后,伴随着商品经济的繁荣而发展,随着商品经济的衰落而衰退。由于在中国古代社会的不同时期,统治者对商业发展的政策不同,商业经济在社会经济中所占的比重有所不同,商品广告的发展在不同时期也就有所消长。尽管商品广告在总体上说发展较为缓慢,但从其发展趋势上讲是不断增长。而社会广告在中国古代社会生产力水平较为低下、国家管理手段较为单一、交通不便、区域间交流仍存在着障碍的情况下,在维护民族的统一、促进中央集权国家的形成及丰富人民群众生活等方面都起到不可忽视的作用。统观中国古代社会,社会广告和商品广告作为中国古代社会的两种广告形式在不同的历史时期,因社会形势的变化比重互有消长,这是中国古代广告发展的又一特点。

其五,商品广告则受市场发育程度的制约,其变化呈现出独特的规律性。

中国古代社会的商品交换和市场发育可追溯到母系氏族繁荣和父系氏族初期。后代史书有许多有关记载。如神农氏"日中为市"①"祝融作市"②,黄帝时期"市不预贾"③,舜"贩于顿丘,就时负夏"④,商族祖先王亥驾牛马车在各部落间经商,等等。商代商业和商人阶层产生,到西周时期城市商业出现萌芽,春秋战国时期、隋唐时期及宋朝时期商业都得到大发展,城市商业都得到不同程度的发育,商业行帮的出现则表明商业的发展已超出地域的范围。宋代的都城出现早市、午市和夜市,元明清时代的都城和沿海港口则出现一些贸易中心和商品集散地,市场发育已相对成熟。与此相适应,在商业相对发展的时期和相对繁荣的地区,商业广告也较繁荣。但在中国古代社会的一些历史时期,因统治者采取重农抑商政策而使商业发展受到限制,因政权更迭导致商业衰落的情况也时有发生。三国两晋南北朝时期,商业就出现明显的衰退,而在五代时期,商业甚至出现凋敝的现象,在汉、元、明、清等不同的时代,都有不同程度的抑商政策在推行,多多少少影响了商业的发展。与此相适应,商业广告的断断续续发展,有时则呈现凋零景象。这一特点也许为中国古代广告发展史所特有。

中国古代商品广告受市场发育程度的制约还表现在商品广告往往与市场上的商业活动直接关联。由于中国古代社会的交换活动大多被限定在市场中进行,因此而产生的广告活动无论是在时间上还是空间上都很少能超出市场的范围。如口头广告、陈列广告、招牌广告、幌子广告、店堂广告(图3-2)等均自然地成为市场交换的

图3-2 店堂广告

---

① 《易经·系辞下》。
② 《世本·作篇》。
③ 《淮南子·览冥训》。
④ 《尚书大传》。

组成部分。

其六,广告市场发育不成熟,广告市场中的多角关系尚未形成。

由于中国古代社会的交换活动大多被限定在市场中进行,尚未超出狭义市场的范畴,因此广告市场同样在时间和空间上没有更多的延伸机会。广告市场的发育不成熟,这是中国古代广告发展的又一个重要特点。这种不成熟很重要的一个表现就是广告市场中的多角关系尚未形成,广告的发布者、商品生产者和经营者在大多数情况下是三位一体的。

中国古代社会是一个相对稳定的传统农业社会,商品经济的萌芽虽然很早,但发展速度却极其缓慢,自给自足的小农经济以及自产自销的小商品经济模式在商品生产和商品交换中占据着较大比重,虽然在春秋战国时期就形成了商人阶层和行商、坐贾的分化,但在整个社会的经济结构中他们所发挥的作用非常有限。所以我国有些学者就明确提出,在漫长的自然经济的历史中,就没有形成广告行业,在大多数情况下,商品的生产者就是商品的经营者,同时也是广告的发布者。广告市场中的多角关系没有形成,广告行业并没有作为一个独立行业出现,这也是中国古代社会广告发展的独有特点之一。

第二节　中国古代广告的发展规律

从中国古代广告发展过程的表面来看,不同时期的广告表现形式有一个从简单到复杂的过程,同一时期同一类型的广告表现内容也存在着较大的差异,但是依据广告产生的时间和背景,广告自身繁衍的过程,能大致归纳出不同类型的广告之间的联系和内部必然的规律。

原始社会的文化广告以肢体语言为主,其他类型的广告如文身、岩画、象形文字广告都是肢体语言的延伸和发展,广告所反映的内容也多以人类自身生产、劳作的场景为主。原始社会较为特殊的广告形式是图腾崇拜,它是原始人在特定的认知范围内从生活经验中提炼和高度抽象的结果之一,这种广告形式在原始社会解体和阶级社会出现时得以延续和继承,在文明社会发展的不同阶段得到发展,有些成为国家和政权的象征,有些则成为等级和权力的标志,还有一些则成为普通民众日常生活中喜爱或尊崇的偶像。如宋代服饰中,一些原始社会时期人们的图腾出现在官服上,不同的图案代表不同的

图3-3 中国明代官吏补服

官职,常见的有对凤、瑞鸾、翔鹭、对鹅、瑞羊、孔雀、方鹤、立豹等,而在民间的建筑、饰物和日常用具上也往往有这些图案出现(图3-3)。这些图案因本身具有识别、标志、象征等特定的含义和作用,也可视为原始广告的一种延续和发展。文明社会的政治广告发展也有一定的线索。广告的内容和形式一是与统治者的治国思想和管理方略相结合;二是在各级政权机构之间有相对固定的传递模式,无论是诏书、策书还是露布、檄文,都是按照特定的轨迹和范畴来传递或发布信息;三是广告媒介物本身就具有象征或借代的意义,如鼎、碑文、石刻等。这些发展规律为我们理解各种政治广告的关系和特征提供了一种思考方法。

进入文明社会,商品广告的成长、发展与商品经济的成长发育程度密切关联。在早期的商品交换活动中出现了两种最为基本的广告形态——口头广告和商品陈列广告。这两种基本的广告形态也是商品广告繁衍发展的根本起点。口头广告向后发展的基本规律是:原始的叫卖广告向借助音响工具的音响广告和采用民间词曲的声韵旋律的吟唱广告两个方向发展。陈列广告则沿着实物广告—悬物广告—招幌广告(幌子和招牌广告)—灯笼广告—彩楼和欢门广告(图3-4)这样的大致线索单向或多向分支发展。诗歌、楹联广告则分别由吟唱广告和招牌广告发育、演化而来。所以,总的来说,无论中国古代社会商品广告的形式如何变化,溯其根源都与原始的口头广告和商品陈列广告密切相关。

图3-4 《清明上河图》中的彩楼欢门

思考与练习

1. 列举中国古代社会广告的主要表现形态。
2. 试述中国古代广告发展的显著特点。
3. 归纳中国古代商业广告发展的基本规律,说明商业广告在中国古代社会中的作用。

第四章

清朝末年的中国近代广告

 **本章摘要**

清朝末年,列强觊觎,社会动荡,新旧思想激烈碰撞,各种政治势力争相登上历史舞台,最终推翻了清政府统治,成立了中华民国。伴随着殖民经济的侵入,封建自然经济逐渐瓦解,中国民族资本主义在夹缝中也发展起来。在这个时期,一方面中国传统广告形式走向顶峰,另一方面也诞生了以报刊广告为代表的近代广告,广告成为政治斗争和商业竞争的工具。

第一节 鸦片战争前后的近代广告

一、鸦片战争前后社会发展概况

19世纪上半叶,东西方世界正经历着封建主义的没落和资本主义的兴起的剧烈震荡,但中国社会变革的速度远低于同时期的西方诸国,最终导致了鸦片战争的爆发,使中国的社会性质由封建社会沦落为半殖民地半封建社会。

（一）中国与西方诸国发展水平的差异

在这个时期,中国封建主义制度的统治基础依然稳固,而西方诸国却逐渐确立了资本主义制度,东西方经历着截然不同的发展状况。

在经济上,中国虽在明末沿海地带就已经出现资本主义的萌芽,但在清末封建制度的压迫下,资本主义经济发展缓慢,封建主义生产方式和自然经济依旧占据统治地位。而同时期的西方诸国在近代自然科学推动的工业革命背景下,资本主义生产方式和商品经济获得高速发展,社会产能迅速提升,商品贸易呈现繁荣景象。

在政治上,中国处于封建制度的衰落时期,新的社会因素也开始了量的积累,但清政府的君主专制制度腐朽不堪,官僚腐败,民不聊生,地主阶级与农民阶级之间的矛盾依然是社会的主要矛盾。而同时期的西方诸国伴随着资本主义原始积累的增长,资产阶级及无产阶级的革命性力量迅速增强,西方各国接连爆发了资产阶级革命,英国等国家和地区甚至确立了资本主义制度,这为资本主义商品经济的发展奠定了坚实的基础。

在外交上,中国尚属于一个独立主权国家,清朝政府延续了明朝的"海禁"政策,推行"闭关锁国"政策,这个政策虽然在军事上加强了海防建设,但在经济上却割断了中国与海外的联系,限制了中国资本主义商品经济的进一步发展。而同时期的西方诸国伴随着航海大发现的机遇,积极寻求新的海外原料产地和销售市场,不断地使用武力实施扩张策略。

(二) 鸦片战争的爆发及其影响

在鸦片战争之前,由于自然经济的封闭性和落后性,限制了中国市场需求的增长,中国长期处于贸易顺差地位。为了掠夺生产资料和开拓新的商品市场,地大物博、人口众多和地域辽阔的中国成为西方诸国觊觎的目标。西方诸国首先利用鸦片贸易在中国榨取了大量的真金白银,在鸦片贸易受阻的情况下,以此为借口,发动了鸦片战争。

由于中西实力悬殊,中国战败,清政府相继与西方诸国签署了"丧权辱国"的《南京条约》《望厦条约》和《黄埔条约》等一系列不平等条约,割地赔款,使中国的社会性质发生了根本的改变,中国开始沦为半殖民地半封建社会。

在经济上,西方资本主义国家利用侵略获得的特权,疯狂地向中国倾销商品和掠夺原料,中国自给自足的封建经济开始解体,在客观上推动了中国近代工商业的兴起,为近代广告业的兴起奠定了基础。

在政治上,中国社会的主要矛盾发生了根本变化。战前,中国社会的主要矛盾是地主阶级和农民阶级的矛盾。战后,中国社会主要矛盾有两对,即外国资本主义和中华民族的矛盾,封建主义和人民大众的矛盾。而且,随着外国资本主义侵略的深入,外国资本主义和中华民族的矛盾,成为各种社会矛盾中最主要的矛盾。伴随着社会主要矛盾的变化,近代外商广告成为西方诸国商业侵略的工具,广告内容经常充斥着中西政治对抗。

在外交上，中国的领土完整和独立主权开始遭到严重破坏。英国割占香港岛，使中国领土完整遭到破坏；外国军舰可以到中国沿海港口航行，损害了中国领海主权；领事裁判权损害了中国司法主权；协定关税使中国的关税主权和贸易主权遭到破坏。鸦片战争以后，随着通商口岸的开放，外商纷纷在华创办工厂，并利用各种手段挤兑民族工商业者，这使之成为中国近代广告的发源地和集中地。

二、中国近代广告业的兴起

鸦片战争前后，是中国古代广告向近代广告转型的重要时期，虽然出现了近代企业、近代报刊和近代广告，但传统工商业依旧大量存在，依附于各个行业的传统广告形式也走向鼎盛，呈现出传统广告与现代广告并存的局面。

近代报纸媒体的出现，不仅是市民社会形成的结果，而且适应了商业经济区域扩张的需求。近代报纸媒体的产生打破了古代媒体的模糊性、区域性和垄断性，使报纸媒体成为承载社会信息的主要载体和维系社会关系的重要纽带。近代报纸广告的出现，既是商业经济扩张的结果，也是报纸媒体自主经营的有效选择。因此，报纸广告的出现是近代广告产生的重要标志。

（一）中国古代报纸政治色彩浓厚，不刊载商业广告

中国是世界上最早有报纸的国家之一，但中国古代报纸多以政治功能为主，而没有商业功能。我国最早的报纸可追溯到唐玄宗开元年间出现的《邸报》（图4-1）。《邸报》是封建宫廷发行的一种类似政府机关报的誊录品。

图4-1 《邸报》

其主要内容是有关奏折、诏令和皇室、官吏动态等方面的情况。带有政治公报、政情通报以及官方文书汇编性质。严格来说,《邸报》也并非真正的报纸,因为它没有任何新闻与言论,更不登载商业广告。而且它的发行量小,面窄,只在宫廷和官僚中流传,此报至清代改为《京报》(图4-2),仍不登商业广告。北宋时期曾流传一种小报,内容多为新闻和时事政治性材料,不定期出版,因为是非法出版的非官方报纸,也不可能刊登广告。因此,在鸦片战争之前,中国古代报纸仅有"文以载道"的单一功能,只刊登政治新闻和社会新闻,不刊登商业信息和广告信息。

图4-2 光绪年间的《京报》

(二) 鸦片战争前后的外文报刊广告

中国最早的近代报纸是由外国人所创办的外文报纸,主要分为宗教类报纸和商业报纸。这些英文报纸的目标受众主要是在华的外国人,其办报目的是为外国人的文化扩张和商业沟通服务,因此中国近代报刊及报刊广告多聚集于沿海城市。

澳门地区是产生中国近代报纸最早的区域。1822年9月12日,《蜜蜂华报》在澳门创办,这是由当时葡萄牙执政党所办的葡文报纸,被认为是在我国出版的第一份外文报纸。1823年因原执政党下台,该报停办。后又陆续出现了《澳门钞报》和《帝国澳门人》两份具有影响力的葡文报纸,但受党派斗争的影响,没多久都相继停刊。这些葡文报纸多关注葡萄牙国内的政治斗争,很少与中国形势发生联系,因此,这些葡文报纸虽然创刊早,数量大,但办刊时间短,影响范围小,真正有影响力的是英文报纸。

广州是外商最早涉足的中国城市之一,聚集了一部分英美商人,为英文报纸的诞生奠定了基础。1827年11月18日,《广州纪录报》在广州创刊。《广州纪录报》是当时影响最大的外文报纸,也是中国境内创办最早的英文报纸。该报由英国鸦片商人马地臣创办,为商业报纸,是为英国商人向中国倾销商品、提供商业信息服务的。该报馆还附出有《广州行情周报》,该报具有明显的广告性质。

上海自1843年开埠后,吸引了大量的外国商人,近代报纸也随之产生。1850年8月3日,英人奚安门在上海创办《北华捷报》。这是上海最早的英文周报,主要刊载时事新闻、商情、司法和领事公报,供外国侨民阅览。《北华捷报》创刊第一版即以广告为主,其中有上海的洋行、商店、保险公司、房地产、拍卖行、银行等广告。1855年9月1日,英商爱德华·霍尔就在《北华捷报》头版刊登广告,指出本日由安德鲁(Andrew Holtz)与本人合伙经营面包、杂货等商品,今后商店对外名称改用"福利"招牌。1864年7月1日,《北华捷报》转成《字林西报》的星期日副刊。

（三）鸦片战争前后的中文报刊广告

1833年8月1日,《东西洋考每月统记传》在广州创刊,这是中国境内出版的第一份中文近代化报刊。该刊在形式上采用雕版印刷和线装装订,在内容上以宗教、伦理道德和科学文化知识为主,也刊登"行情物价表"之类的商业信息及商业广告。1833年8月,《东西洋考每月统记传》在探讨一篇该刊编辑方针的文章中,编者指出：

> 本年每月应说明广州府、新嘉坡二处之市价。各商知此,有益于行务也。亦说明载入运出之货,而陈经营之形势矣。且传东西洋之新闻消息。各商要投卖货物,或有他事,或可通知,得以明说而登载之。

1834年1月出版的《东西洋考每月统记传》第8期上,增加了《市价篇》专栏,专门登载广州"省城洋商与各国远商相交买卖各货现时市价"表（图4-3）。为了进一步吸引外国商人的关注,1838年《东西洋考每月统记传》又增辟了《贸易》专栏。

图4-3 《东西洋考每月统记传》封面及市价表

1853年9月3日，《遐迩贯珍》（图4-4）在香港创刊，先后由传教士麦都思、奚里尔、理雅各主编，其创刊目的"无非为华夏格物致知之一助"。《遐迩贯珍》是香港出版的第一份中文月刊，也是最早使用铅字印刷的中文报刊。《遐迩贯珍》印刷精美，内容充实，以科学、地理、政治、天文、历法、历史、医学、商务、新闻、宗教等为主，也经营广告业务。《遐迩贯珍》每份十五文，行销香港、广州、厦门、福州、宁波、上海等地。1855年1月，《遐迩贯珍》增刊《布告篇》，并刊文《论遐迩贯珍表白事款编》，介绍了报刊广告的功能和该刊的广告刊例：

图4-4 《遐迩贯珍》书影

> 若行商租船者等，得借此书，以表白事款，较之遍贴街衢，传闻更远，则获益良多。
> 五十字以下，取银一元。五十字以上，每字多取一先士。一次之后，若帖再出，则取如上数之半。

《遐迩贯珍》的《布告篇》是中国第一个广告专栏。该专栏广告运作理念先进，经营规范，取得了良好的经济效益，为近代中文报刊的广告经营树立了典范。《遐迩贯珍》1856年5月停刊，共出版33期。

1857年1月，《六合丛谈》创刊，这是上海第一家中文近代期刊。1861年11月，《上海新报》在上海创刊，这是上海第一份中文商业报纸。《上海新报》创刊即发表《本馆谨启》一文，对比了报纸广告与传统广告的特点：

> 开店铺者，每以货物不销费用多金。刷印招贴，一经风吹残或被闲人扯坏，即属无用。且如觅物寻人，延师访友，亦常见有招贴者。似不若叙明大略，印入此报，所费固属无多，传阅更觉周密。

《上海新报》重视广告经营，四版中有三版是船期、行情、广告等商业性资料。

1857年11月3日，《香港船头货价纸》创刊，逢星期一、三、五出版，随英文报刊《孖剌报》赠送。《香港船头货价纸》主要面向商铺刊登以船务船期为主的经济信息与广告,内容宽泛,富有实用性。1864年,《香港船头货价纸》改名为《香港中外新报》。

第二节　洋务运动时期的广告传播

一、洋务运动时期中国的政治、经济背景

鸦片战争以后,面对内忧外患的困境,清政府内部分裂成洋务派和顽固派。洋务派主张利用西方先进生产技术,发展资本主义工商业,强兵富国,摆脱困境,从而维护清朝的封建统治。19世纪60年代至90年代,洋务派在全国各地掀起了"师夷长技以自强"的改良运动——洋务运动。

洋务运动前期,洋务派以"自强"为旗号,采用西方先进生产技术,创办了一批近代军事工业,如安庆内军械所、天津机器制造局、江南制造总局、金陵制造局、福州船政局等。由于延续了封建主义的管理方式和产品仅供政府使用,这些企业的生产往往不计生产成本,没有利润,最终导致它们因缺乏扩大再生产资金而停滞不前。

洋务运动后期,洋务派为了解决军事工业在资金、燃料、运输等方面的困难,打出"求富"的旗号,兴办了一批民用工业,如开平煤矿、湖北织布局、汉阳铁厂、兰州制造局、甘肃织呢总局等。这批民用工业的产品很多是以市场为导向,具有近代资本主义工业的特点,也在一定程度上抵制了外国资本主义国家的商品输出。

洋务运动是一场自上而下的统治阶级自救运动,提倡"中学为体,西学为用",希望通过利用西方先进的生产技术来维护封建统治。但由于自身矛盾、顽固派的阻挠和侵略者的反对,甲午战争的失败正式宣告洋务运动的失败。

洋务运动的目的是维护清朝统治,但它没有使中国走上富强的道路,却进一步加深了中国半殖民地半封建社会的进程。不过,洋务运动引进了西方资本主义国家的机器工业,解放了思想,培养了一批科技人员和技术工人,在客观上刺激了中国资本主义的产生和发展,也在一定程度上抵制外国经济势力扩张,推动了中国近代化进程。

二、洋务运动时期的中国民族工商业

明朝中后期，中国沿海地带出现了资本主义的萌芽，但受封建制度的阻碍，发展很缓慢，近代民族资本主义直到鸦片战争后才产生。近代民族资本主义的产生既是中国资本主义萌芽的延续，也受到了鸦片战争开埠所带来的影响。

首先，鸦片战争后，外国的工业品开始倾销到中国市场，中国的自然经济逐步解体，客观上促进了中国社会商品经济的发展。其次，外商在华投资建厂，吸引了一部分官僚、地主和商人投资近代工业。最后，为了解决资金问题，洋务派采取"官督商办"和"官商合办"的方式，吸收私人资本，兴办民办工业，使这些民办工业开始带有民族资本主义的因素。

19世纪70年代前后，随着自然经济的解体，一批官僚、地主、商人直接投资于近代民用工业，使民族资本主义在上海、广东、天津等沿海地区产生。民族资本主义企业主要有两种类型：一种是一些官僚、商人、中小地主、买办、华侨入股或独立设厂；另一种是原来的部分手工工场开始采用机器生产，转变为近代工矿企业。

三、洋务运动时期中国报刊广告

在洋务运动时期，西人报刊的进一步发展和国人办报的兴起，为商业信息和商业广告的范围的拓展奠定了基础，广告的商业功能逐渐为民族工商业者所接受。

（一）西人报刊的进一步发展

19世纪60年代以后，上海报刊的发展逐渐超过香港，出现了一批具有较大影响力的商业报刊，这些报刊都大量地刊登广告。

1.《万国公报》与广告

《万国公报》（图4-5）是近代出版时间最长、影响最大的综合性报纸之一。《万国公报》的前身是美国传教士林乐知于1864年5月9日创办的《中国教会新报》。《中国

图4-5 《万国公报》

教会新报》其内容分三部分：一部分刊登教会中事及新闻，一部分刊登教外之事，一部分则刊登告白（广告）。该刊从第 2 期起就刊登洋行广告，宣布该刊"既记录外国教会中事，也讲论各科学问以及生意买卖诸色正经事情"，充满了商业气息。1874 年 9 月 5 日，《教会新报》从第 301 册起正式改名为《万国公报》。改名为《万国公报》后，尤其重视商业信息和广告，曾多次在显要版面刊登汇丰银行、贾立费洋行、华英大药房、大英火轮船公司等英商企业的通栏广告。

2.《申报》与广告

1872 年 4 月 30 日，《申报》在上海创刊，由英国商人美查创办，1909 年为买办席裕福收买，1912 年转让给史量才，1937 年 7 月改组为股份有限公司。1937 年 12 月 15 日，因不接受日军检查，自动停刊。抗战期间，曾在日伪控制下出版。抗战胜利后被国民党接收，成为 CC 系报纸。1949 年上海解放时停刊。

《申报》前后历时 77 年零 26 天，记录了从清末到民国近 80 年间政治、军事、经济、文化、社会各方面的情况，具有很高的史料价值，被称为"近现代史的百科全书"。《申报》最初创办以营利为目的，注重广告经营，是中国近代出版最久、影响最大、经营最成功的商业报纸。

《申报》的版面分为新闻、评论、文艺（副刊）和广告，由此奠定了我国中文报纸四大块的基本结构。《申报》创办当天报纸头版头条就载有《本馆告白》，其后接载《本馆条例》，专谈该报发行与广告事宜。其中有关广告刊例的就有四条：

> 如有招贴、告白、货物、船只、经纪、行情等款，愿刊入本馆新报者，以五十字为式，买一天者取利资二百五十文，倘字数多者，每加十字照加钱五十文。买两天者取钱一百五十文。字数多者，每加十字照加钱三十文起算。如有愿买三四天者，该价与第二天同。
>
> 如有西人告白欲附刻本馆新报中者，每五十字取洋一圆。倘五十字之外，欲再添字数，每一字加洋一分，并先收刊资。此止论附刊一天之例。若欲买日子长久，本馆新报限于篇幅，该价另议，如系西字，本馆代译亦可。
>
> 西人告白，惟轮船开行日期及拍卖二款，刻（刊）资照中国告白一例。倘系西字欲本馆译出者，第一天该价加中国（字）刊资一半，并祈优惠。

苏杭等处地方有欲刊告白者,即向该卖报店司人说明某街坊某生理,并须作速寄来该价,另加一半为卖报人饭资。

《申报》一半以上的版面被广告占据,其中既有外商广告,也有华商广告(图4-6)。《申报》在广告经营上面对洋强华弱的特点,推出了"洋贵华廉"的特殊广告刊例,赢得了大批华商广告客户。

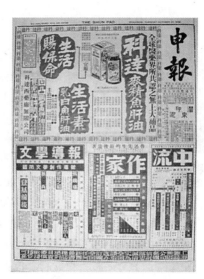

图4-6 《申报》上的广告

3.《新闻报》与广告

1893年2月17日,《新闻报》在上海创刊,初为中外合资办刊,1899年转让给美国商人福开森。《新闻报》定位为"不党不私"的商业报纸,主要服务于工商业主、店员及一般中下层市民。在内容上,《新闻报》以商业新闻为主要内容,也重视社会新闻,既吸引了大批读者,也降低了政治风险。在发行上,《新闻报》经营有术,控制有效发行量,保持利润最大化。在广告经营上,《新闻报》注重广告与内容相互融合,半版广告,半版故事,使新闻融于其中,并制定了科学的广告刊例,诚信经营,吸引了大量广告主。1901年1月26日的《新闻报》登出了其广告刊例:

第一日每字取洋五厘,第二日至第七日每日每字取洋三厘,第八日起按日每字取洋二厘半,长行告白以二百字起码,短行告白以五十字起码,多则十字递加。论前告白第一日每字一分五厘,第二日至第七日每字每日九厘,第七日后每日每字七厘半,一百字起码,多则以五字递加。

《新闻报》的纸张颇为特殊,纸薄不印背面,上下相背印刷,广告的面积近四分之三,而新闻是夹杂其中,并不显眼,其广告已经很注重排版,标题、正文和插图相得益彰,使广告从内容到形式都有了大幅度提高(图4-7)。《新闻报》成为旧中国发行最广、盈利最多的商业报纸。

(二)国人办报的兴起

19世纪后期,随着国人出国留学、考察、游历的日益增多和外国报刊在中国的发展,报纸在传播信息、促进贸易、普及知识、上下沟通和内外交流等方面的功能逐渐被国人所认知,国内一部分希图变革的士大夫和知识分子开始自办报纸,打破了外报在中国新闻舆论界的垄断地位,使中国人的报刊成为社会舆论的中心。因此,在洋务运动期间,国人在香港、广州、上海、汉口等地掀起了办报的第一个高潮。其中,香港的《香港华字日报》和《循环日报》较具有代表性。与外国人所办报纸不同,这些报纸多登国货广告。

图4-7 《新闻报》上的一则广告

1. 《香港华字日报》

1872年4月,《香港华字日报》独立出版。《香港华字日报》的前身是《德臣报》每周六出版一次的中文专页《中外新闻七日报》,版面内容主要为本港新闻、中外新闻、《京报》及《上海新报》选录等,也刊登少量的通告和广告。《香港华字日报》独立出版后,内容和版面大为改变,商业广告和商业信息占据了大部分版面。如1873年6月4日出版的《香港华字日报》,第一版为"香港目下金银丝发花纱匹头各等什货并股份行情",在《香港华字日报》报名下有一副题:"并附船舶消息货价行情";第二版为新闻版,内容分为"中外新闻""羊城新闻"和"京报";第三版主要是告白,并有"现在香港黄埔澳门等处落货往各埠之船"的航运消息及"各公司股份行情";第四版以广告为中心,上半部为"由英美两国往各埠之船现未到者所载货多少逐一开列",详列从英美两国前往各市镇的商船所载货物及价格(图4-8)。

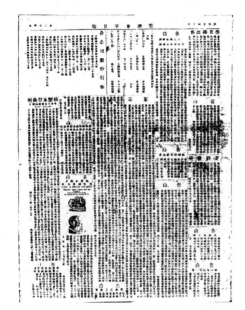
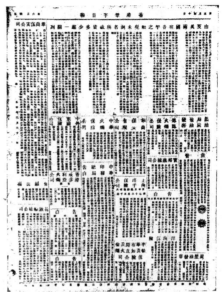

图4-8 1873年6月4日的《香港华字日报》

2.《循环日报》

1874年1月5日,《循环日报》创刊于香港,由王韬创办和主编。《循环日报》以"强中以攘外,诹远以师长,变法以自强"为宗旨,不仅是中国报刊史上第一份以政论为主的报纸,而且是我国历史上第一份传播资产阶级政治改良思想的报纸。《循环日报》是中国第一家华人投资、华人自办的报纸。《循环日报》分新闻版、广告版和政论,广告占有相当大的篇幅。《循环日报》在版式上基本仿效外国中文报纸,广告占报纸版面的3/4左右,一般第一版为行情版,第二版为新闻与评论版,第三版为船运消息与广告版,第四版为广告和启事版(图4-9)。

图4-9 《循环日报》的行情表

国人办报的兴起,具有报刊数量大、办报地区广和报刊品种多的特点。国人办报第一次办报高潮使本土报刊取代外报在中国的主导地位,使本土报刊逐渐成为社会舆论的焦点。这次办报活动多以模仿西人办报起步,在经营上注重广告经营,积极服务于民族资本主义企业,拓展了广告经营范围,也提升了报刊自身的社会影响力。

四、月份牌广告的出现

月份牌广告是借鉴和运用了在中国最有群众性的民间年画中配有月历节气的"历画"样式的广告作品。关于"月份牌"一词,年画史研究专家王树村考证说:它最早出现于1896年,上海四马路上有家鸿福来吕宋大票行,随彩票奉送了一种"沪景开彩图,中西月份牌"画片,此图出现之后,"月份牌"这个名词就广为沿用了。

图4-10 《杨贵妃出浴图》
（大昌烟公司,
郑曼陀）

在广告内容上,最初外国厂商聘请中国画师设计的月份牌画,画面除了商品宣传外,表现的大都是中国传统题材,或中国传统山水,或仕女人物,或戏曲故事场面等。后来则发展为以时装美女为主要表现形象（图4-10）。

在艺术手法上,月份牌广告初以中国传统工笔淡彩或重彩为表现手法,后来发展为采用西洋擦笔水彩细腻的写实手法,色彩明净鲜丽,并且大都用技术更为先进的铜版纸彩色精印,上下两端还镶有铜边,上端铜边居中穿孔,可以张挂,随出售商品免费赠送给顾客,广受欢迎。1914年,既善工笔人物画和西洋水彩画又掌握了擦炭画照相技法的郑曼陀发明了擦笔水彩画月份牌,其特点是在人物的面部先擦上一层炭精粉,轻轻揉擦阴影部位,使稍具淡淡素描的架子,然后再涂上水彩晕染。这样人的脸在白皙中呈现一抹淡红,显出立体感,同时能保持工笔画仕女造型的神韵。这种技法立刻得到社会的承认,受到人们极大的欢迎,其他月份牌画家也竞相使用。这种风格的月份牌被中外工商企业所青睐,改变了将其当作一般赠品的做法,而是直接把它当成商品广告,介绍商品。

人们获得这种配有月历节气的商品宣传画后,整年张挂在家里,既可装饰欣赏,又可查阅日期节气,人们习惯地称它为"月份牌"。这种"月份牌"在每年春节(新年)前更是大量发行赠送给顾客,人们都把它作为年画来欣赏。

1876年1月3日,上海棋盘街海利号就已经在销售华英月份牌了。该号的广告说:"启者,本店新印光绪二年华英月份牌发售,内有英美法轮船公司带书信来往日期,该期系照英字译出并无错误……如蒙光顾,其价格外公道,此布。"

1884年,《字林沪报》刊登了"出售华英合璧月份牌"的广告:"本字林馆常年印售华英合璧月份牌,素蒙仕商购取,悬壁间,日换一纸,眉目豁然,兹又印出1884年月份牌,与前一律每副七角五分,诸君欲购请至本字林馆写字房购买可也,此布,字林告白。"

1886年《申报》刊登了"分送月份牌"的广告:"本馆年例新正初印就中西月份牌,随报分送。明年之月份牌现已遣工镌制,四周之人物、花卉均报玲珑工细,中用红绿字以分界限,并以外洋洁白坚细纸张印成,愈觉鲜艳夺目,其式样较今正所送者格外放大,故悬贴画壁颇足饰观。……先此布闻。申报馆主人启。"

月份牌广告新颖的画面,精美的彩印,广泛的题材,直接反映了变化中的社会生活,达到了它最佳的宣传效果。当时,赠送月份牌已经蔚然成风,特别是销售吕宋彩票的"鸿福来""一定中""快得利"等票行都推出了"附送月份牌得彩,年内兑洋"的广告,吸引了许多彩民,使彩票销路甚畅。

第三节　辛亥革命前后的广告传播

一、辛亥革命前后中国的政治状况

甲午战争失利以后,日本强迫清政府签订了丧权辱国的《马关条约》,进一步破坏了中国主权的完整,清政府大举外债使列强控制了中国的经济命脉,通商口岸的开放使帝国主义侵略势力深入中国内地,允许在华投资办厂严重阻碍了中国民族资本主义的发展。随后,西方列强又强迫清政府签订了一系列不平等条约,这些条约反映了帝国主义资本输出、分割世界的侵略要求。外国资本主义对中国的侵略进入一个新的阶段,中国社会半殖民地化程度大大加深了。

面对民族生存危机和民族资产阶级发展困境,国内不同利益派别及其政治代表,依据自身利益,形成了改良派和革命派两个影响力较大的政治派系,各自开展了一系列的救国和自救运动。

改良派坚持改良主义的路线,在政治上,主张改变政治组织形式,倡议民权,限制封建君主的权力,实行君主立宪;在经济上,主张振兴实业,发展民族资本主义经济;在思想上,它传播了资产阶级民主政治思想,介绍西方自然科学和社会学说,对中国传统的封建伦理纲常进行了批判,对促进人民的觉醒,特别是知识分子的思想解放,起了重要的启蒙作用。

改良派因在不同的历史阶段争夺的重点不一样,依次形成三个不同段落的分称:戊戌变法时为维新派,戊戌政变后为保皇派,日俄战争后为立宪派。这些变换的称号反映了各自的主旨,也略寓褒贬,但改良派一直是它们的总称。总称表示了它们的改良主义路线的一贯性,分称表示了它们各自的时代特征及与革命派的关系的变化。维新运动时的维新派力求除旧布新,挽救危亡,以消弭革命于方萌;保皇活动中的保皇派以保护光绪帝、反对慈禧太后为宗旨,与革命派既联系又争夺;立宪运动中的立宪派则呼吁开国会,立宪法,以挽救清朝的危亡,与革命派尖锐对立,互争成败,在革命成为时代中心之后,立宪派又成为与革命派横向对峙的政治力量。

改良派的改良运动,因民族资本主义与封建主义本质的矛盾而最终失败,但为资产阶级民主革命的到来做了政治、思想上的重要准备。

革命派坚持革命主义的路线,在政治上,主张通过革命运动,推翻清政府的统治,建立资产阶级民主共和国;在经济上,主张工商立国,发展资本主义经济;在思想上,使民主共和的思想深入人心,进一步解放了人们的思想。

革命派持续发动革命,最终推翻了清政府的统治。革命经历了六个发展阶段:从1894年11月孙中山在檀香山建立兴中会至1900年11月兴中会领导的惠州起义失败,此为辛亥革命的最初酝酿阶段;从1901年义和团运动失败到1905年8月中国同盟会成立前,是辛亥革命运动的兴起阶段;从1905年8月中国同盟会成立至1911年10月武昌起义前夕,是辛亥革命运动的发展阶段;从 1911 年 10 月武昌起义至 11 月下旬革命风暴席卷全国,各省区宣布起义或独立,为辛亥革命运动的高涨阶段;从 1911 年 11 月下旬光复的各省都督代表在汉口举行会议筹组临时政府至 1912 年 4 月 1 日南京临时政府解散之前,为辛亥革命运动的胜利阶段;从 1912 年 4 月 1 日南京临时政府解散至 1913 年 9 月"二次革命"失败,是辛亥革命运动由胜利到彻底失败的阶段。

辛亥革命是中国近代历史上的一次伟大的资产阶级民主革命,具有深远的历史意义。首先,辛亥革命给封建专制制度以致命的一击,它推翻了统治中国近三百年的清王朝,结束了中国两千多年的封建君主专制制度,建立起资产阶级共和国;其次,辛亥革命推翻了"洋人的朝廷"也就沉重打击了帝国主义的侵略势力;再次,辛亥革命为民族资本主义的发展创造了有利的条件;最后,辛亥革命对近代亚洲各国被压迫民族的解放运动产生了较广泛的影响。

与中国以往的社会改革和革命运动不同,无论是改良派还是革命派,都注重运用近代报纸的力量去宣传自己的政治主张,从而掀起了国人办报的又一个高潮,出现了一批具有影响力和号召力的近代报纸。由于政治格局变化迅速,报纸也成为普通市民获取社会信息的重要来源,对报纸的依赖性不断增强。

二、辛亥革命前后民族工商业的发展

辛亥革命后,民族工商业获得了一个前所未有的发展机会,迎来了"短暂的春天",民族资本主义呈现出前所未有的繁荣景象。这个时期,民族资产阶级开办工厂和投资数额增长迅速;投资地区由东南沿海向内地拓展;轻工业发展显著,一些商品打入国际市场;涌现出一批著名的实业家。

中国资本主义的进一步发展,是民国初年中国社会变革和国际形势变化共同作用的结果。首先,辛亥革命推翻了封建专制统治,建立了中华民国,为资本主义的发展扫除了一些障碍。辛亥革命后,政府出台了一系列鼓励民族资本主义发展的措施,民族资产阶级的社会政治地位得到提高,激发了民族资产阶级投资近代工业的热情。

其次,辛亥革命前后,群众性的反帝爱国斗争有力地推动了民族资本主义的发展。资产阶级大力提倡"实业救国",大大刺激了国人投资近代企业的热情。当时,"抵制洋货""发展实业"和"实业救国"不仅是民族资产阶级的要求,也成为中国各阶层人民爱国的共同口号。"实业救国"和"民主共和"成为当时并存的两大思潮。

最后,第一次世界大战的爆发从外部为中国民族工业发展提供了一个有利的时机。一战爆发,使欧洲列强忙于战争,暂时放松了对中国的经济侵略,对华输出的资本和商品有所减少;同时,由于战争的需求,它们的工业生产主要转为服务战争,减少了某些轻工业品的生产,为中国民族工业拓展国内市场,进而打入国际市场,提供了契机。这些在客观上为中国民族资本主义的发展提供了有利的外部条件。

中国民族资本主义受着帝国主义和封建主义的压迫,带有半殖民地半封建的特征,主要表现在三个方面。首先,民族工业的发展主要是在轻工业方面,重工业基础极为薄弱,没有形成独立完整的工业体系,工业发展偏于东南沿海,布局不合理;其次,民族资本与外国资本相比,力量十分薄弱,在一些主要工业部门,外国资本仍超过本国资本;最后,民族资本与封建经济相比,封建的自给自足的自然经济仍占绝对优势,这使民族资本主义的发展受到极大的束缚,一些资本家和地主在向近代工业投资的同时,并不放弃土地或其他封建剥削。但在1912—1919年,中国民族工业获得了迅速发展。新建厂矿企业470多家,新增资本多达1.3亿元,速度和规模都是空前的,超过过去半个世纪的成就。这些民族工商业者已经充分意识到报纸广告等大众媒体广告对于市场销售的促进作用,积极地利用大众媒体广告与外商展开竞争。

三、辛亥革命前后的报刊广告

随着报刊媒体的功能不断被人们接受,各类商业报刊和政治报刊不断涌现,为报刊广告的推广提供了良好的平台。伴随着民族工商业的进一步发展,民族资产阶级开始广泛地利用报刊广告促销,他们积极地在与自身政治观点一致的报刊上投放广告,既获得了目标消费者的认同,也达到了告知的目的。

(一)民办报刊的广告表现

1904年3月11日,《东方杂志》在上海创刊,由商务印书馆编辑出版,是我国期刊史上重要的大型综合性杂志。《东方杂志》初为月刊,后改半月刊,至1948年12月停刊,共出44卷819期,813册,含3种增刊,30种专号、纪念号,21种专辑、特辑。1999年,《东方杂志》复刊,改名为《今日东方》。

《东方杂志》初期是一种文摘类性质的刊物,后经几次大的调整和改革,逐步成为以时事政治为主的社科类综合性刊物。先后辟有社说、时评、选论、谕旨、内务、外交、军事、教育、财政、实业、交通、商务、宗教、杂俎、记载、文件、调查、附录、译件、小说等栏目。《东方杂志》是商务印书馆继《绣像小说》之后创办的第二种杂志,其历经清末、辛亥革命、五四运动、抗日战争和解放战争等各个重大历史时期,紧跟时代的脉搏,忠实地记录了我国近现代历史轨迹,成为近现代史的见证,被称为"中国近现代史的资料库"。《东方杂志》刊登了很多中外广告,登载广告的客户有750家,约14 000多则广告(图4-11)。

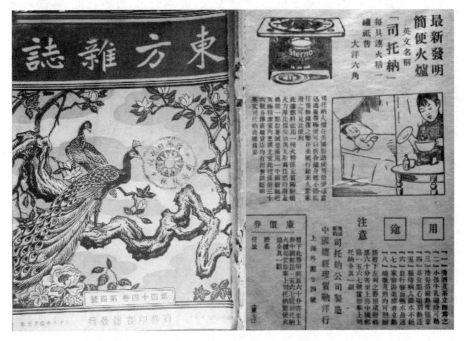

图4-11 《东方杂志》上的广告

(二)官办报刊的广告表现

报刊有官办与民办之分,清末的近代报刊是先有民办而后有官办,先有地方而后有中央。清末最早的官办近代报刊,是1873年上海江南制造局出版的《西国近事汇编》。1896年在北京出版的《官书局报》,则是最早以政府机构名义出版的"官报"。清末,大量的"官报"不断涌现,这些报刊起初经济上依赖清政府拨款,但随着广告投放需求的不断增多,这些报刊与商业报刊一样开始刊登商业广告。

1. 《北洋官报》与广告

1901年12月25日,《北洋官报》(图4-12)在天津正式出版,由直隶总督袁世凯奏请创办。《北洋官报》为日刊,每期8页,书册形式。《北洋官报》是清末创办最早、最有影响的地方政府官报。

《北洋官报》以刊登上谕、奏章和直隶地区有关衙门的文件为主,设有宫门钞、奏议录要、析法摘要、文牍要录、畿辅近事、外省新闻、各国新闻等栏目。《北洋官报》刊登少量广告。1908年9月25日,《北洋官报》末页告白栏中有一则《工商演说广告》:

图4-12 《北洋官报》封面

启者,九月初八晚八钟至十一钟,仍在东马路宣讲所内演说工商各项要理,并请刘巨川先生接演开煤矿之法,纪管岑先生演讲珠算、笔算会合适用之理……李子鹤先生演说商业道德。务希各工届时惠临入听,不取分文,特先布告。天津劝工陈列所谨启。

2. 《政治官报》与广告

1907年10月26日,《政治官报》(图4-13)创刊。《政治官报》是中国近代史上第一家由中央政府办的官方报纸,旨在"使绅民明悉国政预备立宪之意,凡有政治文牍,无不详慎登载,期使通国人民开通政治之意识,发达国家之思想,以成就立宪国民之资格"。

《政治官报》以刊载档案文件为主,重在宣传预备立宪。《政治官报》在内容上"专载国家政治文牍","凡一切立法行政之上谕及内外臣工折件、电奏,并咨牍、章程等类,除军机、外文秘密不宣外,所有军机处发抄及各衙门随时咨送事件,依类分门,悉心选录"。此外,《政治官报》还选登一些

图4-13 《政治官报》封面

中外各国要闻及驻外使臣的报告等，也登少量广告。例如，1908年11月5日，《政治官报》内容约可分为如下五个部分。

一是宫门抄。刊载宫廷动态10条，如《绍英由东陵回京请安》《李殿林、俞廉三、丁振铎谢赏紫禁城骑马恩》《派大员分别致祭内外城隍庙、火神庙及四庙》等。

二是谕旨。主要有两件，一是对锡良电奏云南官兵越界滋事一案的处理意见，二是对吴仲熹奏报黄河霜降安澜一折，批示奖励有关官员。另有政府各部门、各地方关于工作的新闻44条，大都批示"知道了"或批给相关部门办理。

三是奏折。本期共刊各类奏折11件，其中主要有，礼部九月十一日奏《万寿礼仪折》，吏部奏复议成都将军奏《给攻克巴塘出力各员奖折》，陕甘总督升允奏《盘查藩库片》等。

四是法制章程。以4页篇幅刊出了《民政部发给购烟执照章程》。

五是广告。刊广告4则：《本局本报紧要发行广告》《本局新印考察政治大臣编译各书广告》《本局紧要关于宪政编查馆会奏各省谘议局折并选举各章程册发售广告》及《学部图书局发卖书籍广告》，占2页。

1911年，《政治官报》改称为《内阁官报》。《内阁官报》制定了详细的刊登广告的章程，并见诸报端：

> 除各官厅官有事业、官立学堂示谕广告外，凡京外官商曾经奏请办理之银行、铁路、矿务及农工商部注册设立各项公司，并有确实证据之不动产，欲刊印单篇告白，随报附送者，可函请本局刊登，其附送以本京为限。五行起码，每一日至第三日每日五元，四日以下四元五角。六行以下，第一日至第三日每日五角，四日以下每行加四角五分，其附登本报，则以半面以码，第一日每半面日收洋拾元，第二日至第十日每半面日收洋八元，十一日至一个月每半面日收洋八元。第二月后，每半面日收洋五元，以官报行销愈大再行改订。凡各官厅及官有事业学堂公益等事，欲附登本报者，酌收半费。

（三）改良派报刊的广告表现

为传播思想和启迪民智，资产阶级改良派创办了众多报刊，其中，影响力较大的是1897年创刊的《国闻报》、1898年创刊的《湘报》和1902年创刊的《大公报》，它们都重视经营，把广告视为其内容的重要组成部分，刊登各种类型的广告，支持民族工商业者。

图4-14 维新派创办的《国闻报》

1. 《国闻报》与广告

1897年10月26日，《国闻报》(图4-14)于天津创刊，由严复创办和主编。《国闻报》是维新派在华北的重要舆论阵地，与上海的《时务报》和长沙的《湘报》一起构成维新变法的重要宣传阵地。

《国闻报》的办报宗旨是"一曰通上下之情，一曰通中外之故"。该报尤为重视有关变法问题和国内外新闻的报道，着重刊登国内外的时事与社论，并在新闻报道中加一些按语和评论，以扩大维新变法的宣传和影响，其内容丰富多彩，报道较及时。

《国闻报》日出8开1张，用毛边纸单面印刷，共8版，4号字排印。《国闻报》在编排上采取日报与汇编相结合的形式，互补有无：

> 本馆编报之例，大要亦有二，凡寻常之事，无论内地边地，中国外国，义取观览明晓者，皆登之每日续印之报。至重要之事，亦无论内地边地，中国外国，苟足备留存考订者，皆登之十日合印之汇编。

《国闻报》前4版为新闻与评论，后4版则为广告。《国闻报》广告特色鲜明，类似于同期的商业报纸。

2. 《湘报》与广告

1898年3月，《湘报》在长沙创刊，由谭嗣同、唐才常等人发起筹办，旨在"专以开风气、拓见闻为主"。《湘报》是湖南最早的日报，也是维新派在当时最具影响力的报纸之一。

《湘报》开辟的主要栏目有论说、奏疏、电旨、公牍、本省新政、各国时事、商务、杂事等。《湘报》已具有近代报纸的性质，它除报道各地维新运动的动态外，还发表大量政论，猛烈抨击封建制度，热情宣传民权、平等学说，明确提出开议院、申民权等变法维新主张，它的宣传鼓动有声有色，其激烈程度超过同期的其他维新派报纸。

《湘报》的经费来源，一部分靠社会集资，另一部分经湖南巡抚陈宝箴批准，由省署补贴，报纸发行后，零售只收工本费，受到市民欢迎。因此，《湘报》

初期广告数量不多,少则两三例,多则四五例。但从第 40 期开始,《湘报》增设了专门刊登广告的"附张",广告数量和频次显著增加。《湘报》广告主多为民族工商业者,广告内容大致分为五种类型:一为文化类广告,包括书局、图书、报纸、图书报纸招股、学堂学会等;二为商业类广告,主要有绸缎布庄、鞋铺茶号、房屋招租、五金加工、公司招股、轮船客货运输等;三为医药类广告,有祖传儒医、药局药室、丹丸奇方等;四为免费广告,如施送药粉、散发宣传材料;五为其他广告,主要有挂失声明、堪舆算命等。

《湘报》广告经营主体意识明确,清楚地认识到广告同社会经济和政治思想文化的关系。注意广告推销商品的作用,提倡国货广告,以促进民族工商业的发展;同时注意发挥广告宣传文化、教育群众的作用,以捍卫自己民族的利益。《湘报》广告活动充分反映了维新派的进步主张。

3.《大公报》与广告

1902 年 6 月 17 日,《大公报》在天津创刊。《大公报》的发展经历了四个阶段:第一阶段(1902—1916 年)由英敛之主持,致力于宣传改良思想、主张君主立宪;第二阶段(1916—1925 年)由王郅隆接办,观点上接近皖系军阀,并有亲日倾向;第三阶段(1926—1949 年)由新记公司接办,发展成为具有全国影响力的大报;第四阶段(1949 年至今)成为一份在共产党领导下的日报。目前《大公报》的香港版仍在出版,它已成为我国出版时间最长的中文日报。《大公报》是近代仅次于《申报》的重要传媒,在中国报业史上有深远的影响。广告是其重要内容之一(图 4-15)。《大公报》曾在报头下方显著位置刊发告白:

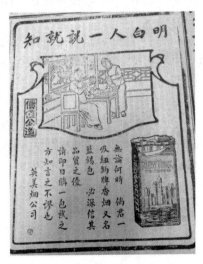

图 4-15 《大公报》上的广告

  本馆专印一切华洋书籍告白、仿单,意在招揽,价值从廉,外埠由邮局订印,各件定期不误。

《大公报》把广告视为其报纸内容的重要组成部分,在广告的选择以及广告文案的撰写上也隐含了《大公报》自身的政治主张和文化主张。如 1902 年

6月26日的《大公报》上曾刊登出中国近代第一则征婚广告：

> 今有南清志士某君,北来游学。此君尚未娶妇,意欲访求天下有志女人,聘定为室。其主义如下:一要天足。二要通晓中西学术门径。三聘娶仪节悉照文明通例,尽除中国旧有之陋俗。如有能合以上诸格及自愿出嫁又有完全自主权者,毋论满汉新旧,贫富贵贱,长幼妍媸,均可。请即邮寄亲笔复函,若在外埠能附寄大著或玉照,更妙。

这则征婚广告刊登后,曾被《中外日报》和《妇女杂志》等报刊转载,在当时引起了剧烈反响,这则广告也反映了《大公报》"开风气,牖民智,挹彼欧西学术,启我同胞聪明"的改良主张。《大公报》广告以其新颖的形式、鲜明的特色和无所不包的内容,折射出近代广告的丰富内涵、发展轨迹及时代特点。

（四）革命派报刊的广告表现

辛亥革命前后,资产阶级革命派在发动武装起义的同时,广泛开展了办报活动。在1894—1912年期间,他们在日本、中国(包括港澳和内地20多个省市)及美洲、东南亚等国家和地区陆续创办了约120种报刊,其中日报60余种,期刊50余种,这为报刊广告的发展提供了有力的载体。革命派报刊广告既有收费广告,也有免费广告,广告内容多符合其"救亡图存""振兴中华"等革命主张,广告以宣传国货为主。

1. 《中国日报》与广告

1900年1月25日,《中国日报》在香港正式出版,由陈少白任社长兼总编辑。《中国日报》为兴中会的机关报,被称为"革命党机关报之元祖"。《中国日报》在内容上一方面揭露和声讨清政府的腐败无能和卖国罪行,批判资产阶级保皇派,宣传反清和反对封建制度,报道革命党人留日学生的革命活动,宣传反帝救亡,谴责八国联军侵华、荼毒京津的罪行;另一方面宣传资产阶级的民权思想,介绍英国、法国资产阶级革命的历史,赞美民主共和,号召人民起来争取民主自由。

《中国日报》同时出版日刊和旬刊,日刊每天出版四开一张半,版面仿日本报样作横行短行。旬刊称《中国旬报》,每月3期,出至第37期停刊,主要发表译文和长篇论文,还发表文艺作品。《中国日报》一直出版到1913年。《中国日报》也刊登广告(图4-16),如甲辰年正月十九日(1904年3月5日)的《中国日报》头版皆为广告。报头右边为报价:"日报行情晨派,每逢礼拜停派。周年价银六元,每月价银六毫,闰月照加……常年五元。"下方为屈臣氏大药房、法国忌里末药局等刊登的商品广告①。

2.《民报》与广告

1905年11月26日,《民报》在日本东京创刊,为同盟会的机关报。《民报》设有《论说》《时评》《谈丛》《纪事》《译丛》等栏目,以宣扬孙中山的三民主义思想为主,积极与改良派报纸展开论战,宣扬革命思想。孙中山在《〈民报〉发刊词》(图4-17)中首次提出三民主义思想:"今者中国以千年专制之毒而不解,异种残之,外邦逼之,民族主义、民权主义殆不可以须臾缓。而民生主义,欧美所虑积重难返者,中国独受病未深,而去之易。是故或于人为既往之陈迹,或于我为方来之大患,要为缮吾群所有事,则不可不并时而弛张之。"

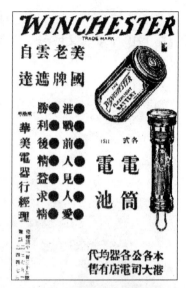

图4-16 《中国日报》上的电池广告(1946年8月16日第3版)

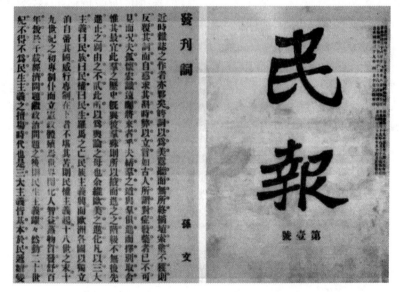

图4-17 《〈民报〉发刊词》(实为同盟会政治广告)

---

① 丁淦林:《中国新闻事业史》,高等教育出版社2002年版,第116页。

1908年10月,在出版第24期后,《民报》被日本政府勒令停刊。后汪精卫在1910年年初又秘密印行第25期和第26期。《民报》每期六七万字,150页左右,内有铜版照片数张,还有少量广告。原为月刊,但由于经常脱期和中途停刊,至1910年2月终刊,共出26期。《民报》从第1期到第26期,共有广告279则,篇幅占218页半。其中全页刊登广告的占总数54.8%,半页广告占总数的28.6%。最多时候的广告版面多达20多页。

3. 白话报刊与广告

革命派为了使革命主张通俗化,还创办了一些白话报刊,如林白水于1903年12月在上海创办的《中国白话报》、项藻馨于1901年6月创办的《杭州白话报》、陈独秀于1904年3月在芜湖创办的《安徽俗话报》(图4-18)。这些通俗类刊物都刊登广告,如《安徽俗话报》在第17期上登出了安徽公学的招生广告:

图4-18 《安徽俗话报》第一期封面

　　本公学原名旅湘公学。在长沙开办一载,颇著成效。惟本乡人士远道求学,跋涉维艰,兹应本省绅商之劝,改移本省。并禀拨常年巨款,益加扩张,广聘海内名家,教授伦理、国文、英文、算学、理化、历史、地理、体操、唱歌、图画等科。于理化一门尤所注重,已聘日本理科名家来华教授。
　　学额:本省百名,外省二十名。
　　学费:本省人不制取,外省人每月收英洋二元。
　　膳金:无论本省外籍,每月均收制钱二千文。
　　入学年龄自十五岁起,至二十二岁止,三年卒业。
　　兹定于乙巳年二月内开学,有志入学者,望于二月初十前偕保人或携介绍信来本公学报名,听候考验。必须身体健康,心地诚朴,志趣远大,国文通顺者,方为合格。

四、近代广告管理的出现

1904年8月,由清朝光绪皇帝钦定的《商标注册试办章程》出台,这是中国第一部正式颁布的商标法规,也标志着中国近代广告管理的出现。《商标注册试办章程》由清政府总税务司英国人赫德起草,英国驻华大使修订,具有典型的半封建半殖民地性质。该章程规定:在商部设立注册局,津沪两关为挂号分局,实行"申请在先"原则;外国注册商标,在4个月内向中国申请的,享有优先权;商标专用权有效期为20年;对商标纠纷规定了领事裁判权,凡涉及外国人的商标案件,该管领事可与地方官会同审判;对商标侵权行为予以罚款、监禁等处罚。由于英国一国代拟商标章程,引起其他帝国主义国家的不满和抗议,该章程实际并未实施。以后清政府依照英、法、德、奥、意等国提出的商标注册章程草案,对原章程又作了两次修订,但终未付诸施行。

由于清政府对广告的监管缺少必要的法律法规,在媒体上甚至还公开出现过贩卖毒品的广告。如1903年,在十里洋场的上海,《新闻报》就多次出现烟土、吗啡的广告,一度引起上海市民的哗然。当年(农历)四月初七发行的《新闻报》上就有一则烟土广告:"大土(烟土)减价,每箱价银七百六十两,每只廿六元四角,零剪每洋一两八钱。"而吗啡广告更是露骨:"吗啡出售,狮马、白牌、绿牌、云水,新牌俱全,原箱出售,格外公道。"对毒品广告几乎没有任何监督和管理手段,由此可见晚清政府的腐败无能。

思考与练习

1. 报纸的产生对于广告业有什么影响?
2. 什么是月份牌广告?它有什么特点?
3. 在清末,社会变革对于广告业的发展有什么影响?广告具有哪些社会功能?

第五章

民国时期的广告

 **本章摘要**

　　民国时期,中国广告业在曲折中不断进步,报纸、广播、电影等大众媒体广告获得了迅速发展,并随着市场分工的深化,出现了专业广告公司。广告研究和广告教育也开始出现。广告监管和广告自律渐趋规范。这些为民国时期广告业的健康发展提供了保障。

第一节　民国初年的广告传播

　　民国初年,中国民族工商业获得迅速发展,中国民族资产阶级登上历史舞台,这为民国初年广告业发展奠定了经济基础和提供了制度保障;世界广告业新技术新材料不断涌入中国,一批文人和新型知识分子也加入广告创作中来,这为民国初年广告业发展提供了媒体条件和人才资源,这些将中国近代广告业推向了发展的黄金阶段。

一、民国初年的广告繁荣

　　民国初年,伴随着民族资本主义的发展和西方列强资本渗透的加深,近代广告业呈现出繁荣景象,报刊广告兴盛一时,新媒体广告不断涌现,丰富多彩的广告成为近代文化的重要组成部分。随着广告业的繁荣,专业广告公司也得到继续发展。

（一）民国初年的媒体广告

1. 报刊广告的兴盛

随着报刊媒体影响力的扩散和广告经营意识的增强,报刊成为民国初年主要的广告媒体,许多报刊都刊登了大量的广告。

民国初年,《申报》广告经营方式逐渐完善,广告版数不断增加(图5-1)。《申报》广告约占版面总数的十之六七,并根据广告内容和形式的不同,添加《本埠增刊》《常识增刊》《汽车增刊》《每周画报》等广告专刊,满足了广告主的不同需求,广告经营范围不断扩大,医药广告、演出广告、化妆品广告、服饰广告和告白、公私启事等社会广告成为其主要内容。

图5-1 《申报》1927年3月31日第14版的全版广告

1925年2月10日,《世界日报》在北京创刊。《世界日报》是1924年到1925年先后创办的《世界晚报》《世界日报》《世界画报》的总称。《世界日报》始终把广告收入看作报纸的重要经费来源,广告经营方式不断创新。《世界日报》出版初期,由于知名度小和影响力有限,广告主投放广告少,因此《世界日报》从别家报纸上选择一些商业广告,不征求业主同意就登载在自己的报纸上,然后派人收取广告费,给多给少都行。这不仅丰富了《世界日报》的版面内容,也吸引了广告主的广泛关注。随着广告投放量的增加,《世界日报》积极开拓分类广告市场,吸引了大量的广告投放。1932年6月以后,《世界日报》搞了一种每条50字的"小广告",每条收费一角五分。报纸常常宣传小广告"费钱少,效力大",刊登小广告的人很多,常常占了一个整版,为报社赢利不少。从1935年11月1日开始,又新设了"一角钱广告",每条限20字内,收益更大。《世界日报》在广告方面不断翻新花样,如增加了"商业广告""新市场广告"等。但《世界日报》由于对广告内容审查不严,只要付清广告费,一律照登,所以报纸上经常有虚假广告出现。

1925年10月11日,《生活》周刊在上海创刊(图5-2),是黄炎培创立的中华职业教育社的机关刊物。《生活》创办初始由王志莘主编,从第2卷第1期起,改由邹韬奋主编。邹韬奋是近代杰出的新闻出版工作者、政论家、编辑

图 5-2 《生活》周刊创刊

家,他接办以后,锐意创新,加强与读者的联系,全心全意为读者服务,逐渐受到广大读者的欢迎和喜爱。随着社会形势的变化以及邹韬奋思想的发展,《生活》周刊的内容也不断调整。"九一八"事变以后,民族危机空前加重,邹韬奋利用《生活》周刊积极宣传抗日救国,使《生活》周刊成为著名的抗日救亡刊物,销售量逐年增加,最后达到 15.5 万份,创造了当时中国杂志发行量的最高纪录。邹韬奋注重《生活》周刊的广告经营规范,在如何处理"事业性"和"商业性"的关系上积累了许多宝贵的经验和提出了许多独特的见解。他多次申明,办报刊虽然也要设法赚一点钱以维持和发展事业,但决不以营利为目的。因此,邹韬奋对于广告的选择和刊登有着严格的限制:"报纸上面登载广告,不应该专为了报社的营业收入,而应该同时顾到多数读者的利益。""本报对于所刊登的广告,也和言论新闻一样,是要向读者负责的。"所以凡是骗人害人的广告,虽出重金,邹韬奋也一概拒绝。而且,他还认为应把广告和美化版面结合起来,什么广告放在什么位置,都要从活泼版面考虑,不能让广告割裂新闻。邹韬奋的广告经营思想至今具有很多可借鉴之处。由于《生活》周刊鲜明的政治倾向,以及在社会上的强烈反响,引起国民党反动派的仇视。出至第 8 卷第 50 期时,《生活》周刊被国民党反动政府查封。

1926 年 7 月 7 日,《北洋画报》在天津创刊。抗日战争爆发后,《北洋画报》停刊,先后出版 1587 期,并于 1927 年另出版副刊 20 期。《北洋画报》内容包括时事、社会活动、人物、戏剧、电影、风景名胜及书画等,以照片为主,兼有文字,其宗旨在于"传播时事、提倡艺术、灌输知识";副刊专载长篇小说、笔记、名画、漫画等。刊期初为周刊,继改为三日刊,最后为隔日刊。该刊广告内容丰富多样,形式轻松活泼,图文并茂,印刷精美,广告具有很强的可读性(图 5-3)。

图 5-3 《北洋画报》的广告

1910年7月,《小说月报》于上海创刊,由商务印书馆主办印行(图5-4)。1921年,该刊第12卷第1号起由沈雁冰主编,全面革新内容,成为文学研究会代用机关刊物,是第一个大型的新文学刊物。1932年,"一·二八"淞沪战争时停刊,先后共出版22卷262期(包括增刊4期)。《小说月报》的广告经营颇具特色,在1928年第18卷刊登的《广告价目表》中将刊物的广告版面分为四等,即特等(底封面之外面)、优等(封面之内面及对面、正文首篇对面及底面之面内)、上等(图画中、正文前)、普通(正文中、正文后),按等收费。另有须知如下:

图5-4 《小说月报》上的葡萄酒广告

  广告概用白纸黑字,如用色纸或彩印价目另议;绘图、刻图工价另议;连登多期价目从廉;欲知详细情形请至上海宝山路商务印书馆内"中国商务广告公司"接洽;远地函询即行奉复。

2. 广播广告的出现

中国的广播事业发轫于20世纪20年代。20世纪20年代末30年代初,各类广播电台大量出现,带来了广播广告业的第一个相对繁荣时期。

1922年12月,美国人奥斯邦在上海设立了中国无线电公司,装设了一座50瓦的电台,1923年1月23日开始播音,这是中国境内出现的第一座广播电台。该台每天播出一小时零五分钟,播出内容主要包括中外新闻、娱乐音乐及推销无线电器材(包括矿石收音机、真空管收音机之类)的广告,从而拉开了中国广播广告的序幕。

1923年5月,美商新孚洋行在上海创办了一家广播电台,旋因经济拮据而停办。1924年5月,经营无线电器材的美商开洛公司在上海福开森路(今淮海西路)建造了一座100瓦的广播电台(后增至250瓦)。该台经常播报外商广告。

1926年10月,无线电专家刘瀚在奉系当局的支持下,在哈尔滨建成了中国第一座国人自办的官办广播电台——哈尔滨广播无线电台,功率100瓦。

该台每天播音两小时,内容有新闻、音乐及钱粮行市消息等。

1927年3月,上海新新公司高级职员邝赞在公司6楼屋顶花园办了一座50瓦的电台,这是第一座中国人办的私营广播电台。该台节目内容多为广告,替公司推销商品。

截至1936年,上海已有华资私人电台36座,外资4座,国民政府电台1座,交通部电台1座,这些电台都主要依靠广告维持,民族工商业者逐渐成为华商私营电台的广告客户。

广播广告的出现丰富了大众广告传播手段,使广告在更广阔的空间向消费者更迅速地传递商品信息,从而提高了广告的社会影响力。

3. 电影广告的出现

电影广告是一种新兴的广告形式,它是伴随着电影的传入而出现的。1895年12月28日,法国的卢米埃尔兄弟在巴黎大咖啡馆的印度厅放映了自己拍摄的电影,这天被定为世界电影诞生日。1899年,电影开始在我国出现。辛亥革命后,电影业在中国沿海城市迅速发展。电影广告也随之逐渐成为一种新兴的广告形式充斥于大小报章,或文或图,雅俗相间,而影片夹带广告更是光怪陆离,丰富多彩,影响着人们的生活。

中国最早的电影广告来源于外资公司。1921年年初,英美烟草公司驻华机构即提议拨款投资中国电影,以利用电影广告来推销该公司的卷烟制品。1923年前后,英商英美烟公司曾在上海安南路特设一动画片绘制所,专为该公司制作动画片广告。当时制作的是《武松打虎》之类的动画片,这是洋行利用舶来的无声电影来做商业广告。英美烟公司的电影部所拍摄的每一部电影每一个镜头的每一个副标题下都印上了英美烟公司各种牌号的香烟作为广告宣传,英美烟公司甚至还在中国收买和自建电影院。1924年年末,天津英美烟公司总办科特珍兴办三炮台电影院,并成立天津电影部,在以风光、赛马为主的新闻纪录短片中插播英美香烟广告。到1925年4月,英美烟公司仅上海一地已有"闸北""大英""新芳""宝兴""自由"五家影院。1926年正式成立了红印影片公司。

1930年,上海华商广告公司开始代理电影广告,多为幻灯片广告,即在电影放映前,打出幻灯片来做广告。外商在上海开办的拜耳药厂曾专门制作了关于"六〇六"针药生产过程的专场电影。中法大药房出品的"艾罗补脑汁""九一四药膏""龙虎人丹",五洲药房出品的"人造自来血"和"海波药",中西药房的"痰敌"和"胃钥"等药品都曾做过电影幻灯广告。电影广告这一新式广告形式出现后,由于传播效果良好,一直沿用至今。

（二）民国初年的户外广告

民国初年，户外广告丰富多彩，形式多样，亮丽夺目。传统的幌子广告、店堂装饰广告等广告形式得到了广泛应用，霓虹灯广告、路牌广告、橱窗广告、公交广告等广告形式的出现丰富了户外广告的类型，时装表演、游行广告、空中广告等户外广告活动也大量出现，这些户外广告辉煌亮丽、交相辉映，共同构成了近代城市文化内容，促进了近代工商业的发展。

1. 霓虹灯广告

民国初年，霓虹灯广告开始出现（图5-5），门类繁多的霓虹灯广告成为商品促销的一种有力工具。据记载，世界上第一盏霓虹灯广告是1910年由法国G.克劳特公司装置于巴黎皇宫的广告。

1928年，一位葡萄牙人开始在上海开设丽耀霓虹灯厂，不久，转让给华商，更名为"通明霓虹灯厂"。其后有外商相继在上海开设霓虹灯厂，规模较大的有丽安电器公司（美国人开设的），解放前夕由中国人接办，改名为"中国霓虹灯厂"。华资电器公司也在此后相继出现。最早的华商霓虹灯厂是1929年由董景安创办的远东霓虹灯厂，后改名为"东方霓虹灯厂"。这两家成为解放前夕上海最大的霓虹灯厂，并为广告公司制作霓虹灯广告。

图5-5 民国时期的霓虹灯广告

上海地区最早采用霓虹灯做广告的商品是红锡包牌卷烟。1926年，上海南京路伊文斯图书公司橱窗内开始设置"皇家打字机"英文霓虹灯广告。1928年，安装在上海大世界对面的"红锡包"香烟广告成为当时最为著名、规模最大的霓虹灯广告。广告主在屋顶上建造了一个又高又大的铁架子，中间装一座大钟，周围安装霓虹灯管，霓虹灯上除了有"红锡包"三个大字，还有一个打开的香烟盒，香烟由盒内一支支弹出，最后一支烟头上还冒着缕缕青烟，非常生动逼真，引人注目，收到了很好的广告效果。在红锡包香烟广告期满后，此处又改装为蜂房牌绒线广告，除有"蜂房牌"商标和"优等绒线"四个字外，还布满一只只大小蜜蜂，上下来回飞舞，最后都飞进蜂房内，行人伫立观望，甚具广告效应。国际饭店屋顶上的"天厨味精"霓虹灯广告可谓上海最高的霓虹灯广告，"天厨味精"四字在高空中闪烁，不断吸引行人驻足观看。

2. 路牌广告

路牌广告是设立于闹市的广告形式,其特点是文字精练、画面醒目、形象稳定和使用长久。

1911年,上海有明泰、又新两家广告社,雇佣漆匠在铁皮上替日本三头洋行绘写仁丹的广告,这被视为近代最早的路牌广告。20世纪20年代以后,制作路牌广告成为广告公司的一项重要业务,出现了一批专业技术人员和专业广告公司。

1918年,美国人开设的上海克劳广告公司替英美烟公司"红屋牌"香烟做广告,该公司中国工人蒋梦麟开始招收学徒,培养了一批专做油漆路牌广告的漆工,以后遂成为上海地区制作路牌广告的骨干力量。

1921年,上海原又新广告社的一位工人王万荣,创办了"荣昌祥广告社",专门为商家及别人的广告公司代漆路牌广告。1927年,美灵登广告公司及陈泰兴广告社委托荣昌祥广告社代做路牌广告,于是发展到在上海任何一条马路上,以及沪宁、沪杭两路沿线的所有路牌广告,几乎全由荣昌祥包办。到1935年,荣昌祥广告社又把上海的克劳、麦克、彼美等著名外商广告社一一收买下来,规模逐渐扩大。到中华人民共和国成立前后,从做路牌广告起家的荣昌祥已成为上海广告界的巨擘。

3. 公交广告

公交广告是一种具有极强流动性并极富感召力和影响力的区域性户外广告形式,具有生动完美的视觉形象、深刻持久的传播效果、强烈的现代感和不可抗拒的视觉冲击力。

1908年3月5日,上海第一条有轨电车线路正式通车营业,该线路西起静安寺,东至外滩,是贯穿上海最繁华闹市中心的一条电车路线。1914年11月15日,上海第一条无轨电车在福州路上正式通车,该线路南起郑家木桥,北至老闸桥,横贯上海最热闹的南京路与北京路。1922年8月13日,上海公共汽车诞生,该线路自静安寺到曹家渡。1933年6月,上海又引进了25辆双层公共汽车。

随着公共车辆交通的出现,车辆广告随即产生(图5-6)。当时的车辆广告多出现在车

图5-6 上海有轨电车广告

顶和车身前后，车顶一般是香烟和日用品广告，而车身前后大部分是跑马厅、跑狗场和回力球场等所做的广告，标明赛马、跑狗日期和宣传回力球赛等。先施牙膏、中华工业厂的绒线、上海啤酒等都曾利用公交广告传递商品信息和推销产品。

（三）民国初年广告公司的出现及发展

广告公司的出现是企业组织结构独立化和媒体经营集约化的结果，近代广告公司主要起源于媒体掮客和部门大工商企业的广告部。广告公司在我国出现之前，一些大工商企业的内部已经有了广告部，如五洲药厂、信谊药厂、新亚药厂、三友实业社、华成烟草公司、南洋兄弟烟草公司、中国化学工业社等民族工商业都曾先后成立广告部，广告部为自己的企业策划和实施广告活动，推销其产品或商品。近代媒体为了招徕广告，降低经营成本，开始雇佣广告掮客进行广告销售，《申报》《新闻报》都有一批代售版面的掮客，如郑端甫、林之华、严锡圭等。因此，中国第一代广告专营行业，即广告社、广告公司就应运而生了，一般规模较大的称广告公司，规模较小的称广告社。

1909年，王梓濂在上海创设了维罗广告公司，这是近代最早的广告公司，其成立带动了一批广告公司的成立。1914年，上海闵泰广告社成立，它曾专为英美烟公司做广告业务，并为其创作和代理了不少优秀的广告作品。1915年，意大利人贝美在上海设立贝美广告社，这是最早的外资广告公司。随后，1918年，美商克劳广告公司成立；1921年，英商美灵登广告公司创立。20世纪30年代，上海广告代理业呈全盛状况。克劳、美灵登和1926年成立的华商广告公司以及1930年成立的联合广告公司并称为四大广告公司，成为20世纪30年代上海广告业的支柱。华商广告公司的创办人林震彬和联合广告公司的经理陆梅僧均留学美国，他们把美国广告公司的经营方式带进上海。克劳广告公司雇有专业撰文人员和画家，如特伟、胡忠彪等，有的广告则委托叶浅予设计。美灵登广告公司雇有撰文人员，画稿则由俄国人承担。华商广告公司有撰文人员孙作民等，设计人员为庞亦鹏、蒋东籁。联合广告公司除有专业撰文人员二三人外，图画部聘有各种绘画人员，最多时达15人，是行业中少有的。此外还有中型、小型的广告公司、广告社近30家。

1921年，杨本贤广告社在北京创办，主要为在京各报招揽广告，各报以一至三成作为其酬金；到了20世纪30年代，该社还兼营电台和影院广告。民国初年，北京的广告公司规模都不大，通常只有三五个人，主要承揽厂家和商品广告，为报社、电台印刷、张贴、散发广告标语传单，也经营电车车载广告、街头巷尾的路牌广告及游行广告。

1920年，中华人民共和国广告社和中外广告社在天津创办。20世纪20年代，天津的北洋广告社和大陆广告社也较有实力。前者专业代理外商药品广告，并做报纸、电台广告；后者则侧重于杂志广告。30年代的宝和广告社、春和广告社、协和广告社和祥翔广告社，或主营外商汽车广告、铁幕广告、橱窗装潢广告等多项业务，或善于承揽报纸广告墨图的绘制和电台广告，或更多地发展路牌广告，被称为代表老天津广告水平的"三和一祥"。

1920年，屠子青在武汉创办兄弟广告公司，这是武汉地区第一家国人广告公司。随后相继开办的国人广告公司还有美达广告社、美美广告公司、丽栋广告公司和大陆广告社等。

20世纪30年代，重庆成立有"东亚""东方""重庆"等广告社和西南广告公司，主要承揽重庆等地的广告业务。

二、民国初年的广告管理

辛亥革命后，广告管理体系逐步建立。中央政府颁布的民法、刑法、交通法、出版法中均有涉及广告的条款，并开始征收广告税，地方政府也出台了相应的广告管理规定。

（一）中央政府的广告管理

20世纪20年代，国民党中央政府颁布了《民律法案》，对广告的解释、效力、撤销、悬赏等作了16条规定，这是我国最早的广告管理法规条款[①]。

1928年6月，国民党当局开始建立新闻宣传审查制度，先后制定与公布了具有法律效力的《指导党报条例》《指导普通刊物条例》《审查刊物条例》。根据这三个条例的规定，所有报刊均须绝对遵循国民党的主义与政策，服从国民党中央及地方党部的审查。这三个条例的颁行，是国民党政府实行新闻统制法律制度的开始，其目的是杜绝一切不利于国民党统治的新闻宣传内容，标志着国民党新闻检查制度的初步确立。1929年1月10日，国民党中央执委会常务会议以三个条例为基础，通过了专门的《宣传品审查条例》，明确规定包括"党内外之报纸及通讯稿"在内的七类宣传品，均须接受国民党中央及各级党部宣传部的审查；"各省、各特别市党部宣传部应负审查其所属区域内一切宣传品之责，并将审查意见检附原件呈报中央宣传部核办"；"各级党部及党员印行之宣传品及与宣传有关之刊物，均须一律呈送中央宣传部审

---

① 刘家林：《新编中外广告通史》，暨南大学出版社2000年版，第181页。

查"。广告也在被审查之列。

1930年,国民党中央政府颁布《出版法》,共44条,规定广告内容必须符合一般出版物的要求,同时对广告版权问题作了详细界定:"出版品所登载广告、启事,以委托登载人为著作人;如委托登载不明,或无负民事责任之能力者,以发行人为著作人。"明确广告版权的责任人有助于确立问题广告的责任人,减少了问题广告的概率。

1936年,中央政府内务部公布《修正取缔树立广告办法》,规定广告管理权属各地社会局、科。但当时的管理主要还是局限于户外广告,当时盛行的"游行广告"由警察局协助管理,而其他广告的经营尚无统一规划,处于放任自流状态。这导致不少地方行政管理部门各行其是,有的制定地方性管理规则,有的则无章可循。

(二)地方政府的广告管理

1. 民国初年上海的广告管理

1914年左右,上海公布了《筹办巴拿马赛会出品协会事务所广告法》,该法规中列有口头广告、传单广告、陈列广告、异样广告、记名邮递等种类,并介绍了这些广告的制作方法及注意事项。鉴于沪上各报登载的医疗广告无序和不实,1928年11月22日,上海市卫生局在《申报》上特地声明:"本局为维护人民健康,谋急则治标起见,拟订实行,凡送各报宣传医药能力之广告,须限送敝局审查盖章,方准登报宣传。本局不收任何费用,且审查务必迅速,而审查初以不背医药原理及无诲淫性质者为限。各报非经敝局核准盖章者,勿予接受。不照此办理,有停刊之烦。事关维护人民,端赖共同策进,如有卓见,为目前事实上即可推行者,愿闻明教。"该声明以大众利益为出发点,对医疗广告实施审查制度。1929年4月,上海市卫生局制定了《上海市取缔淫猥药物宣传品暂行规则》,规定:"为保护人民健康维持善良风化起见,凡有下列情形的广告刊物均在取缔之列:宣传药物有避孕打胎壮阳等之效验者;宣传医治生殖器病之功能者;其他医药器物之经卫生局指明禁止者。对违背者施以停止发布、罚款等不同的处罚措施。"该暂行规定限定了医疗广告的范围,并明确了处罚方式。

2. 民国初年杭州的广告管理

1923年2月,杭州征收广告捐,分普通、特别两种,其捐率为:普通广告(以张贴者为限),面积在一市尺[①]以内者每百张征银五角,一市尺以外至三市

[①] 1市尺约为33.33厘米。

尺以内者一元;特别广告,墙壁图画广告每方尺①月征银三分,悬挂或建筑广告五分,电灯或利用光学之广告七分。1924年7月,杭州政府公布《修正杭州市广告管理规则》,将广告分为三类,即公布广告、特许广告、市招。除党政机关及公团之文告外,须将揭贴之广告送市政府工务科审议盖戳后方得张贴,特许广告除报载广告由市政府社会科逐日审查外,均须申报市政府工务科核准后方得设置。《规则》还规定,凡承接各项广告为业务者,不论公司或个人,统称为广告承办人,广告承办人须向市政府工务科申请,领得营业执照后方可营业。1925年,市政府为清洁市容,决定取消揭贴广告,同时建立美术广告牌,准许设置者有74处。1929年9月,杭州政府公布《杭州市广告取缔规则》,规定:凡刊登于新闻纸之广告,由市公安局对新闻纸审查,其余各种广告除党部及政府之文告外,均须先将底样送市公安局核准盖戳方得揭布;张贴涂饰或建造广告之场地由市政府工务局指定之。对违反规定者,除触犯法律应依法究治外,由公安局处以一角以上十五元以下之罚金。这一年,杭州政府指定广告场所,计有新市场木架广告10处、墙壁广告8处、临时广告100余处。1935年5月,市政府再次颁布《杭州市广告管理规则》,规定广告的申请核发许可证由市工务局办理。1936年月核发各种广告许可证516件。1937年验发广告证237件。

3. 民国初年天津的广告管理

为了城市安全,天津市较早地制定了户外广告管理条例。1928年4月,天津警察厅发出布告:"现值春初亢旱,火警时闻,亟应加以取缔,以资限制。自此布告以后,各商号挂用均以本铺门口为限,不得招挂在便道以外,并不得过长,致碍行人。"同时提倡日后应改用铅铁或铜制招牌,有利市容、交通、公安。"试一举而数善具备,各商当必乐也。"

4. 民国初年广州的广告管理

广州市为了方便征收广告税和加强广告管理,对广告的发布地点和征收机构作了详细的规定。据1923年的《广州市公共广告场所使用及广告所得捐征收细则》记载,当时广州市设置公共广告场1 600处,专供张贴广告之用,此外其他地方不得任意张贴。当时广州市划分为12个广告区,并将其分为三等。凡在公共广告场张贴广告,均须先将广告样本申请公安局审核批准盖章并按不同等级之广告区缴纳费用,由管理机关代雇工人张贴。路牌广告须经广州市政府审查核准,领取许可证始能发布,必要时须由财政局转送工务局

---

① 1方尺约为1 111平方厘米。

审核,但其他各项户外广告只需经财政局审查核准,领取许可证即可发布。公共广告场设置地点,由广州市新生活运动促进会会同财政局、工务局及警察局选择指定后由财政局征商报设。为了加强对广播广告的管理,广州政府也出台了相应规定。1938 年,广州政府公布《广州市审查民营广播电台播送节目暂行办法》第 4 款规定:"各民营广播电台所播送之广告不得作虚假夸张之宣传并须将广告词名送广州市社会局审阅,如认为有更改之必要者得通知更改之。"该办法明确了广播广告的审查机关。《广州市私立广播电台取缔规则草案》第 9 条规定:"播音节目之成分关于宣传教育演讲方面不得少于百分之四十,其娱乐节目至多不得超过百分之六十,广告节目包括在娱乐节目内,不得超过娱乐节目三分之一。"该草案限制了广播广告的播放时间。

5. 民国初年长沙的广告管理

1934 年,长沙发布了《游行广告管理规则》,规定凡举办游行广告,要先报警察局核准,发给许可证方能举办。广告游行时间规定为上午 9 点至下午 8 点,人数不得超过 20 人,游行时要接受沿途警察指挥,队伍经过学校和医院时要停止鼓类乐器。

6. 民国初年厦门的广告管理

1936 年,厦门市颁布《厦门市管理广告规则》,共 68 条,主要是针对户外广告,要求在公共场所设置广告之前到工务局登记,并缴纳一定数额的广告费。至于广告内容是否名副其实,则只字未提,概然不问。其主要目的还是在于征收广告费,并未对广告经营进行有效管理。

三、民国初年的广告自律

随着广告业的发展和社会影响的扩散,政府出台了一系列的广告管理法规,规范了广告业的市场行为。同时,广告公司及广告媒体的规范经营意识也不断增强,成立了广告行业联盟,共同签署了行业自律规范。

(一)《劝告禁载有恶影响于社会之广告案》

1919 年 4 月 15 日,全国报界联合会于上海成立,旨在推动报业进步和督促政治改良。1920 年 5 月 5 日,全国报界联合会在广州召开第二届常务会,有来自全国各地的报馆和通讯社 120 家到会,代表共计有 196 人。他们共同签署了《劝告禁载有恶影响于社会之广告案》,内容如下:

> 广告固为报社营业收入之一种,然报纸之天职在改良社会,如广告

有恶影响于社会者,则与创办报社之本旨已背道而驰,如奖券为变相之彩票,究其弊可以凋敝民力而促其生计,且引起社会投机之危险思想。又如春药及诲淫之书,皆足以伤风败俗,惑乱青年。此种广告,皆与社会发生极大之恶影响,而报纸登载,恬不为怪。虽曰营业,毋乃玷污主持舆论之价值乎?且贪有限之广告,而种社会无量之毒,抑亦可以休矣。报界联合会为全国报界之中枢,有纠正改良之责,宜令在会各报一律禁载上述之广告。其类此者,亦宜付诸公决,禁止登载。牺牲广告费之事小,而影响于社会大也。

《劝告禁载有恶影响于社会之广告案》是我国最早的广告自律文件,抵制恶俗广告的主张,得到了当时主流媒体的充分响应,产生了广泛的社会影响。如1922年3月29日《益世报》发出了以"禁止商标采用国旗"为题的通告:"农商部现因各省各项商号所定商标,往往采用国旗,殊非敬重国徽之道。故特规定以后无论何项实业商号,呈请注册商标,如有采用国旗,概不允予注册,昨已通令实业厅遵照理云。"

(二) 中国广告公会和上海市广告商同业公会

1919年,中国广告公会在上海成立,这是我国广告业界最早的行业组织。该协会会员主要有申报馆、商务印书馆、美孚洋行、南洋公学、英美烟公司、密勒氏评论报、海宁洋行、慎昌洋行、万国函授学校,以及美国驻上海领事馆等中外企事业单位及机构。万国学校的海格(Hager)为首任会长,不久由商务印书馆的编辑部主任邝富灼博士担任会长。该会自成立以后,曾多次开会交流行业经验,探讨广告学术问题,并曾就参与世界广告组织的事宜进行商讨。该会开展活动的情况多次在《申报》上登载。

1927年,中华广告公会成立,该会宗旨是调解同业间纠纷和争取同业的利益。中华广告公会由上海维罗广告公司、耀南广告社等六家广告公司发起成立,其负责人是维罗广告公司的王梓濂和耀南广告社的郑耀南。1930年,中华广告公会更名为上海市广告业同业公会。1932年,上海市广告业同业公会改组后又更名为上海特别市广告业同业公会。1946年,上海特别市广告业同业公会已发展壮大,并更名为上海市广告商同业公会。1947年8月,会员总数为65家,大致分为报业、路牌、其他三大类。三类中报纸组实力最大,为公会之中坚力量。上海市广告商同业公会是旧中国规模最大的广告行业组织,它的成立对于缓解同行之间的矛盾、维护广告业良好社会形象和促进广告业的健康发展起到良好作用,使上海地区成为民国时期广告业最为繁盛的地区。

四、民国初年的广告研究和广告教育

民国初年,中国的广告学研究和教学活动出现,起初依附于应用新闻学的研究和教学,后逐渐成为一门独立的学科。

(一)民国初年的广告研究

中国早期的广告学从属于新闻学范畴。1913年,原美国新闻记者休曼著的《实用新闻学》由史青翻译,上海广学会出版,这是一部职业教育读本,具有很强的实用主义色彩,也是美国第一部应用新闻学专著。《实用新闻学》全书共16章,6万多字,其中第12章"告白之文"、第13章"登载告白"是专门研究广告及广告业的篇章。第12章和第13章详细地论述了广告文案的写作方法和报刊广告的刊登事宜,尤其讲求研究广告诉求对象、研究广告的心理效应及研究广告的美学原理,重视广告及广告业的伦理道德等。这对此后广告学的研究与教育都有借鉴意义。

1918年6月,由甘永龙编译的《广告须知》(图5-7)由商务印书馆出版,该书以美国的《如何做广告》(*How to Advertise*)一书为蓝本编译而成,这是我国广告学研究的最早专著。该书篇幅不大,32开本,共22章,其内容涉及图画广告、报纸广告、杂志广告、邮递广告、街车广告、户外广告等各种广告形式,并介绍了广告运作的基本原理。

1918年10月14日,北京大学校长蔡元培组织创建了"北京大学新闻学研究会",向校内外公开招收会员,由徐宝璜、邵飘萍担任导师,给会员讲授新闻课程,"广告术"成为研究和教学的一项内容。北京大学新闻学研究会积极利用《北京大学日刊》等报刊刊登自身广告,内容主要有招收新会员和新书出版等。

图5-7 甘永龙编译的《广告须知》

北京大学新闻学研究会的成立推动了广告研究的规范化和广告教育的产生。1919年12月,北京大学新闻学研究会出版了徐宝璜的《新闻学》,这是中国学者自著的第一本理论新闻学专著。该书共计14章,约6万余字,其中

第10章《新闻纸之广告》，对报纸的广告、发行作了初步的论述。徐宝璜认为："广告者，乃有力之商业媒介。新出物品之发卖，旧货之减价出售，某物之优点何在，均可由此而传达于全社会。""又，广告者，人事之媒介也。例如当一公司欲请一经理而不能得其人、一人欲担任该经理而不能得其事之时，各登一广告，二者各如其愿矣。"他主张："新闻社（报馆）对于广告……当先审查其内容何如。若所说者为事实，而又无碍于风纪，则可登出之。若为卖春药、治梅毒、名妓到京或种种骗钱之广告，则虽人愿出重资求其一登，亦当拒而不纳。因登有碍风纪之广告，足长社会之恶风，殊失提倡道德之职务。而登载虚伪骗人之广告，又常使阅者因受骗而发生财产之损失"；"故一报长登不正当之广告，必致广告之信用扫地，因之其价值不堪阅矣。最后结果，必为广告减少"。徐宝璜的《新闻学》设立专章对广告运作的基本原理和职业规范进行了周详论述，推动了广告研究的进一步发展。

1919年9月，孙科在《建设》月刊第1卷第2号发表了《广告心理学概论》，这是我国最早的研究广告心理学的篇章。

1925年，日本学者井关十二郎所著的《广告心理学》由唐开斌翻译，上海商务印书馆出版。该书共14章，包括广告与广告心理学、广告之心理经济的任务、人类之原始的要求、主要的人类本能与要求及其情绪、商品之分解、联合及联想之成立、联合及联合之原动力、印象之鲜明与印象之确保、商标及商号之心理、商标与特点、表现及表现之方法、习惯及读广告之习惯、广告与心理实验所等内容，构建了广告心理学的基本框架。

1926年，蒋裕泉所著的《实用广告学》一书由商务印书馆出版，这是我国第一本广告学专著。

1927年11月，著名新闻学者、报史专家戈公振在其专著《中国报学史》的第六章中，利用丰富的广告资料及统计数据，系统论述了我国报刊广告发展的历史，详列五表，对我国当时的广告状况作了深入的剖析，并阐释了他的广告学理论和观点。其中，第一表为《广告之分类》，将广告分为商务广告、社会广告、文化广告、交通广告和杂项（凡不能列入以上各门者属之）等五类；第二表、第三表为《广告面积与全张及新闻面积之百分比》；第四表为《广告每门面积与广告全部面积之百分比》；第五表为《广告各门每次平均面积》。通过上述五表，戈公振对当时我国的报纸广告的状况作了精确的量化分析，得出了许多中肯的结论，并对广告的政治思想意义和文化价值作了深入的论述。

1928年，蒯世勋所著的《广告学ABC》由上海世界书局出版。该书对广告之意义与功效、广告之种类、做广告前应有之智识、广告之构成、人类本能与性别、广告与文字、广告与图画、彩色对于广告之利益、广告媒介之研究、商标与广告、广告主任之职责、广告之经济及广告之校样等内容进行了阐述,从实用的角度叙述了广告运作的一般原理。

1930年,刘葆儒所著的《广告学》由上海中华书局出版。该书虽名为《广告学》,实际上是一本编译的广告心理学,对"引起注意""保持注意""坚定联念"和"激起反应"等广告作用的心理法则进行了论述。

1931年10月,苏上达的专著《广告学概论》由上海商务印书馆出版。该书没有前言、后记、作者介绍,也没有目录。内容分为七节,从广告一词的由来、广告的历史,讲到广告中的市场研究、广告方法、广告的标题和版式等技术问题,篇幅不长,但内容丰富。很多观点现在看来仍相当精辟,如"标题之词句,乃广告文字中最难落墨之处","代表广告上之技术者,标题而外,厥为绘画"。

1931年,孙孝钧的专著《广告经济学》由南京书店出版。该书内容包括"广告学之意义及其效能""凭借广告以为宣传之根本原因""广告之媒介""引人注目要则之研究""撰拟广告之初步问题""引起欲望之稿文""标句""字体与花边""图画""色彩"和"商牌及商标"。该书共12章,既包括广告基本理论,也包含广告设计的内容。

1932年,徐国桢的《最新广告学》由上海世界书局出版。该书共分3编32节,包含113个广告实例,其中相当大的部分为本土广告,具有重要的史料价值。

1933年,王贡三的《广告学》由上海世界书局出版。

1933年,罗宗善著、徐国桢校的《广告作法百日通》由世界书局印行。

1935年,叶心佛著的《广告实施学》由勤业印务局印刷。该书包括"商业广告的意义和要素""广告家之责任""广告之性质""广告之种类""广告之作用""广告的各方面""广告的工具""广告代理商概论"等内容。这是一本由中国广告学社发行的广告指导手册,并特别标明"非卖品",该书内容紧扣广告实务,阐述了操作广告业务需要了解的方方面面。

1936年,华商广告公司在十年庆典期间印制了《华商广告公司成立十周年纪念文集》,收集了陈冷的《十年来新闻业与广告业之关系》、胡政之的《祝华商广告公司创业十周年》、孙作民的《中国日报广告以外之广告事业》等论文。其中,陈冷的《十年来新闻业与广告业之关系》对新闻业与广告业之关系进行了辩证论述:

> 广告业愈发达,则新闻业亦愈发达。二者乃互相为因,互相为果,须臾不可分离者也。三十年以前,我国只有新闻业,而广告业尚未独立,所

谓广告者不过新闻业中一部分而已。除报纸上所载之广告外,其余亦甚寥寥,故当时广告业不发达,而新闻业之发达亦甚有限。迨二十年前,而广告社始有创立。十年前,而广告业始逐渐发展。而新闻业于此二十年间与十年间,亦大不相同。此不必言其原理,而事实之表现,固彰彰在人耳目也。上海华商广告公司为创立十周年纪念辑有近十年中国之广告事业一书,纪载广告业甘苦甚详。余因尝而身于新闻业之内,缘述数言如右。

(二) 民国初年的广告教育

随着广告市场的扩大和广告研究的深入,广告专业课程教育逐渐被纳入新闻学教育,成为新闻学专业的一门重要课程。

1918年10月14日,北京大学新闻学研究会成立,它把广告学引入新闻学教育,使广告学由无到有缓慢发展起来。

1920年9月,上海圣约翰大学成立报学系,这是我国大学中最早成立新闻学系的一家。该系用英语授课,设有新闻、编校、社论、广告以及新闻原理、新闻史等课程。

1925年年初,上海南方大学设立报学系和报学专修科,把"广告原理"与"报学原理""采访学"课同列,作为该系必修的三大主课之一。

1925年夏,上海国民大学也设新闻系,由《时事新报》总编辑潘公弼讲授报业管理与广告经营。

1926年,上海光华大学开设了新闻学和广告学两科。

1926年2月,复旦大学在中文系内设新闻学组,1929年9月,正式创立新闻系,并把广告学作为重要的必修课程,也是重要的实习课程。

广告学教育的兴起,不仅丰富了新闻学专业教学内容,推广了广告学专业知识,而且推动了广告研究的深入开展,促进了广告业健康发展。

第二节 抗战时期的中国广告

抗战期间,中国现代化进程因日军摧残而断裂,形成了日占区的殖民地型经济、国统区的国家垄断资本主义和农村封建主义经济、抗日根据地的新民主主义经济三种经济并存和相互较量的新时期;中国的广告业也逐渐形成了三大市场的区域分化,并呈现出与以往不同的发展态势及传播特色。

一、抗战时期国统区的广告业

抗日战争爆发后,国民政府确立了战时经济体制,全面推行统制经济:依靠外援,大量借债和发行国内公债;垄断金融;扩增税收;实行专卖制度;统购统销;滥发纸币,通货膨胀。统制经济的推行,强化了国有资本和官僚资本对经济的控制地位,美资企业也获得了快速发展,而民族工商业却只能在夹缝中缓慢发展,经历了先兴盛、后衰退的过程。许多报刊歇业或内迁,广告业受到严重影响。

(一)抗战时期国统区的报纸广告

在大片领土沦陷后,国民党的新闻事业只好在南方的几大城市开办,最初集中于上海、南京。宁沪陷落后,又群迁至武汉,武汉陷落后,大多数报刊随国民党中央移至"陪都"重庆。因此,在重庆除了原有的《新蜀报》《商务日报》《国民公报》《西南日报》等继续刊行外,因战事迁移过来的有国民党官营的报刊《中央日报》《扫荡报》,共产党的报纸《新华日报》《群众》(周刊),民营报纸《大公报》《时事新报》《新民报》,还有中间性质或以中间面目出现的报纸,形成了以宣传抗日为主基调而又种类繁多的多元化报纸群。这些报纸都非常重视广告的刊布,抗战期间刊载了大量的广告。

1.《立报》的广告经营

1935年9月20日,《立报》(图5-8)于上海创刊,由成舍我、萧同兹、严谔声、吴中一等新闻界人士集资,成舍我任社长,张友鸾、萨空了等先后任总编辑,严谔声任总经理。恽逸群执编国际新闻版,谢六逸、张恨水等曾任编辑。《立报》初创时为四开四版一张,为了吸引读者,从抓版面内容做起,扩大发行量,在报纸创办初期几乎完全不登广告。成舍我认为:"报馆走向成功的三部曲:只有先以全力弄好版面,才可以争取读者,扩展发行;发行扩展,然后各种广告,自然不招而至。不幸多数的报馆创业者,总往往倒果为因,他们先运用各色各样的人事关系,去招揽广告,再运用种种不

图5-8 《立报》

正当方法,贿赂报贩,减价倾销,而对一份报纸最基本的问题——言论、编辑、采访、排版,而反粗制滥造不肯注意,这种作法,结果必十九归于失败……所以我主张:不能日销十万份、不增加张数,也就不刊登广告。"正是在这种营销策略及广告策略的指导下,半年后的《立报》销售数额果然超过十万份,广告客户也源源而至。从1936年3月16日起增出晚刊,并开始刊登广告,其广告价格和最高的《新闻报》广告价格标准相同。

2.《新华日报》的广告经营

1938年1月11日,《新华日报》(图5-9)于汉口创刊,同年10月25日武汉沦陷的当天改由重庆出版,1947年2月28日终刊于重庆,经历9年1个月零18天,中间除1939年5月至8月因日机轰炸重庆而与重庆十大报纸共出《联合版》外,共出刊3 231期。《新华日报》是抗战时期和解放战争初期,中国共产党在国统区公开出版的唯一一张党报,也是我党在民主革命时期出版最久的一张党报。

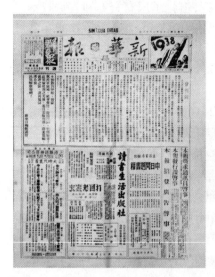

图5-9　1938年1月11日《新华日报》在武汉创刊

《新华日报》为了筹集资金和传递信息,也刊登一些经济广告和社会广告。1940年1月,《新华日报》在报头下面刊登广告价目:"长行每行每日3元;短行每行每日1.5元;经济广告50字以内每日1元。"随着广告量的增长,经济类小广告一年后价格作了相应的调整,1941年2月《新华日报》刊登的广告价目为:"报名旁或报名下方每单元每天40元,长行每行每天5元,每方寸每天4元,短行每行每日2.5元,经济小广告甲种5元,经济小广告乙种3元。"

《新华日报》的广告始终以服务人民为首要任务,与大众息息相关的寻人、代邮、出让、声明、招聘等小广告红红火火,为人称道。《新华日报》在广告人员安排、价目制定、版面设置、理念提升和创意设计等方面显示出独有的广告特色,增强了报纸的经济实力,拓展了报纸的服务功能,为现代党报刊登广告提供了良好的模本。

(二)抗战时期国统区的广播广告

广播事业受到国民党政府的重视。1928年,国民党中央广播电台成立,并于 8 月 1 日在南京丁家桥正式开播。1932 年夏,中央广播无线电台管理处成立,从事全国广播事业建设。1933 年,国民党政府在重庆建立了对外广播电台——国际广播电台。据 1947 年 9 月统计,在国统区共有公、私电台 81 座,多数是商业台。为了弥补经营亏损和获取广告收入,这些电台都开办广告业务。

1933 年,国民党中央广播电台开始播放广告。1934 年 8 月,国民党中央广播电台为解决经费困难,筹设中国电声广告社承办该台商业广告业务,并在娱乐节目中播出;规定广告分"普通"和"特种"两类,时段价格分甲、乙、丙三种。甲种广告在每天的 17:00—21:00 播出,普通类(每次以 2 分钟计)每次收费 8 元,特种类每次收费 24 元(每次以 20 分钟计);乙种广告在每天的 12:00—17:00,以及 21:00—23:00 播出,普通类每次收费 6 元,特种类每次收费 18 元;丙种广告在每天的 7:00—12:00 播出,普通类广告每次 4 元,特种类广告每次 12 元;连续播出价格可优惠。广告须经中央广播电台审查,广告用语以"国语"为主,违禁品不能做广告。1934 年 9 月 21 日,《申报》第四版刊登了《中国电声广告社启事》云:"本社承办中央广播无线电台管理处各电台播音广告,效力宏大,取费低廉。作提倡国货之喉舌,现已筹备就绪,定于九月二十三日起开业,十月一日开始播放。如各种正当企业及出品,欲广宣传者,凡蒙委托,无任欢迎。地址:南京中山路三十三号。"不久后,由于电台经费得到增援而停办广告业务。其他商业电台为了获取广告收入,则长期开办广告业务。

(三)抗战时期国统区的广告管理

抗战时期福建的广告管理。抗日战争时期,福建省府一度迁往永安。为整顿临时省会市容,福建省政府于 1942 年颁布了《福建省会市容整顿委员会管理广告暂行办法》,对有碍市容观瞻的户外广告进行管理,制定详细的缴纳广告费条款,其主要目的仍在收费和市容管理,而且仅仅是针对省会而言,其他大部分地区仍放任自流。直到 1944 年 5 月,福建省政府才颁布《福建省各县市(区)广告管理及收费规则》,对广告的发布、张贴、收费和违反规则的处罚都有较为具体的规定。但由于局势动荡,政令不畅,除了收到一些广告管理费外,其他管理基本上没有取得什么成效。

抗战时期长沙的广告管理。1938 年,长沙政府开征"广告捐",并制定了 7 章 28 条的"暂行章程"。广告捐率按广告种类确定,剧院广告按章加征 3 倍,香烟广告按章加征 5 倍,国货可以免征广告捐。对于妨碍公安、伤害道德、虚伪蒙混和侵犯他人权利的广告则禁止刊登。

抗战时期重庆的广告管理。1943年9月,重庆市政府社会局颁布了《重庆市广告管理规则》和《广告经营标准》。

二、抗战时期沦陷区的广告业

抗战期间,日本在政治上推行"以华制华"政策,在经济上实行"以战养战"政策,在文化上推行殖民文化。日本大肆掠夺沦陷区的工矿业,将沦陷区变为日本工业原料的基地,以满足侵略战争的需要,并获得巨额利润;强占沦陷区的耕地,用于军事和移民;掠夺粮食,对粮食实行"统制"政策,在沦陷区抓丁拉夫,掠夺劳动力;抢占银行,掠夺金银和现款,开设银行,滥发纸币;增加苛捐杂税,加紧搜刮人民。日本在经济上的殖民化政策不仅使日资企业控制了沦陷区的经济命脉,而且使中国民族商业趋于倒闭和窒息。日本政治广告和商业广告成为日本侵略的重要工具。

(一)沦陷区的政治广告宣传

日本在沦陷区实行新闻统制政策,将新闻事业置于法西斯的军事管制之下,一方面扼杀中国人民的抗日爱国宣传,实行新闻封锁,另一方面强化日本在华的新闻宣传势力,建立在华新闻宣传阵线。这些措施的实施使日本严密控制了沦陷区的新闻事业。在沦陷区,日寇及其扶持的伪政权和汉奸组织创办了大批报刊、通讯社和无线广播电台,以控制沦陷区的新闻事业,这些报刊主要有北平的《新民报》《新民周报》《实报》,天津的《庸报》《东亚晨报》,上海的《新申报》《中华日报》《三民周报》,南京的《总汇报》《新南京报》等。电台主要有日本在大连建立的广播电台,伪"满洲电信电话株式会社",上海的伪"上海无线电监督处",南京的伪"中国广播事业建设协会"等,以控制广播宣传,并进一步控制民营广播电台。这些媒体成为日本进行"舆论战"的工具,鼓吹"东亚圣战""建立东亚新秩序"等舆论,积极进行政治广告宣传。而在沦陷区,进步新闻工作者利用一百多种进步报刊,刊登抗日题材的广告,积极与日本侵略者抗争。

(二)沦陷区的日货广告

在沦陷区,日货充斥市场,广告成为日货抢占市场的重要工具,日商积极利用报刊广告、广播广告和户外广告等形式进行广告宣传。

天津的《庸报》、北平的《新民报》、上海的《新申报》等就是抗战时期臭名昭著的日伪报刊,日货广告借助这些报刊为日本侵略者的商业掠夺和日货推销鸣锣开道。这些报刊上充斥着大量日货广告,诸如"花王香皂""大学眼药"

"味之素""狮子牙粉""保利他民""丽德雪花膏"和"仁丹"(图5-10)等,甚至"治淋得意丹""利比儿""猛力打淋"等治疗性病的日货广告也随处可见。

早在"九一八"事变前,日本就在大连建立了广播电台。"七七事变"后,又建立了一批日伪广播电台及专门机构,以控制广播宣传。如东北的伪"满洲电信电话株式会社",上海的伪"上海无线电监督处",南京的伪"中国广播事业建设协会"等,并进一步控制民营广播电台。宣传日军战绩与日伪政策、奴化人民、推销日货成为这些电台的主要广播内容。

户外广告也成日货广告宣传的重要工具。当时日货商店的招牌长度不一,横竖皆有。这些招牌的广告文字有日文的,也有中文的。

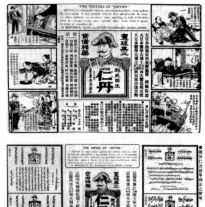

图5-10 日本仁丹广告

图5-11 《解放日报》创刊号

三、抗战时期解放区的广告业

抗日战争时期,由于共产党和革命根据地民主政府实行"发展生产,繁荣经济,公私兼顾,劳资两利"的经济指导方针,根据地的公私商业都得到了发展。新闻出版事业也蒸蒸日上,并逐渐形成了以党中央机关报为中心的报刊系统,这就为根据地的广告业发展奠定了坚实的基础。

(一)解放区的报刊广告

1941年5月16日,《解放日报》在延安创刊(图5-11),它是抗日战争和解放战争时期我党在延安的机关报,也曾办理广告事宜。《解放日报》创刊伊始即刊登《本报广告科启事》曰：本报为应各界需求,决定报头两旁及第二版最后半栏刊登广告,并将广告价目附后。凡欲刊登者,请于事先将广告及应付广告费,一同送交本报广告科。附广告价目：报头旁每边每天三十元。第二版最后半栏每十行每天四元,超过十行照价加费。长期刊登一月以上者九折,两月以上者八折,三月以上者七折。1941年正值敌伪对边区进行经济封锁,陕甘宁根据地经济困难时期,中共中央提出自力更生、发展经济的政策,边区军民开始了轰轰烈烈的大生产运动。当时《解放日报》刊发的许多广告均有"发展经济、保障供给"等字样。《解放日报》在1943年登载了一则风箱广告："本店为响应丰衣足食的号召,厉行节约起见,特不惜重资从外聘请专师在南泥湾森林地带选择上等木材,承做各式风箱,内部装置精美,外部美坚耐用,保险三年,初经试验成绩……各界如有赐顾者,请到本店门市部参观式样,欢迎预约(先交半价)……承做无多,欲购从速！勿失良机为荷！"这则广告在传递商品信息的同时不忘宣传党的政策。自创刊以后,广告成为《解放日报》的一大内容,几乎每天都出现在报纸上。到1947年3月27日停刊,《解放日报》共刊载大小广告5 559条。

1946年5月15日,《人民日报》在邯郸创刊,是晋冀鲁豫中央局机关报。《人民日报》从一创刊即刊登各类广告(图5-12)。一般头版广告地位在报头左、右侧。1949年迁入北京后,专设有广告部。1949年3月25日《人民日报》报头的左边便刊登了三则关于华北大学、华北人民革命大学的招生启事和通告。1949年8月改为中共中央机关报后,广告业务始终不断。同年10月1日开国大典那天,《人民日报》还用两个半版的篇幅登载了各种工商文化广告。

图5-12 《人民日报》1949年10月20日第5版上的"人民金笔""绿宝金笔"广告

(二) 解放区的广告管理

商标管理是解放区广告管理的重要内容,成为对敌斗争的重要工具。解放区商标管理的历史可追溯到20世纪30年代末。1939年,中国共产党为了查禁日本投机商人利用日货冒充国货商标,加强了商标检查和管理工作。1939年5月15日,时任新四军江北指挥部政治部主任的邓子恢在《关于根据地如何与敌人进行政治经济斗争》一文中,提出抵制冒牌国货商标的管理办法,共八条,如第一条"抵制仇货(即日货)及芜湖来的一切伪国货",第四条"在各市镇组织抵制仇货委员会,成立仇货检查队等,查明仇货种类商标切实查禁",第六条"在民众中宣传'不买日本货',使民众自动不买",第八条"总之,抵制仇货,禁运土产出口"。1944年5月25日,晋察冀边区颁布了《晋察冀边区商品牌号专用登记办法》,进一步对解放区的商标加强管理。

第三节 解放战争时期的中国广告

解放战争时期,广告业得到一定程度的恢复和发展,解放区的广告有所发展,而国统区则充斥着美货广告。伴随着解放战争的打响,刚刚有所恢复的中国广告业又陷入低谷。

一、解放战争时期的广告业

解放战争期间,解放区的报纸仍继续创办发行,同时很重视广告宣传作用。中国共产党利用广告宣传党的方针政策,鼓舞人民和军队打击敌人保卫胜利果实。这个时期的报纸和其他形式的广告都有明显的发展。这一时期,由于国民党的严密封锁和压制,广告成为中国共产党进行政治宣传的一种重要媒介。我党就曾巧妙地利用国民党的党报《中央日报》宣传马克思的《资本论》(图5-13)。1947年2月20日,《中央日报》报头左边的广告栏里刊印着卡尔·马克思原著《资本论》的广告,下面还

图5-13 《中央日报》刊登的《资本论》广告

有竖排的两行介绍,称《资本论》"是政治经济学不朽的宝典","是人类思想的光辉结晶"。这一介绍《资本论》的书籍广告在当时的特殊背景下有着更多的政治内涵。蒋介石看了大为震怒,并怒不可遏地下令收回当日全部《中央日报》。但是,覆水难收,一经刊印,这一广告的传播与影响力已不可阻挡。

图5-14 牙膏防御战(《申报》1935年6月3日)

抗日战争胜利后,美货在战后替代日货充斥我国国内市场,英、美商品的广告铺天盖地。为了与洋货尤其是美货争夺市场,民族工商业者和广大的爱国人士都重视利用广告这一手段,大做国货广告,到处出现抵制美货、使用国货的广告宣传,国货广告与美货广告的竞争构成这一时期广告传播的一大特色(图5-14)。当时的《天津日报》《人民日报》《益世报》《中国日报》等各大报纸上登载了不少的国货广告。上海是美货广告较多的地区,当时美货充斥上海市场,在国货机制工厂联合会主持人胡伯翔的倡导下,人们发起了一次"用国货最光荣"的宣传活动,取得了良好的广告传播效果(图5-15)。

二、解放战争时期的广告管理

(一)解放战争时期上海的广告管理

1947年,上海颁布了针对虚假欺骗性广告的《上海特别市取缔医药广告暂行规则》,它重新明确了医药广告的发布

图5-15 时髦的"叛国者"(上海《国货日报》1934年5月)

程序,将禁止发布的医药广告专门列出,并明确规定惩治处罚的办法,而且惩治的不仅有广告主,还包括广告媒介,非常全面。

(二)解放战争时期广州的广告管理

1948年,广州政府规定户外广告均由广州广告公司代理,然后转报广州市工务局审查核准后,方可发布;游行广告则须先向警察局提出申请,由警察

局发给许可证;公共广告场设置地点,原由工务局择定,后改由广告公司选定,报工务局、社会局审核。同时,对广告刊发的标准进行了界定,要求各广告场墙壁均用白底黄线划定范围,内分方格,每广告一格,以便张贴整齐划一。

(三)解放战争时期天津的广告管理

1949年4月,天津公用局公布了《管理广告规则》,不仅对广告从业者的注册经营加以严格约束,而且强调了广告真实的重要性。

思考与练习

1. 民国初年广告繁荣有哪些表现?
2. 民国时期的广告监管体系具有什么特点?
3. 民国时期的广告研究取得了哪些突出成果?

第六章

中华人民共和国成立后至改革开放前的广告

 **本章摘要**

  随着中华人民共和国的成立,中国广告业步入了新的历史时期。本章主要对中华人民共和国成立后至改革开放前这一期间的中国广告展开论述,详细介绍了国民经济恢复时期、社会主义改造和全面建设社会主义时期及"文革"时期的中国广告业和广告传播活动。

第一节 国民经济恢复时期的广告业

一、中华人民共和国成立初期的国内政治经济形势

  1949年10月1日,中华人民共和国宣告成立。中华人民共和国的建立,是中国人民历史上一件划时代的大事,标志着中国半殖民地半封建的屈辱历史的结束,我国进入了从新民主主义向社会主义过渡的新时期。中国共产党领导各族人民取得新民主主义革命的胜利,开始成为全国范围内的执政党。

  中华人民共和国成立之初面临的形势是极其严峻的。

  首先,旧中国是一个半殖民地半封建社会,帝国主义长期的经济掠夺、国民党政府的腐朽统治、长期战乱的破坏使国民经济濒于崩溃的边缘。在中华人民共和国成立之初,中国共产党和人民政府从国民党政府那里接手的是烂摊子。

其次,中华人民共和国刚成立,在国际上还得不到广泛承认。帝国主义国家,尤其是美国,不甘心在中国的失败,对新生的人民政权在政治上实行不承认政策,在经济上进行封锁禁运,在军事上实行包围,并支持国民党残余势力进行破坏、颠覆活动,企图把新生政权扼杀在摇篮中。

中国共产党的主要任务是一方面收拾国民党丢下的这个千疮百孔的烂摊子,努力尽快恢复和发展国民经济;另一方面防止帝国主义及国民党残余势力的破坏和颠覆活动,巩固新生的人民民主政权。只有努力恢复和发展国民经济,新生的人民民主政权才能得以巩固,只有巩固了新生的人民民主政权,才能为国民经济的恢复和发展提供有力的保障。

二、中华人民共和国成立初期的中国民族工商业的恢复与发展

1950年年初,全国经济出现市场大萧条,私营工商业经营困难,大批工厂、商店因商品滞销、经营亏损、资金周转不开等原因而关门倒闭。1950年6月,中共中央召开了七届三中全会,根据当时的情况,制定了边抗(抗美援朝)、边稳(稳定物价)、边建(恢复和发展国民经济建设)的方针,并采取公私兼顾、劳资两利、城乡互助、内外交流的政策,达到发展生产、繁荣经济的目的。据此,大力发展国营商业和合作社商业,建立全国统一的新型商业体系成为这一时期的重中之重。经过三年努力,取得了可喜的成绩。一是国营商业得以建立和发展。表现在全国性的商业行政部门和企业机构的建立,并实行高度集中统一的商业管理体制。二是合作社商业的建立和发展。与此同时,还开展了打击投机资本、稳定市场物价的斗争,畅通了城乡物资交流,促进了工农业生产的发展,安定和改善了人民生活。

三、中华人民共和国成立初期的广告传播环境

(一)中华人民共和国成立初期广告业的恢复与发展

中华人民共和国成立后面临巨大的财政赤字,政府采取稳定物流、统一经济、发行国债等一系列重大举措使财政收支基本平衡,经历了三年的国民经济恢复时期,农业工业和对外贸易都有了显著的提高。这些给中国广告业的恢复提供了良好的外部发展环境,对刚刚重建的中国广告业的恢复和发展有着重要的促进作用。

中华人民共和国成立初期,随着全国各大城市的陆续解放,为发展人民

的新闻宣传事业,加大了传播媒体的发展力度,一系列报刊广播等相继创刊或开播,中国人民的新闻事业迅速崛起。报纸广播等新闻媒体的发展为广告的发展提供了条件,新闻媒体的发展为中国广告事业的恢复和发展提供了发展的媒体平台,营造了媒体环境。

在中华人民共和国成立初期的一段时期内,由于人民政府采取的各项措施,报纸广告和广播广告得到了一定程度的发展,广告行业得到了一定程度的恢复和发展。同时,报纸、杂志、电台、路牌等商业广告业务依然很活跃。

1. 报刊的发展带来报刊广告的恢复和发展

1949年1月31日,北平和平解放,不久,华北《人民日报》、新华社、陕北新华广播电台等主要新闻机构相继进入北平。与此同时,北平(京)创办了一系列全国性的重要报刊。1949年6月16日,《光明日报》创刊;1949年7月15日,《工人日报》创刊;1949年9月15日,《学习》创刊;1949年9月25日,《文艺报》创刊;1950年7月,《人民画报》创刊;1951年4月27日,《中国青年报》创刊;等等。

以报纸广告为例,当时的《人民日报》《光明日报》《新闻日报》《南方日报》等都刊登有不少商业广告。

以《人民日报》为例。开国大典后,《人民日报》用了两个半版的篇幅刊载了各种工商文化广告。1950年年初的《人民日报》,报头左、右方就是广告,报头下方有广告科、经理部、总编办电话;第二版下方一小部分版面为广告;第三版下方约1/4强为广告内容。从当年的5月1日起,《人民日报》增加为六版至八版,广告量加大。5月1日这天的《人民日报》第六、七、八版通版皆为广告。为迎接"红五月",各公司、各单位都借机大做广告。此后,《人民日报》第六版之后的版面皆为广告已成为通例。人民金笔、英雄牌球鞋、小囡牌绒线、僧帽牌衫裤等经常出现在《人民日报》的广告版面上。

1950年9月14日的《新闻日报》第二版刊发了永安公司的促销广告;1953年3月12日的《光明日报》第四版登载了坚尔齿牙膏广告;等等。由此可见,报刊的发展带来了报刊广告的大发展。

2. 广播事业的发展带来广播广告的恢复和发展

此时的中国广播事业有所发展。以陕北新华广播电台为中心的广播网迅速扩大,沈阳、长春、哈尔滨、齐齐哈尔、延吉、吉林等40个城市建立了地方人民广播电台。

20世纪50年代,一些大城市的广播电台也开办了专门的商业广播电台,增设广告节目,播出经济、文化和社会广告。中华人民共和国成立后不久,北京、上海、江苏、天津等83座广播电台就开设广告节目。广播广告的发展势头很好,多数广播电台广告经营活跃,广告收入增长。上海台、北京台可以向国家上缴利润,天津台也在1951年实现了经费全部自给。此时的广告收入俨然成为媒体生存的重要手段。

(二) 各级人民政府加强对广告业的管理

各级人民政府纷纷建立广告管理机构,颁布广告管理法规,加强对广告业的管理。

1. 建立广告管理机构

为加强对广告的管理,各地政府专门成立了广告管理机构,出台了一系列地方性的广告管理法规。这些地方性的广告管理机构,如上海市工商局、北京市工商局、天津市公用局、重庆市文化局、西安市公用局、广州市建设局等,都担负起广告管理的责任,并接受各地人民政府的领导。有些省、市还成立了广告管理所等类专门机构,如重庆市就成立了广告管理所。

这一时期属于中国广告管理机构及职能单位的初创时期,各地区执行广告管理职能的机构并不统一,后来地方性的广告管理机关逐渐统一由各地的工商局管理。

2. 颁布广告管理法规

为加强对广告的管理,各地人民政府纷纷对广告业进行了整顿,取缔了国民政府发布的广告管理法规,相继出台了一些新的地方性广告管理规则和办法。这些地方性的广告管理法规主要有如下一些。

1949年4月,天津市人民政府公用局率先公布了《广告管理商规则》,规定:"凡在本市营业之广告商,持营业执照填具申请表,包括资本额、经营何项广告、副业、营业概况、经理人姓名等,呈请公用局登记审查合格发给登记证后,始得申请广告业务。"加大对影响国家经济发展和人民生活的重点商品广告的管理力度,如天津市人民政府针对医药广告颁布了《管理医药广告暂行办法》。

1949年10月,杭州市人民政府公布了《杭州市广告及广告商暂行管理规则》。

1949年12月,上海市人民政府公布了《广告管理规则》,规定:"凡在本市区,以含有招徕宣传性质之文字、图画等用各种方法揭布者,概以广告论。由公用局以本规则管理之。"1951年,上海市工商局还规定,电台广播广告及报刊商业性广告内容均应由电台、报刊负责人签名盖章,送经同业公会初审,汇送工商局审核许可后,方可发布。凡在报刊公布的商业广告传单,必须加印工商局登记号码,在寄发以前必须经由各同业公会出具证明书。实际上是通过同业公会核实广告的真伪,要求同业公会做担保。

1950年,西安市人民政府公用局印发了《广告管理暂行办法》。1951年,西安市工商局发布《关于印刷厂商管理暂行办法》,其中许多条款涉及广告。

1951年年底,重庆市人民政府发布了《重庆市广告管理暂行办法》,并成立广告管理所。1952年5月,重庆市人民政府又公布了《广告管理暂行管理条例》。

1951年5月,广州市人民政府颁布了《广州市广告管理暂行办法》,规定广州市广告管理机关为广州市建设局。

在这一时期,虽然出台了许多地方性的广告管理规则和办法,但中国的广告管理还是比较分散的,没有明确的、统一的广告管理机构和全国性的针对广告活动的法律、法规。直到改革开放以后,全国性的广告管理法规才颁布。1982年2月,国务院颁布了《广告管理暂行条例》,这是中华人民共和国成立以来的第一个全国性的综合广告管理法规。

第二节 社会主义改造和全面建设社会主义时期的广告业

1953—1965年为我国社会主义改造和全面建设社会主义时期。这一时期的广告业有新的发展,广告公司开始出现公私合营,政府也加强对广告业的管理,后期广告业的发展主要体现在为对外经济交往服务、为方便人民生活和为国家服务,以及为政治宣传和时事服务等方面。

一、社会主义改造和全面建设社会主义的时代背景

1953—1956年,为社会主义对工商业的改造时期。1953年,我国开始实行发展国民经济的第一个五年计划。当时抗美援朝战局已经稳定,土地改革在全国范围内基本完成,人民民主政权巩固,国民经济恢复工作顺利完成,说明中国在政治上、经济上已经具备了实行第一个五年计划、运行大规模经济建设的条件。1954年2月,中共中央七届四中全会正式通过过渡时期总路线,它的主要任务是实行国家工业化和社会主义改造,简称"一化"与"三改造"。这就是实行国家工业化和实行社会主义改造同时并举的总路线、总战

略目标。这一时期的广告业当然也必须为"一化"与"三改造"这个总的战略任务服务,在这个总的战略目标下发展。

1956年9月至1965年为社会主义全面建设时期。1956年,我国完成了社会主义改造(图6-1)。同年7月,"八大"召开,确立了一系列正确政策,为社会主义全面经济建设奠定了良好的基础。中国共产党领导全国人民开始转入全面大规模的社会主义建设阶段,广告也随之有了一定程度的发展。但是,这个时期出现了一些"左"的错误,使探索中的社会主义道路出现了曲折和挫折,广告事业也不可避免地受到冲击和影响。这个时期在历史上被称为社会主义建设事业曲折探索时期,于广告事业而言也是曲折发展、不断探索的特殊时期。

图6-1　1956年上海市的资本家接受社会主义改造

二、对工商业的社会主义改造

1953年,我国开始执行第一个五年计划,从事大规模的经济建设。与此同时,也开始了对农业、手工业和资本主义工商业进行社会主义改造即"三大改造"。"三大改造"期间,国家首先在全国范围内先后对重要农产品实行了派购和统一收购。这是我国进入有计划的经济建设时期开始实行的一项重要政策。在对资本主义工商业的社会主义改造过程中,国家采取了对私营工业委托加工订货、统购包销政策,把私营工业的生产纳入国家计划;对私营商业根据其特点采取不同的方针、政策。对资本主义批发商业实行逐步代替政策,对资本主义零售商业实行委托经销、代销和公私合营等国家资本主义的初级形式,并最终实现全行业公私合营,完成对资本主义商业改造的胜利。这样资本主义工商业开始不同程度地被纳入国家计划经济的轨道。这对开展大规模的经济建设起了积极的作用。

由于党和国家在商业方面制定了一系列的正确政策,进一步加强了对商业的领导,加之工农业生产的发展和人民购买力的提高,社会主义商业取得了很大的发展。社会商品流通额逐年扩大,市场繁荣,物价稳定。这一时期是社会主义商业的重要发展时期,也是中华人民共和国成立以来商业部门经营情况最好的时期,资金周转快,占用少,流通费用水平比较低。

这些措施和这一时期的商业发展给我国的广告业也带来了一些变化。

三、广告业的公私合营

在对资本主义工商业进行社会主义改造的过程中,广告行业也相应地有了新的变化。在公私合营的改造高潮中,全国各主要城市对原有的广告从业人员也进行了思想教育,逐步克服资本主义经营作风,开始树立为生产者、为消费者、为人民服务的思想。与此同时,为配合对私营工商业的社会主义改造运动,在工商行政管理部门的支持下,对广告公司进行了大规模改组,那些分散的各自经营的广告公司被改造成为具有一定规模的公私合营的广告公司。例如,北京市的广告公司改组为在市文化局领导下的北京市美术公司,天津市的广告公司改组为在市文化局领导下的天津美术设计公司。1956年,广州市广告业共有39户,由广州市文化局组织进行了社会主义改造,并成立广州市第一家国营的广告企业广州美术装饰公司。上海市对原有广告社进行调整合并,组成由上海市商业局领导的中国广告公司上海分公司(1959年改名为上海市广告公司),把全市100家左右的广告商,按经营范围改组、归并为五个公私合营的广告公司和一个广告美术社。还将一个霓虹灯厂划归中国广告公司上海分公司管理。与此同时,又成立了由上海市文化局领导的上海美术设计公司。一批国营广告公司的建立,使得广告的服务对象、宣传内容及作用都发生了根本变化。

全行业公司合营后,由于工业企业的很多产品由国营商业包销,广告公司的业务量骤减,从而导致广告业务的剧跌。在当时,已很少再有做广告的企业,出现"商业广告没有用了"的论调,理论界有人用"左"的眼光看广告,认为广告是"资本主义产物",这些无疑也影响到当时广告业的发展。在这一时期的后期,报纸广告版面减少,一些城市的商业电台被取消,广播广告日益萎缩。1956年,党的八大指出,落后的生产力和人民群众日益增长的物质和文化生活需要的矛盾是当前社会的主要矛盾,确定了大力发展生产力的方针。同年5月,刘少奇同志视察中央人民广播电台时,对轻视广告的思想提出了批评。他说:"广播电台为什么不搞广告?人民是喜欢广告的。生活琐事和人民有切身关系,许多人很注意和自己有关的广告。过去北京有一些电台播广告,你们取消了,是不是怕搞广告?报纸也要登广告的。我看有些城市电台可以播广告。"①此后,广播广告经营有所回升。但好景不长,1957年,"以阶级斗争为纲"的指导思想使广播广告的经营举步维艰,一家接一家的广播电台先后停止了广告经营。直到1957年在布拉格召开了国际广告大会,我国商业部派员参加,此后广告业缓慢发展的情况才有所好转。这也是中华人民共和国成立后我国第一次与外国广告界开展业务交流。

四、全面建设社会主义时期的广告表现形式

(一)强调广告在对外经济交往中的功能

1. 我国对外经济贸易的发展

这一时期我国的对外贸易较前有所发展。20世纪50年代中期,我国逐渐打破了西方国家对我国的禁运和封锁,与苏联、东欧、亚非以及欧洲的某些国家开始了贸易往来。1957年春,我国出口商品交易会首次在广州举办,此后每年春、秋两季广交会就一直持续下来。我国对外经济贸易的发展带动了我国出口商品的对外广告宣传。1957年12月,有13个社会主义国家代表参加在布拉格召开的社会主义阵营国家国际广告工作会议。在会议上作了题为《从人民利益出发,发展社会主义商业广告》的决议,提出了社会主义商业广告的基本任务,并认为社会主义广告的基本特征是思想性、真实性和具体性。我国商业部派员虽仅以观察员的身份出席会议,但开阔了眼界,受到了启发,对我国今后的社会主义广告业发展极为有利。

2. 政府加强对承办外商广告和出口商品广告的管理

随着对外经济贸易的发展,为了进一步开拓广告业务,促进国家对外贸易的发展,我国有45个城市对外开放,来华广告日益增多。但是,部分广告企业在承接来华广告业务中出现许多问题。有鉴于此,1958年,外贸部、商业部、文化部、工商行政管理总局联合发出了《关于承办外商广告问题的联合通知》,确定"外商广告由上海市广告公司、天津市广告美术公司、广州市美术广告装饰公司承办。在地方,由商业局、工商行政管理局领导广告公司的业务

---

① 刘少奇:《关于广播工作的谈话》,载于北京广播学院新闻研究所:《广播电视论丛》(上),中国广播电视出版社1985年版,第241页。

活动。各报刊停止直接对外"。通知还规定进出口广告都须经当地外贸局批准,不得与外商签订长期固定合同,外商广告佣金为25%,由内、外广告公司平分。

(二)强调广告方便人民生活和为国家政治服务功能

1."真实、美观、经济、实用"的社会主义商业广告

1959年8月,我国商业部在上海召开了21个对外开放城市的商业广告会议。这是中华人民共和国广告史上一次具有重要意义的广告会议。这次会议肯定了广告在社会主义经济中的作用,指出:在社会主义制度下,商业广告是向人民群众如实地介绍商品,是指导人民消费的基本方法之一,是社会主义文化领域中一种美术形式;运用广告扩大城乡、内外交流,对搞好商品生产和改善企业经营,组织人民经济、文化生活是有益的。根据社会主义广告的性质和任务,商业部还提出了"真实、美观、经济、实用"和贯彻实行党和国家的政策的要求,强调广告主题的选择应富有教育意义和能激发人们高尚的情操,充分肯定了商品广告应当具备社会主义的"思想性、政策性、真实性、艺术性和民族风格"。这些方针和要求,长期以来起了广告管理法规的作用,对发展社会主义广告业起了积极的作用。

1958年,商业部和铁道部联合发出通知,为使商业广告更好地为生产和消费者服务,要求利用车站、候车室、车厢及列车内的用具等为媒介开展广告业务。在这一段时间内,广告业务有了一定的恢复,如上海、天津的广告公司的广告营业额就比1956年增长了六倍多。这一时期,报纸的分类广告尤为突出,分类广告信息量大、涉及面宽、读者广泛,是报纸广告中最大的一类。例如,《南方日报》等报纸,常常用整版篇幅刊登分类广告。然而,这一局面持续不到一年,1958年"大跃进"开始,工业部门提出了"需要什么,生产什么",而商业部门则提出了"生产什么,收购什么;生产多少,收购多少",接着进一步提出"工业不姓商,大家都姓国"的口号。从此,工业产品不论多少,也不论品质好坏,价格高低,全部由商业部门包下来。由于商业流通成为独家经营,市场不再有竞争,广告业受到严重冲击,广告管理一度废止。1959—1961年,我国又连续三年发生自然灾害,国民经济遭受严重的困难,广告事业雪上加霜,营业额急剧下跌,只有少量的生产资料广告及书刊、电影、展览会等文化类广告。这种情况在1962年国民经济进入全面恢复期之后才有所改观。1962年以后,我国由于实行了"调整、巩固、充实、提高"的八字方针,各大城市的广告又相继恢复。到1965年,上海市的广告营业额又回升到500万元左右。

2. 广告中的政治宣传和时事宣传

这一时期的广告有一大特点，即广告中带有浓重的政治宣传和时事宣传色彩，这与中华人民共和国成立初期的政治、经济、外交政策是密切相关的。《人民日报》1956年2月29日第四版绘制了一幅"增进国际合作是中国人民的深切愿望"的宣传画。在1957年商业部就发出通知，要求全国商业系统认真做好广告宣传工作，并明确了商业广告的任务，其中有一条就是"配合国家政策、政治运动进行政治宣传，并通过广告的艺术形式来美化商品和市容，丰富人民的文化生活"。1959年5月，在中华人民共和国成立十周年之际，为了宣传社会主义制度的优越性和十年来经济文化建设的成就，商业部发出《关于加强广告宣传和商品陈列工作的通知》，再次强调"各种形式的商业广告都应该为政治、为生产、为消费者、为美化城市服务，以贯彻国家政策和真实、美观、经济、适用为原则，力求做到生动活泼、健康美观、鲜明乐观和通俗易懂"。要求各地特别是45个对外开放城市要做好商业广告宣传工作(图6-2)。同年8月，商业部在上海召开的21个开放城市的商业广告会议上又一次提出了"必

图6-2 20世纪60年代的宣传画

须把商品宣传和政治宣传结合起来，做到具有社会主义的思想性、政策性、真实性、艺术性和民族性风格"。这次会议在我国的广告史上具有十分重要的意义，它肯定了广告在社会主义经济中的积极作用。《人民日报》(图6-3)和《光明日报》等各大报纸都响应这一号召，刊载了许多这类内容的宣传画。以《光明日报》为例，1959年的《光明日报》的政治宣传画很有代表性。1959年2月14日的《光明日报》第三版登载了一幅(苏联)拉夫罗夫作的招贴画。1959年4月13日的《光明日报》第四版永生金笔广告也与政治挂钩(图6-4)，广告语为："高举跃进红旗向高级精密产品进军！"1959年5月9日的《光明日报》第四版刊载了"千力靴"漫画广告宣传画，广告口号为："穿上千力靴，一步跨千里。全面赶西德，胜利在眼前。"以漫画形式作为表现手法的政治宣传画在表现手法相对落后的当时显得很有特点。当时正值"大跃进"时期，"人有

图6-3 《人民日报》上的宣传画　　图6-4 《光明日报》上的永生金笔广告

多大胆,地有多大产"的盲目和浮夸,使得人们相信年轻的人民共和国会在短时间内实现"超英赶美"的目标。画中形象生动地描绘了一个年轻、高大,穿着一双巨大的"千力靴"的中国工人正将跨越1961年,而形成鲜明对比的是个形象丑陋、矮小瘦弱的西德资本家,拄着拐杖,步履艰难,被我们一步跨越①。1959年6月21日,《光明日报》第一版刊载了"首都建设新貌"宣传画。由此可见,这一时期的广告宣传与国家政策和政治运动密切相关,有时是作为政治任务来布置,带有浓厚的政治宣传特色。

(三)橱窗广告大放异彩

这一时期的广告形式多种多样,在原有的媒介基础上发展了多种多样的广告媒体形式,尤其是橱窗广告大放异彩。

橱窗广告向来以琳琅满目的商品和新颖别致的陈设吸引顾客。这一时期的百货商店都争相利用橱窗这一形式大做商品陈列广告以吸引顾客。连食品商店也不例外,如北京的"年糕张"的橱窗,为了吸引顾客,竟将年糕的制作过程展示给顾客。又如"东来顺"的橱窗把切羊肉片的情景展现出来,使人们通过欣赏其切肉片薄而均匀的操作技术,引起食欲而购买。这些橱窗广告方便了购买,传播了知识,美化了环境,充分显示了社会主义广告为生产、为人民服务的特点。

---

① 参见周伟:《工商侧影——一个世纪的广告经典》,光明日报出版社2003年版,第140页。

总之,这一时期的广告业有了一定程度的发展,广告体现了为人民服务的宗旨,广告管理得到了一定程度的加强,广告宣传为政治服务的倾向较为浓厚。这一情况持续到"文革"前,1966年5月,随着"文化大革命"的到来,我国广告业陷入困境。

第三节 "文革"时期的广告传播活动

"文化大革命"时期是我国广告业发展史上的特殊时期,也可称之为中国广告发展的另类时期。受特殊时代环境的影响,广告业发展也呈现出与以往不同的传播特色,广告宣传熏染上浓重的政治色彩,商业广告减少,文化类广告丰富多彩,政治广告激增,政治宣传掩盖了其他宣传内容,广告多以时政内容为主,这一时期是中国近代以来政治广告最多的时期。广告传播的这一变化折射出此时期我国社会政治、经济、文化环境的重大变革。

一、"文化大革命"的时代背景

从1966年5月开始的长达十年的"文化大革命"使我国人民蒙受了一场大灾难,社会主义事业遭受了中华人民共和国成立以来最严重的挫折和损失。

1966年6月1日,《人民日报》发表了题为《横扫一切牛鬼蛇神》的社论,提出破"四旧"(旧思想、旧文化、旧风俗、旧习惯)、立"四新"(新思想、新文化、新风俗、新习惯)的口号。此后,红卫兵走上街头,到处张贴大字报,集会演说,掀起了规模空前的横扫"四旧"运动。这场运动很快席卷全国各城市。它对社会对商业都造成了严重的破坏。"文革"时期,"四人帮"从根本上否定社会主义的商品生产和商品交换,把商品的基本职能完全否定。他们攻击我国现行的商品制度是产生资本主义和资产阶级的土壤,不仅不允许本来很不发达的商品经济有大发展,相反还要加以限制。"文革"把商业变成了"无产阶级专政的工具",把柜台变成了"无产阶级专政的前哨阵地",把营业员变成了"无产阶级专政的战斗员"。

这场长达十年的错误政治运动使我国国民经济陷入崩溃边缘,国内动乱严重,生产长期停步不前甚至倒退,人民生活水平下降,广告也失去了存在意义。在错误的思想路线的指导下,广告被斥为"资本主义的产物",是"崇洋媚外的舶来品",是"资本主义腐朽和浪费的表现"。社会主义广告事业受到了前所未有的破坏,有人甚至认为这是"广告从衰微到消亡"的时代。广告事业被彻底否定,陷入了绝境。

二、"文革"对商业广告的破坏

(一) 对户外广告的摧残

对于广告业来说,1966年发生的"文化大革命"无疑是一场灾难,红卫兵的"破四旧、立四新"运动则是这场灾难的开端,而首先受到冲击的就是户外广告。

在"文化大革命"扫"四旧"时,传统商店招牌和牌匾、对联、门面的画饰,以及广告、霓虹灯等都被看作"四旧"而统统被砸烂,一律改换为"工农兵""革命""文革""红旗""红卫""东方红"等有政治含义字样的新招牌,以及"四海翻腾云水怒,五洲震荡风雷激"之类的对联。

在上海,上海市一商局所属8个公司共有零售商店3700多家,改换招牌的即有3000家以上。更换的新名称严重重复,如上海市鞋帽服装公司有零售商店417家,改换新招牌后有340家重复,仅"红卫"商店就有32家。北京市王府井一条街就有6个以"红旗"命名的商店。天津市最大的商场"劝业场"沿用了36年的牌子被革命职工砸掉了,换上了"人民商场"的新名称;具有45年历史的北洋纱厂被职工们改名为"四新"纱厂,该厂原来的拳头产品"金三鼎"棉纱商标也改为"工农"牌商标[①]。

这场运动还直接影响到商品本身。各大商场被迫停售所谓"有问题"的商品。据调查,仅北京市百货大楼停售的"有问题"的商品就达6800多种,占该公司经营品种总数的20%;武汉市武汉商场停售的"有问题"的商品有4200种,占该商场原经营品种的24%。这些情况导致商场经营品种的单调,严重影响了商业的正常发展[②]。

(二) 对广告媒体的冲击

广告媒体在"文革"中也遭到严重冲击。"文革"中,报纸、杂志、图书的出版数量急剧下降。1965年,全国出版图书共20143种,杂志共700种,报纸共

[①] 《人民日报》1966年8月25日。
[②] 商业部经济研究所:《新中国商业史稿(1949—1982)》,中国财政经济出版社1984年版,第318页。

343 种。到 1970 年，图书下降到 4 889 种，减少了 15 254 种，杂志共 21 种，减少了 769 种，报纸共 42 种，减少了 301 种①。

广播广告也遭到冲击。早在 1957 年，"以阶级斗争为纲"的指导思想已经使广播广告的经营举步维艰。此后，一家接一家的广播电台先后停止了广告经营，电台广告在"文革"中被彻底取消。

（三）对广告管理机关和广告公司的冲击

"文革"中，许多城市的广告管理机关被撤销，广告公司被解散，人员或改行，或下放劳动，不少技术档案资料被销毁或被当作废纸出售。例如，上海市广告公司改名为"上海市美术公司"，靠接受画稿设计、承办政治宣传牌施工等业务才得以维持下来；上海市霓虹灯电器厂除改霓虹灯广告为政治标语外，主要靠生产变压器、晒图灯等产品为生。广州市的广告管理工作也受到严重冲击。1970 年 12 月 24 日，广州市革命委员会财贸办公室决定撤销广州市广告管理所，广告行业趋于解体，广州美术服务公司（原广州美术装饰公司）以绘制政治宣传画为主要任务，其他美术广告社大部分转行经营五金、机械、印刷等。

三、"文革"时期政治广告的兴起

"文革"时期的政治广告异常兴盛。

政治广告是指统治集体、政治组织、社会团体，以及政治家、社会活动家、平民百姓，以阐述政治观点、政治主张、政策法规，号召政治行动，通告政务管理活动等为内容的宣传广告，旨在告知大众，统一认识，影响行动，以求博得民众的支持。"文化大革命"时期是我国政治广告最兴盛的时期，从内容到形式都达到了一个登峰造极的地步。

这一时期的政治广告形态丰富多彩，路牌广告、橱窗广告、报刊广告、商标广告、游行广告、标语等都被熏染上浓厚的政治色彩。

"文化大革命"时期，各种户外广告特别是路牌广告都被铺天盖地的政治宣传口号、形象代替，变成了政治宣传牌和语录牌，形成了所谓"红海洋"的特殊景观。《人民日报》《光明日报》《文汇报》《南方日报》上随处可见政治宣传画和政治口号。

---

① 国家统计局综合司：《全国各省、自治区、直辖市历史统计资料汇编（1949—1989）》，中国统计出版社 1990 年版，第 43 页。

"文革"时期的商标也带有时代的特点。翻看那个时期保存下来的商标，随处可见"文革"口号的踪迹。例如，天津钟表厂金鸡牌闹钟的说明书上印有《满江红·和郭沫若同志》，南昌酒厂工农牌白干商标上印有"最高指示"。

思考与练习
1. 试述国民经济恢复时期的中国广告业发展概况。
2. 全面建设社会主义时期的广告表现形式有何特征？
3. "文革"时期的商业广告发展状况如何？

第七章

广告业的全面复兴

**本章摘要**

真理标准大讨论与十一届三中全会的召开为中国广告业的复兴提供了思想和社会基础,《为广告正名》则是对社会主义制度下广告存在的合理性和必要性的直接辨析。随着对"以阶级斗争为纲"的极"左"思想的抛弃,以经济建设为中心国家战略的确立,以及商品经济的恢复发展,中国广告业全面复兴的商业环境悄然形成。中国广告业全面复兴的具体表现就是媒体广告业务的恢复、广告公司业务的恢复、广告著述开始涌现和广告教育开始兴起,这是中国广告业长期、健康、快速和可持续发展的根本保证。

第一节 广告业复兴期的时代背景

中国广告业的复兴有两个时代背景,一是社会政治经济环境的变迁,二是对广告的再审视。前者是指对用于指导国家和社会发展的核心理念的确认,是广告业发展的宏观社会基础,比如经济制度的选择;后者是对广告业存在的合法性认识,只有确认广告业对经济和社会发展具有积极作用,中国广告业的发展才能得到相关主体的积极推动。

一、真理标准大讨论与十一届三中全会的召开

广告业的发展同社会经济基础和制度息息相关,广告业的繁荣须以社会经济的繁荣为基础,以市场经济制度为保障。到了1978年前夕,"两个凡是"是中国发展的重要指导思想,完全的计划经济制度是中国经济运行的根本体制。在这样的体制下,国民经济增长乏力,人民生活水平长期得不到较大改善。1978年5月11日,《光明日报》刊载具有划时代意义的特约评论员文章《实践是检验真理的唯一标准》(图7-1),从而掀起了一场关于检验真理标准的大讨论。最终,实事求是的思想路线被重新确定为党的指导思想,并为党的十一届三中全会做了舆论与思想上的准备。1978年12月15日,中国共产党十一届三中全会召开,这次全会结束了"以阶级斗争为纲"的旧路线,开启了"以经济建设为中心"的新时代,全会作出实行改革开放的重大决定,"解放思想、开动脑筋、实事求是、团结一致向前看"成为中国发展的指导方针。

图7-1　1978年5月11日《光明日报》刊载的
《实践是检验真理的唯一标准》

真理标准的大讨论与十一届三中全会的召开不仅拉开了中国改革开放的序幕,也拉开了中国广告业全面复兴的序幕。检验真理标准的大讨论对中国广告来讲,破除了意识形态对广告功能认识的束缚,在广告业该不该成为

社会主义事业的一部分问题上,真理标准的大讨论为其提供了思想基础。这样的大讨论对以后中国广告的认识与发展并非可有可无,关于广告"姓资"还是"姓社"的争论就是一个明证。

1979年1月28日,上海电视台播放了一条片长1分30秒的参桂补酒广告(图7-2),同时还播放了长达10秒的"上海电视台即日起受理广告业务"的幻灯片广告,这条广告即刻引起一场关于广告"姓氏"的激烈争论。在上海电视台内部就出现两种截然不同的观点:一种观点认为,广告是资本主义的产物,电视台作为党和政府的喉舌和舆论宣传机构,坚决不能做;另一种观点则认为,作为新闻媒体的上海电视台,除了要宣传企业的经济建设成果,还要为企业和消费者服务,成为沟通产销之间的桥梁,因此媒体应该刊播广告。这充分说明,不但中国的改革开放事业需要真理标准的大讨论来确立思想基础,对中国广告"姓什么"的问题也需要标准的衡量。无疑,真理标准的大讨论为其提供了依据。

图7-2 参桂补酒广告

中国广告业的复兴还需要经济制度的保障。真理标准大讨论解决了中国要不要广告的问题,党的十一届三中全会则为中国广告的全面复兴提供基本的经济制度支撑。十一届三中全会前,中国是"以阶级斗争为纲",僵化、封闭的计划经济制度,不难想象这样的经济制度不会存在广告繁荣发展的基础。十一届三中全会制定了以经济建设为中心的战略决策,在"对内搞活经济,对外开放"等一系列举措的推动下,中国的国民经济发展开始复苏,社会主义市场经济体制开始走进历史舞台。十一届三中全会是一次拨乱反正的会议。它重新确立了实事求是的马克思主义思想路线,抛弃了"以阶级斗争为纲"的口号,把全党工作的重点转移到社会主义现代化建设上来。十一届三中全会是一次开创未来的会议。全会明确指出,党在新时期的历史任务是把我国建设成为社会主义现代化强国,揭开了社会主义改革开放的序幕。十一届三中全会对中国广告业全面复兴的影响是决定性的。

二、丁允朋为广告正名

图7-3 丁允朋的文章《为广告正名》

1979年1月14日,《文汇报》第二版《杂谈》栏目发表了署名丁允朋的文章《为广告正名》(图7-3)。文章从多个层面澄清人们对广告的误解,在今天看来这些论述合情合理、无足轻重,但在当时这样的正名显得十分必要。

首先,从媒体角度来看,广告是对媒体资源的合理利用。文章在开篇就直接指出:"电视转播文艺演出或是体育比赛时,往往有'场内休息',电视观众也不得不跟着休息。我想,这是对荧光屏幕的很大浪费。"

其次,从受众角度来看,广告有益于人们的生活。"我们应该运用广告给予人们以知识和方便,沟通和密切群众与产销部门之间的关系。广告也是一种具有广泛群众性的艺术,优秀的广告可以美化人民的城市,令人赏心悦目,使人在愉悦的艺术熏陶中,感受到社会主义经济文化的欣欣向荣。"

再次,从广告运作来看,广告活动本身具有科学性,对经济发展具有促进作用。"在经济发达的国家里,专业广告公司林立,许多大专院校设有广告专业。他们的广告设计往往是建筑在对市场周密研究的基础上,结合消费者心理,有针对性地进行的。广告设计大都文字简洁,画面富于形象化和吸引力,它能够指导商品流向,促进销售。这一点,对于我们社会主义经济来说,也可以用来促进产品质量,指导消费的。"

最后,从社会角度看,广告具有公益性。"有些国家广告的发展并不一定局限在做生意上,比如美国,香烟广告上注明'吸烟对健康有害'的字样。他们用广告与公害(吸烟易致癌)作斗争。这种做法,至少比我们单单在电视节目中插映'请勿吸烟'效果更好。"

总之,在对待广告的态度上,丁允朋观点鲜明地指出,"对资本主义的生意经要一分为二,要善于吸取它的有用的部分,广告就是其中之一";"我们对国外广告也要做引进工作,洋为中用,吸取一些国家广告之所长,发展社会主义广告";"我们有必要把广告当作促进内外贸易,改善经营管理的一门学问对待"。对于广告的发展,作者还认为:"目前科学技术发达,广告要高效率地发挥作用,要更多地借助于报刊、广播和电视。"《为广告正名》一文领跑中国广告的全面复兴,丁允朋也因此被称作"中国现代广告的开拓者和打开中国广告大门的人"。

广告正名之路并非一帆风顺。1981年,中央电视台播放了西铁城手表广告,引起了不少非议。有权威人士指责说,中央电视台播外国手表广告是崇洋媚外,甚至有些官员要求中央电视台停播这条广告。同时,北京王府井百货大楼摆了西铁城手表的橱窗广告,也受到有关方面的干涉,百货大楼据理力争仍无济于事,不得不把橱窗广告从正面撤到了侧面。这时,德国《明镜》周刊刊载一篇题为《开阔眼界》的报道指出,1976年上海出版的新闻学小辞典中说广告在资本主义社会中有一种明显欺骗的特征……现在,他们又要给广告重新恢复名誉了。《为广告正名》对中国广告复兴的影响是深远的,引起了全国广告界广泛响应,许多广告组织、广告研究机构和专家,纷纷从不同角度对广告的存在、运作和发展提出依据、提供建议,加快了中国广告全面复兴的速度。

第二节　广告业复兴期的商业环境

"经济是社会的主体,经济的变革与稳定决定着社会的变革与稳定。广告与经济在人类历史中共生、共存、共发展,经济与广告之间的相互依赖性越来越深。"[①]经济对广告的影响有三个方面:经济发展水平决定广告发展水平,经济发展速度决定广告发展速度,经济变革决定广告变革。十一届三中全会后,以经济建设为中心的国家战略开始确立,中国的商品经济开始得到恢复与发展,这些经济领域的变革为中国广告业的复兴提供了商业环境。

---

① 杨海军、王成文:《世界商业广告史》,河南大学出版社2006年版,第47页。

一、以经济建设为中心

十一届三中全会召开后,通过制定一系列改革开放的政策,以经济建设为中心的国家战略开始得以确立,中国的广告业不仅得以恢复,而且焕发蓬勃的生机,成为发展最快的行业之一。以经济建设为中心的国家战略是中国广告业发展的根本保证。在这一过程中,对中国广告业有重要影响的政策主要有以下两方面。

首先是系列经济方针的出台。由于受计划经济体制和"文化大革命"中极"左"思想的影响,改革开放之前的国民经济比例严重失调,1978年制定的一系列经济发展计划加剧了国民经济的比例失衡,农轻重比例严重失调,农业发展缓慢,农副产品匮乏,积累与消费的比例严重失调,与人民生活密切相关的工农业生产发展严重滞后。

为改变这一状况,十一届三中全会提出了解决国民经济比例严重失调的任务。1979年3月,中共中央政治局召开会议,陈云在会议上指出,现在比例失调的情况相当严重,要用两三年,最好是三年的时间调整。邓小平也指出,当前的中心任务是调整。会议最后同意国家计委修改和调整1979年国民经济计划的意见。同年4月,中共中央工作会议确立了对国民经济实行"调整、改革、整顿、提高"的八字方针。1979年和1980年作为调整的第一阶段,调整了积累和消费的分配比例,增加了居民的收入,促进了商品市场的流通。1981年,国民经济的调整方针取得显著的成效,工农业生产稳步发展,农、轻、重比例关系有所改善。同时,经济体制的改革开始在农村取得突破性进展。农业生产责任制的推行,使农民获得生产和分配的自主权,把农民的责、权、利紧密结合起来,提高了农民的生产积极性,推动着农村经济的日益活跃。城市经济体制的改革从简政放权、扩大企业自主权开始。为改变长期以来企业"一切收入向上缴,一切支出向上要"、权力过小、缺乏活力和压力的状况,1978年,国家推出了企业扩大自主权试点和贯彻经济责任制。1980年,国务院颁布《关于推动经济联合的暂行规定》,为企业重组创造条件。同年,国家经委提出扩大企业自主权的试点。国家对企业的"放权"改革一方面使企业不得不面对市场寻找出路,另一方面也大大提高了企业的生产能力。1979年始,中共中央和国务院采取了支持城镇集体经济和个体经济发展的方针,允许多种经济成分并存。1980年上半年,国务院发布了名为《关于进一步做好城镇劳动就业工作》的文件,为发展城镇集体和个人经济松绑,鼓励和扶持待业人员组织起来就业和自谋职业。1981年7月7日,国务院颁布《关于城镇非农业个体经济若干政策性规定》,进一步加大对个体经济的政策性扶持。至此,农村和城市的生产活力被激发出来,从而在实践层面正式启动了改革开放的历史进程。

随后是四大经济特区的创办。外资或是国外品牌,在中国广告业的发展中一直扮演着重要角色。中国广告业在改革开放后的恢复之时,像日本精工表(图7-4)和美能达相机,以及瑞士雷达表便活跃在人们的视野中,外部力量是中国广告业恢复和发展的不可或缺的重要元素。作为吸引外资、搞活经济而设立的经济特区对中国广告业影响也是显而易见的。

图7-4 早期的日本精工表

创办经济特区是中国改革开放和以经济建设为中心国家战略实施的重大突破。邓小平在1979年作出了一个重要论述:"我们的生产力发展水平很低,远远不能满足人民和国家的需要,这就是目前时期的主要矛盾,解决这个主要矛盾就是我们的中心任务。"①同年4月,中央工作会议作出决定,在深圳、珠海、汕头和厦门划出一定区域单独进行管理,作为华侨和华商的投资场地。1980年8月21日,时任国家进出口委员会副主任的江泽民受国务院的委托,在全国人大常委会会议上,就经济特区设置的相关问题作了几点说明。这几点说明为会议审议提供了重要依据。同年8月26日,叶剑英委员长主持召开第五届全国人大常委会第十五次会议,批准国务院提出的在广东省深圳、珠海、汕头和福建省的厦门设置经济特区,并通过了《广东省经济特区条例》。至此,中国经济特区正式诞生,并有了法律保障。为进一步鼓励外资经济的发展,1979年国家颁布《中华人民共和国中外合资经营企业法》,为外资企业的在华投资提供法律保障。随着一系列政策的实施和相关法律法规的颁布,许多全球知名企业开始寻求各种途径进入中国,外资产品或广告的进入大大促进了中国广告业的恢复和发展。

二、商品经济的恢复与发展

如果说十一届三中全会召开、以经济建设为中心的国家战略、为广告正

---

① 许俊基:《中国广告史》,中国传媒大学出版社2006年版,第131页。

名等,在宏观、制度、舆论方面对中国广告业的恢复起到间接作用,那么商品经济的恢复与发展对广告业的影响则直接得多。

中国广告业的全面恢复与发展,必须有商品经济的恢复和发展与之相呼应。随着改革开放和国民经济调整的深入开展,中国的商品经济和流通市场也逐步得到恢复。1979年,国务院先后重新限定了农副产品的统购和派购范围,重申了三类产品和完成派购任务的二类产品可以自由上市,三类农副产品(除棉花外)可以自由运销。但长期以来工业品的统购统销,造成商品流通领域的矛盾日益尖锐。因此,在改革农产品流通体制的同时,也对城市商业流通体制进行了"一少三多"的改革,即减少工业品计划管理的品种,发展多种经济形式,采取多种购销方式,开辟多种流通渠道,建立城乡互相开放的流通新体制。这些改革有力地推动了城乡商品流转,搞活了流通体制。

1980年,商业体制改革涉及省与省之间的流动界限。同年,中共中央出台文件《关于进一步做好城镇劳动就业工作》,对发展城镇集体和个人经济放宽了政策,进一步加强了促进商品经济恢复的原动力。

1981年,《人民日报》发表社论《正确认识流通的作用,大力兴办商业服务业》,为商品流通市场的形成提供更多想象空间。1981年7月7日,国务院颁布《关于城镇非农业个体经济若干政策性规定》,进一步加大对个体经济发展的政策扶持。这一规定提出,"个体经营户所需资金,自筹不足的,当地政府和有关部门可以设法帮助筹措;资金周转有困难的,可以向银行申请贷款";"为鼓励个体经营户从事社会急需而又紧缺的修理、加工、饮食和服务业,国家税收方面可以酌情给予适当减免。广大群众需要但经营确有困难和盈利微薄的,可申请免税"。1981年,全国各类经济类型的商业、饮食业、服务业网点达到329.9万个,比1978年增长了1.5倍;从业人数达到1 624.3万人,比1978年增长73.2%;城乡集市贸易场所恢复和发展到4.3万个,比1978年增长29.2%。

1982年,除原国营商业的主渠道之外,集体和个体商业有很大发展。小商品的价格形成机制逐步放开,促进了贸易货栈、各种联营商店、小商品批发市场、农工联合企业等多种所有制经营形式相继出现,城乡农贸市场获得较大发展。

灵活多样的商品流通体制促进了国民经济的全面恢复,居民收入不断提高,人民生活状况得到很大改善,企业的活力释放,商品市场供需两旺,在消费领域出现"四大件"(图7-5)消费热潮。随后,在经济改革的促进下,消费目标迅速向高档耐用消费品转移,城镇居民的消费注意力开始投向单价1 000

元以上的彩电、电冰箱、洗衣机和成套家具。特别是20世纪80年代初期,我国还没有能力生产彩色电视显像管(图7-6),人民强劲的消费需求掀起了一股购买进口彩电的风潮,第一次向世界展示了中国的消费活力。在经济发达地区,人民生活水平提高的迅速尤为明显,"时尚""流行"开始成为人们日常生活消费的引导词,广告对人们消费趋向和经济发展的影响力越来越得到凸显。

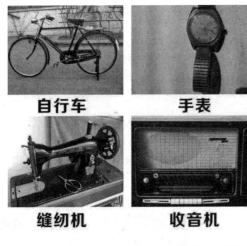 

图7-5　20世纪80年代初期流行的"四大件"　　图7-6　凯歌牌黑白电视机广告

第三节　广告业复兴期的广告环境

真理标准大讨论和十一届三中全会开启了中国改革开放的伟大进程,《为广告正名》也成为中国广告业恢复的响亮号角,中国的商品经济迅速崛起。在这一时代背景的推动下,中国广告业复兴的广告环境迅速形成。

一、媒体广告业务的恢复

媒体广告业务的恢复是从1979年春天正式开始的,1979年被广告学者称为中国现代广告事业的元年。

（一）电视媒体广告业务的恢复

1979年1月28日，中国农历新年的第一天，也就是正月初一的17:05，"上海电视台即日起受理广告业务"的中国首条电视广告播出，继而播放了一条片长1分30秒的参桂补酒广告片，这条广告成为中国电视广告史上的首条商业广告。3月9日，上海电视台转播国际女子篮球赛，在中场休息时播出了中国男篮球员张大维喝"幸福可乐"的画面，这是广告恢复后的第一例名人电视广告。上海电视台在同年的3月15日播出了第一条外商广告：瑞士雷达表广告（图7-7）。1979年，上海电视台拟定了《广告业务实行办法》和《国内外广告收费标准》，每天平均播出电视广告3分30秒，并于当年实现广告收入27.7万元。

图7-7 上海电视台播出的瑞士雷达表广告

1979年3月15日，中央电视台首次播出外商广告，即"西铁城——星辰表誉满金城"手表广告。随后，中央电视台首次播出自制广告——首都汽车出租公司和河北翼县暖气片广告（图7-8）。为应对不断增加的业务量，中央电视台还成立了广告科，专门受理广告业务。不久，商品信息营业科诞生，每天播出3分钟广告。1979年，中央电视台改全额预算为差额补助，开始播放广告，接受赞助，并分别在两套节目中播出广告，每天5分钟。广告形式有两种：一种是介绍厂商，另一种是外商提供的带有广告性质的节目。之后，中

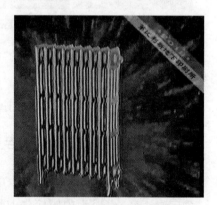

图7-8 中央电视台首次播出的自制广告

央电视台成立了电视服务公司，承办国外广告业务。1980年12月，中央电视台播放第一部带有广告的动漫剧《铁臂阿童木》。同时，中央电视台决定每年定期召开广告客户会议，并且通过电视剧《卖大碗茶的姑娘》初次尝试了购片广告。

在其他电视台,1979年广东电视台成立广告部,当年制作、播出中外广告收入达12万元人民币,港币120万元。1981年,杭州广告公司与浙江电视台联合举办电视广告插片联播。

1983年,中国黑白电视机和录音机的普及率已分别达到62%和30%,电视机的广泛普及带动了中国电视广告的发布。到1984年,电视广告营业额较之上年成倍增长。1984年下半年,彩色电视机的普及率为每百户5.85台,全国引进彩色电视机生产线113条。电视机普及率的提高,无疑为电视广告的发展提供了极为广阔的空间。

（二）报纸媒体广告业务的恢复

1979年1月4日,《天津日报》率先恢复商业广告,刊登了天津牙膏厂蓝天高级牙膏（图7-9）等五种牙膏产品的广告,拉开了报纸广告的序幕。1月28日,上海的《解放日报》为了

图7-9 《天津日报》刊登的蓝天牙膏广告

弥补春节期间没有照例缩版带来的损失,在第一版和第三版下端刊登了两条通栏广告,一条是《上海工艺美术工业公司所属部分工厂产品介绍》,另一条是《上海市食品工业公司所属产品介绍》。2月10日,《文汇报》开始刊登药品广告。3月20日《工人日报》刊登首例外商产品广告,至此外商广告陆续在报纸版面出现。首先是瑞士雷达表,紧接着,日本的奥林巴斯、精工、美能达等都在《文汇报》上刊登了整版广告。同年4月17日,《人民日报》开始刊登商品广告,如地质仪器、汽车等的广告。11月23日,《人民日报》又刊登了日本三菱汽车公司的广告,这则广告是改革开放以来的首例汽车广告。1979年,《南方日报》《浙江日报》《杭州日报》等也相继刊登了国内外广告。

1981年1月18日,北京《市场报》在显著位置刊登了全国第一条征婚广告(图7-10)。

图7-10 《市场报》上的征婚广告

图 7-11 人们争相购买燕舞牌收音机

1983年,热销一时的"燕舞牌"收音机在北京展销(图7-11),并在《人民日报》《北京晚报》投放广告。同年,上海《文汇报》在第四版开辟《商品广告》专栏。

1984年4月,《国际经贸消息》集中刊载30条外资广告。

(三)广播媒体广告业务的恢复

1979年3月15日,上海人民广播电台播出了全国第一条广播广告——春蕾药性发乳广告。广东人民广播电台之后播放了"乐都表"外商广告。中央人民广播电台成立了广告科,并开辟研究广告问题的栏目。

1980年中央人民广播电台成立广告部,并在同年1月播出中央人民广播电台在中华人民共和国成立后的首条广告。

1982年年底,在全国工商行政管理机关登记经营广告业务的广播电台有115家,全国每百户家庭拥有半导体收音机68.33部,电子管收音机34.7部。

1983年,中国各省、市、自治区的广播电台联合举办"全国优质产品节目"广告联播。

1985年,中国广告协会广播委员会举办"首届广播广告优秀作品评选活动"。

(四)户外媒体广告业务的恢复

1979年2月,上海恢复路牌广告业务,40余块广告路牌被设置在11个公交站点。1979年6月,北京市委同意恢复户外广告,并委托北京市美术公司规划北京的路牌广告。到了1979年年底,北京市内各处均出现了商业广告路牌(图7-12)。

1980年,北京市委

图 7-12 改革开放后北京街头出现的户外广告

出台文件规定北京市广告公司改名为北京市广告艺术公司,并明确规定户外广告由北京市广告艺术公司统一规划、制作、经营。

1981年,北京王府井百货大楼摆了西铁城手表的橱窗广告。

1982年,上海国际饭店顶层设置了东芝霓虹灯广告(图7-13)。

二、广告公司广告业务的恢复

媒体恢复广告业务是从上海和北京发起的,两个城市媒体广告业务开展得也比较深入。因此,在这两个城市,广告公司广告业务的恢复也比较快。

图7-13 国际饭店顶层的东芝霓虹灯广告

上海市外贸系统恢复了上海广告公司,上海市文化系统恢复上海市美术设计公司。上海商业系统的上海市美术公司更名为上海市广告装潢公司,该公司成立于1952年,是当时国内最大的专业广告公司。1978年6月,上海市广告装潢公司建立了以王庆元为组长的恢复广告五人小组,为了探索恢复广告业务进行可能性探索,经过近80天的调研,得出了"从商品的生产销售来讲,我们需要广告"的结论。同年11月23日和28日,该小组先后向上海市商业局递交了《关于恢复商品宣传服务的报告》和《拟将部分政治宣传牌改为商品宣传牌的报告》两份报告,要求恢复对商品的广告宣传和路牌广告。

1978年上半年,新组建的上海包装广告公司进出口公司基本恢复了同19个国家和地区的广告业务关系,同年发布广告达161次,总额达83万美元。1979年年初,上海广告装潢公司连续在国内大报上发布广告,形成重大影响,并播发国内第一条电视广告——参桂补酒广告,当年广告收入为81.5万元,并于当年承办上海户外广告业务。上海广告装潢公司在促进国内广告业的恢复上作出了巨大的贡献。

1979年2月23日,上海广告公司在《文汇报》刊出招商广告。1979年3月15日,上海广告公司代理的第一条外商广告瑞士雷达表广告在上海电视台播出。

1979年8月,北京广告公司成立(图7-14),1980年5月与北京市美术公司合并,改称北京市广告公司。1979年6月,北京市委同意恢复首都的广

图7-14 北京广告公司成立之初派代表赴日本参观学习

告业务。不久,北京市广告公司在王府井南门口推出了10块广告牌,其中国内企业6块,为雪莲羊绒衫、金鱼洗衣粉等;国外企业4块,为日本航空公司、电器等。

在其他地区,1979年下半年,广东省广告公司、天津广告公司及广州市广告公司相继成立。随后杭州、成都、南京、沈阳和武汉等城市也相继成立广告公司。在1980年,中国第一家集体所有制的广告公司唐山市美术(广告)公司成立。

在外资方面,1979年日本电通广告公司最早进入中国。经政府批准,于1980年在上海和北京成立电通事务所,开始广告调查和效果研究。1985年10月,在天津成立了中国第一家中日合资天津联谊广告公司。

总体来看,1981年年底中国共有广告公司60余家。1982年年底,专业广告公司增加到115家。1983年,国内生产总值5 934.5亿元,增长速度为10.9%。全国广告营业额2.34亿元,占国内生产总值0.039%,人均广告费0.227元。全国广告经营单位2 340家,从业人员34 853人,人均营业额6 714元[1]。1985年,全国广告经营单位增长到6 052家,从业人员63 819人,人均营业额9 480元。

三、复兴期的广告著述

复兴时期的广告著述有两个重要特点:一是评论性文章具有重要影响力,二是文章和著作侧重于对社会主义制度下广告活动存在的合理性辨析与广告实践技巧的探索。在中国广告业恢复之初,利用和读者最贴近的评论性文章来辨析社会主义制度下广告活动的合理性是适宜的。另外,人们对广告规律的把握还十分欠缺,因此从实用角度切入,对广告活动进行"术"的探索也是恰当的。

---

[1] 黄艳秋、杨栋杰:《中国当代商业广告史》,河南大学出版社2006年版,第35页。

在文章方面,早在 20 世纪 70 年代末,暨南大学经济学院的傅汉章教授在广州召开的一次海外广告研讨会上,从市场促销的角度谈到广告存在的必要性。从市场学的角度解析广告,在学理上能够更为深入地探讨广告的意义和价值。1981 年第 2 期《医药贸易》整刊发表了傅汉章《市场学的研究和运用》的演讲稿,演讲稿的最后一个专题为"广告及其他销售宣传"。

1980 年,《人民日报》发表《必须研究广告学》一文,提出对广告学进行学理探讨。1981 年 4 月,在《中国广告》创刊号上,刊载了上海市广告装潢公司钱惠德撰写的一篇题为《试论社会主义广告事业发展的客观依据及作用》的文章。文章从学理上对广告的社会主义性质进行了一系列论证。紧接着,上海社会科学院经济研究所的陶永宽,在 1982 年第 2 期《中国广告》上发表的文章《谈谈社会主义广告》中,首次较为系统地区分了社会主义广告与资本主义广告的不同特点。

1981 年 7 月 15 日,由上海广告装潢公司主办的《中国广告》杂志(图 7-15)正式出版发行,这是我国出版的第一本专业广告杂志,该杂志主要介绍国外先进的广告理论和最新广告动态。这一刊物的编辑出版,既是研讨广告学的园地,又是联系全国广告界的纽带,对于以广告理论指导实践,以广告实践推动理论提升,进行理论与实践相结合起到了巨大的推动作用。

图 7-15 《中国广告》的封面

在《中国广告》1985 年第 1 期上,丁允朋发表了《我国社会主义广告特征刍议》一文,该文反映出广告意识的悄然转型,即在"社会主义广告论"的形势下论述现代广告的基本内涵。

在著作方面,1980 年,由潘大均、张庶平合著的《广告知识与技巧》在内蒙古人民出版社出版,这是中国广告恢复时期第一本广告学专著。1981 年 9 月,工商出版社出版了崔岩峙等编译的美国广告学者邓肯·沃森的《广告与商业》一书。同年 9 月,工商出版社又出版了唐忠朴、贾斌的《实用广告学》。此书包括概论、企业、国际、历史、技巧、现状、媒介、附录八部分,在书中作者提出了"广告稿"的概念,指出:"为达到预期的目的,我们在创作一篇广告(包括文字和图画)时,必须弄清它应遵守的几个原则。"①这是一本首次以"广告学"命名的广告书目,并较为系统地阐述了广告的有关知识,包括"基本原理""广告创作设计技巧与媒介""海外广告介绍"等,初步形成了广告学的框架。这一年,作为全球知名的广告公司,奥美广告公司也为广告理论在中国最初时期的普及作出了贡献,编译出版了美国人肯·罗曼与简·马斯编著的《如何做广告》一书。

1982年2月,广西人民出版社出版了尚美和晓友收集整理的《国外广告400例》,对中国广告理论的发展有很好的指导作用,一定程度上促进了中国广告制作水平的提高,为中国广告的整体发展打下了坚实的基础。

1983年,第一本冠以"广告学"的理论专著由山西财经学院学报编辑部编辑出版,作者为宋顺清,全称为《社会主义广告学》。

1984年,中国广告协会主持编写了第一套广告教材。1984年3月,史美勋编著的《现代橱窗广告技法》在工商出版社出版。

1985年8月,刘江编写了北京商学院内部使用教材《消费者行为研究》一书。同月,广东高等教育出版社出版了傅汉章和邝铁军编著的《广告学》一书。该书以经济学、市场学、心理学和美学的基本原理来论述广告的有关问题,将广告学是一门综合性的边缘学科作为立论基础,深入论述了广告策划、广告策略、广告效果测定等问题,颇具"现代广告学"的意味。

四、广告教育的初始

中国的改革开放进入20世纪80年代后,发展商品生产,加快信息传播,开拓国内国际市场,成为中国经济工作的具体要求,对传播信息的广告行业来说,这是一个难得的发展机会。但是,广告教育还不能适应广告事业的发展需要,表现最为突出的问题是专业人才的缺乏。

"1983年6月,我国第一个广告学专业在厦门大学新闻传播系创办,并于1984年9月招收首批本科生,从而使我国的高层次广告人才培养走上正规教育的发展轨道"②,从而拉开了中国高校广告专业教育的序幕。

就是在这一时期,中国广告协会创办了中国广告函授学院,学院聘请了

---

① 唐忠仆、贾斌、杨作魁、黄震尧:《实用广告学》,工商出版社1981年版,第29页。
② 陈培爱:《中外广告史——站在当代视角的全面回顾》(第二版),中国物价出版社2002年版,第131页。

一批大专院校的教授、讲师和中外广告专家授课,系统讲授广告史、政治经济学、哲学、企业管理概论、计算机基础、广告概论、传播学、社会学、市场学、广告心理学、广告美学、现代汉语、现代文学等基础课程和广告策划、广告创作与设计、广告写作、广告调研与效果测定、广告组织与管理、国际经济贸易等专业课程。在中国广告教育的初始阶段,中国广告函授学院的创办丰富了中国广告教育的办学层次。

思考与练习

1. 结合中国在20世纪80年代前后的社会、经济、政治状况,思考广告活动与宏观环境的关系。
2. 社会的商业环境和广告活动有着怎样的相互关系?
3. 中国广告业在复兴之初,媒体广告业务的开展有什么特点?
4. 在中国广告业复兴时期,广告公司业务具有什么样的时代特色?又面临什么样的发展困境?
5. 在中国广告业复兴时期,广告理论著述与广告教育的发展对中国广告业的复兴产生了哪些影响?

第八章

在探索现代广告运作模式中前进

 **本章摘要**

1985—1998年,改革开放获得突破性进展,社会主义市场经济制度在探索中逐步得到确立,国民经济高速增长,消费品市场活跃,中国广告运行的宏观政治、经济环境不断完善。在适宜的社会背景推动下,中国广告市场开始步入繁荣时代。现代广告意识逐渐觉醒,广告创意、广告策划的科学性增强,优秀广告作品不断涌现,由此也激活了中国广告市场繁荣的动力。在行业内部,广告代理制对推动和规范中国广告业有序发展的作用愈加明显,行业管理部门和行业组织对广告代理制表现出了极大热情,广告代理制成为中国广告建立现代运行机制的必然选择。国际先进广告理念和理论的引入是改进中国广告运行方式的有效途径,也是中国广告实现科学操作的智慧源泉。为中国广告科学、快速发展提供智力支持的是中国广告教育的蓬勃发展。国家改革、国民经济发展、广告理念、广告运作模式和广告教育等各主体间相互支撑、良性互动、共同发展的新型关系开始形成。但是,在中国广告不断实现跨越式发展的同时,"广告过热"和问题广告相伴而生,广告管理和行业自律的不断健全也因此成为当代中国广告发展历程的重要组成部分。

第一节 探索现代广告运作模式期的政治、经济环境

在中国广告探索现代运作模式的1985—1998年,我国的政治、经济环境

发生了巨变。经济特区、沿海开放城市、沿海经济开放区加内地的一个多层次、点面结合的开放格局正式形成。"一个中心、两个基本点"被确定为党在社会主义初级阶段的基本路线。"科学技术是第一生产力"的著名论断被提出。1992年1—2月,邓小平同志视察深圳、珠海、上海各地,发表了一系列重要的讲话,中国掀起了新一轮的改革开放高潮。中国共产党第十四次全国代表大会将建立社会主义市场经济体制确定为中国经济体制改革的目标。中共十四届三中全会通过了《中共中央关于建立社会主义市场经济体制若干问题的决定》。1997年召开的中国共产党第十五次全国代表大会系统、完整地提出并论述了党在社会主义初级阶段的基本纲领。在党的一系列举措和政策的推动下,中国市场经济体制逐步确立,保证了国民经济的高速增长和消费品市场的活跃,为中国广告探索现代运作模式提供了良好的社会和经济环境。

一、市场经济体制的逐步确立

在中国广告探索现代模式的过程中,市场经济体制的逐步建立是最重要的经济事件,对中国广告的影响深刻而长远。中国市场经济体制的建立是一个渐进过程,是党通过一系列重要会议进行战略部署,是社会各个经济主体积极探索的成果,并最终成为国家的基本经济制度。

从1985年起,中共中央、国务院相继在长江三角洲、珠江三角洲、闽东南地区和环渤海地区设立经济开放区。1988年中央政府在海南设省并增辟其为海南经济特区,海南成为我国面积最大的经济特区,连同之前批准的14个沿海开放城市,由此形成了一个多层次、点面结合,也就是经济特区、沿海开放城市、沿海经济开放区加内地的开放格局。

1986年12月5日,国务院出台《关于深化企业改革增强企业活力的若干规定》,提出全民所有制小型企业可积极试行租赁、承包经营,全民所有制大中型企业要实行多种形式的经营责任制,各地可以选择少数有条件的全民所有制大中型企业进行股份制试点。

1987年10月25日至11月1日,中国共产党第十三次全国代表大会召开。在会议上赵紫阳做了《沿着有中国特色的社会主义道路前进》的报告。报告阐述了社会主义初级阶段理论,提出了将"一个中心、两个基本点"作为党在社会主义初级阶段的基本路线。

1988年9月5日,邓小平在会见外宾时提出了"科学技术是第一生产力"

的著名论断。科学技术作为新的社会生产力中最活跃和决定性的因素,全社会必须高度重视并充分发挥科学技术的巨大作用,为科学技术体制改革指明了方向。

1990年,党中央和国务院从中国经济发展的长远战略出发,作出了开发与开放上海浦东新区的决定,这是中国的对外开放出现的又一个新局面。

1992年1月至2月,邓小平同志视察深圳、珠海、上海各地之后,中国改变了过去建立有计划的商品经济的提法,正式提出建立和发展社会主义市场经济,使中国的改革开放掀起了新一轮的高潮。同年10月12日至18日,中国共产党第十四次全国代表大会在北京举行。江泽民作了《加快改革开放和现代化建设步伐,夺取有中国特色社会主义事业的更大胜利》的报告。报告总结了十一届三中全会以来14年的实践经验,决定抓住机遇,加快发展,将建立社会主义市场经济体制确定为我国经济体制改革的目标。大会提出用邓小平同志建设有中国特色社会主义的理论武装全党,并通过《中国共产党章程(修正案)》,将建设有中国特色社会主义的理论和党的基本路线写进党章。党的历史上第一次明确提出了建立社会主义市场经济体制的目标模式。

1993年11月,中共十四届三中全会召开,全会通过了《中共中央关于建立社会主义市场经济体制若干问题的决定》。会议指出,社会主义市场经济体制是同社会主义基本制度结合在一起的。同年,国务院分别对税务体制和金融体制进行了改革。

1994年,国务院出台《关于进一步深化对外贸易体制改革的决定》,提出我国对外贸易体制改革的目标是:统一政策、开放经营、平等竞争、自负盈亏、工贸结合、推行代理制,建立适应国际经济通行规则的运行机制。国际品牌和资本一直以来对中国的广告业发展有着重要影响,这一决定对国际品牌在中国的广告投放及广告运作理念在中国的传播都起到了积极作用,对提升中国广告的整体水平具有重要影响。

1995年9月,中共十四届五中全会举行。全会通过了《中共中央关于制定国民经济和社会发展"九五"计划和2010年远景目标的建议》,提出实现"九五"计划和2010年远景目标的关键是实行两个具有全局意义的根本性转变:一是经济体制从传统的计划经济体制向社会主义市场经济体制转变;二是经济增长方式从粗放型向集约型转变。前者再次强调了市场经济作为社会主义基本制度的重要地位,是中国社会主义市场经济体制建立的重要决策。

1997年9月12日至18日,中国共产党第十五次全国代表大会在北京举行,会上系统、完整地提出并论述了党在社会主义初级阶段的基本纲领:建设有中国特色社会主义的市场经济,就是在社会主义条件下发展市场经济,不断解放和发展生产力,对社会主义市场经济体制的内涵做了进一步解释,也是对社会主义市场经济体制在党的重要会议上的再次强调。

二、国民经济的高速增长与消费品市场的活跃

党的十一届三中全会以后,中共中央确定中国现代化建设分三步走的战略部署:第一步,实现国民生产总值比1980年翻一番,解决人民的温饱问题;第二步,到20世纪末,使国民生产总值再增长一倍,人民生活达到小康水平;第三步,到21世纪中叶,人均国民生产总值达到中等国家水平,人民生活比较富裕,基本实现现代化。在这样一个战略部署的指导下,经过国家各项配套经济改革措施的直接支持,1985—1998年,中国的国民经济获得了高速增长。

1985—1990年,在国民经济发展中,全国上下认真贯彻执行了对内搞活经济、对外开放的经济方针,继续深入开展经济体制改革,国民经济蓬勃发展。在农业领域,1985年,我国农村在改革农产品统购派购制度、调整产业结构方面迈出了重大的一步,农村经济继续全面发展。在工业领域,工业体制改革稳步前进,企业活力进一步增强,工业生产持续协调发展,工业生产开始转向正常发展的轨道。轻工业产品花色品种增加,中高档产品产量大幅度增长,但一些紧俏产品仍不能适应市场需求。在商业领域,城乡市场繁荣活跃,商业体制改革深入开展,商品流通进一步活跃。小型国营零售商业、饮食业和服务业企业逐渐改为国家所有,集体或租赁经营。由于流通领域各种费用价格上升,加上各种经济类型商业的竞争,国营商业和供销社销售额增长趋缓。物价改革起步顺利,促进了商品经济的发展,但市场物价上升幅度较大。在家用电器销量中,高档、新型和优质名牌的品种所占比重大幅度上升。随着经济体制改革的进展,生产资料市场调节范围扩大,国家计划分配的物资所占比重逐年下降。

国家统计局发布的数据显示,1985年的国内生产总值为16 242亿元,比上年增长16.2%;其中工农业总产值为13 269亿元,比上年增长16.4%;国民收入为6765亿元,比上年增长12.3%。在生产持续发展的基础上,市场繁荣活跃,财政收支平衡,城乡居民收入增加。据初步测算,国内生产总值为7780亿元,比上年增长12.5%。1986年的社会总产值为18 774亿元,比上年增长9.1%;其中工农业总产值为15 104亿元,增长9.3%;国民收入为7790亿元,比上年增长7.4%。1987年的国民生产总值为10 920亿元,比上年增长

9.4%;国民收入为9 153亿元,比上年增长9.3%。1988年的国民生产总值为13 853亿元,比上年增长11.2%;国民收入为11 533亿元,比上年增长11.4%。1989年的国民生产总值为15 677亿元,比上年增长3.9%;国民收入为13 000亿元,比上年增长3.7%。1990年的国民生产总值为17 400亿元,比上年增长5%;国民收入为14 300亿元,比上年增长4.8%[①]。到1990年,在治理整顿和深化改革的方针指导下,中国国民经济获得较快稳定发展;社会供需矛盾有所缓解,主要经济和社会消费比例关系有所调整,物价得到有效控制,国际收支状况改善,整个国民经济继续朝着好的方向发展,促进了政治和社会的稳定;科技、教育、文化、卫生、体育等各项事业取得新成果。

图8-1 20世纪90年代的国民生活状况

20世纪90年代是我国社会主义现代化建设的关键时期(图8-1)。沿海地区经济发展战略作为关系到整个国民经济全局的重大决策,是贯彻邓小平"部分先富带后富"思想的重大举措,也是基于改革开放新形势的正确选择。其基本内涵,不仅是沿海地区要发展外向型经济,而且更重要的是沿海地区要率先发展起来,影响和带动全国经济的发展。这一新战略的实施有力地促进了改革和开放的有机结合,不仅开创了我国国民经济发展的新局面,也成为新时期中国工业化发展道路探索的新起点。

1991—1995年,国民经济持续快速增长。国内生产总值年均增长12%,1995年达到57 733亿元,是新中国成立以来增长速度最快、波动最小的5年。原定2000年比1980年翻两番的目标,提前5年实现。5年间,农村经济全面发展,农业年均增长4.1%,乡镇企业保持发展势头。工业年均增长17.3%,产品结构调整加快,煤炭、电力、钢铁、汽车、化纤、化肥、家用电器都有较大增长,汽车、电子、石化等产业生产能力快速增长,形成了具有经济规模的年产15万辆轿车、45万吨乙烯、300万台彩电的生产基地。轻工纺织产品满足了

---

① 以上各项数字均来自中国国家统计局年度经济公报,国民生产总值、国民收入等项都是按当年价格计算的,增长速度是按可比价格计算的。

国内市场需要,在国际市场上发挥比较优势,出口大幅度增加。城乡居民生活水平提高较快,生活质量进一步改善。这期间,城镇居民人均生活费收入实际年均增长7.7%,农民人均纯收入实际年均增长4.5%。社会消费品零售总额实际年均增长10.6%。人民生活水平在20世纪80年代基本解决温饱的基础上继续提高,贫困人口由80年代末的8500万人减少到1995年的6500万人。城乡居住条件进一步改善,城镇人均居住面积由6.7平方米提高到7.9平方米。电话普及率由1.1%提高到4.6%。城乡居民生活质量提高[①]。

  1996—1998年,国民经济保持适度快速增长,抑制通货膨胀取得明显成效,社会总供求基本平衡,市场供应充足,国际收支状况良好,财政金融形势基本平稳,人民生活水平继续提高,各项社会事业取得新的成就。据统计,1996年国内生产总值为67 795亿元,比上年增长9.7%。其中,第一产业增加值13 550亿元,增长5.1%,第二产业增加值32 148亿元,增长12.3%,第三产业增加值21 097亿元,增长8%。人均国内生产总值为5 569元,全社会劳动生产率为9 902元,扣除价格因素,分别比上年增长8.6%和8.3%。城乡居民收支稳定增长。全年城镇人均可支配收入和生活费收入分别为4 839元、4 377元,比上年增长13%和12.4%,扣除价格因素,实际增长3.8%和3.3%[②]。1997年,中国经济体制改革进一步深化,结构调整取得积极进展,国民经济实现了"高增长、低通胀",国内市场平稳运行。据统计,全年国内生产总值为74 772亿元,比上年增长8.8%。其中,第一产业增加值13 674亿元,增长3.5%,比重下降1.9%;第二产业增加值36 770亿元,增长10.8%,比重上升0.2%;第三产业增加值24 328亿元,增长8.2%,比重上升1.7%。城乡居民收入稳定增长,生活水平继续提高。1997年全国城镇居民人均可支配收入5 160元,扣除物价因素,比上年实际增长3.4%。农村居民人均纯收入2 090元,比上年实际增长4.6%[③]。1998年,面对复杂严峻的国内外经济环境,全国人民在党中央、国务院的正确领导下,认真贯彻落实增加投入、扩大内需为主的一系列方针政策,努力克服亚洲金融危机和特大洪涝灾害造成的重重困难,深化各项改革,国民经济扭转了上半年增幅回落的状况,保持了较快增长的态势。1998年国内生产总值为79 553亿元,比上年增长7.8%。其中,第一产业增加值14 299亿元,增长3.5%;第二产业增加值39 150亿元,增

---

  ① 数据来源:《中华人民共和国国民经济和社会发展"九五"计划和2010年远景目标纲要》。
  ② 数据来源:《1996年国民经济和社会发展的统计公报》。
  ③ 数据来源:《中华人民共和国国家统计局关于1997年国民经济和社会发展的统计公报》。

长 9.2%;第三产业增加值 26 104 亿元,增长 7.6%。城乡居民收入稳定增长,生活水平继续提高。全年全国城镇居民人均可支配收入 5 425 元,考虑价格下降因素,实际增长 5.8%。农村居民人均纯收入 2 160 元,实际增长 4.3%①。

进入 20 世纪 90 年代后,中国的经济和社会发展开始了三个重大转变:第一,在经济发展战略上,从片面追求产量、产值的增长转向以提高经济效益为中心;第二,在经济体制上,由管得过多、统得过死的体制转向适应社会主义有计划商品经济发展的、充满生机活力的体制;第三,在对外经济关系上,从封闭和半封闭的状态转向独立自主基础上积极进行国际交流的开放型经济。这些转变有力地推动了我国经济的发展。

第二节 探索现代广告运作模式期的广告环境

市场经济体制的逐步确立,以及国民经济的高速发展和消费品市场的活跃,是中国政治、经济环境在探索现代广告运作模式过程中的重要表现。在这些元素的共同作用下,中国现代广告意识逐渐觉醒;广告代理制开始产生并得到发展;国际广告理论和先进理念被引入中国,运用于中国的理论研究和广告实践;广告行业的快速发展,刺激了广告教育需求,广告教育因而蓬勃发展。

一、对现代广告意识的认识

中国长期运行的计划经济体制,使得中国广告的发展长期停滞不前。改革开放初期,即使站在改革开放最前沿的广告人,对广告的认识也知之甚浅,而普通百姓更认为广告是资本主义的东西,甚至对广告还有相当的抵触情绪(图 8-2)。因此,在广告业复兴

图 8-2 1979 年被认为有商业"炒作"嫌疑的《文汇报》版面

---

① 数据来源:《中华人民共和国 1998 年国民经济和社会发展统计公报》。

之初,广告人几乎不懂怎么运作现代广告。当时的广告运作和设计极其粗糙,策划、创意无从谈起。经过恢复期后,无论是广告主、广告公司,还是广告媒介,现代广告意识均已开始觉醒。广告创意和广告策划作为广告运作的表现,也涌现了一批经典案例。

(一) 创意

1. 无创意广告时代

广告业在1979年得到恢复后,大量的广告只是简单的信息告白,除介绍跟产品相关的内容之外,没有任何其他信息。在广告版面的设计方面,也没有太多的讲究,广告传递的信息越多越好。电视广告几乎千篇一律都是产品性能、厂名、厂址、电话、电报挂号以及"实行三包,国内外首创"之类的浮夸词汇,没有多少艺术性和美感可言。简单的艺术装饰加上简单的信息告知成为广告复兴之初最为流行的广告表现形式。这种机械的拼合使广告产品与内容之间并无内在关联,这一特点不仅体现在国内产品的广告作品中,就是长期承办进出口产品广告的广告公司也是如此。1979年2月21日,上海《文汇报》发布了一条由上海广告公司创作的出口产品广告,产品是"天鹅"牌电筒、电池、电珠,广告设计仍是产品加背景的模式。这与同时期的外商产品广告形成了鲜明对比。当时,众多外商产品广告在设计上都有强烈的现代感,版面设计优美、自然,视觉感受良好,并且大都有醒目的广告语,如雀巢的"味道好极了"(1980年,图8-3)、可口可乐的"可口可乐添欢笑"(1979年)和"就是可口可乐"(1982年)等。这使得外商产品广告在20世纪80年代初给中国消费者留下了深刻、美好的印象,也可以认为是引导中国现代广告意识觉醒的启蒙作品。

图8-3 20世纪80年代的雀巢广告

广告简单的表现手法在改革开放之初之所以能够存在,有其历史原因。首先,在长期的计划经济体制作用下,人们对商品经济信息的认识较为简单,对广告的认识很初级,意识中并没有形成对优秀广告的判断标准,国家认证成为最有效的广告说辞,"国家说好就是好"的认识相当普遍。其次,这一时期市场还是典型的卖方市场,商品短缺,人们对于商品的选择余地不大,卖什么消费什么是当时市场的典型特征。最后,长期的自上而下、部门分割的信息传播格局造成国内信息流通非常滞缓,部门间、行业间、生产与消费间缺乏有效而且必要的沟通渠道。人们对商品信息也知之甚少,信息告知便成为广告的首要功能。因此,无任何技巧的广告也能产生很好的广告效果,无任何创意的广告也能不断创造"一条广告救活一个工厂"的广告神话。

1979年政府颁布《优质产品奖励条例》,决定对优质产品颁发国家质量奖。一时间,"国家一等品""优质产品""省优部优"和"誉满全球""驰名中外""国内外首创"等成为广告宣传中最有效的字眼。1979年11月12日,上海柴油机厂在《文汇报》发布的自行设计的产品广告就是一例。该广告在作品上方中央的显著位置注明"荣获国家一等品奖",并进一步表述:"历史悠久,质量可靠,配套便利,配件齐全,服务周到,实行三包,欢迎订购,代客改装,畅销全国,面向全球。"在创意性不强的广告时代,广告中"传统"元素的运用是这一时期的一个亮点。例如,1980年,中国土产畜产进出口公司发布了中国乌龙茶、茉莉花茶等平面媒体广告,广告画面就运用了非常有中国传统文化气息的竹帘和盆景艺术作背景,下方配以产品的简介,整个画面优美、流畅(图8-4)。但是,广告中还是缺少广告表现的核心要素——广告语,这也正暗示了中国广告还处于发展的初级阶段。

图8-4 中国土产畜产进出口公司的茶叶广告

2. 创意广告时代

1984年8月,北京广告公司在《企业经营管理纲要》中正式提出:"在80年代将公司建设成为一个以广告创意为中心,能提供全面服务,在国内属一流水平,在国际有影响、有信誉的公司。""创意"的概念开始在中国广告的业界和学界受到关注,中国广告实践开始迈向现代化。这体现在以下四个方面。

第一,名人代言广告风云乍起。名人广告让中国广告呈现了鲜活面孔,名人广告是中国现代广告创意的发端。1985年,李默然代言三九药业,开创中国名人广告先河。1988 年，潘虹为霞飞"中国一号"拍摄广告，成为中国第一位为广告代言的女影星（图 8-5）。同年，容声冰箱广告由汪明荃代言，她也成为在内地第一个拍广告的香港影星。名人广告开始成为社会话题，社会各界众说纷纭。在社会层面，尽管人们对名人代言广告褒贬不一，但名人的广告价值还是迅速为业界人士所认同。随着时代的变迁，观念的转换，名人广告的认同度也渐趋增强，名人广告开始为广告主带来巨大的经济效益。深圳南方制药厂本是当地一家小厂，用 6 年时间，也就是到 1992 年时，成为拥有 6.3 亿元产值的全国知名企业，成为全国 500 家大型企业之一。与其具有同样成长经历的还有上海霞飞日用化工

图 8-5　潘虹为霞飞做广告代言

厂，1985 年初创时仅有资金 25 万元；到 1991 年，年产值已达到 4 亿元，"霞飞"也因此迅速成为"中国十大驰名商标"。

　　第二，消费者导向从容浮现。一些广告人开始从消费者角度出发进行广告创意和设计，从而出现了一批颇有新意的说服型广告。北京广告公司在创意双菱牌手表广告时，考虑到消费者的性别特征，就分别针对男性消费者和女性消费者不同的心理需求设计制作了不同的平面广告，成为这类广告在这一时期的代表作品。20 世纪 80 年代末，"白丽香皂：今年 20，明年 18"的广告语（图 8-6）更是轰动一时，上海白丽香皂针对女性消费者的爱美心理特征，使用虽然高度夸张却富有诗意的浪漫情调，赢得了广大女性消费者的青睐，打造了中国当代广告史上的经典广告语之一。从消费者导向的角度来看，凤凰自行车"独立，从掌握一辆凤凰自行车开始"的广告，在对消费者心理的把握上更加成熟（图 8-7）。这则 1991 年发布的平面广告，在认真研究市场、商品和目标消费者的基础上，确定以青少年消费者为目标消费者进行诉求，诉求点针对性极强，具有现代广告的理念特点。广告将青少年消费者要学会独立与凤凰自行车倡导的生活方式建立联系，以此达到广告说服的目的，广告创意表现手法娴熟，广告语与画面完美结合，准确地把握了年轻人追求独立、追求个性的独特消费心理，是创意走向广告中心的典型案例。

图 8-6 白丽香皂广告语

图 8-7 凤凰自行车的标志

第三,理性诉求广告试水启航。理性广告的思想源于西方的科学广告理念。改革开放之初,中外就广告问题展开了各种形式的积极交流,我国还不断派出有关人士到西方学习先进广告思想和现代化操作理念,学习科学的广告运作模式。在学习和交流当中,中国广告人开始尝试将先进、科学的广告思想和理念运用于中国的广告实践。

最典型的案例是上海广告公司和中国广告联合总公司将科学性和理性化的创意理念运用到西安杨森制药有限公司的一系列广告中。

西安杨森制药有限公司是比利时杨森公司和中方共同创办的一家中外合资企业。外方是世界著名的五大制药公司之一,中方是西安杨森公司,公司于1985年开始合作,1988年正式投产。杨森公司遵照"忠实于科学,献身于健康"的企业理念,将"科学化、理性化、规范化"视为杨森公司运行的基本原则。1990年,杨森公司推出新药吗丁啉(多潘立酮)和息斯敏(氯雷他定)。由于药品是特殊的产品,杨森公司在寻找广告合作伙伴时,首先要让广告公司了解药品在广告活动中的特殊性,并严格按世界医药联合会的市场准则来办事,所以广告作品中的每句话都要慎重,以符合市场规范。通过对广告公司的严格挑选,杨森公司最后决定将吗丁啉的广告交给上海广告公司,将息斯敏的广告交给中国广告联合总公司。

以丁允朋为首的上海广告公司的创作成员,在执行吗丁啉广告的创作过程中,始终坚持科学和理性的创作原则。首先,广告发布前,丁允朋等人对市场进行了详细调查。根据医生访问和市场调查,他们制订了阶段性的广告计划和综合性的广告策略。第一阶段,广告以贴近生活的方式,以电视为核心媒介进行宣传。作品采用一家之主回家后胃病不适,家人带回新药吗丁啉,患者服用后"确实好多了"的故事情节,直接突出产品的特性,并配合其他媒体广告,将服下吗丁啉后"确实好多了"这一见效快的产品特性,直接传达给目标消费者。其次,广告发布后,上海广告公司又对医生、患者、健康人三类受众进行了调查。医生关心广告是否科学,是否对患者有误导,经调查表明:广告口号"确实好多了"用词恰当,没有误导;广告中列举的四种症状,服用吗丁啉可以对症治疗。患者关心广告信息的效用,也就是打广告的是什么药,药能治什么病,治疗中有没有副作用,治疗要服用几个疗程,在哪可以买到产品等广告信息,这些信息在广告中都得到了呈现。健康人认为这则广告在观感方面有所欠缺。根据市场调查,上海广告公司判断前期的广告片基本上是成功的,但也有进一步调整的空间,以巩固或是改善业已形成的广告效果。因此,上海广告公司在广告的调整上更加注重广告表现形式的改进,在重新制作的电视广告中,以三维动画的机器人形象生动地图解了吗丁啉作为新兴胃动力药的性质和特征。调整后的广告表现更加通俗,对有关药理知识的说明让人更容易接受。广告发布不久,吗丁啉的市场迅速扩展。据统计,代理前该药知名度仅为8%,代理后上升为79%,销售额也从8 000万元上升到2亿多元。

上海广告公司执行吗丁啉广告的过程中,认真贯彻了科学理性原则。广告创意以缜密的市场调查为基础,并根据市场调查得出的目标消费者需求,有针对性地进行高度理性化的创意与设计,广告诉求明晰,信息传达准确,说服效果良好。从此,吗丁啉成为同类产品中的知名品牌,成为胃病患者的首选药物之一。

息斯敏是西安杨森公司推广的又一种新型药物,主要作用是抗过敏。过去的抗过敏药有服用后犯困的副作用,那是扑尔敏(氯苯那敏)的作用。息斯敏因为不含扑尔敏,因而具有服后不犯困的显著特点。另外,扑尔敏一天要吃三次,息斯敏一天只需吃一次,这是息斯敏另一个重要特点。执行息斯敏广告的中国广告联合总公司项目负责人路盛章认为,在广告创意中如何突出息斯敏这两个特点是广告创意的首要任务,如果以通常的告白方式演绎相关概念难以引起受众的深度关注,只有将这些特点与人们习惯服用的扑尔敏的缺点对比起来创意才会成功。因此,对于扑尔敏缺点的表现,应从其在日常生活中给人们造成的不便入手。在执行具体广告创意时,中国广告联合总公司构思了这样一个情节:扑尔敏的服用者在公共电话亭打完电话时犯困,然后错将电话挂在另一部电话机上,结果突然幽默地切断了别人的通话。这则广告通过机智、幽默的创意,将产品的优点轻松地表现了出来,广告很好地将产品优点与消费者的需求自然、巧妙地结合起来。与吗丁啉的广告相比,息斯敏的广告在科学性的基础上又多了些许艺术性和可看性。

第四,感性诉求广告引导潮流。"20世纪80年代末到20世纪90年代初,感性诉求广告在中国的广东等地异常盛行。"[1]感性诉求理念源于与广东省相邻的我国香港、澳门和台湾地区。由于"家"的理念在港澳台地区备受推崇,因此港澳台地区的广告创作也非常注重生活化和人情味。"人情"是中国传统文化的核心,内地在接受港澳台地区的情感化广告后,很快消化吸收,并且迅速将这种表现方法运用于实践,创作出了许多利用情感诉求来表现的优秀作品。例如,中央电视台借用爱情故事创作的《阿里山瓜子》广告,四川电视台播出的巧借乡土人情的《千杯少酒》广告,中国广告联合总公司巧用名人和友情创作的《江中草珊瑚含片·成方圆篇》广告,融入中国传统历史文化元素的《潮州新城》广告,等等。这一创意理念的经典运用当属1991年播出的《南方黑芝麻糊·怀旧篇》(图8-8)电视广告。

图8-8 南方黑芝麻糊广告

《南方黑芝麻糊·怀旧篇》电视广告获得了1992年"全国第三届广告作品展"一等奖。广告作品用自然平易的电影手法将产品与怀旧之情、良善之情以及记忆中相关的自然素朴的生活方式悄然联系起来,恢复人们对产品的记忆,从而突出黑芝麻糊的情感文化价值,这成为该广告片获得成功的关键点。

在创意作为核心概念被引入广告作品创作的同时,广告公司的业务形式和媒体的广告经营形式也开始呈现多样化的趋势。在广告公司方面,北京广告公司和甘肃省广告公司相继在1987年和1988年成立模特队开始现场广告

---

[1] 黄艳秋、杨栋杰:《中国当代商业广告史》,河南大学出版社2006年版,第47页。

宣传,并且甘肃省广告公司模特队还接受兰州 24 家企业委托,前往 23 个城市进行广告宣传。广告公司的业务范围还进一步扩大。1990 年,福建省广告公司在我国台湾地区的《自立晚报》第一版刊登福建省闽东电机集团的产品广告,将内地广告第一次搬上台湾地区报纸的版面。在媒体方面,跨媒体合作频繁,中国 29 个省、自治区、直辖市广播电台,在 1983 年联合举办"全国优质名牌产品节目"广告大联播。1987 年,中南、西南五省区电台广播广告联播网成立,媒体经营广告的形式花样翻新。《文汇报》在 1985 年 1 月 2 日的报眼刊登企业广告,这在国内报纸上算创举。1988 年,北京国安广告总公司与中央电视台联合,开设了中国第一个电视广告专栏《榜上有名》,不久后,又开办《名不虚传》专栏。同年,青岛电视机厂在中央电视台最佳黄金时段《新闻联播》后的《天气预报》中插播广告。媒体经营广告的现代特征开始明显。中央电视台在 1986 年推出公益广告联播——《广而告之》。同年,中央电视台首次进行受众调查,在 50 多个城市设立了收视抽样调查点。1991 年,《广州日报》创办全国报纸优秀广告奖——"广州日报杯",并进行了第一届评选活动。此外,中外广告合作方式不断创新。1986 年,北京电视台与联邦德国菲伯嘉苏伯爵电视广告有限公司签约合作:中方在 3 年内每天播出德方 15 分钟广告片、25 分钟电视教育片,德方则是在 2 年内分期向中方提供电视设备购置费和现金作为回报。1988 年,中央电视台与美国纽约苹果电视台签订供片合同。从此,中央电视台对北美中文电视台的供片关系全部转为商业形式。

(二) 策划

1986 年 10 月,中国广告联合会总会在成都召开成员公司经理会,"以策划为主导,以创意为中心,为客户提供全面服务"的口号在这次会议上被提出。相比创意概念的神秘感,策划概念的提出在中国是一种进步,是中国广告向科学化运作迈出的重要一步。"在传统的广告形式中,只需将厂家和产品的情况介绍清楚即可,无需考虑消费者的接受。"[①]但是,随着市场竞争的加剧,消费者对媒介广告传播效果"免疫力"的增强,简单的广告已经很难实现预期效果。"策划"概念的提出和实践,是对这一时代环境变迁的必要回应。中国广告对策划概念的实践,也经历了从无到有、从简单到复杂、从无意识到科学操作的历史过程。

[①] 杨海军:《中外广告史》,武汉大学出版社 2006 年版,第 227 页。

1. 广告策划的自发时代

在广告策划的自发时代，主要特征是广告主或者广告公司开始从整体上考虑广告活动的有效组合，在活动开展上力求创新，并注重从多层面来思考广告效果的实现。这一时期，最为典型的广告实践活动是上海露美化妆品的推广。1980年，轻工业部和上海市经委联合向上海日用化学工业公司下达了试制成套化妆品的任务。产品的广告推广活动由著名广告人邵隆图和唐仁承担纲实施。

在市场调查阶段。首先，邵隆图等人对宏观社会环境分析时认为，十一届三中全会后，在对内搞活、对外开放政策支持下，人们的生活水平会不断得到提高，进而会促进国内的化妆品市场的快速发展。但是，国内化妆品市场低档产品众多，竞争激烈，高端产品空缺。随着人们收入的增加，生活和消费观念必然随之变迁，对高品质生活的追求会直接促进高端化妆品市场的成长，在北京、上海、广东沿海等经济相对发达的地区，这一趋势表现得尤为明显。其次，为证实发展高档化妆品的现实可能性，邵隆图等人在北京、广东沿海城市及上海等地区，对高端化妆品市场需求进行了实地调查。调查发现，随着改革开放的深入，沿海及经济发达地区人们的生活方式和消费观念已发生很大变化，追求新潮发型、时装，舞会交际成为日常生活的新元素，公共生活空间的不断扩大促进了对高档化妆品需求的增长。同时，随着华侨归国和外国人入境人次的增多，高档化妆品的潜在消费者增加，给化妆品生产和发展提供了良好的市场契机。经过市场调查，对将要开发的产品进行了具体定位。①产品档次：定在高档水平，全套价格控制在六七十元，比一般化妆品高出一倍；②品牌：定名为露美，意为"似露滋润，美而娇容"，英文"RUBY"与露美谐音，意为红宝石；③产品组成：基础化妆品5种，美容化妆品11种；④内在质量：采用营养丰富的水解蛋白和国际流行的素心兰香型①。

在营销策划阶段。首先，对产品包装和形象进行了详细考究。为了突出露美系列产品的高档定位，邵隆图等人在产品的包装、商标设计与色彩基调方面下足了功夫。在对市场上的化妆品包装进行了调查分析之后，他们将白底、红带、金线、灰字作为产品的颜色基调。白色表示洁净，红色象征活力，金色则寓意富丽，灰色散发着含蓄。露美系列全套17件产品，统一以白底、红带、金线、灰色字体作为产品包装的基本元素。整套产品在包装设计上的统一风格，给人以一种格调高雅、纯正不失热烈、简洁而又细腻的感觉，强化了

---

① 余虹、邓正强：《中国当代广告史》，湖南科学技术出版社2000年版，第33页。

露美的品牌形象(图8-9)。露美化妆品所有的广告媒体,像橱窗陈列、路牌广告、灯箱、货架、拎包、说明书、礼品盒等也都统一了设计风格。随后开设的露美美容厅依然延续这一设计风格,从门面装潢、室内陈设到毛巾、围布、工作服、收钱柜、镜台、美容椅、信封、名片甚至小小的纽扣等都体现了统一的风格。其次,界定产品消费对象。根据露美的产品定位、产品特点和功能,并通过对目标消费者心理和行为的分析,对主要目标消费对象消费用途作出了界定:为满足时尚和社交的需求,将其作为结婚和馈赠亲友的礼品的年轻人;为护理和营养皮肤、满足生理需要,生活安定、经济富裕的中老年妇女;追求时髦、爱

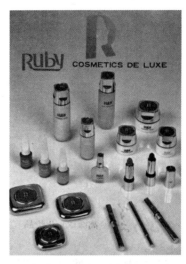

图8-9　露美系列化妆品广告

好打扮,以满足自尊和社交需要的年轻女性;文艺团体、演员和美容厅服务的职业消费者;出口贸易,特供给生产单位作技术参考样品。

在策划执行阶段。首先,将广告的指导思想确定为"突出国内第一套美容化妆品系列及与众不同的使用效果"。其次,将广告对象集中确定为大、中城市中具有高消费能力的中青年妇女,这一群体是广告活动的中心目标。再次,在策划执行的区域范围上进行了三个阶段划分。第一阶段:进入具有较高的生活水平、文化水平、人口众多和相应的使用环境的大都市,主要指上海、北京、广州三大城市,初步形成产品的销售市场;第二阶段:进入由于历史的原因,有涂脂抹粉的传统习惯的城市,如大连、沈阳、哈尔滨等东北地区大城市;第三阶段:进入杭州、武汉、重庆等省会级大型城市,扩大产品的影响和宣传覆盖。最后,在广告策略和媒介选择上积极创新。在广告策划执行的初期,严格控制销售网点,采用名店经销、名厅采纳、名人使用的策略,露美的高档化妆品的品牌形象得到迅速确立。露美美容厅也于1984年在上海开业(图8-10)。

图8-10　露美美容厅

露美系列化妆品的产品推广将广告调查、市场分析、受众分析、产品定位、整体的广告策划和媒体选择等一系列的广告活动科学地联系起来。尽管这种意识还没有明确的理论指导,还是自发的广告策划活动,但广告策略与促销、公关等营销策略的融合却十分清晰、协调。整个广告活动的操作体现出极强的科学性,为人们认识和把握广告规律提供了一个很好的案例,也为之后的广告实践提供了借鉴经验。

图8-11 熊猫牌衬衣标志

广州市熊猫牌衬衫的广告推广也是这一时期较为成功的策划案例(图8-11)。熊猫牌衬衫开始有计划地安排广告活动,并注重广告时机的把握,在广告口号创作时注重贴近生活和现实。从1980年开始,熊猫牌衬衫根据市场变化,对广告预算、媒体选择、广告内容、广告表现、宣传步骤、目标对象等作了整体判断。首先,在媒体选择上,以广播和电视作为主要媒介,在广播电台和电视台大量投放广告。1981年,熊猫牌衬衫除继续在广播和电视上投放广告外,报刊广告、幻灯广告、印刷广告、户外广告等也相继成为其广告形态。同时,在广州市一次群众性集体婚礼上,为每对新人送上几套熊猫牌衬衫,将广告活动深入到消费者生活当中。1982年春节,在广州西区迎春花市的入口牌楼上悬挂出一排"熊猫牌衬衫贺新喜"大红灯笼广告,由于人们的社会生活环境在当时比较单调,这样的广告形式给人们留下了美好印象。其次,在广告口号创作上,远离当时的虚浮和不实之风,以亲切和具有乡土气息为基本理念,创作出在当时看来令人耳目一新的"熊猫牌衬衫,你着最啱"①的广告语。熊猫牌衬衫媒体精选的广告策略和适应社会心理需求的广告语创作带来了巨大收益,是自发状态下的一次成功的广告策划活动。

1984年,北京广告公司总经理姜弘为公司起草了《北京广告公司企业经营管理纲要》和《北京广告公司经营发展规划纲要》两个文件。这两个文件的起草是中国现代广告意识觉醒的重要事件,为广告活动的科学性操作提供了一条全新思路,不仅促使北京广告公司的现代化转型,还标志着中国内地广告公司现代广告意识的真正觉醒和转折的开始。《北京广告公司企业经营管

---

① 广州方言,意思是"合适"。

理纲要》对公司的经营目标进行了明确规定:"经过努力,在80年代将公司建设成为一个以广告创意为中心,能够提供全面服务,在国内属一流水平,在国际有影响、有信誉的广告公司。"《北京广告公司经营发展规划纲要》将公司的经营方向确定为"从单纯的媒体代理"逐步向"提供全面服务的方向过渡"①。在1985年,北京广告公司又提出"以策划为主导,为客户提供全面服务"的经营方针,为公司的现代化转型提供了进一步的设想。中国广告协会在1986年召开的一场学术会议上提出了"以策划为主导,以创意为中心,为客户提供全面服务"的广告代理理念,使"策划"在广告活动中的地位再次得到凸显,也说明了中国广告业经营理念的进步,同时标志着中国广告策划自觉时代的到来。

2. 广告策划的自觉时代

现如今,当学者们还在为《超级女声》影响力和节目的广告效果惊呼的时候,他们是否曾想过,早在1985年,上海电视台少儿部主办的"卡西欧杯"家庭演唱大奖赛吸引了上海城乡及邻近城市众多家庭参赛、观战,成为当时收视率最高的热门节目、街头巷尾谈论的话题(图8-12)。在节目成功的背后,有日本向阳社同上海电视台的商业合作推动,是一次由国外引进的自觉广告策划活动。首先,在节目火爆的同时,冠名节目的卡西欧电子琴品牌同样得到了迅速传播。其次,家庭演唱大奖赛的节目样式使家庭成为竞争的基本单位,强化了家庭对节目的整体参与感,在参与节目的同时也参与了产品的品牌构建。此外,"卡西欧杯"家庭演唱大奖赛历时4个月,有64个家庭、234人参赛,将广告信息巧妙地融合到富于娱乐性和参与性的节目当中,固化了产品认知。

图8-12 "卡西欧杯"家庭演唱大奖赛

---

① 余虹、邓正强:《中国当代广告史》,湖南科学技术出版社2000年版,第74页。

1985年，北京广告公司任小青团队主持的o.b.广告活动取得成功。北京第三纺织厂与联邦德国合资生产一种新型女性经期卫生用品，并取名"o.b."，但初步的大量广告推广并没有带来销售业绩的回报。在北京广告公司接到o.b.的广告业务后，任小青团队开始从市场调查入手，实施了以"带给我舒适和自信"为诉求的系列广告作品和与之配套的卫生教育及媒体推广活动（图8-13）。首先，在广告表现方面，完成女性卫生用品市场的消费者和流通渠道调查后，北京广告公司承诺两点。一是对企业的承诺，也就是广告活动所要达到的目标：到1985年年底，把库存产品售空，并使产品销量保持在一个合理正常的水平；二是对消费者的承诺，包括向谁说和说什么两个问题。o.b.广告活动把广告对象定位为北京市区25—45岁的已婚女性。广告表现的主概念确立为o.b.是克服了女性生理期麻烦和苦恼的新产品，比使用卫生巾方便。北京广告公司制定的广告表现策略是用婉转的表现方法教育消费者理解o.b.，并放心使用。其次，广告媒介选择方面，北京广告公司为o.b.产品制定了全方位的媒体策略。一方面，采用电视、广播、报纸、杂志等媒介对社会公众进行生活知识的普及教育，既有医生介绍卫生常识，又同时介绍o.b.产品的科学性和独特性；另一方面是售点的现场宣传，以店头招贴画和说明书柜台顾客自取的方式，将教育信息和科普知识，传播给最有价值的消费者。o.b.产品的广告计划在1985年10月中旬得到执行以后，取得了令广告主和北京广告公司都意想不到的效果。据销售现场统计，广告推出的第二天，营业额增加了12倍多。根据消费者调查，广告的表现非常成功，打消了消费者对产品的顾虑，又不会使其产生任何尴尬的感受。o.b.产品广告的成功其影响是多方面的。对北京广告公司来说，加深了其对现代广告运作方式的把握，尤其是认识到了市场调查与科学广告决策之间的关系，是对现代广告活动的又一次有益的探索。

图8-13　o.b.广告作品

中国现代广告运动的兴起和自觉广告策划意识的确立，还有三大重要表现，那就是体育营销、公关广告和外资品牌的发展。

首先是健力宝的"体育营销"进程。1984年3月,广州市三水酒厂经过20多个批次、720多种不同香型和风味的试验,生产出一种清甜可口,且可消除运动性疲劳、增添活力的电解质新型运动饮料,取名为"健力宝"。当时各种各样的中外产品占据着国内饮料市场,曾经当过体委主任的三水酒厂厂长李经纬敏锐意识到"运动饮料"的价值。当年,亚洲足联代表大会在广州白天鹅宾馆召开,中外体育界知名人士聚集的亚洲足联代表大会,成为健力宝难得的市场机会。经协商,健力宝给白天鹅宾馆赠送了100箱饮料供会议使用。亚洲各国足协知名人士在会议桌上畅饮健力宝时,对其表达了赞美。随着新闻媒体的报道,李经纬和健力宝一举成名。同年6月,健力宝被指定为第23届美国洛杉矶奥运会中国体育代表团首选自带饮料。中国运动员在第23届洛杉矶奥运会上的杰出表现,也给健力宝带来了形象和经济上的巨大收益。在中国女排夺取奥运会冠军当日,《东京新闻》还刊发了题为《中国靠"魔水"加快了出击》的新闻,背后直指健力宝对中国女排夺冠的"功效"。在文章中,作者夸张地写道:"在中国队加快出击的背后,有一种'魔水'在起作用,喝上一口这种'魔水',马上就觉得精力充沛。这是一种新型饮料,今后世界各国将努力分析这种'妙药'的成分,并很可能在运动饮料方面由此引起一场革命……"①李经纬借助新闻,一夜之间将健力宝推至中国运动饮料第一品牌的高度。1987年,健力宝公司以250万元购得第6届全国运动会运动饮料专用权。全运会期间,健力宝集团给全体工作人员发了厂服,并给所有参加开幕式的观众赠送健力宝饮料。开幕当天,广州天河体育中心的视域完全为健力宝所占据,这一盛况通过电视转播传到千家万户,健力宝的第一运动饮品的品牌形象进一步加强。1988年,中国、尼泊尔、日本三国联合登山队攀登珠穆朗玛峰,健力宝也随之登上珠穆朗玛峰,这一当年的重要体育事件再次成为健力宝的表演舞台。同年,健力宝公司继续深化体育营销策略的执行。第24届奥运会表彰大会在北京举行隆重举行,健力宝公司向获得第24届奥运会金牌的中国选手赠送了价值2万元的健力宝金罐。1990年,健力宝公司以600万元买下第11届亚运会运动饮料的专有权,又以260万元买下火炬传递活动的专利权,健力宝伴随亚运圣火再次成为世界的焦点。1992年8月,健力宝公司斥资200多万元赞助第25届巴塞罗那奥运会中国体育代表团,并在赛后为18位金牌选手颁发了健力宝金罐,每个含金575克,价值4万元,将其热衷体育的策略进行到底。除了赞助大型体育赛事外,健力宝公司还经常对乒乓

---

① 黄艳秋、杨栋杰:《中国当代商业广告史》,河南大学出版社2006年版,第54页。

图 8-14 健力宝广告

球队、田径队、武术队等进行冠名赞助(图 8-14)。在此期间,健力宝公司制作了一系列风格独特、以体育为基调的广告,借助体育之名,健力宝获得了巨大成功。

健力宝品牌的成功,对中国广告的发展有着时代意义。健力宝系列广告活动的成功,开拓了中国企业的营销思路,将当时中国大多数企业从只重视大众媒介简单广告形式引到多种营销手段相互配合、相得益彰的创新观念上来。健力宝的体育营销形式丰富多样,包括普通赞助、冠名和指定专用领奖服等多种具有独创性的赞助形式。在策略选择上,既有长期连续性的体育赛事赞助,也有短期的个例参与,世界性、地区性和全国性的各种体育盛会与单项体育运动相配合,让健力宝的运动、健康和体育形象无处不在。在细节执行上,健力宝公司也做得相当成功,比如在第6届全国运动会开幕式上的创举,不但迅速提升了健力宝的品牌知名度,也充分显示了企业魄力。

其次是长城饭店的国际公关创举(图 8-15)。1984 年,美国总统里根与随行 500 多人访华,为长城饭店的发展带来了难得机遇。当时,长城饭店的公关经理露西·布朗是位公关专家,曾供职于美国达拉斯凯饭店,任公关部经理,她和孙华一起制订了这次周密的公关计划。长城饭店国际公关成功的关键是对新闻媒体的因势利导,对 500 多人新闻代表团的公关是其整体公关行动计划的起点和重点。为率先争取新闻媒体对长城饭店的关注,掌握对里根总统访华报道的主动

图 8-15 1984 年的长城饭店

权,长城饭店多次免费邀请美国驻华使馆的工作人员参加宴会,孙华亲自征求使馆人员对服务质量的意见,并多次上门求教,这本身就是中方对里根总统访华的重视,有着重要的新闻价值。随后,长城饭店用一流饭店应该接待美国一流新闻代表团的理由,获得了随行新闻代表团的接待资格。有着记者职业经历的露西·布朗深谙与新闻媒体的互动之道,为新闻代表团在长城饭店的工作尽可能提供方便。为此,长城饭店主动在楼顶架起了扇形天线,把客房的高级套房改造成记者的工作间。对于美国三大电视广播公司,长城饭店更是给予特殊的照顾,将具有中国园林特色的"艺庭苑"茶园重点介绍给CBS公司,将中西合璧的顶楼"凌霄格"重点推荐给NBC公司,将古朴典雅的露天花园介绍给ABC公司,分别作为他们编采电视新闻的背景,满足了各个新闻媒体对新闻价值的追求。同时,通过电视画面,也将长城饭店最有魅力和特色的三处场景展现给了西方电视观众。长城饭店还以招待费用打折的方式换取各广播电视公司使用"我是在北京长城饭店为您播报"这一首句报道方式。

随后,长城饭店又把另一个目标锁定在答谢宴会。由于以往高规格的答谢宴会一般是在人民大会堂或各国使馆举行,能否争取到答谢宴会的举办权对长城饭店来说是一个机遇同时也是挑战。为此,长城饭店做了充分的准备工作,他们向中美两国礼宾司的首脑及有关执行部门的工作人员详细介绍情况、赠送资料,邀请各方首脑和各级负责人参观考察长城饭店一流的设施、店容店貌、饭菜质量和服务水平。长城饭店用周密而贴切的服务,获得了答谢宴会的承办权。此后,饭店经理邀请中外各大新闻媒体,到饭店租用场地,踩点布置设备,并同样以招待费用优惠的方式,换取各广播电视公司在实况转播时以"我是在北京长城饭店为您播报"作为节目的开场首句。通过这种方式,长城饭店收效甚丰。在答谢宴会举行的当天,中美首脑、外国驻华使节、中外记者云集长城饭店。当电视画面上出现长城饭店宴会厅时,各国电视台记者和美国三大广播公司节目主持人异口同声地说:"现在我是在北京长城饭店为您转播里根总统访华的最后一项活动——答谢宴会……"在为中美关系取得突破性进展而频频举杯的同时,长城饭店的名字也随电波传向世界各地。正如露西·布朗女士所言:"长城饭店伴随着传媒对里根的报道,一下子跑遍了世界的每一个角落……"通过这次国际公关创举,北京长城饭店声名鹊起,成为诸多来华访问、旅游、商业人士的首选入住饭店。

最后是宝洁的"品牌教程"。1988年8月,宝洁公司联合广州肥皂厂、和记黄埔(中国)有限公司和广州经济技术开发区注册成立广州宝洁有限公司,

"品牌教父"正式进入中国,这也是当代中国广告发展史上极为浓重的一笔。宝洁之所以重要,可以从宝洁与市场调查、宝洁与消费者、宝洁与多品牌、宝洁与中国广告四个方面来解析。

第一,宝洁与市场调查。市场调查在宝洁公司的广告活动中有着极为重要的作用,是宝洁公司市场战略的重要组成部分。早在1924年,宝洁公司就成立了市场调查部门,研究消费者的消费兴趣和习惯。1934年,宝洁公司又在美国建立了消费者研究机构和用户满意程度监测系统,以了解消费者对公司产品的反应。1988年,宝洁中国公司成立时也将这一战略延伸至中国,成为中国市场研究的先行者。"在1985年,宝洁公司就委托市场调查公司,在中国做了三年地毯式的市场调查,调查中国百姓的生活习惯、消费习惯、消费心理等,内容涉及生活的各个细节,如几点起床,先刷牙还是先洗脸,用什么样的牙膏和牙刷,每次挤多少牙膏,怎样刷牙,洗头时是洗一遍还是洗几遍,几天洗一次,怎样洗,用什么洗等。"[1]长期而周密的市场调查使宝洁对中国的日化市场有了清晰、客观的认识。宝洁公司还在中国建立了完善的市场调研系统,开展消费者追踪调查,以便深入了解中国消费者。即使是宝洁公司在中国取得可观市场份额的情况下,其调查人员仍然坚持细致入微的调查工作,与消费者同吃、同住,观察他们的生活习惯,看他们如何洗衣服、如何刷牙、如何洗头、如何给孩子换尿布等。调查数据存入宝洁中国市场研究部的数据库,以帮助他们了解消费者的意见、作出决策,为市场、研发、生产等部门提供建议。将调查的效用贯穿到产品的开发、设计、生产、广告发布、市场推广,甚至流通领域的商品陈列等,以便宝洁公司开发生产出更适合中国消费者的产品。就广告活动而言也是如此。宝洁有一个自身的广告测试量化系统,如果测试数据在标准之上,能够达到一定意义上的广告效果,可以投放,否则,就必须对广告投放进行调整。广告发布之后,宝洁会进行广告效果和用户满意度调查,用以保证宝洁广告有效性和策略上的连续性,保证广告表达出的与消费者想要的相契合。这样的广告投放模式,使得宝洁的每个品牌在消费者心目中都可以形成鲜明的品牌形象。宝洁公司将市场调查当作公司的市场战略来执行。另外,宝洁公司还与中国市场调研咨询机构进行互动,资助其设立"宝洁奖",鼓励咨询调研行业创新调查方法、丰富调查手段和精确调研结果,从而促进中国市场调查行业整体水平的提高。

第二,宝洁与消费者。宝洁的广告活动有一个重要策略,就是广告中总

---

[1] 寇非:《广告·中国(1979—2003)》,中国工商出版社2003年版,第51页。

是有大量的产品相关背景知识的告知,在宣传自己的同时,也在引导消费者的消费行为,为消费者提供大量的生活和产品使用知识。例如,通过洗发水广告,使消费者知道了什么是油性发质、什么是干性发质、什么能营养头发等头发护理概念,这样在消费者产生需求时就会自觉地产生"品牌"偏向。宝洁是中国第一个以消费者为中心进行产品开发和营销策略制定的企业。"在对手关注我时,我在关注消费者。我们真正的对手只有一个,是消费者。宝洁公司永远把消费者的需求当作奋斗的目标",这是宝洁公司广告行动的一个重要原则。"消费者至上"的理念已成为宝洁文化的一部分,并被落实到企业生产和营销活动的每一个环节。在中国买方市场的大背景下,对中国内地广告实践和理论的发展极具价值和意义,一定程度上破灭了20世纪80年代中前期那种靠一个广告救活全厂的营销神话。在中国众多企业急需先进的营销理论和理念指导时,宝洁的广告实践为理论研究提供了参考。宝洁的出现无疑为中国广告界众多问题的解决提供了一个现实的模式。中国的众多企业开始从宝洁广告实践中学会如何关注消费者,学会"一切以消费者为中心"的广告理念。

第三,宝洁与多品牌。宝洁公司通过"头屑去无踪,秀发更出众"的海飞丝广告(图8-16)开启了其在中国大陆市场迅速推进的多品牌时代,随后宝洁公司相继推出了飘柔、潘婷、舒肤佳、碧浪等众多洗化品牌。从理论上讲,同一品类产品即使在品牌定位和产品功能上有很大的差别,竞争也是不可避免,同一公司的产品更是如此。宝洁公司有众多的品牌,各个品牌的定位虽然有很大差别,但品牌之间也同样存

图8-16 海飞丝洗发水广告

在竞争。因此,为尽可能降低宝洁内部各品牌之间的竞争内耗,在进行各品牌广告推广时,宝洁强化了产品的品牌功能定位和诉求重点,并且通过持续的独特卖点诉求来对品牌形象进行塑造。在密集而周密的广告支持下,宝洁的各个品牌迅速在消费者心目中占据了重要的位置,并且有着明确的品牌形象和产品功能区分。海飞丝的"去屑"形象,飘柔的"柔顺"形象,潘婷的"营养"形象,无不是这一策略的具体执行结果。在消费者有不同需求的情况下,

仍然能够在宝洁内部进行品牌选择。效果正如宝洁公司的期望,需求不同的众多消费者在市场上购买的大多仍是宝洁产品。宝洁的多品牌策略在中国市场取得了巨大成功,在相当一段时间内,宝洁公司的洗化产品占据中国该品类的半壁江山。

第四,宝洁与中国广告。在中国,宝洁一系列广告策略的成功不仅为宝洁带来了巨大的市场回报,客观上也促进了中国广告理论与实践的发展。宝洁公司的企业运作理念和运作方式,包括产品开发、营销策略、广告策略、市场调查、员工培训等一系列策略,在当时的中国都是前所未有的,对中国广告来讲具有开创性意义。宝洁非常重视对员工职业能力的培训,通过宝洁学院提供的正规培训以及工作历练,宝洁员工的职业能力得到迅速增强,为中国广告业培养了一大批优秀人才。1989年,宝洁公司进入中国第二年就开始从高等院校招聘员工,通过海外培训计划将他们塑造成宝洁的优秀员工。长期以来,优秀的企业文化和人才培训制度使宝洁成为中国青年学子最向往的企业之一。同时,宝洁公司培训出大批优秀的中国员工以后又成长为中国企业界的青年才俊,为中国广告业的整体进步作出了卓越贡献。

图8-17 力士香皂广告

1986年,联合利华旗下的力士香皂的影星系列广告策划,将名人广告提升到了新高度。随着国际影星娜塔莎·金斯基(Nastassja Kinski)用甜美声音与柔美形象将"我只用力士"带入中国(图8-17),中国香港影星胡慧中、关之琳、张敏又分别为三种不同类型的力士香皂在中国内地的推广做了形象代言。力士香皂的众星代言广告不仅胜在表现策略,也胜在竞争策略。力士准确把握了该产品消费者的需求心理和消费趋向,用明星形象塑造产品性格。为了与竞争对手宝洁产品在消费者心目中形成的形象进行区别,力士以单纯的明星诉求取代产品的功能诉求,既突出了产品个性,又彰显了品牌形象。

进入20世纪90年代,中国广告业的整体操作水平显著提高,优秀广告的出现不再仅仅是神来一笔,科学的广告操作渐渐成为中国广告业的常态。"白加黑"、孔府家酒等诸多品牌的成功,便是这一时代的代表作。

首先是"白加黑"(氨酚伪麻美芬片Ⅱ/氨麻苯美片)的突出重围。白加黑产品推出之前，人们一般认为患感冒后只需吃些药，睡一觉就会好，感冒患者将吃完感冒药睡觉视为一种常态，认为这样有助于治疗感冒。但是，随着人们生活节奏的加快，工作压力越来越大，人们一般是在患感冒这种小病时仍坚持工作，那么服药后克服困意便成为人们急需解决的问题。白加黑产品便敏锐地认识到解决这一难题是树立产品个性的重要途径。江苏启东盖天力制药有限公司的做法是把感冒药分为白片和黑片，含扑尔敏的黑片供晚上服用，不含扑尔敏的白片供白天服用。正是这一独特的产品概念，革命性地解决了感冒患者的隐忧与麻烦，适应了消费需求趋势，迅速被消费者认同。在具体广告表现时，广告语选用"治疗感冒新概念"，"白天服白片，不瞌睡；晚上服黑片，睡得香"，"清除感冒，黑白分明"。如此简洁、朴实、明确、有力的广告主题与广告语在中国当代广告史上实不多见。在色彩运用上，以黑白两色对比的广告主色调取代长期以来彩色为广告表现基色令人耳目一新。"白加黑"广告以简洁的广告创意将独特的产品概念和功效清晰地表达出来，迅速在消费者心中形成独特认知，从而迅速占领感冒药市场，并塑造出自己独特的品牌形象。成功而又严密精确、干净利落和鲜明的广告表现迅速换得了"白加黑"的市场地位。1994年11月投放市场，上市后半年销售额就达1.6亿元，分割了全国感冒药市场15%的市场份额，并迅速成为感冒药领域的名牌产品。

其次是孔府家酒的"情感出击"。1994年年初，在中央电视台和其他省市电视台同时播出了由王姬主演的电视广告《孔府家酒·回家篇》（图8-18）。《孔府家酒·回家篇》播出以后，为孔府家酒的生产厂家山东曲阜市酒厂带来了超乎预想的经济利益：1994年该厂实现利税2.2亿元，比1993年增长100%。同时，该广告

图8-18 《孔府家酒·回家篇》电视广告

片还夺得了众多广告大奖，包括首届"花都杯"中国电视广告大奖赛金塔大奖、公众大奖、最佳广告语奖以及1995年"全国第四届广告作品展"电视类金奖。《孔府家酒·回家篇》之所以能够成功，有其值得回味的亮点。首先，广告情节与社会热点相连。当时，《北京人在纽约》的热播紧紧抓住了亿万观众的眼球和心理，对剧中人物命运的关心和讨论成为当时社会的热点话题，有意无意中广告的情感表现和当时电视剧所造成的社会情绪达成了共鸣，增强

了广告的扩散力。其次,对名人的恰当起用。20世纪90年代初,中国内地的名人广告泛滥,大量的名人广告结果是人们只记得名人,不记得产品或是品牌,《孔府家酒·回家篇》则合理地把握了两者的关系。孔府家酒的广告将《北京人在纽约》的主演王姬作为广告主角,顺理成章地营造了"回家"的广告主题。从产品名称到广告表现,自始至终都在围绕"家"字来做文章,让广告和产品"家味"十足。此外,这个广告扣住了中国人的情感神经。比如其文案"千万里,千万里,我一定要回到我的家。孔府家酒,叫人想家"紧紧抓住了中国人最脆弱的感情神经——乡愁和对家的思念。"家"对中国人来说是一个含义深远的字眼,家文化浸透了中华民族最深的情感、思念与寄托。广告用略带忧伤的主题歌旋律、主题歌词和主角王姬的"回家"巧妙地表现了这一要素。

二、广告代理制

广告代理制是现代广告运行的基本模式,也是现代广告运行的基本特征。在广告活动中,广告主、广告公司、广告媒体之间明确分工,广告主企业委托广告公司制订和实施广告宣传计划,广告媒体通过广告公司寻求广告客户,广告公司通过为广告主和广告媒体提供双向服务,在广告经营活动中发挥主导作用[①]。广告代理制规范和保障着广告业的有序运转,是广告业成熟与否的重要标志。但是,在中国,人们对广告代理的认识存在着很大问题。1989年,上海市广告主行为调查课题组对上海市200家企业的调查显示:68.5%的企业不赞成广告由专业广告公司代理;21%的企业认为在产品积压时才需要做广告;17%的企业认为产品在供不应求时不必做广告;19%的企业对广告是否有促销作用持不确定态度;15%的领导从不过问广告工作。这种现状使企业很难去积极地探索广告对企业目标的影响,难以主动进行广告整体策划、创意的实施。1990年,中国广告协会在黑龙江、湖南、浙江等省份对相关问题进行了抽样调查。调查显示,不赞成广告由广告公司代理的企业占41%,认为购物受广告影响的消费者占30%,可见当时的广告代理制在全国的推行举步维艰。

由于宏观经济环境、广告公司、广告主、广告媒介等诸多因素制约,广告代理制在中国一直没有得到很好的发展。首先,在宏观层面,改革开放后,中国的商品经济迅速发展,广告业日趋兴旺,但落后的生产和营销观念仍普遍

---

① 张金海、姚曦:《广告学教程》,上海人民出版社2003年版,第69页。

存在，反映在广告运作上就是缺乏对现代广告代理制重要性的认知，国家行政管理机构也没有相应的政策措施对其进行规范指导。其次，在广告公司层面，广告公司管理层的现代广告意识缺乏，探索更加科学的广告运作的精神不足，员工的职业能力不强，还不能适应代理制的要求。再次，在广告主层面，大部分企业既无策划能力，又对现代广告代理制缺乏了解，短期广告行为盛行，有事有广告，无事无广告，对长期广告计划和广告代理制问题漠不关心。一些企业在广告公司不能提供全面广告服务的情况下，只能自行策划，特别是一些名牌企业经过艰难的摸索，已经形成了一定的广告策划能力，甚至远远超过广告公司。最后，在媒体层面，媒体的垄断性质决定了真正平等的广告市场难以形成，媒体对于广告资源有绝对的掌控力，为了提高媒体的经济利益，一些媒体自行设立客户服务部门，为广告主提供职能服务，从而造成广告公司服务资源的闲置。

广告代理制在中国的推行过程中，理论研究和行政指导发挥着重要作用。

1987年8月，中国广告协会年度广告学术讨论会讨论了广告代理制问题。与会代表对广告代理制的历史发展进行了追溯，对广告代理的基本内涵进行了探析，还对中国建立现代广告代理制的现实困难和实现方式进行了研讨。北京广告公司的程春在年会上提交的论文比较有代表性，文章对西方广告代理业务的发展历史进行了梳理，对广告代理与广告主、媒体关系进行了系统辨析，将科学分工、相互协作视为中国广告业持续健康发展的保证。陈志宏也于同年发表了《试论代理制的优越性》一文，对中国的广告体制改革提出了设想，认为广告代理制是中国广告体制改革的选择方向，并对广告代理制的诸多优点进行了阐述。同年，上海三菱电梯公司的吴德江撰写了《论中国广告代理制及其过渡形式》一文，对中国建立广告代理制的制约因素进行了剖析。

1990年，浙江省工商行政管理局关于温州试行"两个过渡，一个结合"①的广告代理制的建议被国家工商行政管理局正式采纳。同年5月30

---

① 两个过渡：一是实行从审查代理到策划代理过渡，即目前以广告代理单位的审查代理和客户自我策划为主，在审查代理中逐步建立相对稳定的广告客户，建立机构，培养人才，锻炼市场调研、营销战略战术的谋划等方面的能力，向广告策划代理过渡；二是暂时保留主要媒介单位的媒介广告代理权，作为补充，待条件基本成熟，再撤销这些媒介的代理权，向综合广告代理过渡。一个结合，就是形式审查与实地审查相结合。形式审查，即审查广告主的合法资格及与广告内容有关的证件；实地审查，即在形式审查合格的前提下，到广告主所在地进行企业和商品的有关情况，包括广告的承诺能力和信誉的核实，并征询广告主的上级主管部门和有关部门的意见，防止违法企业在证件上作假。参见厉忠辉：《论温州市广告代理值得推广的价值》，《中国广告》1992年第1期，第15页。

日,国家工商行政管理局下达了《关于在温州试行广告代理制的通知》,于1990年9月1日正式实施。

1993年,第3期《中国广告》发表了解析广告代理制的系列文章,就广告代理制的内涵和中国化问题继续深入谈论。其中,黄升民教授的《打破媒介垄断是实行代理制的关键》一文最具代表性。文章提出,"中国广告业要实行'全面代理制',关键是改变有效媒介资源偏紧的状况,核心是打破媒介的垄断体制,实现公平竞争"[①]。1993年5月,国家工商行政管理局广告司司长在谈到中国广告业发展的基本思路时指出:"按照市场经济体制新轨道框架繁荣广告业,通过公平竞争促进人才、技术、资金合理流动与优化组合,通过合理调整行业结构和地区布局,逐步建立企业自主经营,政府依法监督管理,以代理制为基本运营制度,最大限度地发挥行业协会自律与协调作用的新体制。"明确地将广告代理制认定为中国广告发展的基本运营制度。1993年7月10日,国家工商行政管理局、国家计委共同制定印发了《关于加快广告业发展的规划纲要》(以下简称《纲要》)。《纲要》将建立广告代理制作为中国未来10年转换广告经营机制的主要目标。为配合《纲要》实施,1993年国家工商行政管理局在石家庄、厦门、兰州、南宁、唐山、营口等地进行广告代理制和广告发布前审查试点。与此同时,国家工商行政管理局召开全国广告工作会议,讨论了推行广告代理制和广告发布前审查制两项改革试点工作。之后,国家工商行政管理局颁布《关于进行广告代理制试点工作的若干规定(试行)》,中国开始全面推行广告代理制。

1994年1月,国家工商行政管理局召开全国工商行政管理工作会议,会议强调要全面落实《关于加快广告业发展的规划纲要》,继续抓好以代理制为重点的广告改革试点。1994年,国家工商行政管理局广告司印发的《关于缴纳广告代理营业税有关问题的通知》明确规定:"广告代理业的营业额为代理者向委托方收取的全部价款和价外费用减去付给广告发布者的广告发布费后的余额。"至此,中国关于广告代理制的相关政策和法规基本成形,有力地促进了中国广告代理制的发展。

三、国外广告理论的引入与实践

国外广告理论的引入与实践可以划分为三个阶段:第一是认识阶段,在

[①] 黄升民:《打破媒介垄断是实行代理制的关键》,《中国广告》1993年第3期,第17页。

这一阶段主要是中外广告机构的交流,中国广告机构对国际广告活动形成了初步认识;第二是学习阶段,中国将大量国外广告著述引入国内,深入了解他国广告活动执行方面的科学方法和理念;第三是实践阶段,中国的广告主、广告公司、媒介开始将国际先进的广告理念和理论引入实践,用于指导中国的广告传播活动。

(一)认识阶段

1979 年,电通、扬·罗必凯、奥美等世界著名广告公司开始与中国广告界的同行们进行交流。在交流中,中国早期的广告人对国际先进的广告理论和实践形成了初步认识。20 世纪 80 年代初,国际和中国香港地区的广告人士开始受邀来中国内地讲学,中国对先进广告理念的认识变得更加多元化。同时,中国与国际大公司的合作渐渐增多,合作中的相互了解客观上提高了中国的广告运作水平。经典的瑞士雀巢咖啡中文广告语"味道好极了"就是在这时创作出来的。1984 年 10 月,中国广告界应邀,首次派代表出席了在日本东京召开的第 29 届国际广告大会,由此拉开了中国在正式场合向国际广告界学习的序幕。1985 年后,中国广告界又相继参加了历届国际广告大会、国际户外广告会议和国际广告研讨会亚太地区分会等一系列国际广告活动,加速了中国对国际广告的认识。1986 年,中国广告代表团与国际广告协会达成协议,解决了中国代表团在国际广告协会的合法地位问题,中国正式成为国际广告协会成员,为进一步加深中国对现代国际广告服务水平的认识扫清了障碍。

(二)学习阶段

在学习阶段有两个时代背景,加速了中国对国际先进广告理论的学习、引进和吸收。一方面,20 世纪 80 年代中后期,随着中国国民经济的快速发展,社会商品的生产能力开始得到提高,市场竞争日渐加剧,广告环境的变迁促使一条广告救活一个企业的广告神话走向破灭,新的竞争环境急需科学的广告理论来指导广告活动。另一方面,改革开放后,外资企业和国际品牌纷纷进驻中国,它们也相应地要求中国的广告公司能够提供国际化的广告服务,在服务理念和服务能力上满足其产品或是品牌推广的要求,这一要求成为中国广告界积极引入国际广告理论的又一动力。国际经典广告著作的在华出版是中国学习先进广告运作经验主要方式之一,1991 年年底,由唐忠朴任主编,中国友谊出版社出版发行的"现代广告学名著丛书"正式面向大众发售。这套丛书最初由中国台湾的广告学者刘毅志编著,主要包括:[美]大卫·奥格威的《一个广告人的自白》(图 8-19),[日]仁科贞文的《广告心理》,[美]丹·E. 舒尔茨的《广告运动策略新论》(上、下),[美]艾·里斯、

图 8-19 《一个广告人的自白》中文版封面

杰·特劳特的《广告攻心战略——品牌定位》，[美]丹·海金斯的《广告写作艺术》，[美]吉·苏尔马尼克的《广告媒体研究》，[美]汤·狄龙的《怎样创作广告》，颜伯勤的《成功广告80例》。其中就有中国广告人耳熟能详的"广告教父"大卫·奥格威、"整合营销传播之父"丹·E.舒尔茨及"定位理论"的提出者艾·里斯和杰·特劳特先生。这些都是当时最新的、最经典的理论著作，具有相当高的理论价值和实践意义，对当时广告理论极度匮乏的中国来说弥足珍贵。大卫·奥格威先生的《一个广告人的自白》，被广告界誉为广告人必读的"圣经"。该书被翻译成14种文字，销售超百万册，持续畅销多年。在书中，奥格威先生用自己深切体悟的广告哲学和经验，阐释了广告人和广告的核心内涵，论证了现代广告的基本原则和标准。对于广告与营销的关系，大卫·奥格威认为"我们做广告是为了销售，否则就不是做广告"；关于广告道德，大卫·奥格威认为广告必须讲事实、不欺骗，不要创作你不希望自己家人看到的广告。

《广告运动策略新论》的作者被誉为"美国整合营销传播之父"，是美国西北大学新闻研究所的丹·E.舒尔茨教授。舒尔茨教授在书中对现代广告原理有较完整的论述，并将现代广告的阐释立足于营销、传播、消费者需求、媒介选择等基本理念之上，强调了营销、规划、策略在广告运动中的重要地位和作用。用案例辅助立意是《广告运动策略新论》的鲜明特色，特别是舒尔茨教授在书中还创造性地提出了策略性思维的概念，指出正确而有所据的、策略导向的广告运动是现代广告同传统广告相区分的重要依据。艾·里斯和杰·特劳特先生的《广告攻心战略——品牌定位》是一本具有划时代意义的营销广告专著。定位理论由此成为与瑞夫斯的USP理论和大卫·奥格威的品牌形象理论相比肩的经典广告理论。作者认为，在信息时代，广告的成功取决于品牌在消费者心智中以定位发现区隔，占取心智资源，制胜未来。《广告媒体研究》是内地最早的关于广告媒体方面的专著，是对广告媒体的操作和实战经验的总结，为当时很多广告公司在媒体运作时如何量化指标、如何规范操作流程提供了依据。仁可贞文的《广告心理》一书借助电通广告公司大量的实际案例,探析了广告心理活动,是一本更贴近现实的教科书。书中阐发了日本广告人具有的奋斗精神、职业态度和执着的信念,对于处于发展期的中国广告业和广告人来说,又是一笔难得的精神食粮。

《怎样创作广告》对威廉·伯恩巴克、李奥·贝纳、乔治·葛里宾等广告名人的广告理论和经验总结进行了介绍。其中,有芝加哥学派李奥·贝纳为大众汽车开拓美国市场时创作的经典广告"想想小的好",以及广告文案史上最有影响力的广告人,乔治·葛里宾创作的很多广告文案作品。丹·海金斯的《广告写作艺术》是对大卫·奥格威、威廉·伯恩巴克、李奥·贝纳、乔治·葛里宾、罗瑟·瑞夫斯五位近代广告大师的访谈,他们的广告思想影响了美国广告近40年,他们的主要广告理念在这本书中都得到了展现。

不得不提定位理论在中国的发展。定位理论由美国两位杰出的广告经理人艾·里斯和杰·特劳特提出。1981年,里斯与特劳特推出《定位》(图8-20)一书,在美国企业界引起轰动。之后,中国台湾学者刘毅志将该书译介到中国台湾,并在访问内地时将译著赠给唐忠朴。1991年,唐忠朴将《定位》一书收进"现代广告学名著丛书",成为最早的中国内地版本。定位理论以人类的心智为出发点,通过充分认识人的心智,深刻把握消费者对于认知广告的复杂心理,在消费者的认知中给产品和品牌排序,即在消费者的心理认知中形成一级级的阶梯,每一梯级代表一个品牌,不同的梯子代表不同的产品品类。然后,将广告的所有能量集中在一个狭窄的目标上进行输出,以此创造一个心理的位

图8-20 《定位》的中文版封面

置,使某一品牌/产品在消费者的心目中获得一个据点,一个认定的区域位置,或者占有一席之地,特别是"第一"的位置。这样的定位一旦建立,无论何时何地,只要消费者产生了相关的需求,就会自动地、首先想到广告中的这种品牌或产品。

《定位》一书在中国出版之后数年的时间里,定位理论还仅仅限于学术界

的少数讨论,在企业中并没有得到应有的重视。

1995年前后,中国彩电市场的价格战已经打响,中国市场上的几个彩电品牌几乎毫无区别可言,彩电市场进入残酷的价格拉锯战时代。负责TCL集团品牌规划的邓德隆和陈奇峰将定位理论和中国彩电市场的现实状况相结合,花费大量时间对其进行认真研读。在对TCL等诸多中国知名彩电企业调研后,领略了定位理论对转型期中国市场经济的重要意义。之后,两人在全国各地开设培训班,举行演讲,传播定位理论。定位理论渐渐为中国相关人士所熟知,并逐步被运用于一些企业的营销广告实践。

(三) 实践阶段

在国际广告理论被引入中国的同时,经典广告理论指导下的广告实践活动也渐渐兴起,具有代表性的是CI理论和USP理论的应用与实践。

1. CI理论与太阳神的广告实践

CI是"corporate identity"的简称,意为企业同一识别系统,或可称为CIS,对企业行动整体性的要求是CI理论的核心。CI理论还包括三个层次:VI(visual identity system,视觉同一识别)、MI(mind identity system,理念同一识别)和BI(behavior identity system,行为同一识别)。CI理论是现代西方经典的广告理论,IBM公司的迅速发展就有CI理念成功运用的推动因素。20世纪70年代,CI理论开始在日本得到实践,并且日本用大量东方文化丰富和深化CI基本内涵。80年代后,中国企业开始面临来自国际环境和国内环境的诸多压力,企业界为此积极寻求经营理念的突破。由于长期受计划经济体制的影响,从外部来看,企业往往不注意自身的公众形象,名称陈旧、随意,容易被误认或是误解;在企业内部,创新意识缺乏,理念陈腐。80年代中期,《包装装潢》等杂志上陆续发表了一些有关CI主题的文章。到80年代末90年代初,CI理论开始在中国走进实践时代,"太阳神"便是这个时代的典型。

广东太阳神集团公司前身是广东东莞黄冈保健饮料厂。20世纪80年代初,该厂开发出一种具有双向调节和增强免疫力的新型保健口服液,取名"万事达"。"万事达"这个名称没有突出产品的特征和功能,加之当时中国的保健品市场主要被传统的蜂王浆类口服液占据,万事达投放到市场后一直销售不畅。后来,"万事达"改名为"生物健"。"生物健"这个名称具有现代科技色彩,也直接展示了产品的物理特性和功能。但是,由于"生物健"这一名称与广告只突出了单一而枯燥的科学诉求,产品销量仍无大的改观。1987年,企业开展了CI计划,并设计了著名的太阳神商标,"太阳神广告计划"取得了意想不到的成功。1988年,企业又正式更名为太阳神集团。

太阳神商标巧妙展现了太阳与人的关系(图8－21),并且简洁地表达了太阳神企业理念,将产品内涵视觉化为平面形象。商标设计者潘殿伟解释道:"太阳神商标的图案设计以简练、强烈的圆形与三角形构成基本定格,用圆与三角构成对比中力求和谐的形态。圆形是太阳的象征,代表健康、向上的商品功能与企业经营宗旨。三角形的放置呈向上趋势,是 Apollo 的首写字母,象征人字的造型,体现出企业向上升腾的意境和以'人'为中心的服务及经营理念。以红、黑、白三种永恒的色彩,组合成强烈的色彩反差,体现企业不甘现状、奋力开拓的整体心态。'太阳'字体造型是根据中国象形文字的意,'阳'

图8－21　太阳神标志规范示例

字篆书字体的'☉'作为主要特征,结合英文 Apollo 的黑体字形成具有特色的合成文字。太阳神商标形象的设计特点在于追求单纯、明确、简练的造型,构成瞬间强烈的视觉冲击效果,同时也高层次体现了企业的经营风格。"[①]在广告推广中,潘殿伟自觉地运用了 CI 理论,将太阳神商标统一应用到产品包装、产品广告和企业用品等视觉识别系统。CI 系统引入后,太阳神的市场状况得到了彻底改观,并逐步建立起具有自身特色的 CI 体系。20世纪90年代初,太阳神集团的 CI 探索开始由 VI 深入到 MI 和 BI,逐渐确立起自己的企业理念同一识别系统和企业行为同一识别系统,具体包括理念识别系统、行为识别系统、视觉识别系统、听觉识别系统、文本识别系统。

太阳神的广告策划在注意整体性的同时,也强调具体的针对性,即强调每一次广告活动和每条广告的具体任务。在做太阳神猴头菇口服液的广告之前,太阳神集团对产品的目标市场进行了层层细分。首先,根据产品的功能,将它确定为机体调解型产品,以区别于一般胃药,又将该产品的市场目标细分为胃肠道疾病的患者群,进而又将这一患者群区分为患病阶段的患者群

[①] 潘殿伟:《太阳升起之前——"太阳神"CI 设计创意观》,载于后现代研究所:《中国南方企业的 CI 战略》,湖南美术出版社1994年版,第13页。

和康复阶段的患者群。细分市场的确定为该产品的广告提供了明确的目标。该产品的广告分别以"三分治,七分养"的口号对准胃肠道疾病患者,以"保健调养,加快康复"的口号对准康复阶段患者。

在 CI 的推动下,1990 年,太阳神产值上升到 4 000 万元,在 1991 年攀升到 8 亿元,1992 年达到 12 亿元。从此,太阳神开始了飞速发展和全面扩张。尽管太阳神的 CI 战略在 20 世纪 80 年代末还不太成熟,但自觉的 CI 意识与操作使太阳神的广告行为在同时期的广告市场中别具一格。太阳神的一系列广告行动从根本上改变了中国企业广告短视性、零碎化的传统运作方式,成功地摸索出了一套有计划的、整体的现代广告运作经验。

太阳神 CI 广告活动的成功引爆了一场中国广告的 CI 革命,中国相关机构对 CI 理论与实践表现出了极大的热情。1992 年,中国首届企业形象战略研讨会在北京召开。同年,四通正式宣布 CI 战略,将四通的企业标识系统地向社会推介。隶书体的"四通"两字与正方形图案中的八角形和"S"形结合,象征着坚石与物体撞击发出夺目光彩的构图,体现四通不断向高新技术、尖端技术发起冲击、不断创新的宗旨。随后,海尔、健力宝、三九等一大批企业争先恐后地导入 CI。"1994 年《国际广告》月刊推出'CI 大系',集中介绍了美国、日本、中国台湾最具代表性的 CI 专业设计机构:美国浪涛形象策略、日本 PAOS、中国台湾艾肯形象策略。1994 年,也被称为'中国 CI 年'。"[1]在这一年中,经中国企业家管理协会、中国企业家协会批准,广东省企业家协会与广州亚太经济新闻中心 CI 战略研究所在深圳共同主办了"94 中国企业 CI 战略推广研讨会"。这次会议首次总结并推广了我国率先导入 CI 战略的太阳神、健力宝、金利来、科龙、美的、深圳石化等 12 个成功范例,为我国企业界导入 CI 提供了示范性案例,并总结了我国企业 CI 之路的宝贵经验,对推动中国 CI 理论及实践的发展起了重大作用。会议还推出了我国第一部大型企业形象电视专题片《中国 CIS 之路》,该片会后在企业界广为传播,成为企业导入 CI 的参考范本。同年 3 月,天津还开展了"CIS 在天津"的推广交流活动。1994 年 5 月,国家自然科学基金委员会立项资助的"CIS 中国化"的研究项目正式启动。面对全国上下的 CI 热潮,《中国型 CI》的作者贺懋华在 1996 年第 20 期《读书生活报》上简要而精辟地阐述了他理解的中国式 CI 的内涵。1997 年 1 月,马谋超、王勇等人在《中国广告》第 1 期上撰文提出"应将 CIS 真正建立在科学基础之上"。该文作为国家自然科学基金资助项目"转轨中的中国

---

[1] 黄艳秋、杨栋杰:《中国当代商业广告史》,河南大学出版社 2006 年版,第 116 页。

企业识别系统(CIS)营销战略特点的研究"的部分成果,反映出了当时对于中国式 CIS 研究的主流趋向,也标志着中国的 CI 广告实践活动逐步进入理性时代。

2. USP 与"活力 28"的广告实践

USP 理论(unique selling proposition)意为"独特的销售主张",兴起于美国,是由著名广告大师罗瑟·瑞夫斯提出的,这套理论在 20 世纪四五十年代的美国极为流行。USP 理论的主要内容是:一则广告必须向消费者明确陈述一个消费主张;这一主张必须是独特的,或者是其他同类产品宣传不曾提出或表现过的;所强调的主张必须是聚集在一个点上,集中强力打动、感动和吸引消费者来购买相应的产品。

1991 年 11 月,湖北沙市日用化工厂将 USP 理论自觉运用到其最新配方的"活力 28"洗衣粉电视广告中(图 8-22)。该广告在全国范围内获得巨大成功,成为中国广告史上又一个时代标签。在产品刚推出时,新一代"活力 28"超浓缩洗衣粉具有去污强、用量少、洗涤时间短、易漂洗等诸多优点,但作为消费主力的大多数女性消费者在购买时,往往是随意性强,

图 8-22 "活力 28"洗衣粉的电视广告

品牌认知不强烈。这样就造成洗衣粉市场出现一种消费现状:消费者对超浓缩和普通洗衣粉功能上的区分还不清楚,在消费选择时对新一代和老一代的产品在价值辨识度上的区分不够。如何提高与同类产品竞争的认可度是"活力 28"洗衣粉面临的首要问题。

在对洗衣粉市场充分认识的基础之上,一套完整的以 USP 理念为指导的"活力 28"的广告策略开始呈现出来。在创意中简化浓缩产品信息,包括商品信息、文案诉求信息和视听信息。创意着重于:①非理性逻辑,②独特又上口的口号,③强化这个口号,④使目标对象感觉到好处,⑤能使受众容易参与对话的文案。这就是"一比四"创意产生的背景。经系统策划而确定创作理念后,他们充分运用了传播学技巧:①以文案为主,弱化对文案逻辑过程的记忆,如"用量少""去污强""时间短""省力气""省水电"之间避免字句重复

(仅一次重复"省"字),而"一比四"却重复了八次;②三个字四拍子的短快镜头;③演员直接对镜头诉说;④舞台说唱形式[①]。

广告制作完成后,开始在中央电视台进行投放。随着"一比四"广告的成功,"活力28,沙市日化"这句著名的广告词也开始响彻大江南北,"活力28"在中国也成为红极一时的日化大品牌。

四、广告教育的蓬勃发展

1985—1997年,在一系列政策的推动下,我国宏观经济环境得到了巨大的改善,社会主义市场经济制度逐步得到确认,社会生产全面发展,人民生活水平快速提高。同时,政府在宏观经济规划和专项工作中,都对广告人才的培养提出了具体要求,在《中国教育发展和改革纲要(1990—2000)》和《全国教育事业十年规划和"八五"计划要点》中相继强调:高等教育将重点放在培养应用型人才上,广告教学的根本任务是培养应用型广告人才,也就相应地得到重视。1993年7月,国家工商行政管理局、国家计划委员会发布了《关于加快广告业发展的规划纲要》,明确提出要大幅度增加广告教育投入的工作要求,推动广告教育发展的政策更加具体。良好的外部环境的推动和广告经营的全面放开,直接促进了广告业的全面发展,广告经营单位每年净增1万多户,广告从业人员每年净增更是达到10万多人,广告业的发展也带动了对广告专业人才需求增长和广告教育的发展。广告教育曾出现蓬勃发展的良好局面,具体表现如下。

(一)广告教育的办学层次不断提高

厦门大学于1983年6月成立中国第一个广告学专业以后,中国传媒大学(前身为北京广播学院)和深圳大学也于1989年、1990年相继设立广告学专业。中国传媒大学凭借其资源、地域和人才优势逐步形成了专家型学者办学模式和理论与实践紧密结合的办学特色,成为中国广告教育界颇具影响力的品牌。深圳大学广告学系的课程设置与国际接轨,重点突出人文社科基础理论、市场营销及品牌管理、媒体技术应用与操作、广告和形象设计、公共关系及沟通技术、高水平的外语交流能力与计算机应用能力。1993年,北京大学、复旦大学、武汉大学等高校创办了广告学专业。中国传媒大学于同年率先招

---

① 梁大林:《活力28"一比四"广告创作回顾》,载于中国广告年鉴编纂编员会:《中国广告年鉴(1994)》,新华出版社1995年版,第203页。

收广告学硕士研究生,并于 1994 年成立中国内地的第一个广告学系。1994 年,厦门大学开办广告学硕士研究生教育。1996 年,河南大学以当时的历史文化学院为依托设立广告学专业,将学生文化内涵和专业技能的培养作为教学的重点。截至 1996 年,我国已有开办广告学系及广告学专业的高等院校 49 所,拥有各类在校生 2 000 多名,其中本科生占学生总数的 50%左右①。1997 年、1998 年,武汉大学和复旦大学也分别获准招收广告学硕士研究生。

(二) 广告教育的辅助形式不断丰富

广告教育的完善与发展需要多种广告教育形式相配合。这一时期,广告教育的辅助形式不断丰富,主要包括广告讲习班的开设和专业广告期刊的出版等。1986 年 2 月 22 日,中国广告函授学院在北京举行开学典礼。1988 年 2 月 29 日,中国广告协会、中国对外经济贸易广告协会等单位在深圳开办全国广告公司经理学习班。1989 年 11 月,中国广告协会与中国传媒大学联合举办广告专业证书培训班。1991 年 9 月 17 日,上海市广告协会和智威汤逊公司中国部联合举办戛纳国际广告大奖作品精选讲座。1992 年,由中国广告协会主办、李奥·贝纳(中国)广告有限公司协办的中国高级广告讲习班在深圳举办。1993 年 11 月,《广告导报》创刊(图 8-23)。同年,广告学术刊物《广告人》第三期开始改版创刊。次年,又一广告刊物《现代广告》正式出版。1995 年,IMI 市场信息研究所、中国传媒大学广告学系等联合编辑出版

图 8-23 《广告导报》封面

了《IMI 消费行为与生活形态年鉴·1995》。同年,中国广告协会举办《广告法》培训班,首批中国高级广告专业人才赴美培训进修。1996 年,《国际广告》与美国《广告时代》签署版权购买协议,成为首批购买外国期刊版权的专业杂志。《广告大观》杂志也于此时创刊。同年,电通广告公司与中国 6 所大学达成 5 年期"中日广告教育交流项目"协议。

---

① 杨海军:《现代广告学》,河南大学出版社 2007 年版,第 347 页。

(三)广告教育的学科建设不断成熟

随着广告业的发展和广告专业教学与研究的逐步深入,广告学作为一门独立性、综合性和边缘性学科的性质得到普遍确认。但是,早期对于广告学的学科归属却存在争论,学者对广告专业到底应该设置在新闻传播学科、艺术学科还是经济类的营销学科各执一词。关于广告学科归属问题的争论与广告专业的设置背景多样化直接相关。1997年,教育部在修订专业目录时,将广告学专业列在新闻传播学(一级学科)下,属于传播学(二级学科)领域,广告学专业的学科归属开始有了一个明确的官方认定。对中国广告学科建设的历程,有三所院校的学科建设模式可以为广告学学科建设的研究提供有益视角。

1983年6月,厦门大学正式建立了国内高校中第一个以"传播"冠名的新闻传播系,并率先设置了国际新闻和广告学专业,1984年招收了第一批广告方向本科生,同年试办新闻学硕士点。1994年,新闻学硕士点正式获批,下设传播和广告两个方向。厦门大学广告学方向硕士研究生的培养和招生在国内起步较早,为国内广告行业和高校培养了大批人才。

中国传媒大学新闻传播学院的广告学学科建设的步伐更快。1989年,该学院开始招收广告学方向的本科生,1993年招收广告学方向的硕士研究生,1994年成立广告学系,2001年招收了国内广告学方向的第一届博士研究生。

武汉大学的广告学学科建设历程也是中国广告学建设的一个典型。武汉大学广告专业发展的质量及广告方向研究生教育发展的速度引人注目。1994年,武汉大学开始招收广告方向的本科生,较之厦门大学和北京广播学院,开设该专业的时间落后不少,但1997年,武汉大学就以广告专业为主体成功申报了传播学硕士学位点,并于当年在传播学硕士学位授权点下招收了广告方向的硕士研究生。2002年,武汉大学又以广告专业为主体,成功申报了传播学博士学位授权点,并在当年招收了广告传播方向的博士研究生。武汉大学用8年的时间完成了广告专业教育的三大跨越,成为中国高校广告方向研究生教育(包括硕士和博士)的一个标杆。

第三节 广告发展的过热与广告业的管理、自律

中国广告在20世纪90年代前后十余年间获得了巨大发展,现代广告运

作模式逐渐得到确立,广告创意和广告策划紧跟时代步伐,广告代理制越来越受到广告管理部门和广告行业的追捧,广告教育蓬勃发展。在成就的光环之下,还有广告市场放开后广告业发展的过热和问题广告的层出不穷,广告管理和行业自律的重要性也随之增加。

一、广告市场的放开与广告业发展的过热

这一时期中国的改革开放进入新阶段,市场机制在经济调节中作用增强,广告媒介资源渐渐丰富,从而带动了广告市场的开放。

在经济环境方面,消费品和生产资料市场扩大,金融、技术、劳务、信息和房地产等各类市场开始形成,个体经济、私营经济、外资经济等多种经济成分进一步发展。

在媒介资源方面,1986年,为了缓解报纸广告版面供不应求的局面,上海《新民晚报》率先扩为4开8版。紧接着,《广州日报》《天津日报》《解放日报》也扩为8版。1992年元旦,《广州日报》开启了新的扩版热潮,成为对开12版的报纸,成为当时国内版面最多的日报。同年,《经济日报》每周三、周六开始设置增版(合计8版)。截至1992年年底,全国新增报纸248种,共有128家报纸扩版。1993年,全国又有130家报纸扩版增刊。1993年1月起,《广州日报》改为每周2天16版、5天12版,8月起扩为4天16版、3天12版,12月起,正式改为16版。1994年,全国又有150多家报纸扩版增刊。扩版热潮为报纸媒体带来巨大广告收益,1993年全国报纸行业广告收入为37.7亿元,其中《广州日报》《羊城晚报》《解放日报》《新民晚报》《海南日报》收入过亿元。1994年更是达到50.5亿元,在中国广告媒体中居于首位。

在广告政策方面,国家实施了一系列鼓励广告业发展的政策:国家不再对广告业进行"总量控制",不再限制个体、私营企业的广告业务范围,允许多种所有制广告企业参与广告市场的经营;推行符合国际惯例的广告发布事先审查制和广告代理制,进一步规范广告市场行为;党中央、国务院在关于加快发展第三产业的决定中,把广告业列入十大重点支持的产业,制定了《关于加快广告业发展的规划纲要》,广告业成为重点发展产业。

广告市场的宽松环境带来了广告业的繁荣。到1991年时,全国广告营业额为35.09亿元,占国内生产总值的0.162%,全国广告经营单位11769家,从业人员134506人,人均营业额2.61万元。1992—1994年,中国广告业进入高速发展阶段,广告营业额年均增长率达80.11%,广告经营单位平均年增长

55.89%,广告从业人员平均年增长45.85%。其中,1993年,中国广告业创恢复以来的最大增幅,广告经营单位从1992年年底的16 683家上升到31 770家,增长90.43%,广告从业人员由18.54万人上升至31.2万人,增长68.24%,广告营业额由67.87亿元上升至134.09亿元,增长97.57%,各项指标增幅均为历史最高,因此被称为"中国广告年"。到1994年年底,广告经营单位增至4.3万家,广告从业人员增至41万人,广告营业额突破200亿元。1997年,中国广告营业额达462亿元,全国广告经营单位57 024家,比1996年增长7.85%,广告从业人员545 788人,比上年增长6.58%。

中国广告业快速发展的同时,也表现出过热现象。一是广告经营单位小而乱。广告市场放开后,"全民办广告"的热情如潮水般一涌而出。从1993年开始,广告经营单位以每年净增1万多家的速度发展,广告从业人员每年净增10万人。仅在广州,每一座大厦的每一层楼都要有四五家广告(设计)公司,"一部电话、一张嘴、一点关系、两条腿"是很多广告公司的经营方式。无数小而散的广告公司的涌现加剧了广告市场的竞争,扰乱了行业市场,造成广告代理关系的混乱和广告道德的扭曲。一时间,"内刊广告""新闻广告""人情广告""权力广告""虚假广告""色情广告"充斥着媒体的各个版面。二是广告媒体资源的畸形开发。1993年5月2日,天津《今晚报》的一条通知声称6月6日这一天所有的广告版面已被一家企业全部买断,因此请计划在6月6日刊登广告的客户错开时间。这个通知刊发后引起强烈反响,许多企业要求参加竞买。其中,报价最高的是北京百龙绿色科技所,报价为40万元。同年,中央电视台黄金时段15秒钟的广告费用高达2万元。1994年,中央电视台又推出创新性的竞标活动。1994年11月8日,中央电视台举办1995年度广告黄金段位20块5秒标版招标活动,孔府宴酒以3 099万元的高价成为首届"标王"(图8-24)。1995年,孔府宴酒实现销售收入9.18亿元,主要经济指标跨入全国白酒行业三甲,由此带动"称王夺标"成为中国企业的追逐目标。1995年11月8日,中央电视台举办1996年度黄金段位广告招标活动,山东秦池酒以66 666 668.88元的

图8-24 中央电视台首届"标王"

天文数字夺得第二届"标王"。1996年,秦池酒又以 3.2 亿元夺得标王(图 8-25)。本是非常合理的媒体竞卖活动,由于企业缺乏现代营销理念的有效运用,一次次的竞标变成了一次次"豪赌"。1997 年 1 月,北京《经济参考报》关于"秦池白酒使用川酒勾兑"的系列报道被国内无数家报刊转载。之后,秦池酒的销售额迅速下滑,"秦池神话"也迅速破灭,一场广告过热的闹剧就此迅速降温。

图 8-25　1996 年"标王"秦池酒的商标

广告公司过快的数量增长,竞争的恶性发展,行业道德的严重扭曲,法规与管理体制的不健全,既为广告人留下了自由发挥的余地,也留下了投机的空间,中国广告在飞速的发展中步入短期的动荡阶段。

二、广告管理与广告自律的逐步完善

广告管理与广告自律历史由四部分构成,分别是广告的行政管理、广告的法制管理、广告的行业自律、广告的社会监督。

(一) 广告的行政管理

为监测中国广告业的发展现状,保证广告业持续、健康发展,1983 年,国家工商行政管理局制作了广告经营情况统计表,对广告公司和广告经营单位进行全面统计,并经国家统计局同意,在国家工商行政管理局建立广告经营情况统计制度。1985 年 11 月 15 日,国务院办公厅印发《关于加强广告宣传管理的通知》,指出:"必须保证广告宣传的真实性,维护广告的信誉,是广告客户应负的社会责任和法律责任,每个广告客户都必须对自己的广告负责,凡是弄虚作假,包括盗用名牌产品的商标刊登广告、欺骗消费者的,都要追究责任,给予惩处。"该通知最后要求:"各地接到本通知后,应责成工商行政管理机关对本地区的广告进行一次清理和检查,认真研究解决广告工作中存在的问题,端正经营方向,促进我国广告事业的健康发展。"为配合《关于加强广告宣传管理的通知》的执行,1986 年 1 月 29 日,国家工商行政管理总局发布《关于清理广告宣传、整顿广告经营的几点意见》,决定开展第三次全国性的广告清理整顿的工作。1989 年年底到 1990 年年初,广告行业启动第四次全国治理整顿工作,重点是对广告公司的整顿,一方面对一些奉公守法的企业实施免检的鼓励政策,另一方面对非法经营活动、虚假广告进行了坚决打击,同时加强对临时性广告的管理,治理以不正当手段招揽广告的现象。

(二) 广告的法制管理

在中国广告业高速发展的过程中,新情况、新问题也不断出现。1982 年制定的《广告管理暂行条例》及其《实施细则》,已不再能完全有效监督中国广告业的健康运行。1983—1990 年,国家对广告监管的法律法规体系进行了进一步完善(表 8-1)。

表 8-1　1983—1990 年国家制定的一系列广告业配套的法律法规①

时间	颁布的法律法规	颁布的部门
1983 年	关于企业广告费用开支问题的若干规定	国家工商行政管理总局、财政部
1984 年	中华人民共和国药品管理法	全国人大常委会
	关于广告、教育、卫生、社会广告管理的通知	国家工商行政管理总局、文化部、教育部、卫生部
	关于报纸、书刊、电台、电视台经营、刊播广告有关问题的通知	国家工商行政管理总局、广播电视部、文化部
1985 年	关于加强对各种奖券广告管理的通知	国家工商行政管理总局、文化部、商业部、中国人民银行、国家体育委员会
	关于加强药品广告管理的通知	国家工商行政管理总局、卫生部
	关于加强赞助广告管理的若干规定	国家工商行政管理总局、财政部
1986 年	关于加强体育广告管理的暂行规定	国家工商行政管理总局、国家体委
1987 年	广告管理条例	国务院
	食品广告管理办法	国家工商行政管理总局、卫生部
	关于进一步加强药品广告宣传管理的通知	卫生部、国家工商行政管理总局、广播电视部、新闻出版署
1988 年	广告管理条例施行细则	国家工商行政管理总局
	关于整顿广告经营秩序,加强广告宣传管理的通知	国家工商行政管理总局
	关于进一步加强电视广告宣传管理的通知	广播电影电视部、国家工商行政管理总局
	关于举办来华经济技术展览会等经营广告的审批办法的通知	国家工商行政管理总局、外经贸部
	关于重申禁止刊播有奖销售广告的通知	国家工商行政管理总局

---

① 黄艳秋、杨栋杰:《中国当代商业广告史》,河南大学出版社 2006 年版,第 37—38 页。

续 表

时间	颁布的法律法规	颁布的部门
1989 年	关于报社、期刊社、出版社开展有偿服务和经营活动的暂行办法	国家工商行政管理总局、新闻出版总署
	关于严禁刊播有关性生活产品广告的规定	国家工商行政管理总局
1990 年	关于报社、期刊社和出版社刊登、经营广告的几项规定	国家工商行政管理总局、新闻出版总署
	关于在全国范围内实行"广告业专用发票"制度的通知	国家工商行政管理总局、财政部、国家税务总局、审计署
	关于实行"广告业务员证"制度的规定	国家工商行政管理总局
	关于报社、期刊广告和出版社刊登、经营广告的几项规定	国家工商行政管理总局、新闻出版总署
	报纸管理暂行规定	新闻出版总署

1987 年,国家工商行政管理局对《广告管理暂行条例》进行了经验总结,并参照《中华人民共和国企业法人登记管理条例》《中华人民共和国食品卫生法》《中华人民共和国药品管理法》等 20 余部法律法规,归纳了其中的广告管理单项规章,结合国外广告管理的一些经验,制定了新的《广告管理条例》。该条例于 1987 年 10 月 26 日经国务院审定后颁布,自当年 12 月 1 日起正式实施。1993 年,按照国务院加快发展第三产业规划的统一部署,国家工商行政管理局颁布了《关于加快广告业发展的规划纲要》。

1994 年 10 月 27 日,第八届全国人大常务委员会第十次会议审议通过了《中华人民共和国广告法》(以下简称《广告法》),该法自 1995 年 2 月 1 日正式实施,分别在 2015 年、2021 年有所修订。这是一部规范我国广告活动、促进广告业健康发展、保障消费者合法权益、维护社会主义经济秩序的重要法律,更是保障我国广告业健康、稳定发展的基本法。《广告法》的颁布实施,是我国改革开放的结果,是广告业发展的结果,是社会主义市场经济体制日臻完善的结果。《广告法》是依法维护广告市场行为的司法基础和从业人员进行广告活动的准则,它的颁布实施标志着中国广告业管理正式步入法制化时代。

《中华人民共和国广告法》颁布后,国家工商行政管理局会同卫生部、广电部等相关部门结合本部门实际情况,制定了一系列与《广告法》配套的法规条款。1995 年颁布的有《医疗器械广告审查标准》《医疗器械广告审查办法》《药品广告审查办法》《兽药广告审查标准》《药品广告审查标准》《农药广告审查标准》《兽药广告审查办法》《农药广告审查办法》《临时性广告经营管理办法》《酒类广告管理办法》《户外广告登记管理规定》《烟草广告管理暂行办法》12部法规。1996年发布了《广告显示屏管理办法》《印刷品广告管理办法》《房地产广告发布暂行规定》《食品广告发布暂行规定》4项法规。1997年发布的有《广告经营资格检查办法》《店堂广告管理暂行办法》《广告活动道德规范》《关于制止调查采访形式的广告的通知》《关于加强对含有宗教内容广告管理的通知》。1998年发布了《广告语言文字管理暂行规定》等。加之《广告法》颁布以前公布的《食品广告管理办法》和《化妆品广告管理办法》，基本形成了广告法制管理需要的法律框架（表8-2）。

表8-2　1992—1998年国家制定的一系列广告业配套法律法规

时间	颁布的法律法规	颁布的部门
1992年	关于实行广告发布业务合同示范文本的通知	国家工商行政管理总局
	药品广告管理办法	国家工商行政管理总局、卫生部
1993年	化妆品广告管理办法	国家工商行政管理总局
	关于加快广告业发展的规划纲要	国家工商行政管理总局、发改委
	关于加强融资广告管理的通知	国家工商行政管理总局
1994年	中华人民共和国广告法	全国人大常委会
	关于加强海峡两岸广告交流管理的通知	国家工商行政管理总局、国务院台湾事务办公室
1995年	关于暂时禁止在广告中宣传境外获奖内容的紧急通知	国家工商行政管理总局
	酒类广告管理办法	国家工商行政管理总局
	广告经营者、广告发布者资质标准及广告经营范围核定用语规范	国家工商行政管理总局
1996年	关于贯彻落实广告显示屏管理办法有关问题的通知	国家工商行政管理总局
	广告市场个人所得税征收管理暂行办法	国家税务总局
	关于报纸地方版、增版广告管理问题的通知	国家工商行政管理总局
	关于严格控制评比类广告的通知	国家工商行政管理总局
	烟草广告管理暂行办法（修订版）	国家工商行政管理总局
	关于禁止发布将人民币变相作为奖券使用的广告的通知	国家工商行政管理总局
	房地产广告暂行规定	国家工商行政管理总局

续　表

时间	颁布的法律法规	颁布的部门
1997年	关于做好公益广告宣传的通知	中央宣传部、国家工商行政管理总局、国家广播电影电视部、新闻出版总署
	广告活动道德规范	国家工商行政管理总局
	关于制止调查采访形式广告的通知	国家工商行政管理总局
	关于立即停止发布含有"第一品牌"等内容广告的通知	国家工商行政管理总局
	关于进一步加强广播电视广告宣传管理的通知	国家广播电影电视部
1998年	广告语言文字管理暂行规定	国家工商行政管理总局
	食品广告发布暂行规定（修订版）	国家工商行政管理总局
	广告管理条例施行细则（修订版）	国家工商行政管理总局
	关于停办广告审查机构的通知	国家工商行政管理总局
	房地产广告发布暂行规定（修订版）	国家工商行政管理总局
	关于加强美术展览活动广告管理的通知	国家工商行政管理总局
	关于加强电视直销广告管理的通知	国家工商行政管理总局

　　媒体广告发布的法制建设也在同步进行。1993年7月31日，中共中央宣传部、新闻出版署发出《关于加强新闻职业道德建设，禁止"有偿新闻"的通知》，要求新闻与广告必须严格分开，不得以新闻报道的形式为被报道单位做广告。1995年5月11日，广播电影电视部下发了《广播电影电视部关于纠正行业不正之风，禁止"有偿新闻"的若干规定》。1997年，广播电影电视部发出《关于进一步加强广播电视广告宣传管理的通知》，对广播电视宣传作了19条限定，如每套节目播放广告不得超过该套节目播出总量的15%等，对媒体广告发布的管理进一步细化。广播电视系统出台的相关规定也是中国广告法制管理的重要组成部分，如中央电视台制定的《中央电视台广告管理规定》《广告收费标准及规定》《广告制作的要求及规定》《广告指南》等。

　　1998年，国家工商行政管理总局下发了一系列通知和规定，包括《广告语言文字管理暂行规定》、《食品广告发布暂行规定》（修订版）、《广告管理条例施行细则》（修订版）、《关于停办广告审查机构的通知》、《房地产广告发布暂行规定》（修订版）、《关于加强美术展览活动广告管理的通知》、《关于加强电视直销广告管理的通知》等，涉及广告管理的重点区域和重点领域，广告法制管理的力度进一步加强。

(三)广告的行业自律

1983年12月27日,经国务院批准,中国广告协会在北京召开了第一次代表大会,大会宣布中国广告协会正式成立。自1984年6月起,中国广告协会相继组建电视、广播、报纸、专业广告公司等学术委员会。1989年,为配合国家对广告业的治理整顿,行业内部开展了"重信誉、创优质服务"活动,活动要求切实提高广告宣传和服务水平,有效改变行业面貌。1990年年底,中国广告协会全国拥有团体会员7 656个,占全国广告经营单位11 123家的60%。1994年12月,中国广告协会第四次会员代表大会通过《中国广告协会自律条例》,审议修改了《中国广告协会章程》。至此,中国广告协会的自律、促发展、指导、协调、服务、监督等职能更加凸显。

1996年,中国广告协会理事会通过《广告宣传精神文明自律规则》,中国报协广告委员会三届一次会议通过了《中国报纸广告行业自律公约》,北京广告协会制定《北京广告协会30家会员单位同业公约》等。1996年11月1日,广州市广告协会综合性广告代理公司委员会成立,简称广州4A。这是中国内地最早出现的4A组织,由广州各综合性广告代理公司自愿组成的专业委员会,隶属于广州市广告协会,首批会员公司有18家。广州4A的成立对于加强行业自律、促进广州广告业健康发展、促进广州广告代理制的施行起到了积极作用。

(四)广告的社会监督

广告社会监督的主体是广大消费者和消费者组织,通过政府颁布的广告管理法律、法规对广告活动进行监督,对违法广告和虚假广告向有关部门进行举报或投诉,并向政府立法机关提出立法请求和建议。1983年5月,河北省新乐县成立消费者协会,成为中国第一个县级消费者组织。1983年8月,在北京成立了全国用户委员会,从功能和职责上履行了消费者协会的职能。1983年9月,在广州成立的消费者委员会是中国第一个城市消费者组织。1984年12月26日,由工商行政管理、技术监督、进出口检验、物价、卫生等部门及工会、妇联、共青团中央等组织共同发起,经国务院批准的中国消费者协会在北京成立。随后,各省、各地区纷纷建立了自己的消费者协会。截至1992年,全国县级以上消费者协会已超过2 000多家,各种形式的保护消费者的社会监督网络达3万多个。

在广告业的长期发展过程中,我国广告的社会监督逐渐形成自己的特点,体现为以下四点。第一,主体的广泛性。广告受众构成社会监督的主体,每一个受众都可以对广告的真实性、合法性进行监督,并向各级广告社会监督组织反馈监督结果,构成了一支庞大的广告社会监督大军。第二,具有"官意民办"的性质。主要表现在各级消费者协会都是经过同级人民政府批准后成立的,挂靠在同级工商行政管理机关,在经费、编制、人员和办公条件等方面需得到同级政府的支持。因此,广告社会监督组织具有双重使命——既要体现官方意志,又要保护广大消费者的合法权益。第三,监督行为的自发性。社会公众是否愿意接受广告信息,是否能够产生购买欲望并进行购买,主动权往往在广告受众一边,监督行为的自发性特征显著。第四,社会监督具有无形的权威性。广告信息是否属实,广告主的承诺是否可信,将直接影响广告受众对它认可与否。因此,以广告受众为主体的对广告的社会监督结果具有一种无形的权威性。

进入21世纪,随着广告市场的不断成熟和广告环境的不断优化,我国广告方面的社会监督不断完善,其运行逐步分为三个层次:第一,广告受众对广告的全方位监督;第二,广告的社会监督组织发挥着中枢保障作用;第三,新闻传媒、政府广告管理机关和人民法院对虚假、违法广告及其责任人的曝光、查禁和惩处。这三个层次由上而下,逐层推进,构成一个有序的整体,是新媒体环境下我国广告社会监督的立体体系。广告社会监督立体体系的形成标志着我国广告业向着制度化、规范化方向的健康发展迈进了更大一步。

思考与练习

1. 中国在20世纪90年代前后的社会、经济、政治环境,给中国广告业的发展带来了哪些具体影响?

2. 结合具体案例,分析国际广告理念对中国广告活动的影响表现在哪些层面。

3. 试分析中国广告业在快速发展中有哪些弊端存在。

4. 广告代理制的确立对我国广告业的发展有何具体影响?

5. 试分析我国20世纪90年代广告过热现象的出现有哪几个层面的背景。

第九章

新形势下广告业的发展

 **本章摘要**

中国经济的持续快速发展,媒介集团、跨媒体和跨地域经营,中国广告业的全面开放,新广告理论和新广告媒体的兴起等,共同构筑了中国广告业发展的新形势。领会媒介集团化、新广告理论和新媒介对中国广告业发展的影响是本章的核心。1998年以后,中国广告发展进入又一个崭新的阶段。此时,广告媒介环境发生剧变,媒介产业化、集团化经营将中国广告业发展带入新阶段。广告运作进入整合营销的传播时代。广告教育继续发展,广告学科体系建设逐步完善。以网络为代表的数字媒介强势崛起,为中国广告业的发展注入了新活力。

第一节 新形势下广告业发展的时代背景

这一时期中国广告业发展的时代背景有两个重要特征:一是党的十四大提出的建立社会主义市场经济体制的改革目标进一步得到落实,社会主义市场经济体制成为规范中国经济发展的基本经济制度;二是中国加入世界贸易组织,中国经济发展的国际化特征更加明显,国际因素成为推动中国与世界接轨的重要动力,中国融入世界的步伐不断加快。

一、政治、经济改革的持续深入

十五大报告明确提出:"从现在起到下世纪的前十年,是我国实现第二步战略目标、向第三步战略目标迈进的关键时期";"在这个时期,建立比较完善的社会主义市场经济体制,保持国民经济持续快速健康发展,是必须解决好的两大课题"。同时,将调整和完善所有制结构、加快推进国有企业改革、完善分配结构和分配方式、充分发挥市场机制作用、健全宏观调控体系、努力提高对外开放水平等作为国家经济改革和发展的重要战略措施;将坚持四项基本原则、进一步扩大社会主义民主、健全社会主义法制、依法治国、建设社会主义法治国家作为政治体制改革的目标继续推进。

"高举邓小平理论伟大旗帜,全面贯彻'三个代表'重要思想,继往开来,与时俱进,全面建设小康社会,加快推进社会主义现代化,为开创中国特色社会主义事业新局面而奋斗"是十六大报告的主题。推动经济结构战略性调整、基本实现工业化、大力推进信息化是党在十六次全国代表大会上对经济体制改革提出的新目标;大力发展社会主义民主政治,建设社会主义政治文明成为新的政治任务,也是中国政治体制改革的方向。

党的十七次全国代表大会以后,推进经济结构战略性调整,提高自主创新能力、提高节能环保水平、提高经济整体素质和国际竞争力成为中国经济改革的重点。在这次大会上,全党更加深刻地认识到:"政治体制改革作为我国全面改革的重要组成部分,必须随着经济社会发展而不断深化,与人民政治参与积极性不断提高相适应。"将扩大人民民主、发展基层民主、落实依法治国基本方略、完善制约和监督机制等作为中国政治体制改革的实现方式。

2020年10月29日,中国共产党第十九届中央委员会第五次全体会议通过《中共中央关于制定国民经济和社会发展第十四个五年规划和2035年远景目标的建议》,明确了"十四五"时期经济社会发展主要目标和2035年远景目标。提出今后五年经济社会发展主要目标为:经济发展取得新成效,改革开放迈出新步伐,社会文明程度得到新提高,生态文明建设实现新进步,民生福祉达到新水平,国家治理效能得到新提升。在这样的经济发展指导思想下,数字广告转型、广告产业能级提升、广告促进城市文明建设、广告参与社会生活治理、广告建构生态文明和人民群众美好生活成为广告创新发展的重要议题。

二、国民经济的高速、稳步发展

1998年后,中国先后成功消除了亚洲金融危机、世界经济波动和"非典"等因素对我国的不利影响,保持了经济高速、稳步增长(图9-1)。

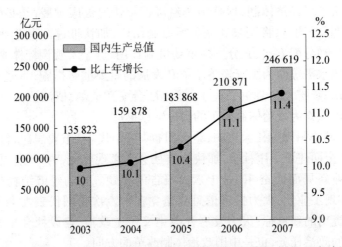

图9-1 2003—2007年高速增长的国民经济示意图(资料来源:国家统计局)

在国内经济方面,1979—2007年,中国国民经济年平均增长9.8%,比同期世界经济平均发展水平快6.8个百分点,其高速增长期,至少与目前世界上高速增长期保持最长的韩国持平或更长[1]。随着中国经济总量的大幅提高,人均国民总收入(GNI)水平也大幅提升。2007年达到2 360美元,比1978年增长了11倍。在世界银行209个国家和地区的排序中,居世界的位次由1997年的145位提升到2007年的132位。此外,主要工农业产品产量稳居世界前列,其中的煤、棉布、化肥、水泥、粗钢、电视机等主要工业产品产量居世界首位,谷物、水果、肉类等也傲视群雄。

在对外贸易方面,从2004年起进出口贸易总量上升到世界第三位,2007年,中国与第二位的德国货物贸易进出口额的差距仅为2 122亿美元。中国外汇储备跃居世界第一位,2007年超过15 000亿美元。国家统计局称,中国经济的快速发展,对世界经济的发展作出了积极贡献。至2006年,中国经济

---

[1] 《统计局:我国经济总量跃居世界第四》,新浪网,2008年11月17日,http://finance.sina.com.cn/china/hgjj/20081117/11265515044.shtml,最后浏览日期:2022年9月10日。

对世界经济的贡献率已上升到 14.5%,仅次于 22.8% 的美国,对世界经济增长的拉动也仅次于美国。

2021 年 2 月 28 日,国家统计局官方网站发布《中华人民共和国 2020 年国民经济和社会发展统计公报》,宣称经过初步核算,全年国内生产总值为 1 015 986 亿元,比 2019 年增长 2.3%。其中,第一产业增加值 77 754 亿元,增长 3.0%;第二产业增加值 384 255 亿元,增长 2.6%;第三产业增加值 553 977 亿元,增长 2.1%。第一产业增加值占国内生产总值比重为 7.7%,第二产业增加值比重为 37.8%,第三产业增加值比重为 54.5%。全年最终消费支出拉动国内生产总值下降 0.5 个百分点,资本形成总额拉动国内生产总值增长 2.2 个百分点,货物和服务净出口拉动国内生产总值增长 0.7 个百分点(图 9-2)①。虽然遭受新冠肺炎疫情的影响,但国民经济形势总体向好,为广告业的发展创造了良好的经济环境。

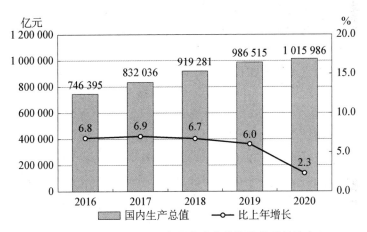

图 9-2 2016—2020 年国内生产总值及其增长速度

第二节　新形势下广告业发展的广告环境

20 世纪 90 年代后期起,中国广告业发展的社会环境较之前有更加明显

---

① 《中华人民共和国 2020 年国民经济和社会发展统计公报》,国家统计局,2021 年 2 月 28 日,http://www.stats.gov.cn/tjsj/zxfb/202102/t20210227_1814154.html,最后浏览日期:2022 年 9 月 10 日。

的变化。广告媒介的市场化程度进一步加深,报纸行业、广播电视行业试水集团化经营,跨地域、跨媒体的联合经营开始出现;随着中国加入世贸组织,广告业成为率先对外资开放的行业之一,由此带动了中国广告业的整合,开放与整合成为广告业的显著特征;在国际化、市场竞争和用户消费心理的变迁等的综合作用下,中国广告业迎来了整合营销传播时代;广告教育进入新的发展阶段,广告学学科体系建设成为广告教育发展的主要内容。

一、传媒集团化

传媒集团化的发端可以从中国对媒介产业化的认识开始。简言之,媒介产业化就是媒介单位从简单的文化、精神生产事业的属性,转变到以市场和经营为中心的企业属性这一现象和过程。长期以来,中国的传媒事业一直以"党和人民的喉舌"的属性作为一切行动的准则。1978年年底,《人民日报》等数家新闻单位联合向财政部递交报告,要求试行"事业单位企业化管理"的管理模式,也就是新闻单位从事一些有经济收入的经营活动以弥补国家财政拨款的不足。报告经中央批准,这意味着中国媒介经营和改革的突破。1985年,《洛阳日报》率先打破了"邮发合一"的传统事业模式,尝试自办发行的办报模式。1986年,国家统计局把广播电视列入第三产业来进行经济统计,对传媒业的企业属性作了进一步认定。1987年,国家科学技术委员会在首次编制的中国信息产业投入产出表中,将新闻事业和广播电视事业纳入"信息商品化产业"序列,为传媒业的产业属性提供了最早的政策依据。1988年3月16日,新闻出版署、国家工商行政管理局发布了《关于报社、期刊社、出版社开展有偿服务和经营活动的暂行办法》;同年5月25日,又印发了关于该办法的几点说明。两个文件正式批准报社可以从事多种经营活动,业务范围可以以第三产业为主,兼及第一产业和第二产业。1992年,建立社会主义市场经济制度被确定为中国经济改革的一个方向,新闻传媒进入了"事业单位企业化管理"的双轨制时期,并逐步向自主经营、自负盈亏、自我约束、自我发展的产业发展方向转变。同年6月,中共中央、国务院发布的《关于加快发展第三产业的决定》把报刊经营管理和广播电视正式列入第三产业。

(一)报业的集团化

中国经济的发展推动了人民生活水平的提高和生活方式的多元化,社会对精神生活的需求不断增强。到20世纪80年代的中后期,大众文化开始兴起,媒介内容逐渐远离精英文化的编辑方针,商业化趋势明显增强。1984年以后的几年,国内掀起了以数量增加为中心的第一次办报热潮,媒体内容涉足的社会领域得到扩展。1991年后开始了以扩版为中心的第二次办报热潮。与此同时,周末版的内容丰富起来,城市晚报异军突起。1993年,北京青年报社联合多家青少年报纸和杂志,成立北京青年报报业总公司,报业集团化和集约化经营的雏形初现。同年5—6月,《四川体育报》在未经批准的情况下与国泰琴行签订"联合入股合资经营协议书",新闻出版署对《四川体育报》给予停刊整顿的行政处罚,直至合资双方签订终止执行"合资协议"的议定书后,该报才恢复出版。虽然中华人民共和国第一家股份制报纸未能走得更远,却昭示着中国报业改革的必然现实。

1994年5月18日,新闻出版署发出《关于书报刊音像出版单位成立集团问题的通知》,对组建报业集团作出指示:目前只做少量试点,不能一哄而起;不组织股份报业机构;不吸收与报纸无关的企业、商业参加;不组织跨省区集团;报社组建集团要写出论证报告,报新闻出版署审批;对试点报社可给予兼并其他报纸杂志或出版社的优先权,但要避免强迫命令。同年6月,新闻出版署邀请中央和省级10家报社的负责人在杭州召开会议,探讨中国报业集团的可行性,会议拟定了在中国成立报业集团必须具备的条件。第一,从传媒实力层面看,除一份有影响的主打报刊外,该社至少应有4个子报子刊,可组成系列报刊。第二,从经济实力层面看,根据不同地区经济发展的差异,沿海地区报社年税利在5 000万元以上,中西部地区年税利在3 000万元以上。第三,从人才实力层面看,报社的采编队伍中,具有高级新闻职称(包括副高职称)者,应占到20%以上;在经营管理和技术队伍中,有各类专业中级职称以上者,应占到总数的15%以上,并有高级职称者。第四,从物质和技术实力层面看,该社应拥有独立的印刷厂,现代化的照排、胶印设备,具备彩色胶印能力;除保证本报社所属报刊正常印刷装订外,能承接一定数量的代印业务,每日总印刷能力在对开200万份以上。第五,从发行实力层面看,主要报刊的期发行量应在60万份以上,或在本地区每150人以下拥有该社的一份报纸,有畅通的发行渠道,有逐步建立自办发行渠道的可能。

1996年1月,经中共中央宣传部同意,国家新闻出版署批准,中国第一个报业集团开始在广州日报社进行试点,广州日报报业集团正式挂牌成立。国家新闻出版署在关于同意建立广州日报报业集团的批复中指出:"适时组建以党报为龙头的社会主义现代化报业集团,可以带动实现我国报业向规模数量型、向优质高效型转移,由粗放型向集约型转移,推进中国报业的繁荣与发展。""建设社会主义现代化报业集团,是中国报业迈向新世纪的一个重要飞跃,是中国报业改革的带方向性的大事,它必将为中国报业的各方面带来深刻的变化。"两年后,也就是1998年5月18日,南方日报报业集团与羊城晚报报业集团同时宣布成立。中国最先成立的三家报业集团全部集中在广州,成为中国报业集团化经营的排头兵。时隔不到一个月,光明日报社与经济日报社两大中央级的报社也跻身报业集团阵营。

上海作为中国经济最发达的一个城市,也于1994年开始了报业集团化的改革。当时,新民晚报报社兼并《体育导报》和《围棋》杂志,《体育导报》整合为《新民体育报》。《新民体育报》改革后的发行量从最初的1万份左右上升为10余万份,为报业间兼并和弱势报刊质量的提高提供了成功经验,为传媒业实现规模经营提供了一种思路。

图9-3 文汇新民联合
报业集团大厦

1998年7月25日,《文汇报》与《新民晚报》宣布合并成立文汇新民联合报业集团(图9-3)。《文汇报》和《新民晚报》各自拥有一系列报刊和相关资产,文汇报社下辖有《文汇报》《文汇读书周报》《文汇电影时报》《文学报》《文汇生活导报》和文汇出版社等。《新民晚报》拥有《新民晚报》《新民体育报》《漫画世界》《新民围棋》《新闻记者》《萌芽》等。两家报社合并后,文汇新民联合报业集团成为国内最大的报业集团,发行量、广告收入、人才队伍等经营指标一跃成为中国报业集团中的翘楚。同年,上海市邮政局出资60%,上海文汇新民联合报业集团出资20%,解放日报报业集团和上海市新闻出版局各出资10%,共投资5 000万元,组建上海东方书报刊服务有限公司。该公司基本覆盖了上海市每一条主要街道和交通路口,组成了全国最大的报刊零售发行连锁网络,这个发行渠道的建立使得文汇新民和解放日报两大报业集团在上海的地位更加稳固。

1999年,《成都商报》通过其控股的成都博瑞投资有限责任公司,收购上市公司四川电器的大部分股份,实现"借壳上市",以一种不违反现行政策的特殊方式,吸收了相当数量的报业外资本参与报业经营,成为报业市场改革中的一大突破。

2002年,香港泛华集团经有关部门批准,与人民日报社下属的大地发行中心合资成立大华媒体服务公司,从事在内地的书、报刊分销业务,这是内地批准成立进行报刊分销的首家合资公司。

2004年11月28日,贵州日报报业集团正式挂牌成立,在国家主管部门停批报业集团一年多之后,成为中国第40家报业集团。鉴于国家不再批办行政性报业集团的背景,我国报业集团的阵容,到此基本形成(表9-1)。

表9-1 1998—2002年报业集团成立情况一览表[①]

成立时间	集 团 名 称
1998年	南方日报报业集团、羊城晚报报业集团、光明日报报业集团、经济日报报业集团、文汇新民联合报业集团
2000年	大众报业集团、北京日报报业集团、解放日报报业集团、四川日报报业集团、浙江日报报业集团、辽宁日报报业集团、哈尔滨日报报业集团、沈阳日报报业集团
2001年	湖北日报报业集团、河南日报报业集团、云南日报报业集团、河北日报报业集团、长沙晚报报业集团、重庆日报报业集团、杭州日报报业集团、吉林日报报业集团、湖南日报报业集团、南京日报报业集团、新华日报报业集团
2002年	天津日报报业集团、甘肃日报报业集团、黑龙江日报报业集团、安徽日报报业集团、海南日报报业集团、山西日报报业集团、福建日报报业集团、青岛日报报业集团、济南日报报业集团、成都日报报业集团、长江日报报业集团、宁波日报报业集团、深圳报业集团

作为世界上近30年来经济增长最快的大国,中国报业的发展无疑也令世界瞩目,报业的经济规模与经济效益急剧增长,巨大的经济收益与市场回报反过来又增强了报纸的舆论引导能力。可以说,我国报业在坚持宣传舆论阵地,做到"守土有责"和依靠新闻自身资源优势开发市场、增强经济实力两个方向上还是比较协调的,基本上做到了经济效益与社会效益的统一。

(二)广播电视的集团化

20世纪90年代中期开始,组建报业集团的浪潮在中国风起云涌。广播电视界对此反应强烈,声称应该追赶报界,尽快成立中国的广播电视集团。中国电视在市场和舆论引导方面都具有无可争辩的领导地位,如中央电视台的广告收入一直处于中国的龙头地位,它下属的无锡外景基地也早已上市,可以说早已具备一个广播电视集团的实力和规模。在各地市电视台中,像北京电视台、上海电视台、浙江电视台、山东电视台和湖南电视台等,也都早具

[①] 黄艳秋、杨栋杰:《中国当代商业广告史》,河南大学出版社2006年版,第139页。

有组建集团的条件和实力,只是等待政府的批准。

但是,这一时期,面对媒介受众自主性的增强和媒介资源的丰富,中国广播电视业放送的节目内容已不能充分满足市场的需求,如节目生产与观众需求脱节等。针对这种状况,湖南电视台率先突破旧有观念的束缚,在电视节目的生产、流通和经营方面寻求变革,开始关注电视节目和栏目在受众中的反响,把收视率作为考核节目和栏目绩效的重要指标,追求传媒市场效益的最大化。基于此,从1997年7月起,湖南电视台相继推出《快乐大本营》《玫瑰之约》《有话好说》等一系列深受广大观众喜爱的节目,成为中国广播电视台寻求内部突破的先锋。1997年年初,湖南省广电厅成立湖南广播电视产业中心,下面有湖南广播电视发展中心、潇湘电影制片厂、湖南金蜂音像出版发行总公司、湖南广视房地产公司、湖南广播电视唱片发行公司、湖南广播电视物资器材供应站、湖南广播电视器材厂、湖南广播电视报印刷厂8家企业。湖南广播电视产业中心的成立实现了规范化和集约化经营,为湖南电视业进军资本市场做了充分的准备。1998年12月23日,经中国证监会批准,湖南电广事业股份有限公司在深圳证券交易所挂牌上市,定价发行5 000万A股股票。这是全国广电系统发行的第一只股票,也是广播电视事业在产业经营方面的一个全新探索。

1999年6月9日,中国第一家广播电视集团——无锡广播电视集团成立。作为一家地市级的广电集团,无锡广播电视集团在产业化、市场化和规模化经营的道路上成绩骄人,在发展过程中积累了丰富的媒介内容资源,集团拥有新闻综合、都市资讯、影视、经济、娱乐、奥运·生活和城市7个电视频道,拥有新闻、音乐、经济、交通、江南之声和都市生活6个广播频率,以及在无锡发行量最大的报刊《无锡新周刊》(原《无锡广播电视报》)和每天点击率超过60万次的无锡第一门户网站——太湖明珠网。同时,它们刊播的内容更是频频问鼎全国"五个一工程奖"、中国新闻奖、中国彩虹奖、中国广播电视奖等国家级大奖。电视新闻栏目《新闻全方位》、广播新闻栏目《1161早新闻》获得"江苏省十大名专栏"。2004年,国家广电总局确定无锡广播电视集团为全国地市级城市广播电视行业唯一的集团化改革试点单位;2006年,被列为全省文化体制改革试点单位。

各地以集团化、产业化为方向的体制改革探索,为其后开始的全国范围的广播电视行业大整合提供了很好的经验和思路。同时也反映出,以办好广播电台、电视台为中心,以资本为纽带实现资产重组,从而进一步增强广播电视媒体的实力,并最终实现媒介的集团化、产业化和规模化经营,已成为广播电视业发展的大趋势。面对广播电视媒介产业的发展趋势,加上之前报业组建集团提供的成功经验,国家主管部门对广播电视行业也不失时机地推出了系列改革举措。1998年,第九届全国人民代表大会第一次会议召开,会议决定国家今后对包括广播电视在内的大多数事业单位,将逐步减少拨款,并要实现三年后这些单位要实现自收自支。国家正在为把广播电视事业全面推向市场做积极的准备。1999年,国务院办公厅转发了信息产业部和国家广播电影电视总局《关于加强广播电视有线网络建设管理的意见》(国办发〔1999〕82号文件),第一次明确要求组建包括电台、电视台在内的省级广播电视集团。2000年8月11日,在全国广电厅局长座谈会上,中宣部副部长、国家广播电影电视总局局长徐光春指出,中国广播电视的改革方向,就是要"着手组建中央一级和省一级的广播影视集团。这些集团要做到广播、电影、电视三位一体,有线、无线、教育三台联合,省、地、县三级贯通,资源共享、人才共享、优势互补,从而形成一批在国际、国内有竞争力、有影响力的大型广播影视传媒集团和全国性的广播影视网"①。

2000年12月27日,中国第一家省级广播影视媒体集团——湖南广播影视集团在长沙正式挂牌成立。湖南广播影视集团拥有湖南卫视、湖南经视、湖南都市等7家电视频道和湖南人民广播电台新闻频道、交通频道等4家广播频道和《湖南广播电视报》等媒体,还拥有网络中心、节目中心、音像资源中心等10多家影视音像制作和技术、传输单位,总资产达30多亿元。湖南广播影视集团按照资源重新配置的原则,先将有线和无线电视实行合并,原湖南电视台、湖南有线电视台和湖南经济电视台等7个电视频道进行新的整合,组建新的湖南电视台,除湖南卫视作为综合性新闻时政频道以外,其他频道都办成专业化频道。然后,推进湖南人民广播电台与新组建的湖南电视台联合,成立湖南广播电视总台,接着对潇湘电影制片厂、湖南广播电视报社以及物业、产业进行全面的整合和改制。

2001年4月20日,上海文化广播影视集团正式挂牌成立。成立后的上海文广集团拥有3家电视台、4家报纸、16家演出机构、大大小小近70家公司,总资产超过100亿元。2001年12月6日,中国最大的新闻集团中国广播影视集团正式挂牌成立。中国广播影视集团成立后,成为拥有广播、电视、电影、传输网络、互联网站、报刊出版、影视艺术、科技开发、广告经营、物业管理

---

① 转引自赵玉明、戚庆莲、哈艳秋:《中国广播电视通史》,北京广播学院出版社2004年版,第467—468页。

等产业的综合性传媒集团,固定资产超过200亿元人民币,年收入也过百亿,被中国新闻界称为"传媒航母"。同年,中共中央办公厅、国务院办公厅发出《关于转发〈中央宣传部、国家广电总局、新闻出版总署关于深化新闻出版广播影视业改革的若干意见〉的通知》(中办发〔2001〕17号文件)对组建广电集团的指导思想、原则、体制、融资等作了全面规定,第一次明确要求积极推进集团化建设,实行跨媒体、跨地区经营,把集团做大做强,这在我国广播电视发展史上具有重要的意义。国家广电总局下发的第284号文件对中国广播电视集团化的具体内容作出了明确规定,主要包括:①广播、电视、电影三位一体;②有线、无线、教育三台合并;③省级、地级、县级三级贯通。同时,国家广电总局还对集团化提出了一系列要求,包括:①集团应当由两个以上的法人实体组成;②集团的组合应以资产为纽带;③集团应当是利益共同体;④集团内部应实现高层次的专业分工;⑤集团与内部法人实体之间以及法人实体之间应建立科学、合理的经济核算关系;⑥集团的事业管理与资本运营职能应与政府的监督管理与执法职能分开;⑦集团应当建立科学、高效的民主决策机制;等等。其间,北京、山东、江苏、浙江、天津、杭州等地方广播影视集团(总台)相继挂牌成立,四川、重庆、福建、南京、长沙等地广播影视集团组建方案也获国家广电总局批准(表9-2)。

表9-2　21世纪初中国广播电影电视集团、湖南广播影视集团等6家广电集团的概况[①]

集团名称	集团性质	集团概况	下属企、事业
中国广播电影电视集团	中共中央宣传部领导,国家广电总局党组代管。集团实行党组领导下的管委会负责制。集团党组是集团的领导核心,全面领导集团工作。中国广播电影电视集团是党中央的重要喉舌,党和国家的重要思想文化阵地,是以事业单位为主体,实行企业化管理	拥有广播、电视、电影、传输网络、网站、报刊出版、影视艺术、科技开发、广告经营、物业管理的综合性国家级新闻传媒集团	中央电视台 中央人民广播电台 中国国际广播电台 中国电影集团公司 中广影视传输网络有限责任公司 无线电台管理局 中广电广播电影电视设计研究院 中国电影乐团 中国广播艺术团 中国广播交响乐团(中国爱乐乐团) 中国广播电视出版社 中央新闻纪录电影制片厂 北京科学教育电影制片厂 物业管理中心 中国电影艺术研究中心

---

① 黄艳秋、杨栋杰:《中国当代商业广告史》,河南大学出版社2006年版,第143—145页。

第九章 新形势下广告业的发展 245

续 表

集团名称	集团性质	集团概况	下属企、事业
			中国电视剧制作中心 广播影视信息网络中心 中央卫星电视传播中心 电影卫星频道节目制作中心 广播影视人才交流中心 香港记者站 澳门记者站
北京广播影视集团	北京市委、市政府直属事业单位	大型传媒和文化、影视艺术机构。成立之初,总资产50亿元。下辖20个企事业单位。广播、电视、电影三位一体,影视、报刊制作、播出、出版、发行"一条龙"经营	北京人民广播电台 北京电视台 北京歌华文化发展集团 北京歌华有线电视网络股份有限公司 北京电视艺术中心 北京中北电视艺术中心 北京紫禁城影业有限责任公司 北京广播电视报社 北京音像公司 北京音像资料馆 北京电视节目供片中心 北京现代电视艺术发展中心 北京广播电视技术监测台 北京瑞特影音贸易公司 北京广播影视人才服务中心 北京广播影视集团卫生所 北京市广播电视技术规划设计研究所
湖南广播影视集团	集团成立之初,是中共湖南省委宣传部、省政府新闻办公室、省新闻出版局、省精神文明建设指导委员会办公室、省电影局控股的国有企业。目前是由湖南省国有文化资产监督管理委员会管理的国有独资有限责任公司	湖南广播影视集团是一家跨媒体、跨行业经营的大型传媒集团,是2000年12月27日宣告成立的中国第一家省级广电传媒集团。湖南广播电视台成立于2010年,湖南广播影视集团有限公司于2015年挂牌,并于2018年7月与潇影集团、网控集团整合组建成新的湖南广播影视集团有限公司。在世界品牌实验室发布的2019年"中国500最具价值品牌"排行榜中,湖南广电排名第68位,稳居省级广电第1。在2019年"亚洲品牌500强"中,湖南广播电视台排名第92位,在亚洲广播电	金鹰影视文化城 湖南广电中心 湖南国际影视会展中心 长沙世界之窗 长沙海底世界 怡月花园 湖南国际会展中心 骏豪花园 广播影视艺术学校 直属单位:湖南卫视、湖南经视、湖南都市、湖南生活、湖南娱乐、湖南影视、湖南体育新闻广播电台、经济广播电台、文艺广播电台、交通广播电台、湖南广播电视学校、网络中心、台站管理中心、音像资源中心、物业公司、产业中心、金蜂音像出版社、微波总站

续 表

集团名称	集团性质	集团概况	下属企、事业
		视行业位列中央电视台之后,排名第2。目前,湖南广播电视台共有4个上星电视频道、6个地面电视频道、3个数字付费专业电视频道、8个广播频率,拥有包括芒果超媒、电广传媒2家上市公司在内的数十家企业,员工近2.2万人。21世纪初,中国金鹰电视艺术节永久性落户长沙,在湖南广播影视集团的整体包装下演变成金鹰电视艺术节。2005年的节目《2005超级女声》在湖南广播影视集团的运作下更是成为国内具有广泛影响力的综艺选秀节目	
上海文化广播影视集团(文广集团)	直属中共上海市委宣传部的事业单位,集团实行党委领导下的总裁负责制	总资产140多亿元,拥有广播电视、新闻网站、报纸杂志等多种媒体;拥有一批高水平的文艺表演团体、体育俱乐部和大量的文化体育资源;拥有包括东方明珠广播电视塔、上海大剧院、上海国际会议中心等各大城市标志建筑	一、文广新闻传媒集团 1. 电台:上海人民广播电台、上海东方广播电台 2. 电视台:上海电视台、东方电视台 3. 报刊:《每周广播电视报》《有线电视报》《新闻午报》《上海电视》 4. 网站:东方新闻网站(东方网) 5. 文化产业:上海京剧院、上海昆剧院、上海歌剧院、上海交响乐团、上海芭蕾舞团、上海话剧艺术中心 6. 体育产业:足球(男女)俱乐部、篮球(男女)俱乐部、排球(男女)俱乐部 7. 上市公司:东方明珠股份有限公司 二、上海电影集团 上海电影集团公司、上海影乐团、永乐电影电视集团公司、上海动画影视集团公司、文广投资有限公司、上海文广实业有限公司、上海文广互动电影有限公司、STR(海外)集团公司、精文置业集团公司 三、上海市有线网络有限公司 上海广电股份有限公司 上海富豪东亚酒店有限公司 上海东亚体育文化中心有限公司 上海华亭宾馆有限公司

续 表

集团名称	集团性质	集团概况	下属企、事业
			中华印刷有限公司 上海数码传播股份有限公司 上海东方网点连锁管理有限公司 四、文广技术管理中心
山东省广播电视总台	山东省省级广播电视集团,是省委领导的新闻单位,省政府直属的事业单位。事业单位,企业化管理,集团化运作	以广播电影电视为主业,以新闻宣传为中心,以繁荣影视创作为重点,同时兼营互联网业务、报纸刊物、音像出版等多媒体、多渠道、多功能的综合性传媒集团	山东视网联媒介发展股份有限公司 山东有线电视传媒中心 鲁银投资集团有限公司 山东鲁能控股集团公司 山东高新技术投资有限公司 山东省人民广播电台 山东电视台 山东电影电视剧制作中心 山东有线电视传播中心 山东广电网络有限公司 山东电影制片厂 山东广播电视报社 齐鲁音像出版社 广视网站 时代影视杂志社 山东视听杂志社 山东广播电视学校 山东电视洗印厂微波总站 山东广播电视新闻研究所 广播电视科研所青岛影视基地
江苏省广播电视总台(集团)	由江苏省人民政府批准,江苏省广播电视总台代表省政府出资成立的国有独资公司	江苏省广播电视集团是国内规模较大、增长快、产业链较为完整、业务布局较为合理的省级广电传媒集团之一,连续七年入选世界品牌实验室发布的"中国500最具价值品牌",2010年排名123位,品牌价值73.38亿元,居省级广电第一。2011年5月13日,入选第三届"文化企业30强"。2012年5月18日,入选第四届中国"文化企业30强"。目前,集团在职员工有6 300余人,下设59个部门,拥有13个电视频道、10套广播频率、5个网站、5个移动客户端、5本杂志、1份报纸,以及IPTV、互联网电视等平台,构建了全媒体立体化传播体系	1. 电视机构:新闻综合频道、城市频道、综艺频道、影视频道、公共频道、教育频道、电视新闻中心、电视技术中心、电视行政中心、电视节目中心、电视广告中心 2. 广播机构:新闻综合频率、经济频率、音乐频率、交通频率、金陵之声、广播行政中心、广播技术中心 3. 报刊网站:东方文化周刊、视听界、江苏广播电视报、江苏广播电视网站 4. 下属其他单位:江苏广播电视学校、南京电影制片厂、江苏音像出版社、江苏科学宫、发射传输中心、江苏广电网络中心、盛世网络传播公司、盛世电影院线公司、盛世佳音有限公司

(三) 跨地域、跨媒体联合的尝试

跨地域、跨媒体经营模式的出现，是中国媒体经营改革又一新突破，是继报业集团化和广电集团化后，中国媒体经营战略的又一新跨越。

在中国最早提出跨媒体经营概念的是《证券时报》。该报认为报纸以外的其他类型媒体对于《证券时报》所擅长的证券财经信息具有越来越强烈的需求。于是，《证券时报》开始尝试以《证券时报》为核心，通过《新财富》杂志、P5W网站和电视节目《中国股市报道》，同时运用多种现代传播手段，包括杂志、电视、网络、广播等跨媒体搭建财经信息传播平台。

2001年，中共中央办公厅、国务院办公厅发出《关于转发中共中央宣传部、国家广播电影电视总局、新闻出版总署〈关于深化新闻出版广播影视业改革的若干意见〉的通知》，文件进一步明确了要积极推进媒体集团化改革，组建跨地区、多媒体大型新闻集团的目标，对比较敏感的传媒业融资问题、媒体与外资合作、跨媒体发展等问题都做了积极、具体的回应。

在跨地域、跨媒体经营创新方面走在时代前列，具有标志性意义的事件是上海文广集团的组建，以及《经济观察报》和《京华时报》的创刊。2001年4月20日，上海文化广播影视集团正式挂牌，成立由电视台、报纸、演出机构等70余家公司组成的跨媒体文化传媒集团。2001年4月，上市公司山东三联集团联合创办《经济观察报》。2001年5月28日，《京华时报》创刊。《京华时报》虽然由人民日报报业集团主办，却也有北大青鸟斥巨资5000万元参股其中，这是北大青鸟继从英特尔手中接手搜狐股份后，在资本市场上又一重要举措。

2003年11月11日，在著名报人邵飘萍创立的《京报》停刊66年之后，《新京报》在北京创刊（图9-4）。《新京报》由光明日报报业集团和南方日报报业集团共同投资共同主办。该报是中国第一张得到国家有关部门正式批准的跨地区创办的报纸，是中国第一张由两家党报集团联合主办的大型日报。《新京报》之于北京媒体界，也许不仅仅是多了一份参与市场竞争的报纸，更重要的是它体现了政府在消除

图9-4 《新京报》创刊版面

以往媒体行业存在的某些政策滞后方面前所未有的改革力度。这是一次以市场经济法则为基础,两家报业集团通过战略合作在管理、经营、服务、社会和经济效益方面的又一次全新探索与变革,为中国以后的媒体市场化竞争提供了参考。

2004年11月15日,《第一财经日报》创刊(图9-5),并在上海、北京、广东三地区同步上市。作为中国第一张跨地区、跨媒体的全国性财经日报,它的出炉打破了广电与报业两大系统之间的界限,完成了第一财经跨媒体、

图9-5 《第一财经日报》创刊版面

跨地域财经资讯传播平台的初步搭建。《第一财经日报》是由上海文广新闻传媒集团、北京青年报社、广州日报报业集团三家重量级传媒机构共同打造的,中国首张跨地区的,建立在广播、电视和报业三大媒体平台上的财经类日报。它依托京、沪、粤三大经济区空前的跨媒体财经资讯优势,力求成为中国最具影响力、权威性、最受尊敬的财经日报。如果说《新京报》的诞生是中国报业开始突破区域壁垒,由区域竞争向跨区域竞争转折的一个标志性产物,那么《第一财经日报》的问世则同时突破了地域界限、媒体界限这两个壁垒,是中国传媒走向跨区域跨媒体发展的一个标志,为中国传媒业打破地域界限、媒体界限、整合资源、壮大实力进行了有益的探索。"第一财经"的诞生和它身上诸多的第一,也代表了中国传媒业发展迈出了具有历史意义的一步。

此后,随着网络媒介的兴起和媒介市场改革的深入开展,早期成立的各个省级日报集团,像辽宁日报集团、湖南日报集团,分别于2006年和2007年先后更名为辽宁日报传媒集团、湖南日报传媒集团,将中国的跨地域、跨媒体经营模式不断引向深入。

二、广告业的开放与整合

1998年以后,中国广告业进入大发展和大整合时期。中国广告业逐步开放,外资广告公司更加广泛地参与了中国的广告服务,伴随着入世条款对中

国广告业约定开放时间的到来,外资广告集团迅速布局中国广告市场,各自勾画其在中国市场上的竞争战略。"当资本爱上广告"时,中国广告产业由此步入资本运作时代;与此密切相关的是中国广告业的集中与整合,产业化、集团化和专业化成为中国广告业近些年发展的主要路径,中国广告业的发展开始从粗放型向集约型转变。

(一)广告业的逐步开放与外资广告公司的进入

2001年11月10日,在卡塔尔首都多哈举行的世界贸易组织第四届部长级会议,通过了《关于中国加入世界贸易组织的决定》。11月11日,中国代表向世界贸易组织总干事递交了国家主席江泽民签署的批准证书,从而完成了中国加入世界贸易组织的所有法律程序,中国正式成为世界贸易组织成员(图9-6)。按照WTO《服务贸易减让表》的规定,中国加入世界贸易组织2年后,即2003年年底允许设立外资控股的广告公司;加入世贸组织4年后,即2005年年底允许设立外资独资广告子公司。

图9-6 位于瑞士日内瓦的世界贸易组织总部

早在20世纪80年代开始,为积极配合吸引外资的改革开放战略,对于为大型跨国公司提供服务的广告公司,其进入中国市场的门槛相对较低。20世纪80年代初,外资广告公司就伴随跨国公司的进入从而跟进中国。到90年代前期,外资广告公司就掀起了一轮进入中国的热潮,在中国市场份额不断扩大,资本优势和规模优势逐步显现,并逐渐成为影响中国广告业的一股重要的力量。

1994年,国家工商行政管理局和对外贸易经济合作部颁布《关于设立外商投资广告企业的若干规定》,文件要求进入中国市场的外资广告公司必须与中国国内企业合资,而且不得控股。因此,当时进入中国市场的跨国广告公司都是选择一个中方企业作为合资伙伴。在当时的条件下,外资广告公司进入中国市场的方式只能是合资,对中方合资对象的选择一般有三种形式。第一种,与国内比较有实力的广告公司合资,如奥美广告选择的是当时中国最大的广告公司之一——上海广告公司(图9-7);第二种,与国内的媒体合资,麦肯广告与光明日报社合资成立的麦肯光明就是一例;第三种,与广告传媒不相关的企业合资,如盛世广告选择长城公司作为合作伙伴,成立了盛世长城广告公司。同时,在国际市场上,在世界范围内广告业的并购浪潮的推动下,众多国际知名广告公司成为奥姆尼康集团、WPP集团、IPG集团、阳狮集团和电通集团等国际大广告集团的子公司,五大广告集团在全球广告市场的份额不断扩大。

图9-7 上海广告公司作品

为进一步巩固在世界广告市场的领导地位,它们积极地争取进入中国市场的机会,掌握市场先机成为它们必然的战略选择。

到20世纪90年代末期,各大国际广告集团凭借其强大的资本、人力、服务等方面的绝对优势,利用合资广告公司作掩护,迅速开拓并占领中国的广告市场。2001年,5大集团7家合资公司营业额占到中国广告公司营业额的26.14%,在2003年更是占到30.343%,显示出较高的市场集中度。加之5大集团其他合资公司如奥美、天联、恒美、阳狮中国、传立、实力等的营业额计算在内,在中国广告公司营业总额中所占的比例,高达40%—50%。而从2000年开始,在全国广告营业额排序前10名的广告公司中最少有7家外资集团的广告公司。

图9-8 电通与中国教育部的合作项目

其间,外资广告集团不断实践着自己的市场战略。2000年,电通中国集团正式宣布成立(图9-8),集团包括北京电通公司与东方日海公司以及在上海、广州、青岛、深圳所设立的北京电通的分公司。同年,奥美在北京、上海、广州、福州等地建立分公司。2002年,日本第三大广告集团旭通DK正式入股上海市广告装潢公司,并更名为上海广告装潢公司。2002年6月,WPP以奥美公关名义入股60%,收购了中国本土公关公司西岸咨询。2003年,上海东浩集团与英国WPP集团、日本株式会社博报堂合资的上海有限广告公司成立。

2004年3月2日,《外商投资广告企业管理规定》经中国国家工商行政管理总局和商务部审议通过。自2005年12月10日起,经审查批准,外资可以在我国境内投资设立广告企业。这一规定对我国境内的外商投资企业及其分支机构设立广告企业的条件、报送材料、办理程序、经营范围以及企业的变更、购并等内容作了明确的规范。它还指出,设立中外合营广告企业,除符合有关法律、法规规定的条件外,还应具备以下条件:合营各方应是经营广告业务的企业;合营各方须成立并运营2年以上;有广告经营业绩。设立外资广告企业,除符合有关法律、法规规定的条件外,还应具备以下条件:投资方应是经营广告业务为主的企业;投资方应成立并运营3年以上。申请设立分支机构的外商投资广告企业,应具备的基本条件是:注册资本全部缴清;年广告营业额不低于2 000万元人民币。香港、澳门、台湾地区的投资者在内地投资设立广告企业,参照本规定办理。规定中明确指出,在中外合营广告企业中,外资可以拥有多数股权,但股权比例最高不超过70%;外商投资广告企业的经营范围经国家工商总局及其授权的省级工商局依据《广告经营者、广告发布者资质标准及广告经营范围核定用语规范》予以核定后,可以经营设计、制作、发布、代理国内外各类广告业务。新的《外商投资广告企业管理规定》经中国国家工商行政管理总局和商务部修改后,也于2008年10月1日起施行。

2004年4月,北京电通广告公司与上海电影集团建立合资公司上海上影电通影视文化传播公司。该公司将独家为上海东方电影频道提供日本生产的动画片和影视剧,参与演艺经纪、节目经营和广告销售。新公司将充分利用电通的动画节目生产网络,力争成为中国领先的娱乐内容生产商。同年7月,星空传媒(中国)有限公司在上海成立。根据《内地与香港关于建立更紧密经贸关系的安排》(CEPA)中关于广告服务的承诺,美国新闻集团位于香港的星空传媒集团得以在内地成立第一家外资独资广告公司。2004年下半年,旨在为发行股票的企业提供广告解决方案的道琼斯广告(上海)有限公司成立。

2005年12月10日后,外资广告公司进入中国市场的步伐渐渐加快。2006年3月,国际4A广告公司智威汤逊宣布收购中国本土最大的促销网络之一——上海奥维思市场营销服务有限公司;当月,奥姆尼康斥资控股了另一本土营销巨头——尤尼森(上海)营销咨询有限公司。北京电通为抢占东北、中西部市场,分别在成都、武汉筹建事务所,在成都、沈阳成立合作公司。至2006年5月,5大广告集团在中国的合资公司达到38家,其中WPP集团19家,奥姆尼康集团5家,IPG集团6家,阳狮集团5家,电通集团3家。其中,2005—2006年,WPP集团就增加了传立媒体成都分公司、精信环球公司、Neo@ogilvy、北京华扬联众广告公司4家合资公司(表9-3)。

表9-3 2005年起全球五大广告集团合资广告公司一览表(不完全统计)

合资广告公司	成立时间	成立方式	隶属集团
华扬群邑	2005年	并购	WPP集团
奥美世纪	2006年	并购	WPP集团
奥美黑弧	2006年	并购	WPP集团
加信·奥美	2006年	并购	WPP集团
上海奥维思	2006年	并购	WPP集团
阿佩克思达彼思整合营销传播	2007年	并购	WPP集团
广州天博广告	2005年	合资	奥姆尼康集团(与博报堂)
国安DDB	2006年	合资	奥姆尼康集团
尤尼森营销咨询	2006年	并购	奥姆尼康集团
百达辉琪	2006年	并购	阳狮集团
永阳	2007年	并购	阳狮集团
Digitas大中华区分公司(CCG)	2007年	并购	阳狮集团

2006年,外资广告公司对中国本土广告公司的并购再掀高潮。首先是奥姆尼康集团控股尤尼森,获得遍布全国22个城市的终端营销网络。同年,WPP集团收购本土最大的促销网络上海奥维思。据不完全统计,2006年和2007年,共有6家领先的大型本土营销服务公司被跨国广告集团收入囊中,包括尤尼森、奥维思、百达辉琪、永阳、星际回声、达生等。从2006年起,跨国广告集团积极并购具有全国网络的公司,借此打入二、三线城市甚至农村市场。

2007年,WPP集团收入黑弧在成都、杭州、重庆、长沙等二、三级城市已经建立起来的资源和渠道。借助成都、西安的阿佩克思,达彼思整合营销传播有限公司打入西部市场,获得星际回声集团遍布全国上千个城市的物流执行网络,以及达生的4个办公室、33个办事处和覆盖全国超过500个城市的营销执行网络。

2007年9月,奥姆尼康集团收购医药咨询和营销传播公司康斯泰克公司的多数股权,并将其归入DAS的运营品牌旗下。此次收购标志着奥姆尼康集团将深入拓展中国医疗保健市场。

2007年4月,英国数码行销公司博雯取得上海兰飞鱼有限公司(BFF)

100%所有权,并借此加入了我国首批全外资广告公司的行列。

继2006年收购百达辉琪后,阳狮集团2007年收购了永阳,加上中国传讯、Arc,已在中国形成一个庞大的专业营销网络。网络遍布中国沿海到内陆地区,东南部沿海密集程度最高,并向内陆及北方辐射开去。同年,阳狮集团还以13亿美元收购了互联网营销公司Digitas Inc。此后,国际网络广告市场发生了多起极具影响力的并购事件,使市场业态转变为集中采购、分布投放、效果集合、精准营销。同年7月,阳狮完成对中国最大的独立的互动营销公司CCG的收购,奠定了阳狮在数字营销和互动沟通领域的区域领导地位。

(二) 广告业的整合

从1998年开始,中国广告业的发展由1992年以来的高速增长突然降了下来。之后,以每年15%左右的速度缓慢增长,中国广告业发展从此步入了整合时代。

长期以来,由于中国特殊的媒介体制和属性,媒体对广告资源实行垄断经营,中国广告市场一直处于"强媒介、弱公司"的态势。1998年,中国经济发展速度开始放缓,国家对报业和广电行业实行改革,实施三年"财政断供"计划,媒介生存环境迅速恶化。随后,媒介规模和数量的不断扩张又造成媒介组织的财务状况紧张。据统计,20世纪90年代后期,特别是1996—1997年,四大媒体的广告经营额在全国广告营业总额中的比例跌破50%,媒介整体的广告经营额增长速度明显放慢,"强媒介、弱公司"的局面开始松动,强媒介的时代走向终结。同时,随着省台卫视的崛起和中央电视台遭遇的"标王危机",广告客户成为媒介市场的稀缺资源,广告公司的生存环境得到改善,为中国广告业的整合提供了较为适宜的宏观环境。

至于广告业自身,改革开放以来,其发展主要体现在数量的增长,广告业的内在质量并没有得到明显提升。到2000年前后,广告经营额总势仍在增长的同时,利润率却大幅缩水。据2002年的相关统计,中国的广告经营单位达89552家,但平均每个公司的营业额由2001年的79万元下降到69万元。随着广告公司规模和营业水平的下降,它们为广告客户制定和执行广告战略的能力也随之减弱,很难为客户提供稳定、高水平的广告服务。

这一时期的世界广告业也在进行剧烈的变革与重组。一方面是大型广告代理公司的综合化发展,以及对其他代理公司的兼并联合从而组建大型代理集团,广告市场的集中趋势明显;另一方面是专业型广告服务公司以其特色为突破口,在某一方面展现出较强的竞争实力,甚至抢夺大型代理公司的客户。由此可见,集团化和专业化成为中国广告业进行整合并做大做强的必然选择。

首先，集中整合经营。中国广告业自恢复以来，集中与整合就一直在进行，只是表现不太明显。20世纪90年代中期以来，中国广告业的集中趋势开始加速，特别是外资广告公司在90年代以来的大量涌入，有力地促进了中国广告公司的整合。但是，由于宏观政策环境的束缚，广告公司的集中与整合并未产生太大影响。2000年以后，特别是随着中国入世谈判的进行和对WTO承诺的兑现，国际广告集团迅速扩张其在中国市场的影响力。外资广告公司以其巨大的规模效应，通过全球性客户业务量分担的方式，在低成本投入的基础上，为中国的广告主（包括本土企业和在华外企）提供了高质量的广告服务，这一点是中国的本土广告公司难以做到的。为此，本土广告公司必须进行集中与整合，以规模优势来解决低成本运营和高质量服务的矛盾，或者是被世界几大广告集团兼并、整合。无论是自我联合还是被兼并，规模经营、集团竞争都是未来中国广告业发展的主流。

其次，专业特色服务。在迈克尔·波特的产业及产业中参与厂商竞争战略的经典分析中，广告业被归入零散性产业，原因是该产业对创造性的要求比较高，大企业不具有对小企业的优势。依照这一原理，本土广告公司的发展出路应该是为企业提供专业的智力型服务，如新奇的创意、策略咨询、媒体投放顾问等。20世纪90年代以来，大量专业广告调查公司、媒介购买公司、策略顾问公司、创意公司等相继出现。以调查公司为例，调查公司诞生于20世纪80年代末期，最早出现于宝洁、联合利华（表9-4）等跨国性公司中，它们为避免其不熟悉中国市场情况而出现决策上的失误，在中国进行了长期的实地调查，搜集了大量的第一手市场数据，为保证搜集到的数据准确和有效，宝洁公司把自己长期积累的市场调查及研究方法传授给对市场调查知之甚少的中国合作者。随后，一批年轻有为的中国市场研究人员纷纷从与宝洁公司合作过的调研公司中走出来，创办自己的调研公司。同时，伴随着跨国公司进入中国的步伐，一批为之服务的国际调查集团，如盖洛普、SRG等相继在中国设立了分支机构，为直接进入中国市场的跨国性公司提供市场调查服务。在20世纪90年代末，调研公司形成了四大类。第一类是外资调查公司，如盖洛普、尼尔森、SRG等。这类公司进入中国市场的直接动力是其服务的大型跨国公司在中国市场的业务开展，同时也有中国内地对庞大的市场服务需求的吸引。第二类是有政府背景的国有调查公司，如国家各省统计局的调研公司、央视市场研究机构（央视索福瑞）、环亚等。第三类是民营专业调查公司，如零点、大正等。第四类是学术性调查机构，如中国人民大学舆论所、中国传媒大学调查统计研究所、IMI等。

表9-4 联合利华与宝洁全球基本情况对照表

公司	联合利华	宝洁
成立时间	1929年	1837年
总部	荷兰鹿特丹及英国伦敦	美国俄亥俄州辛辛那提市
销售额	460亿美元（2002—2003财政年度）	434亿美元（2002—2003财政年度）
利润额	68亿美元（2002—2003财政年度）	51.9亿美元（2002—2003财政年度）
分公司分布	超过90个国家	超过80个国家
产品销售	超过150个国家	超过160个国家
公司口号	有家，就有联合利华	世界一流产品，美化你的生活
产品种类	冰激凌、冷冻食品、茶饮料、调味品、人造奶油、食用油、护肤产品、洗发、护发产品、织物、家居护理及个人清洁用品等	洗发、护发、护肤用品、化妆品、婴儿护理产品、妇女卫生用品、医药、食品、饮料、织物、家居护理及个人清洁用品等
品牌数	近2 000个	约300个
主要品牌	多芬、力士、旁氏、奥妙、夏士莲、凡士林、立顿及和路雪等	飘柔、海飞丝、潘婷、舒肤佳、玉兰油、护舒宝、碧浪、汰渍及佳洁士等
员工数	约247 000人	约100 000人
年度研发投入	约10亿美元	约17亿美元

（三）广告管理的法制化、规范化

中国经济的快速发展，以及市场经济与世界的接轨，为广告业的健康发展创造了良好的生态环境。1999—2011年，国家相关部委颁布了一系列法律、法规文件，使中国广告业沿着法制化、规范化的道路进一步有序前行。

首先，广告的立体管理体系逐步形成。国家工商行政管理总局、中央宣传部、国务院新闻办公室、监察部、国务院纠风办、工业和信息化部、卫生部、国家广播电影电视总局、新闻出版总署、国家食品药品监督管理局、国家中医药管理局等多部委颁布管理文件，共同参与广告管理，形成多部门联动的立体广告管理体系。

其次，广告的专项治理工作力度加大。例如，2011年由国家工商行政管理总局牵头，多部委联合下发《2011年虚假违法广告专项整治工作实施意见》，集中对各类虚假违法广告进行整治。在2008年北京奥运会期间，北京市人民政府、国家工商行政管理总局、中央宣传部等多部委联合下发《关于2008年北京奥运会残奥会期间采取户外广告临时控制措施的通告》和《关于进一步加强奥运期间新闻媒体广告发布管理的通知》，进一步规范奥运会期间国内媒体的广告宣传工作。2010年，国家工商行政管理总局下发《关于充分发挥广告监管职能作用为上海世博会营造良好广告市场环境的通知》，为优化上海进博会的广告环境提出了具体的广告监管措施。这些政策、法规的颁布对特定时期中国广告业的规范有序发展起到积极有效的作用。

最后，广告的监管领域扩展、监管力度加强。1999—2011年，国家工商行政管理总局和相关部委颁布的广告法律法规有40余项（表9-5），涉及相当广泛的广告经营活动规范，如规范乱评比、乱排序的广告，加强对临时性广告活动的监管，调整广告费用所得税税前扣除标准等；也涉及与人民群众日常生活密切相关的广告内容规范管理，如对留学中介的服务广告的管理，对保健食品广告的监督管理，对使用药品名称的药品广告的规范，以及对固定形式的印刷品广告的监督管理等内容；还涉及媒体广告管理的具体要求，如禁止广播电视节目转播传输机构插播商业广告，加强对电视购物短片广告和居家购物节目的管理等内容。

表9-5　1999—2011年国家制定的一系列广告业配套法律法规

时间	颁布的法律法规	颁布的部门
1999年	关于停止发布含有乱评比、乱排序等内容广告的通知	国家工商行政管理总局
	关于加强自费出国留学中介服务广告管理的通知	国家工商行政管理总局
	关于进一步做好公益广告工作有关问题的通知	宣传部、国家工商行政管理总局
2000年	广告管理条例施行细则（修订版）	国家工商行政管理总局
	关于加强保健食品广告监督管理的通知	国家工商行政管理总局、卫生部
	关于加强对临时性广告经营活动监督管理的通知	国家工商行政管理总局
2001年	关于调整部分行业广告费用所得税前扣除标准的通知	国家税务总局
	关于规范广告法律咨询服务的通知	国家工商行政管理总局
2003年	广播电视广告播放管理暂行办法	国家广播电影电视总局
2004年	关于禁止广播电视节目转播传输机构插播商业广告的通知	国家广播电影电视总局
2005年	关于按照新修订的《广告管理条例施行细则》调整有关广告监管规章相应条款的决定	国家工商行政管理总局
	保健食品广告审查暂行规定	国家食品药品监督管理局
2006年	关于在药品广告中规范使用药品名称的通知	国家食品药品监督管理局
	户外广告登记管理规定（修订版）	国家工商行政管理总局
	关于外国投资者通过股权并购举办外商投资广告企业有关问题的通知	国家工商行政管理总局、商务部

续 表

时间	颁布的法律法规	颁布的部门
2006年	关于调整服装生产企业广告费支出企业所得税税前扣除标准的通知	国家税务总局
	关于建立药品医疗器械保健食品广告复审制度的通知	国家食品药品监督管理局
	关于禁止报刊刊载部分类型广告的通知	新闻出版总署、国家工商行政管理总局
	关于广播电视事业单位广告收入和有线收视费收入有关企业所得税问题的通知	财政部、国家税务总局
2007年	药品广告审查发布标准	国家工商行政管理总局、国家食品药品监督管理局
	药品广告审查办法(修订版)	国家工商行政管理总局、国家食品药品监督管理局
	关于加强固定形式印刷品广告监督管理工作的通知	国家工商行政管理总局、新闻出版总署
2008年	广电总局办公厅关于重申广播电视广告播放管理有关规定的通知	国家广播电影电视总局
	关于2008年北京奥运会残奥会期间采取户外广告临时控制措施的通告	北京市人民政府
	关于进一步加强奥运期间新闻媒体广告发布管理的通知	国家工商行政管理总局、中央宣传部、监察部、国务院纠风办、国家广播电影电视总局、新闻出版总署
	外商投资广告企业管理规定(修订版)	国家工商行政管理总局、商务部
	关于允许港澳居民个体工商户从事建筑物清洁服务和广告制作的通知	国家工商行政管理总局
2009年	医疗器械广告审查办法(修订版)	卫生部、国家工商行政管理总局、国家食品药品监督管理局
	关于部分行业广告费和业务宣传费税前扣除政策的通知	财政部、国家税务总局
	食品广告监管制度	国家工商行政管理总局
	广播电视广告播出管理办法	国家广播电影电视总局
	关于加强电视购物短片广告和居家购物节目管理的通知	国家广播电影电视总局
2010年	关于暂停播出以"12590"开头的特服号码有奖竞猜类广告的通知	国家广播电影电视总局
	关于充分发挥广告监管职能作用为上海世博会营造良好广告市场环境的通知	国家工商行政管理总局
	关于立即停止播出加盟代理秸秆气化炉广告的通知	国家广播电影电视总局

续 表

时间	颁布的法律法规	颁布的部门
2011年	2011年虚假违法广告专项整治工作实施意见	国家工商行政管理总局、中央宣传部、国务院新闻办公室、监察部、国务院纠风办、工业和信息化部、卫生部、国家广播电影电视总局、新闻出版总署、国家食品药品监督管理局、国家中医药管理局
	产业结构调整指导目录（2011年本）	国家发展和改革委员会
	关于进一步加强广播电视广告播出管理的通知	国家广播电影电视总局
	《广播电视广告播出管理办法》的补充规定	国家广播电影电视总局

从2012年至今，中国广告管理在法制建设和规范管理方面迈上了一个新台阶。国家相关部委对广告规范化管理的措施更多元，目标更具体，管理力度也进一步加强，相关法律、法规文件的适用范围和领域也更清晰，与广告行业自律、社会监督一起，构成中国广告管理的基本框架，也成为这一时期中国广告业健康发展的有力保障。

首先，新广告法的颁布使广告的内容体系得以完善。1994年10月27日，第八届全国人民代表大会常务委员会第十次会议通过《中华人民共和国广告法》。在相当长的时期内，这是规范、指导中国广告业健康发展的基本法。进入21世纪的第二个10年，为适应广告产业快速增长和新媒体广告不断变化的需求，2015年4月24日，《中华人民共和国广告法》（下简称《广告法》）由中华人民共和国第十二届全国人民代表大会常务委员会第十四次会议修订通过，自2015年9月1日起施行。修订后的《广告法》进一步明确了广告的主体、责任和义务，加大了对虚假广告打击的力度，针对广告实践中人民群众反映强烈和特别关心的问题作出了具体的规范要求，并在强化公众参与，加强社会监督方面增加了相应的条款。修订后的《广告法》也关注到新媒体广告快速增长带来的广告生态变化，对新广告生态下广告管理面临的新状况和新问题都给予了回应，并增加了相应的管理条款，对新时期广告产业的升级换代和促进中国广告业的健康发展起到保驾护航的重要作用。

其次，广告治理的专项行动内容进一步强化。2012年起始，我国先后发布了《2012年整治虚假违法广告专项行动部际联席会议工作要点》《2013年虚假违法广告专项整治工作实施意见》《关于开展电视购物专项整治工作的通知》《开展互联网金融广告及以投资理财名义从事金融活动风险专项整治工作实施方案》《关于开展广播电视广告专项整治工作的通知》《关于开展互联网广告专项整治工作的通知》等文件,针对广告实践中的突出问题下发相关意见和通知,进行广告专项治理,在广告规范化管理方面取得巨大成效。

再次,相关部门加大了互联网广告的管理力度。2016 年,国家工商行政管理总局颁布了《互联网广告管理暂行办法》,规范了互联网广告的发布流程和运营行为;2018 年,颁布了《关于开展互联网广告专项整治工作的通知》,对互联网广告在发展过程中存在的突出问题给出了专项治理的指导意见;2020 年,中国广告协会出台了《网络直播营销活动行为规范》,对网络直播营销市场加强管理。2021—2022 年,我国各部委对互联网广告的管理进一步加强,先后出台了《网络直播营销管理办法(试行)》《互联网广告数据应用和安全技术要求》和《关于进一步规范网络直播营利行为促进行业健康发展的意见》,对互联广告运营、数据运用和技术安全等问题都做作出了明文规定。

最后,广告的宏观管理和实践管理相结合。2012 年以后,中国广告管理的法制体系逐渐建构起来,以 2015 年颁布的《中华人民共和国广告法》和 2016 年颁布的《公益广告促进和管理暂行办法》《互联网广告管理暂行办法》为代表,广告管理法制建设取得重要成效,《广告法》和广告管理暂行办法覆盖了广告管理的重点领域和重要类别,从宏观层面建构了中国广告法制化、规范化的管理体系。在广告管理实践层面,广告法律法规涉及广告生产、传播和表现形态等各个环节,也涉及与人民群众生活密切相关的医疗、保健、教育、卫生等各个领域。值得一提的是,近年来,行业协会和地方管理部门在广告规范管理方面做了大量的工作,如中国广告协会推出的《广告产业发展"十二五"规划》《广告产业发展"十三五"规划》《广告产业发展"十四五"规划》,2021 年上海市广告协会和上海市市场监督管理局发布的全国首个《数字广告标准》,上海市市场监督管理局、上海市经信委发布的《关于推动上海市数字广告业高质量发展的指导意见》等(表 9 - 6)。这些规划和标准在推进数字广告的创新发展,规范数字广告的发展行为等方面都起到了积极的指导作用,其发布的标准和意见也成为中国广告管理实践经验的重要组成部分。

表 9 - 6　2012—2022 年国家制定的一系列广告业配套法律法规

时间	颁布的法律法规	颁布的部门
2012 年	大众传播媒介广告发布审查规定	国家工商行政管理总局、中央宣传部、国务院新闻办公室、公安部、监察部、国务院纠风办、工业和信息化部、卫生部、国家广播电影电视总局、新闻出版总署、国家食品药品监督管理总局、国家中医药管理局

续表

时间	颁布的法律法规	颁布的部门
	2012年整治虚假违法广告专项行动部际联席会议工作要点	国家工商行政管理总局、中央宣传部、国务院新闻办公室、公安部、监察部、国务院纠风办、工业和信息化部、卫生部、国家广播电影电视总局、新闻出版总署、国家食品药品监督管理局、国家中医药管理局
	关于推进广告战略实施的意见	国家工商行政管理总局
	关于加强旅游服务广告市场管理的通知	国家工商行政管理总局、国家旅游局
	关于广告费和业务宣传费支出税前扣除政策的通知	财政部、国家税务局
	广告产业发展"十二五"规划	国家工商行政管理总局
	关于开展2012年现代服务业试点支持广告业发展有关问题的通知	财政部、国家工商行政管理总局
2013年	关于清理广播电视"送礼"广告的通知	国家广播电影电视总局
	关于加强治理都市报刊载违法广告的通知	新闻出版总署
	2013年虚假违法广告专项整治工作实施意见	国家工商行政管理总局、中央宣传部、国务院新闻办公室、公安部、监察部、国务院纠风办、工业和信息化部、卫生部、国家广播电影电视总局、新闻出版总署、国家旅游局、国家食品药品监督管理局、国家中医药管理局
	关于开展电视购物专项整治工作的通知	商务部、工业和信息化部、公安部、国家工商行政管理总局、国家质量监督检验检疫总局、国家新闻出版广电总局、国家食品药品监管总局
2015年	中华人民共和国广告法（修订版）	全国人大常委会
	房地产广告发布规定	国家工商行政管理总局
2016年	公益广告促进和管理暂行办法	国家工商行政管理总局、国家网信办、工信部、住建部、交通运输部、国家新闻出版广电总局
	广告产业发展"十三五"规划	国家工商行政管理总局
	互联网广告管理暂行办法	国家工商行政管理总局
	广告发布登记管理规定	国家工商行政管理总局
	开展互联网金融广告及以投资理财名义从事金融活动风险专项整治工作实施方案	国家工商行政管理总局、中央宣传部、中央维稳办、国家发展和改革委员会、工业和信息化部、公安部、财政部、住房和城乡建设部、中国人民银行、国务院法制办公室、中国银行业监督管理委员会、中国证券监督管理委员会、中国保险监督管理委员会、国家互联网信息办公室、国家信访局、最高人民法院、最高人民检察院

续 表

时间	颁布的法律法规	颁布的部门
2017年	食品、保健食品欺诈和虚假宣传整治方案	国务院食品安全委员会办公室、公安部、国家工商行政管理总局等九部门
2018年	中华人民共和国广告法(修订版)	全国人大常委会
	关于做好药品、医疗器械、保健食品、特殊医学用途配方食品广告审查工作的通知	国家市场监督管理总局
	关于修改《药品广告审查办法》等三部规章的决定	国家市场监督管理总局
	关于严禁商业广告、商业活动进入中小学校和幼儿园的紧急通知	教育部
	关于开展广播电视广告专项整治工作的通知	国家广播电视总局
	关于开展互联网广告专项整治工作的通知	国家工商行政管理总局
2020年	整治虚假违法广告部际联席会议2020年工作要点	国家市场监督管理总局、中央宣传部、中央网信办、工业和信息化部、公安部、国家卫生健康委员会、中国人民银行、国家广播电视总局、中国银行保险监督管理委员会、国家中医药管理局、国家药品监督管理局
	整治虚假违法广告部际联席会议工作制度	国家市场监督管理总局、中央宣传部、中央网信办、工业和信息化部、公安部、国家卫生健康委员会、中国人民银行、国家广播电视总局、中国银行保险监督管理委员会、国家中医药管理局、国家药品监督管理局
	关于广告费和业务宣传费支出税前扣除有关事项的公告	财政部、国家税务总局
	关于停止播出"减肥传奇瘦身贴"等部分版本广告的通知	国家广播电视总局
	网络直播营销活动行为规范	中国广告协会
2021年	网络直播营销管理办法(试行)	国家互联网信息办公室、公安部、商务部、文化和旅游部、国家税务总局、国家市场监督管理总局、国家广播电视总局
	互联网广告数据应用和安全技术要求	中国通信标准化协会、中国广告协会
	关于停止播出"美容贷"及类似广告的通知	国家广播电视总局
	关于加强高等学历继续教育广告发布管理的通知	教育部、国家市场监督管理总局、中央网信办、工业和信息化部、公安部
	中华人民共和国广告法(修订版)	全国人大常委会

续 表

时间	颁布的法律法规	颁布的部门
2022年	医疗美容广告执法指南	国家市场监督管理总局
	关于做好校外培训广告管控的通知	国家市场监督管理总局、中央宣传部、中央网信办、教育部、民政部、住房和城乡建设部、国资委、国家广播电视总局
	数字广告标准	上海市广告协会
	关于推动上海市数字广告业高质量发展的指导意见	上海市市场监督管理局、上海市经济和信息化委员会
	"十四五"广告产业发展规划	国家市场监督管理总局
	关于进一步规范网络直播营利行为促进行业健康发展的意见	国家互联网信息办公室、国家税务总局、国家市场监督管理总局

三、新的广告理论的引入与广告教育的新发展

整合营销传播（integrated marketing communications，简称 IMC）时代的到来和中国广告学学科体系的逐渐完备，是中国步入现代广告时期的又一新特征。20 世纪 90 年代末期，整合营销传播理论引入中国，唱响了中国广告在世纪之交理念实践的最强音。"整合营销传播热"的出现也一定程度上说明了中国广告市场、多角关系、广告代理制的相对成熟。与之相对应的中国广告教育也获得相应发展，广告学学科体系逐渐完备。

（一）整合营销传播时代的到来

关于整合营销传播理论在中国的引入与扩散有这样的说法，中山大学管理学院卢泰宏教授在《整合营销传播》一书的推荐序中写道："1995 年我访问台湾带回唐·E. 舒尔茨原著的繁体中文译版《整合行销传播》（台北，滚石文化，1994 年）一书，当数大陆第一本。"

1996 年 9 月到 1997 年 10 月，卢泰宏教授先后发表了整合营销传播系列文章共 7 篇，成为中国大陆最早介绍整合营销传播的系统性文章。其间，南开大学的陈炳富教授等一些学者，在阅读了英文原版或台湾译版的基础上，发表了一些关于整合营销传播的文章。

1998 年 3 月，简体中文版的《整合营销传播》（图 9－9）被《国际广告》杂志社列入"国际广告商务译丛"，由内蒙古人民出版社出版。简体中文版的《整合营销传播》在中国大陆出版后，在市场上引起很大反响，专家学者们围

图9-9 《整合营销传播》中文简体版封面

绕整合营销传播理论写了不少文章，广告人和公关人如同找到了灵丹妙药一般。

2000年8月，科龙成立专门的整合传播部，贯彻营销的观念，重新规划科龙、容声、华宝和服务及公司品牌战略，并重新设计了科龙、容声、"全程无忧服务"商标等VI系统，聘请了电通、奥美协助科龙、容声和服务品牌的整合传播工作。由此，科龙成为中国大陆第一家引进并实施整合营销理念的企业。

2000年之后，唐·E.舒尔兹频繁来中国大陆演讲、授课，让整合营销传播逐步升温。2002年龙之媒书店正式授权出版《整合营销传播》简体中文版时，整合营销传播已是中国大陆炙手可热的营销理论。

20世纪90年代，美国西北大学的唐·E.舒尔茨教授（图9-10）根据新的营销环境，提出了在营销领域具有颠覆意义的整合营销传播理论，标志着世界范围内整合营销时代的到来。整合营销传播理论改变了传统营销的基本思路，在《整合营销传播》一书中，第一句话就是："4P（产品、价格、通路、促销）已成为明日黄花，新的行销世界已经转向4C了。"舒尔茨的IMC理论宣告了统治世界营销理念近半个世纪的4P（product, place, price, promotion）理论的终结。4C（consumer wants and needs, cost, convenience, communications）理论是以消费者为出发点和归宿点的，它改变了以往所有广告理论以企业为思维出发点的情况，而转向消费者，并且全面树立起了消费者在今天营销中的核心地位。

图9-10 唐·E.舒尔茨教授

随后，舒尔茨教授为进一步丰富整合营销传播理论，提出了5R理论。5R理论较4C理论更加凸显顾客的核心地位，营销问题被改写为与顾客建立关联（relevance）、注重顾客感受（receptivity）、提高市场反应速度（responsive）、关系营销（relationship），以及赞赏回报是现代营销的源泉（recognition）。由此，整个营销的问题就由过去的"消费者请注意"转变为现在的"请注意消费者"。在这一理念的指导下，整合企业营销传播的各种要素，包括各种营销方式的整合、传播要素的整合、营销传播资讯的一致性,以及传播目标的一致性、集中性,在实现与消费者的沟通中,与消费者建立起长期的、双向的、稳固的关系(图9-11)。

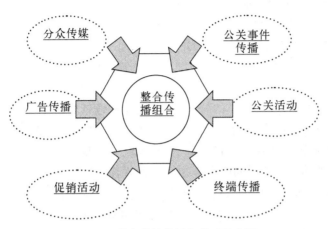

图9-11 整合营销传播各关系示意图

舒尔茨在提出整合营销传播概念之初,曾作出解释:整合营销传播是关于营销传播规划的一种思想,它明确了综合规划所产生的附加价值。依靠综合规划,人们可以对一系列传播学科的战略角色进行评价(如普通广告、直接反应、促销及公共关系等),并且将它们融合,从而使传播活动明了、一贯并获得最大的效果。之后,又有不少学者给出了对于整合营销理论的新的理解和阐释。但是,对于整合营销传播的定义,就连舒尔茨教授本人也承认,由于营销环境在不断变化,人们对整合营销传播的要求也在不断提升,给整合营销传播下一个确切的定义是不太可能的。不过,作为一种系统理论,其核心要义却是不变的。首先,整合营销传播理论是以4C为根本出发点的,即以消费者为中心,这也是整合营销传播对现代营销理论具有颠覆性意义的理论基础;其次,整合营销传播理论要求综合、协调使用各种形式的营销传播方式,对准一致的目标,通过各种不同的传播渠道,传递一致的信息,即用一个声音说话,争取实现营销传播效果的最大化。

整合营销传播理论的核心思想是将与企业营销活动有关的一切传播活动一元化。首先是把广告、促销、公关、直销、CI、新闻媒体等一切传播活动都纳入营销活动的范围;其次是使企业能够将统一的传播资讯传达给消费者。通过制定统一的架构来协调传播计划,从而使组织达到"一个声音,一种形象"的效果。所以,整合营销传播也被称为"speak with one voice"(用一个声音说话),即营销传播的一元化策略。这种一元化策略贯穿于整个营销活动的执行当中。在认识整合方面,认知的整合是实现整合营销传播的开始,要求营销人员认识营销传播的需要。在形象整合方面,形象整合是确保产品或服务信息与媒体的一致性。信息与媒体的一致性一方面是广告的文字与其他视觉要素之间要达到一致性,另一方面是在不同媒体上投放广告的一致性。在功能整合方面,功能整合是把不同的营销传播方案编制出来,作为服务于营销目标(如销售额与市场份额)的直接功能。也就是说,每个营销传播要素的优势劣势都经过详尽的分析,并与特定的营销目标紧密结合起来。在协调整合方面,协调整合指人员推销功能与其他营销传播要素的整合,这意味着各种手段都用来确保人际营销传播与非人际形式的营销传播的高度一致。例如,推销人员所说的内容必须与其他媒体上的广告内容协调一致。在消费者整合方面,营销策略必须在了解消费者的需求和欲求的基础上锁定目标消费者,在给产品以明确的定位以后才能开始营销策划,使得战略定位的信息直接到达目标消费者的心中。在风险承担整合方面,营销人员应该认识到目标消费者不是本组织实现传播的唯一群体,其他共担风险的经营者也应该包含在整体的整合营销传播战术之内,如员工、供应商、分销商以及股东等。在关系整合方面,关系的管理与整合是整合营销传播的最高阶段。关系管理的整合就是要向不同的关系组织进行有效的传播,公司必须发展有效的战略。这些战略不只是营销战略,还有制造战略、工程战略、财务战略、人力资源战略以及会计战略等,也就是说,公司必须在每个功能环节内(如制造、工程、研发、营销等环节)发展出营销战略以达成不同功能部门的协调,同时对社会资源也要进行战略整合。

  整合营销传播理论具有很强的实战价值。对此,舒尔茨教授提出了四个阶段性的实施方略:战术性协调、重新界定营销传播范围、信息技术的应用,以及财务与战略的整合。整合营销传播理论还具有很强的有效执行性,对于执行层面的强调是整合营销传播思想的又一突出特点。

  随着营销环境(图9-12)的变迁和广告人认识与实践的丰富,舒尔茨教授对整合营销传播概念的阐释由最初的"关于营销传播规划的一种思想"转变为"一个业务战略过程"。这说明整合营销传播理论在运作层面的问题越来越成为企业在整合营销传播活动中需要面对的主要问题,即营销传播策略的有效执行成为企业最需要解决的问题。

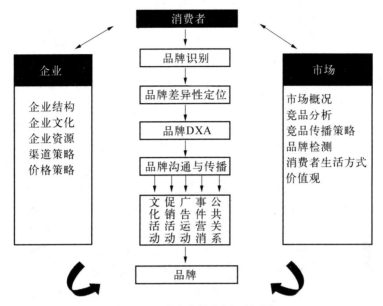

图 9-12 整合营销传播环境分析

（二）广告学学科体系建设的逐步完善

广告学学科体系的完善是在广告技术不断进步、广告同人们的生活日益发生紧密联系、对社会的影响日渐深入，进而导致传统的广告环境不断发生变化的背景下逐步完成的。随着改革开放后中国经济的快速发展和人民生活水平的迅速提高，广告与中国人民的生活越发紧密地联系起来，并逐渐成为人们生活中不可或缺的组成部分，对经济、社会和文化的发展产生了深刻影响。同时，广告学作为一门研究广告的学问逐渐兴起，在广告教育和相关的研究中，广告学学科的体系建设也逐步走向完善。

在学科归属方面，经过 20 余年的大发展，广告学的学科地位逐渐得到业内人士的广泛认同，他们在广告学是一门独立的、规范的、综合性的边缘学科这一问题上达成共识。在世界范围内，从 20 世纪初期开始，许多学者从社会学、经济学、统计学、人类学等角度对广告活动加以总结和探讨，相继出版了多种理论专著。但是，这些学者多是站在其他学科的角度或立场来看待广告学，广告学的许多知识层面仍被视作这些学科的分支或组成部分。在广告学引入中国的早期，广大学者就广告学学科的归属问题仍带有一定的模糊性，尤其在中国高等广告教育的发展中，广告专业设置背景的多样化更加剧了人们对广告专业到底应该设置在新闻传播学科、艺术学科，还是经济类的营销学科的争执。1997年，教育部在修订专业目录时，将广告学专业列在新闻传播学（一级学科）下，属于传播学（二级学科）领域，这给了广告学专业一个明确的官方定位，为中国广告学学科建设明确了方向。

在学科研究方面，从1998年开始，关于广告学研究的文献数量急剧增长，在2001年达到一个高峰阶段后有所回落，之后又急剧反弹。从广告学研究论文在各类刊物上的分布来看，主要集中在高校学报、新闻传播学类期刊和广播电视及出版媒介、市场管理类期刊等，也有散落在社会学、政治学、教育学等刊物上的广告学研究论文。这一方面说明了广告学研究的集中性，即新闻传播学类期刊和广播电视及出版媒介逐渐成为广告学研究的主阵地；另一方面也说明，对交叉性很强的广告学的研究正在不断丰富，研究范围不断得到扩展。1997年，中国传媒大学广告系承担了当时广电部"中国媒介市场与经营系列研究"的课题，并出版了《媒介经营与产业化研究》一书。该课题在考察了20世纪70年代以来世界媒介和中国媒介的发展动向以后，从大众传播媒介产业化的角度，探讨了中国大众传播媒介在20世纪70年代末以来发生的变革，提出这种变革的本质之一就是大众传播媒介的产业化过程。之后，随着中国传媒业的集团化改革和媒介集团的相继成立，广告界中掀起了一股关于"媒介产业化"研究的热潮。媒介改革和产业化课题被纳入广告研究的范畴，成为广告学研究领域的一大分支，进一步丰富了广告学学科的研究体系。其间，随着中国广告市场的相对成熟，多角关系逐步稳定，广告代理制渐渐确立，广告市场运作不断规范化，对广告道德法规、广告管理政策和条例的研究也得到加强。随着研究成果的不断丰富，这些内容也成为广告学学科体系的重要组成部分。

在学科建设方面，自1993年中国传媒大学（图9-13）招收了全国第一届广告学方向硕士研究生，到1999年招收硕士研究生的高校数量迅速增加，由此形成了中国广告学硕士研究生教育的办学热潮，个别高校的研究生招生人数已经超过本科生招生人数，某些高校的办学重点正从教学型教育转向研究生教育，中国广告学学科的建设得到了进一步发展。

图9-13 招收全国第一届广告学硕士、博士的中国传媒大学

2000年,中国传媒大学招收第一届广告学方向博士研究生。2002年,武汉大学以广告专业为主体,成功申报传播学博士学位授予点,并在当年招收了广告传播方向博士研究生,实现了中国广告学学科建设的历史性跨越。

第三节 广告表现的新形式

中国广告业发展进入20世纪90年代后,广告表现出许多新形式。网络媒体的壮大,促进了网络广告的兴起。数字媒介技术的广泛应用,催生了其他数字媒介广告的形式的繁荣,像数字电视广告、手机广告、网络电视广告逐渐走进人们的生活。就在这时,户外广告的集中与整合成为中国广告在新时期发展中的一个亮点,推动这一进程的是白马广告公司、Tom.Com和分众传媒等户外广告集团。

一、网络媒体的壮大与网络广告的兴起

网络媒体的壮大和网络广告的兴起,是中国广告业在新时期进行整合发展的重要方面。在这期间,网络媒体在短短十余年间获得了长足进步,网络广告也随之兴起,对网络广告的监管成为紧迫的时代课题。

根据《2020中国互联网广告数据报告》,在2020年中国互联网营销市场上,互联网广告维持了13.85%的增长态势,视频广告收入规模较2019年增长了64.91%。其中,短视频广告独占鳌头,增幅高达106%[1]。因此,视频广告也越来越成为大众尤其是青年群体喜闻乐见的信息传播形式。通过社交媒体和网络进行视频广告的信息接收不仅成为受众的自觉选择的行为,更成为企业进行品牌价值传播的重要通道[2]。

(一)网络媒体在中国的发展历程

网络媒体在中国的发展可以划分为三个阶段:第一阶段为1986—1996年,是试验与起步阶段;第二阶段为1997—2000年,是成长与商业化阶段;第

---

[1] 《2020中国互联网广告数据报发布》,新华网百家号,2021年1月12日,https://baijiahao.baidu.com/s?id=1688664012350980090&wfr=spider&for=pc,最后浏览日期:2022年9月12日。

[2] 同上。

三阶段从 2001 年至今,是稳步成熟阶段。

1986 年,北京市计算机应用研究所由钱天白教授负责,开始实施 CANET(Chinese Academic Network)国际互联网项目。1987 年 9 月 20 日,钱天白教授(图 9-14)发出中国第一封电子邮件"越过长城,通向世界",揭开了中国人使用网络媒体的序幕。1988 年 12 月,清华大学校园网采用胡道元教授从加拿大不列颠哥伦比亚大学引进采用的 X400 协议的电子邮件软件包,通过 X.25 网与加拿大不列颠哥伦比亚大学连接,开通电子邮件应用。1992 年,NCFC(National Computing and Networking Facility of China)工程的院校网,即中科院(CASnet,连接了中关村地区 30 多个研究所及三里河中科院院部)、清华大学校园网(TUNET)和北京大学校园网(PUNET)全部建设完成。

图 9-14 发出中国第一封电邮的钱天白教授

1993 年 3 月 12 日,朱镕基主持国务院会议提出并部署建设"金桥工程"(国家公用经济通信网),此后召开的国家经济信息和联席会议决定:"金桥工程"是国民经济信息化建设基础设施,也是金卡工程和"金关工程"的信息传输和处理平台,属于国家信息化的骨干网。

1994 年 1 月 12 日,吉通由电子工业部发起成立。同年 4 月,当时的电子部与其他部委又发起成立了联通。两者最初定位是吉通主要发展数据通信,为机关和国有企业服务;联通主要做语音通信,面向公众。同年 4 月 20 日,当时的国家计委利用世界银行贷款重点学科项目 NCFC 工程的 64K 国际专线开通,实现了与 Internet 的全功能连接。从此,中国被国际上正式承认为真正拥有全功能 Internet 的国家,成为国际互联网大家庭中的第 77 名成员。同年 6 月 18 日,国务院办公厅向各部委、各省市发出《国务院办公厅关于"三金工程"有关问题的通知》,"金桥工程"前期工程建设全面展开。同年 9 月,中国电信与美国商务部签订中美双方关于国际互联网的协议,协议中规定中国电信将通过美国 SPTINT 公司开通 2 条 64K 专线,中国公用计算机互联网(CHINANET)的建设开始启动。

1995 年 1 月,中国电信分别在北京、上海设立的通过美国 SPTINT 公司接入美国的 64K 专线开通,并且通过电话网、DDN 专线和 X.25 网等方式开始向社会提供 Internet 介入服务。同年 3 月,中国科学院完成上海、合肥、武汉、南京四个分院的远程连接,开始了将 Internet 向全国扩展的第一步。同年 5 月,中国电信开始筹建中国公用计算机互联网全国骨干网。

1996年1月,中国公用计算机互联网全国骨干网正式在全国内提供互联网服务。同年3月,清华大学提交的适应不同国家和地区中文编码的汉字统一传输标准被IETF通过为RFC 1922,成为中国国内第一个被认可为RFC文件的提交协议。同年8月,国家计委正式批准金桥一期工程立项,并将金桥一期工程列为"九五"期间国家重大续建工程项目。同年9月16日,中国金桥信息网(CHINAGBN)连入美国的256K专线正式开通。中国金桥信息网宣布开始提供Internet服务,主要提供专线集团用户的介入和个人用户的单点上网服务。同年12月,中国公众多媒体通信网开始全面启动,广东视聆通、天府热线和上海热线作为首批站点正式开通。

1997年4月,国务院在深圳召开全国信息化工作会议,"国家信息化九五规划和2000年远景目标"制定,将中国互联网列入国家信息基础设施建设,并提出建立国家互联网信息中心和互联网交换中心。同时,政府开始投资大规模的基础网络建设。同年6月,邮电部电信总局投资70个亿的169全国多媒体通信网启动,深入县级城市的地方信息港纷纷开通。接着,中国公用计算机互联网实现了与中国其他三个互联网络中国科技网(CSTNET)、中国教育和科研计算机网(CERNET)、中国金桥信息网的互联。同年11月,中国互联网络信息中心(CNNIC)发布了第一次《中国Internet发展状况统计报告》,报告显示,截至1997年10月31日,我国共有上网计算机29.9万台,上网用户62万人,CN下注册的域名4 066个,WWW站点1 500个,国际出口带宽18.64MBPS。

1998年3月,第九届全国人民代表大会第一次会议批准成立了信息产业部,主管全国电子信息产品制造业、通信业、软件业,推进国民经济和社会服务发展。同年7月,中国公用计算机互联网骨干网二期工程开始启动,二期工程将使八个大区间的主干带宽扩充至155M。

1999年2月11日,在国务院办公会上,一个叫"中国高速互联骨干网——宽带IP网示范工程"的项目得到了肯定。由中科院牵头,加上广电总局、铁道部、上海市,共出资3亿元,主要利用广电总局和铁道部的光缆网,连通15个直辖市和省会城市。

2000年,随着新浪、搜狐和网易相继在纳斯达克上市,中国互联网开始有了在股市的晴雨表,也掀起了中国互联网的第一次商业化浪潮。截至2000年6月,我国中文域名数为71 727个,WWW站点数约27 289个,IP电话出口带宽总量为56M,国际线路的总容量为1 234M,连接美国、加拿大、澳大利亚、英国、德国、法国、日本、韩国等国。同年10月28日,中国网络通信有限公司宽带高速互联网一期工程如期开通，这是中国电信业剧变之后第一个新建成的电信骨干网。

在经过短暂的互联网"寒冬"之后，中国网络媒体进入稳步成熟的发展阶段。互联网企业在全球范围内全面复苏，互联网用户数大幅增长，几大门户网站盈利方式多元化，网络技术进一步发展，网络带宽大幅扩充，中国互联网呈现一片繁荣的局面。

2008年1月8日，根据《Netguide 2008 中国互联网调查报告》显示，2007年中国互联网综合门户市场保持健康增长，市场规模达到123.5亿元人民币，较2006年增长22.3%。2007年第一阵营新浪、搜狐、网易和腾讯四者占中国综合门户企业营收额之比例为76%，市场集中度非常高，显示了中国网络市场的成熟。2007年中国互联网用户人均月度互联网消费182.6元人民币，年度的消费总规模达到3988亿元。同时，由中国互联网络信息中心发布的第21次《中国互联网络发展状况统计报告》显示，截至2007年12月，中国网民数已增至2.1亿人，人均月访问网站时长达716分钟，网络媒介在人们日常媒介消费中的地位可见一斑。

目前，根据中国互联网络信息中心发布的第49次《中国互联网络发展状况统计报告》，我国网络基础设施全面建成，工业互联网取得积极进展，截至2021年12月，我国域名总数达3593万个，IPV6地址数量达63052块/32，同比增长9.4%；移动通信网络IPV6流量占比已经达到35.15%。网民规模稳步增长，农村及老年群体加速融入网络社会，我国农村网民规模已达2.84亿，农村地区互联网普及率为57.6%。截至2021年12月，我国60岁及以上老年网民规模达1.19亿，互联网普及率达43.2%。网民上网总时长保持增长，上网设备使用呈现多元化。截至2021年12月，我国网民人均每周上网时长达到28.5个小时，较2020年12月提升2.3个小时，互联网深度融入人民日常生活；截至2021年12月，我国网民使用手机上网的比例达99.7%，手机仍是人们上网的最主要设备①。

（二）网络广告的兴起

1997年3月，IBM公司在信息站点Chinabyte.com上发布了中国的第一条网络广告。随着中国网络媒体的不断发展和第一次商业化浪潮的出现，网络广告开始兴盛。1998—1999年两年间，一些外资广告公司开始在中国成立

---

① 《CNNIC发布第49次〈中国互联网络发展状况统计报告〉》，中国新闻网百家号，2022年2月25日，https://baijiahao.baidu.com/s?id=1725724037685745534&wfr=spider&for=pc，最后浏览日期：2022年9月12日。

互动行销部门,开展网络广告业务。1999年1月,英特尔(Intel)的全球广告代理商灵智大洋(广州)有限公司在北京成立互动传播部;3月,恒美成立网络市场部;4月,奥美和智威汤逊在中国联合推出互动媒体咨询;5月,中国台湾的梦想家媒体与上海金马广告合资组建互联网门户站点。这一年,精信广告有限公司的精信医疗保健部在中国开通了第一个医疗网站。

网络媒体在经历了20世纪末最后几年的爆发式发展后,2000年走进了网络媒体发展的严冬。这一年,人们对于网络媒体的信心降至冰点,纳斯达克综合指数在2000年3月10日触摸历史高点5 132点后急转直下。国际资本市场切断了中国网络媒体商业化后的财源,中国互联网经济的泡沫彻底破灭。

其后,挺过这场互联网严冬的中国互联网企业都找到了各自的生存之道,也给中国互联网的发展提供了有益经验。就在这时,中国互联网实现了与中国移动通信增值服务市场的嫁接,并因此完善了自身的"造血"机制,成为ASP(application service provider,互联网应用服务提供商)。三大门户网站新浪、搜狐、网易都找到了新的盈利模式,在2002年第二季度前后开始盈利。

网络广告随着互联网经济的逐渐复苏有了明显的增幅。2002年6月30日,网易公布当年第二季度广告收入为803万元人民币,广告服务的盈利能力明显增强,表明互联网作为广告载体,其重要性在日益加强。互联网广告在经历了互联网经济的严冬后,开始由技术驱动型转向营销策略驱动型。这时随着网络技术的发展,网络广告的新种类层出不穷,各种各样的网络媒体广告丰富多彩。

1. 标题广告

早期的网络广告由于技术和网络带宽的限制,主要是以静止的JIF格式图片的标题广告形式出现的。世界上最早的网络广告——美国电报电话公司(AT&T)1994年10月14日在网络杂志《热线》(Hotwried)上发布的广告就是这种标题广告形式。随着技术和网络带宽的允许,GIF动画形式的标题广告逐渐多了起来,并且同JIF格式图片的标题广告一同迅速成为网络广告的主流(图9-15)。

图9-15 搜狐网上常见的广告形式

标题广告主要分为全幅标题、半幅标题、短标题、垂直标题、高 button、中型 button、短 button、小 button 等几种。标题广告的投放通常分为买断式和轮换式。买断式指将某一站点指定的某一个固定位置买断，不允许与其他企业进行轮换，以达到在这一站点设置路障的效果。但实际上，大多数的门户网站不允许企业买断它的主要频道的黄金版位，而实行轮换式。

2. 电子看板广告

电子看板广告是一种独立于页面，在一个新的框架内的标题广告。它类似于传统广告中的户外广告，固定于页面的某一位置，不随屏幕的上下移动而移动，有强迫用户看广告的技术优势，有传统电视广告的特征。

3. 赞助广告

网络赞助广告类似于传统媒体的赞助广告（图9-16），对整个站点或栏目进行赞助。通常运用于网上的一些公关活动和名牌栏目。体育站点或频道大多采用赞助式广告，主要分为三种。①固定位置赞助，即在站点的某个内容趋于固定、经常地出现赞助商的标志。②栏目赞助，通常赞助周期较长，为的是获得长期利益或与其他营销策略一起塑造和维护企业的形象，如耐克赞助新浪的体育频道。③技术赞助，有些信息产业企业通过为网站提供技术支持，保证网上视频等互联网服务得以实现，这些技术支持以栏目赞助的形式出现。另外还有标题式赞助广告、产品发布和非链接型赞助广告等。

图9-16　图中右侧位置为赞助广告版面

4. 插播广告

通常在主页出现之前的等候时间出现的十几秒的动画或视频广告,当主页出现后,广告自动消失。我们通常叫自动弹出式广告。后来衍生出了多种形式,可同页面一起,在页面的某一部分实现。

5. 富媒体广告

1997 年,在英特尔公司的新媒介讨论会上首先提出了富媒体的概念。富媒体的广告类型大致分为:①以矢量为基础的技术(如网页上的 Flash 广告),②以编程为基础的技术(如 HTML、JavaScript 等),③以流媒体为基础的技术,④富媒体邮件广告。

6. 频道广告

网站上的频道和电视台的频道概念有相通之处,如新浪的新闻、体育、时尚、军事等频道,有的频道也有独立的域名。在一个频道内发布广告,目标性比站点随意性的广告要高一些,当然收费也就相应较高。

(三) 网络广告的监管

目前,中国政府对网络广告的监督与管理尚未制定出相应的法律法规,对网络广告的监管仍属空白。1995 年颁布实施的《中华人民共和国广告法》,也未对网络广告作出相关的具体规定,这为中国对网络广告在法律法规层面上的监管提出了挑战。然而,中国现行的广告管理法律、法规对互联网广告仍然具有一定的适用性,像《中华人民共和国广告法》《广告管理条例》《广告审查标准》《药品广告审查办法》等法律法规,从产品监管的角度来看,对网络广告具有一定的约束力。但是,对于网络广告中出现的一些新问题,还是迫切需要相关法律法规尽早完善。

首先是行政监管。1999 年 3 月 30 日,由中国互联网络信息中心和《互联网周刊》主办的"99 中国网络广告研讨会"上,来自信息产业部信息化推进司、国家工商行政管理总局广告监管司、专业网络广告代理公司以及各大网站在内的相关人士就网络广告市场出现的问题及解决必要性、方法等问题进行了讨论。

2000 年 3 月 15 日,由信息产业部信息化推进司、国家工商局广告司共同主办,中国信息协会、中国广告协会和《现代广告》杂志社共同协办的"新世纪网络广告研讨会"在国家工商局召开。同年 3 月 28 日、4 月 28 日,北京市工商行政管理局分别发布了《面向社会公开征求网络广告经营资格的规范意见》《面向社会征求对利用电子邮件发送商业信息的行为规范的意见》和《北京市工商行政管理局网上经营行为登记备案补充通告(补充意见稿)》。同年

5月23日,网络广告经营试点单位工作会议在京召开,会上国家工商行政管理局广告监管司经审核,对符合条件的北京、上海、广州共27家网络广告经营试点单位颁发了《广告经营许可证》。国家工商行政管理局表示在经过一段时间的试点工作以后,制定因特网广告管理办法,以加强对网络广告的监管,使其逐渐走上规范化的道路。

其次是行业监管。1996年4月,ChinaByte 由国际权威的媒体监测机构 AC Nielsen 旗下的专业公司实行站点访问流量的第三方审计,迈出与国际接轨的第一步。同年11月,迈至科公司用 Webtrends Log Analyzer 3.0,为自己的虚拟主机客户提供用户统计报告。

1998年8月7日,中国互联网信息中心与爱特信搜狐公司联合在北京国际饭店举办了"搜狐(SOHU)站点访问统计"新闻发布会。中国互联网络信息中心在会上公布了对搜狐网站访客流量的统计报告,并向爱特信搜狐公司颁发了访客流量的认证证书。

1999年12月22日,"携手共推网站流量认证新标准"新闻发布会在京举行,中国互联网络信息中心联合17家网站倡议推出网站访客流量度量标准——《网站访问统计术语和度量办法》,在与国际标准接轨方面又迈进了一步。

2000年5月26日,中华广告网推出"直复/伙伴/关联营销网站一览表",全面展示国内网站竞争现状。同年6月1日,"网络广告先锋"推出每日网络广告监测报告(Wise Cast Research Daily Report)。同年6月9日,新生代市场监测机构有限公司和美国 LWA Leading Web Advertisers (reports.web-advertisers.com)在中国国际互联网研讨会暨展览会上宣布,将在中国建立战略性合作伙伴关系,两家公司将合作提供一项网络广告效果监测的新型服务项目。

2003年,iResearch 推出第三方网络广告监测服务软件 iAdTracker,中国网络广告收入前十几名的网络媒体和有互动业务的广告公司大部分购买了此项服务。通过 iAdTracker,可以方便地查询中国2 000多家广告主在最近三年在网络媒体上投放的广告创意、媒介计划和广告费用。同年12月,尼尔森互联网研究宣布在中国市场正式推出网站第三方测评服务 Site Census。新浪、搜狐、网易和 TOM 成为第一批签约的网络公司。

2004年,iResearch 先后推出网络广告精品推荐 www.iadchoice.com (图9-17)和网络媒体排名 www.iwebchoice.com 两个网站,为网络广告行业的发展起到了不小的促进作用。另外,网络广告竞争品牌监测服务

iAdTracker 已经监测超过中国 80 家主流媒体,并服务超过 40 家客户,成为行业不可缺少的工具。同年,按效果收费的方式开始受到青睐,好耶公司在 2004 年大力推动发展智易营销连锁网 Smarttrade.cn 的发展。智易营销连锁网是中国领先的按效果计费的线上营销网络。它以广告投放为起点,以营销活动的目标效果的实现为终点,按营销效果的实际完成数量结算费用。它使广告主在"按效果计费"的原则下,通过拥有千万互联网访客的智易平台灵活自主地开展以广告投放为起点的线上营销活动,完成自己的营销目标;它使网站主能灵活自主地从大量广告主的多样化的广告活动中选择适合自己网站的一个或多个广告活动,最大化地将自己网站访客流量转化成营销效果进而转变为自己的收入。

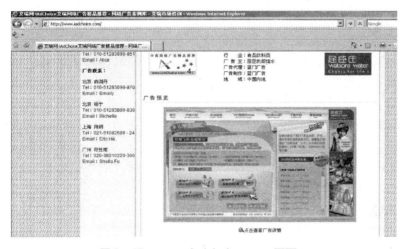

图 9-17　www.iadchoice.com 页面

二、其他数字媒体广告

随着数字媒介技术的推广与应用,新的数字媒介形式不断涌现。在中国,数字电视媒体、网络电视媒体、手机媒体等数字媒体形式的出现,丰富了广告传播的渠道,新的数字媒体广告形式也随之出现。

(一) 数字电视媒体的发展

20 世纪 80 年代初,中科院开始从事数字电视的研究,中共中央在 20 世纪 80 年代制定的"八五计划"中把数字电视的研制列进条文之中,随后"九五""十五"计划都把数字电视产业的发展列入其中。1992年,国家计委等部门向国务院提交了《关于准备高清晰度电视机生产的报告》。1994年,国家成立高清晰度电视研究与开发组,同年,我国第一台高清晰度电视样机研制成功。

1999年9月,我国的数字电视广播HDTV在中央电视塔上广播试验成功,并宣布了我国数字电视广播三步走计划:2008年正式试播HDTV-T;2015年全面实现数字电视广播,同时停止模拟电视广播。同年10月1日,中央电视台第一次正式转播国庆典礼的高清晰电视信号。

2002年7月,我国开始研制具有自主知识产权的AVS(audio video standard)音视频压缩标准,以此取代MPEG-2图像压缩标准,并于2003年7月宣布基本取得成功。新的AVS音视频压缩标准技术性能比MPEG-2更优越,活动图像更清晰,图像压缩比更大,是MPEG-2图像压缩比的2.4倍,它与MPEG-4正在升级的版本JVT(joint video team)处同一技术水平,且互相兼容。2003年11月18日,我国又宣布EVD(enhanced video disk)技术标准制定成功,EVD光盘图像信息量是现在DVD的3倍。EVD技术标准综合了目前国际上最先进的VP5、VP6技术优点,使我国的数字电视技术又向国际先进国家行列跨进了一大步,并把目前的DVD技术远远地抛到了后面。

2003年12月30日,负责我国数字电视标准研究的单位之一,清华大学信息技术研究院数字电视技术研究中心,在深圳现场演示数字多媒体地面广播传输标准单频网技术获得成功,这表明中国数字电视地面传输标准与技术走在了世界前列。

在产业化方面,2001年,数字电视在苏州市开始商业运营。同一时期,河北省获得VOD点播运营执照,省级和直辖市广播电视各部门也积极参与数字电视建设。2002年1月,数字电视在无锡市正式运营;2月,在广州、南京、湖南等地区开始数字电视运营;4月1日,广东省有线电视网络数字电视平台正式启动,中国数字电视开始启动。

2003年6月6日,国家广播电视总局发布《我国有线电视向数字化过渡时间表》,正式全面启动有线数字电视工作。同年10月,以政府支持为背景,信息服务为核心,机顶盒整体平移为主要战略的青岛模式的出现,带动了中国数字电视新一轮发展。

2004年3月25日,杭州的数字电视业务开始试运营。在普通的广播模式中,加入了互动模式的尝试,杭州模式又成为数字电视业内的一大亮点。

2005年年底,广电总局共批准131套数字付费节目,付费电视113套,付费广播18套,已开播付费电视95套,付费广播13套。2005年年底,付费数字电视用户达到139万户,付费数字电视收入达到3.16亿元。

数字电视时代的到来是以数字化传播系统各个环节的技术完善为基础的,由于传输方式、接收终端设备等环节的实现方式、数字化的标准各异,从而使数字电视的类型由于研判标准不同而表现出很大差别。

首先,按信号传输方式分类,可以分为地面无线传输数字电视、卫星传输数字电视、有线传输数字电视三类。这三种数字电视的信源编码方式相同,都是MPEG-2的复用数据包,但由于它们的传输途径不同,它们的信道编码也采用了不同的调制方式。例如,欧洲DVB数字电视系统中,数字卫星电视系统(DVB-S)采用正交相移键控调制(OPSK);数字有线电视系统(DVB-C)采用正交调幅调制(QAM);数字地面开路电视系统(DVB-T)采用更为复杂的编码正交频分复用调制(COFDM)。

其次,按产品类型分类,可以分为数字电视显示器、数字电视机顶盒、一体化数字电视接收机。数字电视发展的阶段性,是出现按产品类型分类的原因。在数字电视发展过程中,节目的数字化制作、数字化传输、数字信号的转换和数字信号的接收是逐步实现的过程,这就导致出现数字电视显示器、数字电视机顶盒、一体化数字电视接收机这样的数字电视接收设备的演化过程和不同数字设备产品的出现。

最后,按清晰度分类,可以分为普通清晰度数字电视(图像水平清晰度大于250线)、标准清晰度数字电视(图像水平清晰度大于500线)、高清晰度数字电视(图像水平清晰度大于800线,即HDTV)。VCD的图像格式属于低清晰度数字电视(LDTV)水平,DVD的图像格式属于标准清晰度数字电视(SDTV)水平。三者的主要区别在于图像质量和信道传输所占带宽的不同,一个HDTV频道不作HDTV频道播出时可供3个SDTV频道之用,HDTV频道所用的传输速率为22 M/bps,SDTV频道所用的传输速率为7 M/bps。从视觉效果来看,数字高清晰度电视扫描线在1 000线以上,图像质量可达到或接近35 mm宽银幕电影的水平;标准高清晰度电视扫描线在500—600线,其图像质量为演播室水平;普通清晰度数字电视扫描线为250—300线,对应于现有VCD的分辨率量级。

从长远的发展来看,数字高清晰度数字电视为世界电视发展的主要方向,但是由于数字电视发展的阶段性,我国还需要相当长一段时间的过渡期,在这期间,标准清晰度电视的应用仍有较大的空间。

(二) 网络电视媒体的发展

自 2003 年起,我国的网络电视(IPTV,也称交互电视)服务业务开始起步,网络电视产业链各层面的服务提供商都在积极开发利用网络电视资源。与此同时,我国两大基础电信运营商中国电信和中国网通也开始进入网络电视的运营领域。2004 年是电信运营商与设备厂商探讨和准备期。进入 2005 年,自上海文广集团拿到广电总局颁发的"信息网络传播视听节目许可证"之后,中国电信和中国网通分别与上海文广集团进行合作,开始在一些城市进行试验,推广网络电视业务。

虽然网络电视服务现在已获得很大发展,但是至今并没有形成一个关于网络电视确切统一的定义。从网络电视的产生和在国外的发展情况来看,网络电视就是"TV over IP",即以 IP 方式承载电视业务。这种定义方式有两层含义:一是提供的是电视类业务;二是基于 IP 技术,通过宽带网络传送业务。从广义来看,网络电视业务与接收终端无关,用户可以在任意形式的终端上使用这一业务,如 STB+电视、手机、PDA 等。从狭义来看,通常所说的网络电视就是专指以 STB 和电视机为终端、宽带电信网络为承载的视频业务。网络电视以 IP 协议为电视服务的技术基础,将电视机、个人计算机或者其他接收设备作为显示终端,通过宽带网络向用户提供数字广播电视、视频服务、信息服务、互动社区、互动休闲娱乐、电子商务等宽带业务。

从网络电视的定义可以看出,网络电视融合了传统电视和互联网的相关特性,可以视为传统电视业务、电信新兴业务的结合体。对于传统电视运营商来说,网络电视的出现和发展是一个巨大的挑战;而对于电信运营商来说,开展网络电视服务业务为用户提供全新、丰富的电视体验将是增强竞争能力、提高盈利能力的有效途径;对于消费者来说,网络电视则提供了不同于传统电信和电视业务的新体验。

网络电视和数字电视既有区别又有联系。一方面,网络电视既不同于传统的模拟式有线电视,也不同于通常意义上的数字电视。因为,一般来讲数字电视都具有频道分制、定时、单向广播等特点,尽管数字电视相对于模拟电视有许多技术革新,但只是信号形式的改变,而没有触及媒体内容的传播方式。网络电视使用的是 TCP/IP 协议,所以可以非常容易地将多种在线服务功能结合在一起,有效地将电视、通讯和 PC 三个领域结合在一起,实现真正的互动,在未来的竞争中处于优势地位。另一方面,网络电视和数字电视的市场用户群都是家庭用户,只是一个依托有线,一个依托宽带,给用户带来的利益类似,在家庭的定位都是电视为基础的视频服务。所以,在以后的发展中国家监管部门应认真做好战略规划,避免资源浪费。同时,网络电视和数字电视的运营商也应该实现科学合理的市场定位,防止定位重叠造成恶性竞争。

网络电视具有很长的产业链,包括内容提供商、内容集成商、视频业务提供商、网络运营商、设备提供商、系统集成商和用户。从全球网络电视的发展来看,基本都是以网络运营商为主导力量,这是由于网络基础设施提供商具有天然的垄断性。而内容的提供也在网络电视产业链上占据了非常重要的地位,所以说网络电视的产业链是以内容和网络为双核心的产业链,拥有网络资源和拥有内容资源的提供商之间的关系将直接影响到网络电视业的发展。

网络电视是由技术演变而来的一场新产业革命,昭示着一个无限广阔的电子互动娱乐市场的启动。据2004年的一项调查显示,全球有29%的运营商已经提供了网络电视服务,19%的运营商计划于当年推出网络电视服务,17%的运营商计划于2005年推出。通过网络电视,中国宽带用户,在PC上也能享受到精彩纷呈的电视节目;通过网络电视,中国电视观众将告别单一被动的节目接收,走向集互联网内容、网络游戏、电视节目在内的更为丰富多彩的互动数字娱乐生活。网络电视必将迅速而深刻地改变人们的生活。

中国中央电视台的CCTV.com一个重要功能就是开展网络电视业务(图9-18),CCTV.com发挥央视视频资源优势,提供视频直播、点播服务。2000年后,随着网络技术的发展,CCTV.com不断地增加网上视频直播的时间,从不定期对重大活动进行直播逐步发展到定期对重点节目进行直播。2003年"两

图9-18 早期CCTV.com网络电视的界面

会"召开期间,CCTV.com 开始尝试对中央电视台第一、九套节目的整点新闻进行网上直播,每天直播时长累计达 11 个小时,收到了良好的传播效果。2003 年 3 月 20 日伊拉克战争爆发后,CCTV.com 开始尝试对第一、四、九套节目进行全面直播,每天直播时长累计达 72 小时,创下 CCTV.com 日直播时间的最长纪录,平均每天收看视频直播的海内外网友总数超过 22 万人。随后,CCTV.com 实现对第一、四、九套节目和新闻频道节目的全天 24 小时同步视频直播,使全世界的网友都能够免费点播接收。2004 年 12 月 21 日,中国中央电视台对外宣布其网络电视的整体战略,确立了开路电视、数字电视、网络电视、手机电视的四大电视业务布局,强调网络电视是央视重点发展的战略业务之一。

(三) 手机媒体广告

2001 年 5 月,无线广告标准协会(Wireless Advertising Association)首次发布了部分无线广告标准,主要是针对 SMS 和 GSM 网络发送信息的,规定全文信息包含全部 160 个字符,赞助式广告标准为 34 个字符。2002 年 1 月,无线广告标准协会与英国无线营销协会合并成立了移动营销协会,致力于无线营销和广告行业标准化工作。在中国,对于无线广告的标准制定工作还停留在口头阶段,特别是已流行开来的短信广告更是凌乱不堪。

手机媒介的广告形式主要包括短信广告、邮件、基于位置的广告促销等。

短信广告可依据短信类型的不同(SMS、EMS、MMS)分为普通短信广告、增强短信广告、多媒体短信广告。简单短信广告同 SMS 一样,是基于第二代通信协议的短信息,人们日常经常收到的促销短信就属此类。在当时,这类短信拥有巨大的受众群,因此受到广告商的广泛欢迎。增强短信广告同样基于第二代通信协议的短信网络,只是在普通短信的基础上进行一些功能改进,如发更多的文字、色彩更多的图片、铃声等,主要形式是基本的广告文字加一些图片。多媒体短信广告包括文本、图片、声音、视频等多种媒介形式,它可以发送流媒体内容的广告。

由于用户对手机铃声/图片下载、收发彩信、下载手机游戏等无限增值服务的使用多样化,对于手机短信广告的应用,移动运营商、接入商(ISP)往往是同其他无限增值服务结合在一起的。

(四) 移动互联广告

移动互联网包括笔记本电脑上网、手机上网、PDA 上网等移动终端上网。目前在世界上所利用的比较成功的手机上网技术包括 WAP 和 I-mode。

在中国得到试验推广的是 WAP 技术。WAP（Wireless Application Protocol）即无线应用协议,是在计算机应用、Internet、数字电话或其他移动终端设备之间进行通讯的开放全球标准。1997 年 6 月,摩托罗拉、诺基亚、爱立信和 Phone.com 四家联合创建 WAP 论坛。12 月,一个开放的工业组织 WAP 论坛正式成立。论坛成员最终制定了 WAP 协议。它是保证电信运营商、因特网内容提供商和各种专业在线服务供应商等各方面协同工作的一系列协议。它将 Internet 的大量信息及各种各样的业务引入移动电话等无线终端。用户只要通过移动电话,即可随时随地浏览互联网内容,发送和接收电子邮件,实现信息共享,了解相关产品信息及进行网上交易（图 9 - 19）。

图 9 - 19　早期手机媒体的彩信广告

由于当时手机上网费用贵、速度慢、屏幕小、电池不耐用等问题,WAP 在中国并没有流行,中国移动的"梦网计划"本义也是在推广 WAP 服务,但最终未能成功。

三、户外广告的集中与整合

长期以来,中国的户外广告一直在零散、无序的状态中发展。20 世纪 90 年代中期开始,随着报纸、电视、杂志等传统媒体的数量的激增,传统媒体的受众呈现出分散化发展的趋势,广告传播效果日益降低。同时,人们的生活节奏却越来越快,消费者待在家中的时间越来越少,更多的时间是待在上下班或是出行的路上。户外广告属于一种不可复制的稀有资源,其广告价值越来越为人们所重视。20 世纪 90 年代中后期,中国的户外广告开始跨入资本运作阶段,户外广告进入集中与整合期。

1995—2000 年,全国户外广告的年均增长率超过 27%,户外广告市场出现了前所未有的"井喷式"增长。根据国家工商总局公布的数字显示:2002 年,中国户外广告业更是以 30% 的增长率排在各主要媒体增幅前列,全国户外广告经营额达 99.8664 亿元,占整个媒介投放的 15% 左右;2003 年,户外广告总经营额达到 129.27 亿元人民币,占广告市场总额的 12%,比 2002 年增长 29.5%。2000—2003 年,中国广告支出的年复合增长率达 10.8%,其中户外媒体增长率达 11.6%,超过整个中国广告支出的增长率。

户外广告市场高增长引起了业内外的高度关注,户外广告行业的投资价值也开始逐步被投资者发现,国际资本也开始大举进入户外广告。同时,这一时期的投资热潮还反映出户外广告市场正在发生的一场重大变化,由量的增长到质的提高,户外广告的规模化、资本化运作开始走到中国户外广告经营的中心。

1995 年,白马广告公司的韩子劲、韩子伟、韩子定三兄弟认准户外广告媒体大有潜力(图 9-20),开始将公司的主要精力集中在户外广告业务上。1998 年,白马与全球最大户外广告集团 Clear Channel 合作,逐步建立候车亭广告网络"风神榜"品牌,并开发风盛榜、超视榜、擎天榜品牌。2001 年 12 月 19 日,通过海外控股公司白马户外媒体有限公司在香港主板成功上市,成为中国内地首家在香港成功上市的广告公司。2002 年年初,白马户外广告在国

图 9-20　白马广告公司制作的户外广告作品

内城市候车亭广告的市场占有率达80%,沿海城市(外加北京)的市场占有率则达70%。据统计,在当时全国29个城市内建成的2万个候车亭中,白马广告拥有1.2万个的经营权,市场占有率达60%。

TOM.com是属于李嘉诚和记黄埔的港资网络公司。2000年,在网络泡沫破灭以后,TOM.com开始改变经营策略,把目光瞄向内地户外广告市场。TOM.com力图透过并购及内部增长,建立实力强大的媒体产业,致力于在体育推广、户外媒体、印刷媒体及网上媒体等方面成为行业的翘楚。2001年,TOM.com以其收购的上海美亚文化传播有限公司和昆明风驰明星信息产业有限公司为依托,凭借强大的资金实力,开始了在中国内地户外广告市场上的并购计划。

2001年,TOM动用近3亿元资金与北京炎黄时代广告公司、河南天明广告有限公司、山东齐鲁国际广告公司和青岛春雨广告公司分别签订谅解备忘录,收购它们的大部分权益。同年,TOM与广州的腾龙(中国)集团有限公司签订认购协议,收购其户外业务的65%股权。

2002年3月1日,TOM收购了辽宁省大连市最大的户外媒体公司——辽宁鑫星盛世广告有限公司户外广告业务60%权益。同年3月27日,TOM在中国香港宣布与沈阳沙诺金厢广告有限公司、四川西南国际广告公司、厦门博美广告有限公司和福建新奥户外广告有限公司内地4家广告公司签订谅解备忘录,收购这些公司的控股性权益。收购完成后,TOM公司的户外媒体网络从上海、云南扩展到北京、广东、山东、四川和河南,覆盖25个主要城市,TOM在内地的户外广告网络已包括12家区域性的户外广告公司,拥有广告总面积超过19万平方米,媒体资产包括大型广告牌、单立柱、单车棚灯箱、公共汽车候车亭灯箱及巴士车身广告等。到2003年,TOM.com这个原本的网络公司,网上收入只有5%,却有超过95%的收入来自传统印刷媒体和广告。同时,TOM.com占内地户外广告市场的5%,成为中国最大的户外广告集团。

几乎与此同时,媒体世纪和媒体伯乐两大户外广告巨头,于2002年相继在香港挂牌上市。到2003年时,媒体世纪在18个城市拥有2万辆巴士车身广告经营权,以及北京地铁、上海地铁2号线、明珠线的广告经营权。媒体伯乐则拥有1.2万辆巴士车身广告经营权和广州地铁、上海地铁1号线的广告经营权。2002年年底,实力户外媒体总监陈岩对此发表看法时说:"2002年是户外媒体市场收购与整合的一年。在过去,户外广告非常分散,大部分的份额分散于众多的中小型公司。自白马、TOM.com、媒体世纪、媒体伯乐四大户外媒体上市整合以来,户外媒体的发展更加出现网络化、集团化的趋势。同时,媒体开发商与销售商分离的趋势也初露端倪。"自此,中国的户外广告业进入规模发展的全新阶段。

此外,在中国户外广告整合的进程中,分众传媒(Focus Media)无疑是一个典型代表。分众传媒的整合行动从2004年开始起步,之后几乎每三个月,就要收购一家公司,成为中国媒体业近年来整合行动的推手。分众传媒是中国生活圈媒体群的创建者,面向特定的受众族群的媒体,这部分受众群体能够被清晰描述或定义,同时,这部分群体也恰恰是某些产品或品牌的领先消费群或重度消费群。分众传媒旗下拥有商业楼宇视频媒体、卖场终端视频媒体、公寓电梯平面媒体(框架媒介)、户外大型LED彩屏媒体、手机无线广告媒体、分众直效商务DM媒体及数据库营销渠道等多个针对特定受众,并可以相互有机整合的媒体网络。

2003年,分众传媒首创中国户外视频广告联播网络,以精准的受众定位和传播效果博得消费者和广告客户的肯定。2004年年底,分众传媒全面推出中国卖场终端联播网,锁定快速消费品的主要购买决策人群,影响终端购物中的品牌选择和消费决策,填补了全国性终端媒体的空缺。当时,这一媒体网络已经覆盖全国约106个城市,超过5 000个卖场和零售点。这一整合完成后,分众传媒所经营的户外视频联播网已经覆盖约百个城市、约10万个终端场所,日覆盖上亿主流消费人群。2005年7月,分众传媒成功登陆美国纳斯达克,成为海外上市的中国纯广告传媒第一股,并以1.72亿美元的募资额创造了当时的IPO纪录。它在2007年时市值曾超过40亿美元,是纳斯达克中国上市公司龙头股。2005年10月,分众传媒收购占据全国电梯平面媒体市场90%份额的框架媒介(framedia),进入社区平面媒体领域。2006年1月,分众传媒并购中国楼宇视频媒体第二大运营商聚众传媒(target media),覆盖全国75个城市,以约98%的市场占有率进一步巩固了在这一领域的领导地位。

2007年3月1日,分众传媒在上海召开新闻发布会宣布,出资不低于2.25亿美元购并中国最大的互联网广告及互动营销服务提供商好耶公司,全面进军网络广告营销市场。通过这次整合,分众传媒横跨户外电视和互联网两大最具前景的新媒体平台。收购完成后,分众传媒正式整合了楼宇电视、卖场终端电视、公寓电梯海报、手机广告网络、户外LED、影院广告及互联网广告等多样化、分众型、可组合的媒体网络,一个中国最大的生活圈媒体群浮出水面。

中国户外广告业经过多年的发展已形成相当的市场规模。近年来,我国户外广告市场延续了快速增长态势,行业市场规模从 2009 年的 60.4 亿美元增长至 2013 年的 126.5 亿美元,占我国广告行业市场总量的 16.7%,2014 年我国户外广告市场规模将达到 147.7 亿美元。2015 年,我国户外广告行业市场规模已达 174.2 亿美元①。

四、计算广告的发展

20 世纪 90 年代末,随着互联网的快速发展,国外对广告领域的计算技术和算法优化研究就已经开始。2008 年,在第十九届 ACM-SIAM 离散算法学术讨论会上,雅虎研究院的副总裁安德雷·布罗德首次提出了计算广告(computational advertising)的概念②。他认为,计算广告的核心挑战是为特定场景下的特定用户找到一个合适的广告,以实现最优匹配。2009 年,安德雷·布罗德和雅虎将计算广告概念引入中国。2011 年之后,计算广告的说法在国内开始盛行,国内外的计算广告实践也大都继承了布罗德对计算广告的解读方式。

2008—2021 年,计算广告的发展推动了广告行业的变革。在计算广告实践中,广告的所有环节均可通过信息技术实现程序化。其中,程序化购买逐步建立起一套广告运作的系统化流程(图 9-21)。程序化购买是指利用数据和技术对广告的投放和交易进行管理,从消费者在平台上接触广告到最后退出,平台自动完成广告费的计算。

计算广告是一个历时的概念,从广告运作范式看,计算广告并不是一种新的广告形态,而是一种广告运作的方法和手段。广告本身就拥有计算性,在信息技术发展不充分时,运用传统手段对广告受众进行定向投放的广告也是计算广告。广义上的计算广告就是受众定向广告。

计算广告通过运用技术和数据手段,实现了情境、广告和用户三者之间完美匹配,所以狭义的计算广告可定义为以数据为基础、以算法为手段、以用户为中心的智能营销方式。它在数据的实时高效计算下,进行用户场景画像,并快速投放、精准匹配并优化用户的一系列需求。

---

① 《近年来户外广告产业总体产能规模以及市场投放额分析》,中研网,2019 年 4 月 12 日,https://finance.chinairn.com/News/2019/04/12/175205440.html,最后浏览日期:2022 年 6 月 20 日。
② 《计算广告"是"与"非"》,腾讯网,2022 年 6 月 17 日,https://new.qq.com/rain/a/20220617A0AC8V00,最后浏览日期:2022 年 9 月 12 日。

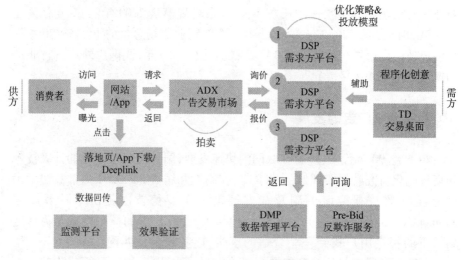

图9-21 程序化购买流程图解

从计算广告的运作路径来看,计算广告可以分为四种类型:第一类,基于人口统计学定向的计算广告;第二类,基于用户标签定向的计算广告;第三类,基于数据导航定向的计算广告;第四类,基于区块链技术基础的计算广告。学者们认为,计算广告大致经历了从互动广告到程序化购买广告,再到计算广告的发展阶段,未来会向着智能广告的方向发展。在计算广告发展过程中,也面临着广告伦理中"数据孤岛"、消费者隐私泄露和广告情感缺失等相关问题,广告人和广告学者们应对此多加注意。

五、新形势下广告创意的发展趋势

近年来,在新媒体技术发展、广告生态重构、广告产业数字化转型加快、广告产业升级换代提速的大背景下,广告创意的理念和核心也在不断发生变化,形成了新的广告创意景观。

(一)广告创意与国潮元素的运用

21世纪以来,广告创意与国潮文化相结合,与品牌传播联合成为一种新趋势。许多企业品牌在广告创意中加入中国传统文化的怀旧元素,呈现一种具有怀旧风的创意美感。例如,在2021年中国国际广告节黄河奖获奖广告《国潮正兴》的广告创意中,就运用了河南广播电视台春晚的舞蹈节目《唐宫夜宴》(图 9-22)中的国潮元素,一众唐朝宫女扮相的舞者带来了精彩绝伦的舞蹈,大唐盛世作为一种传统国潮形象在舞台上一经呈现,瞬间就惊艳了所有观众。河南省歌舞剧院的创意者巧妙地利用了洛阳在历史上的地位,通过《唐宫夜宴》中的大唐

图 9-22　河南广播电视台春晚节目《唐宫夜宴》

歌舞映衬出它"十三朝"古都的形象,用传统文化作为城市品牌宣传的重要元素,带给观众一种别致的美感。

图 9-23　花西子化妆品广告

近年来,通过具有国潮元素的广告创意打造民族品牌的理念在广告实践中得到了普遍的认可,也取得了较好的品牌传播效果。我国本土发展起来的彩妆品牌花西子定位于年轻的女性群体,品牌名称中的"西子"二字代表西湖,也意指西施,比喻产品淡妆浓抹总相宜,以"东方彩妆,以花养妆"作为品牌理念,将东方美感诠释得淋漓尽致(图 9-23)。运动品牌李宁的产品侧重于对"潮流感"品牌调性的阐释,近年来在广告创意和品牌传播活动中都力求引领潮流。例如,在郑州、喜马拉雅山脉下开展的"悟创吾意""悟·行"主题时装秀(图 9-24),三亚举办的潮流音乐节、2022 年的春夏系列服装发布会上,都积极地引领着一种富有潮流感的国潮文化。同样作为国内运动品牌的安踏对于国潮的理解则更侧重于对"中国"这一概念和相关文化的诠释。在 2020 年东京奥运会和 2022 年北京冬奥会上,安踏围绕奥运会和中国队两个主题,在冠军龙服(图 9-25)和北京奥运会官方制服的设计中融入了一字扣、织锦文物、水墨山水等国潮元素,展示了中国文化的魅力。运动员在奥运赛场上夺金的高光时刻,他们身着具有

中国风的服装与奏响的国歌一起,可以极大地激发中国人的民族自豪感。此外,鸿星尔克在强调品牌质量的同时,也注重传播中国传统文化中的"和谐",并积极地参与社会公益事业,获得了受众的好感和市场的认可。

图9-24 李宁"悟创吾意"广告

图9-25 安踏设计的龙服

图9-26 361°的AG1 Pro广告

以国潮作为产品研发侧重点的还有361°、特步、匹克等。这些品牌还把地方文化、少林文化、太极文化等融入广告创意的品牌设计中,如361°作为杭州亚运会的战略合作伙伴,在杭州亚运会到来之前,以汉服、良渚文化和杭罗为灵感,推出了三款不同配色的AG1 Pro(图9-26),受到市场的追捧。

(二)怀旧创意与新职场故事

从21世纪初至今,中国社会的城市化进程加快,城市经济体量不断增长,城市消费市场也成为年轻人的主战场,"城市让生活更美好"的生活理念也逐渐被人们接受。但是,城市的发展过程中仍存在一定的贫富差距、职场竞争加剧等显性问题,给人们带来了困扰。在针对城市年轻群体进行品牌传播的过程中,利用怀旧创意营造职场新场景、诠释品牌新故事,成为广告创意的新方向。

例如,2019年,第26届长城奖获奖广告作品《来时的路》(图9-27)受到了市场的好评。这是百雀羚品牌与新世相合作,结合热播电视剧《上海女子图鉴》的剧情,老元素新组合,翻拍了一部微电影品牌怀旧广告宣传片。广告用了八分钟左右的时间讲述了一个独自来到上海打拼的女生罗海燕与6年前的自己相遇并进行心灵对话的故事。在场景设定中,一个是6年前初到上海辛苦打拼和充满干劲的罗海燕,一个是现在已经变身职场精英却对未来的工作和生活取舍踌躇不定的Harriet。在相似的场景里,Harriet又一次回到了自己初到上海时居住的弄堂,回到她经常在结束加班后去的便利店,吃着自己曾经固定搭配的关东煮,与从前的自己坦诚对话并成了朋友。片中的结局是,两个女孩在不断的心灵交流和相互鼓励中,选择了爱自己、爱生活、爱上海,不给人生设限,坚定地留在了有她们美好的青春记忆的上海。这个广告通过女孩与从前的自己对话和回到过去的怀旧创意,巧妙地将百雀羚品牌植入主人公的日常生活,使年轻的目标受众在观看影片的过程中,无障碍地进入品牌传播的场景,实现了百雀羚三生花品牌与广大消费者之间的心灵对话,即对女性"勿忘初心,好好爱自己"的呼吁和"关爱女性,坚持爱自己"的品牌理念的深度诠释。近年来,通过怀旧创意讲述职场故事、诠释品牌文化理念的广告受到市场欢迎,并成为年轻职场人喜闻乐见的广告表现形式。

图9-27 百雀羚广告《来时的路》

(三)新媒体广告创意传播的轰动效应

在20世纪,广告媒介代理主要采购的是传统媒介,既有报纸、电视、广播、杂志等大众媒介,也有路牌、灯箱、车身、大屏幕显示屏等户外媒介。20世纪中后期,在互联网的大范围普及和飞速发展的时代背景下,互联网广告媒介开始成为媒介代理的主角。1994年,美国著名的《热线》杂志推出了网页版,吸引了AT&T等14个客户在其主页上发布广告。中国的第一个商业性互联网广告出现在 1997 年 3 月,是英特尔和 IBM 在网站 ChinaByte 上投放。伴随着互联网广告的快速发展,广告媒介代理行业也渐渐分成大众媒介代理、户外媒介代理、互联网广告媒介代理三个类别。其中,最具活力的是互联网广告媒介代理。经过 20 余年的发展,当今广告投放的主流媒体平台有腾讯社交广告、今日头条、抖音、百度、微博、小红书等上百个。

　　B 站是当前青少年较多使用的一个互联网视频类平台,它运用新媒体广告的独特传播效应,强化了企业的品牌形象,继而对年轻的受众群体产生影响。例如,2020 年第 27 届长城奖获奖作品《入海》(图 9-28)。这是一部在 B 站推出的 MV 形式的影视广告宣传片,运用影视广告独特的叙事结构,讲述了刚走出校园的大学生面对社会遭遇的种种困境:失败的爱情、求职遇挫、生活艰辛不易。影片通过主人公转换不同的社会身份努力打拼的片段,直观地向受众揭示了高校毕业生的社会生存现实问题,直击进入职场打拼的年轻人面临的巨大生活压力。更为重要的是,这个影视广告运用大量的镜头展示了初入职场的年轻人不向命运低头、奋力拼搏的精神风貌,强化了"跃入人海,无所畏惧"的精神理念,从而引发了人们的强烈情感共鸣。B 站运用影视广告搭配《入海》主题曲的 MV 形式讲述年轻人的创业故事,描绘年轻大学毕业生和初入职场的青年人的现实生活,将"关爱年轻人"的品牌营销理念融入自身的品牌文化传播,让受众在故事的场景转换中感受到了品牌温度,感受到 B 站品牌的价值理念和价值主张,使新媒广告创意的传播效应发挥到极致,取得了品效合一的市场传播效果。

图 9-28　B 站《入海》MV 影视广告

思考与练习

1. 分析进入20世纪90年代中后期以后,中国广告业的发展表现出哪些显著特点。
2. 总结新形势下中国广告媒介发展呈现出了什么趋势,并分析对中国广告业发展有何影响。
3. 分析中国加入WTO后对广告业带来了哪些机遇和挑战,应如何应对。
4. 中国媒介集团化改革对广告产业的发展有何促进作用?
5. 结合中国广告多角关系的现状,分析户外广告在中国为什么会异军突起。

第十章

我国香港、澳门、台湾地区广告发展简史

 **本章摘要**

　　港、澳、台是中国领土的一部分。但是,由于历史原因,特别是近代以来,中国大陆的广告业发展与港、澳、台地区的广告业发展呈现出了不同特点。首先是港、澳、台地区有着独特的社会、经济和商业环境,广告公司、广告媒体和广告管理的发展轨迹也呈现出不同特点,从这些特点出发阐释香港、澳门和台湾的广告发展历史是本章的要点。

　　香港、澳门、台湾地区的广告业是中国广告业的重要组成部分。一方面,由于各种的历史原因和经济制度层面的影响,港澳台地区广告业的发展与中国大陆相比,出现了截然不同的发展轨迹,在发展程度上有很大的地区差异性。另一方面,又由于民族心理趋向和历史文化背景等层面的一致性,在广告创意元素的运用上有很大的文化趋同性。总的来看,将港澳台地区广告发展的经验进行历史总结,具有重大的现实意义。

第一节　香港地区广告发展史

　　在近现代历史上,香港地区形成了独特的社会、政治和经济环境,从而也形成了香港特区独立、自由的商业环境。这些现实状况对香港地区的广告公司、广告媒介、广告管理等广告环境在近现代的发展都产生了重要影响。香港是亚洲的对外窗口,是世界最开放和最自由经济体之一,同时也是东西方

文化和经济交流的中心枢纽之一,其广告业发展水平可以算作亚洲的翘楚,是亚洲的广告中心。

一、香港地区的广告业概况

经济的发达和商业的繁荣,带动了香港十分发达的广告业,成为著名的国际大都市和东南亚广告业的中心。从20世纪70年代开始,香港经济朝向多元化、国际化方向发展,金融业、旅游业及房地产业兴起和发展迅速,成为以服务业经济为主的自由港。稳定的工业社会为广告业的迅速成长奠定了良好的物质基础。香港是一个东西方文化交汇融合的国际化大都市,广告业也兼有东西方的特点。香港的广告公司和广告人既具备国际化的视野,也能够为客户提供优质的服务,这是香港广告业的优势所在。此外,广告制作技术较先进,广告人思维灵活,创意水平较高,也是香港广告业得以快速发展的又一重要因素。

20世纪50年代到60年代初期,香港经济开始加速,广告业也迎来了许多发展机遇,这时的广告业务基本上是以制作型和媒介代理型为主。随着20世纪60年代后期到70年代香港经济的快速发展,带动了广告业的腾飞,各种类型的广告公司相继成立,但这时广告操作的专业化水平并不高。到20世纪80年代初期,许多国际广告公司先后在香港设立办事处,以此拓展它们在亚太地区的业务,由此也带动了香港广告操作的国际化。1981年,香港地区广告营业额达到9.7亿港元,约占当年GDP 1 648亿港元的0.6%。按广告费占GDP的比例排行,香港地区1988年开始进入世界前20名之列。按人均广告费排行,香港地区从20世纪80年代中期进入世界前20名。

到20世纪90年代中期,香港的广告公司已达到上千家,分工很细,专业化程度开始显著提高,不过能为企业提供全面代理服务的大型广告公司仅有30余家,而其营业额则占总量3/4左右。

2000年,香港的一项统计显示,以广告订购价格计算,香港2000年广告开支达到275.98亿港元,较前一年的236.52亿港元增长17%。其中,户外广告增幅最大,上升54%;其次为杂志类,升幅达34%;影院广告则大幅下跌,减少了47%,从1999年的2 264万港元下跌到1 197万港元。2000年,按媒体类型来分,电视广告开支依然所占比例最大,占总开支的42.2%,其余依次为报纸占37.1%,杂志占13.3%。

2003年,SARS爆发后,使香港原本就是广告淡季的3月至4月的营业额雪上加霜。有调查显示，2003年3月至4月香港的广告开支较2002年同期下降4.3%，而2003年4月较3月的广告消费更是下跌23%，仅为1.84亿港元，其中以饮食、旅游业、地产、银行及珠宝业的跌幅最大，幅度在10%至30%之间。位列十大广告客户的长江实业以及南丰发展，4月的广告开支较3月下跌分别为59%及84%。而电讯盈科和麦当劳的广告开支与去年同期比较则下跌31%及26%。

2004年起，CEPA开始生效，内地广告市场大门向香港公司敞开，香港公司可在内地独资经营，这比其他外资公司提前了两年，为香港与内地广告业的进一步交流与合作提供了良好的平台和契机。

随后，由于香港广告业竞争激烈，市场接近饱和，起步较晚但增长空间巨大的内地广告市场被香港广告巨头们一致看好。从20世纪80年代后期开始，香港广告企业纷纷进军内地市场，通过开设办事处或与内地企业成立合资广告公司参与内地广告市场的开拓，大都取得了不错的发展。CEPA签署后，更多香港的中小型广告公司进驻内地，由于地缘、语言、生活习惯等原因，珠三角的港资公司近年开始激增。同时两岸广告方面的交流与协助也更多、更频繁、更深入。很多客户也越来越习惯"上海做策略、香港做创意、广州制作、北京做媒体投放"的跨地区合作模式。

许多国际广告大鳄进入中国内地广告市场的方式，也往往是通过香港的分公司打头阵，运用其资本、人才、技术、品牌等方面的优势，成为内地企业客户的合作伙伴。香港的广告人也有很多在内地市场打拼，不少还是知名广告公司的领军人物，比如莫康孙、劳双恩、林俊明等，他们通过与内地广告同行的沟通与磨合，已经非常熟悉并适应内地市场，他们的广告理念、经验和做法也对内地广告市场的发展产生了很大的影响。

值得一提的是，香港贸易发展局一直对内地广告市场作跟踪研究，每年发表的报告都鼓励香港广告公司制定在中国内地的发展策略，以更好地开拓内地市场。同时，近年来香港有关政府机构不断加大对香港的广告宣传力度，在中国内地的各种媒体上，人们可以越来越多地看到有关香港旅游、会展、招商合作等内容的广告，并通过这些广告加深了对香港的了解和关注，说明香港的政府机构对相关行业的广告指导和推介工作是相当成功的。

许多内地企业也很重视香港市场，广告投放总量逐年增加，尤其是内地房地产广告在香港的投放量位居香港行业广告前列，就是一个很好的佐证。总之，香港广告企业大举进军内地市场，对促进内地广告业的整体发展、提升行业运营模式和操作水平、培养更多专业广告人才都将产生巨大作用。

二、香港地区的广告公司

香港地区的第一家广告公司是两位英籍女士于 1927 年 11 月 23 日创立的汤臣广告,也就是今天的达美高广告公司。20 世纪 60 年代以前,香港地区广告业的核心一直为英国人所垄断,之后,香港本土广告人才开始出现。

随着香港经济突飞猛进,到 20 世纪 70 年代末期,香港的广告业开始逐步走向规范化,无论是广告主还是广告代理商都意识到做广告不再是简单的创意和策划,同时还需要考虑媒体投放与推进的步骤、时机等。这时除了传统的纸媒外,无线电视台开始推出彩色信号,为广告传播方式提供了更多的选择,广告设计、制作、投放也越来越规范,越来越专业。

到 20 世纪 80 年代初,许多国际 4A 公司纷纷到香港地区设立亚太办事处,在为跨国集团服务的同时,也开始为香港本土企业服务,同时向台湾、内地渗透,从而极大地推动了香港广告业的发展。在日本电通、博报堂等广告公司随本国经济发展的同时,香港地区凭借自己独特的地理优势,成为各欧美跨国公司抢占亚洲市场的桥头堡,此时香港广告之都的雏形已经形成。

进入 20 世纪 90 年代以来,香港广告公司的总量已是数以千计,可提供全案服务的大型公司也有几十家,香港广告业的发展在香港本土已日趋饱和,那些供职于国际 4A 的优秀的香港广告人纷纷北上如广州、上海、北京等地开疆拓土。那时内地对广告行业的进入的控制还比较严,必须以合资的方式进入,不能以外资独资进入。之后,随着香港回归日期的临近,尤其是 1997 年以后,越来越多的香港广告人开始北上淘金,极大地促进了香港和内地广告行业的融合。

从 20 世纪 90 年代起,香港地区的广告营业额迅速攀升,现代广告特征越来越明显。1990 年,香港地区广告营业额约为 67.2 亿港元,占当年香港 GDP 5 589 亿港元的 1.2%。1991 年,上升到 75.6 亿港元,约占当年香港 GDP 7 425 亿港元的 1.247%。到 1995 年时,则高达 151.13 亿港元。1996 年,攀升到 169.86 亿港元,约占当年香港 GDP 13 488.24 亿港元的 1.26%,比 1995 年增长约 12.4%。到香港回归的 1997 年,香港地区的广告营业额已达 200 亿港元,名列世界第三。

在广告公司的规模方面,截至 1995 年 3 月底,香港地区广告公司及有关广告服务的公司共 3 606 家,从业人员共计 17 186 人。其中,广告制作及代理公司 787 家,从业人员 6 744 人。公共关系服务公司 168 家,从业人员

8 273 人。

到了 21 世纪初,香港经营广告业务的公司超过 1 100 家,其中约半数从事广告策划代理及顾问服务,其他包括广告招牌制作以及广告赠品制作公司分别约 200 家,宣传展览公司约 50 家,广告喷画制作公司 40 多家,电视广告制作公司 20 多家,户外广告制作公司约 20 家,直销市场服务、报纸及期刊广告制作公司,以及网上广告制作公司各 10 余家等。各行业广告开支十分巨大,2004 年香港各行业整体广告总开支剔除折扣后为 164 亿港元,同比上升 14.8%。可对这些公司进行如下分类。

首先是大型广告公司。大型广告公司一般是国际性跨国广告公司在香港设立的分公司或合资公司,这些广告公司一般拥有高素质的人力资源、雄厚的资金、精湛的技术、丰富的经验和良好的客户结构。由跨国广告公司在香港开设的分支机构组成的香港广告商会(图 10－1,也称香港 4A 广告协会),会员只有 19 家。香港 4A 广告协会对会员的要求是年营业额至少为 5 000 万港元,并对客户收足 15%佣金及 17.65%服务费。大型广告公司能够为客户提供全面服务,每年营业额占香港广告公司年营业总额的 60%以上。

香港廣告商會
THE ASSOCIATION OF ACCREDITED
ADVERTISING AGENCIES OF HONG KONG

图 10－1　香港广告商会标志

其次是非 4A 的广告制作和媒介代理公司。这些公司是指香港本地华资经营的大中型广告公司,如远东、大东、华联等,有 30 多家。这类广告公司的营业规模和技术手段居中等水平。主要客户为小型商业机构,以广播、电视、报纸、杂志的代理服务为主,也包括替客户进行市场调查,制定具体的广告计划,根据客户的要求进行广告创作、设计等。

再次是小型广告公司及专业广告公司。小型广告公司及专业广告公司的主要业务是为客户制作、设计广告。由于 4A 广告公司收费昂贵,因此不少小型广告客户宁愿选用小型广告公司。这些小型广告公司有不少是原 4A 广告公司高层员工自立门户创办的,其制作广告的素质可与 4A 广告公司媲美,但制作成本却低三成左右。这类公司在香港地区有逐年增多的势头。还有些专业广告公司,如实物广告公司、邮递广告公司、户外广告公司,以及各种调查公司等。

最后则是属于内地在香港地区开办的广告公司。比如,中国广告公司、新华广告公司、经贸广告公司等,这些主要为内地出口商品宣传服务,也兼营当地的一些广告业务。此外,一些大企业及公司,也根据业务的具体情况,设立自己的广告部门,如设立广告部或创办附属的广告公司。

香港广告公司专业化程度比较高,社会分工比较明确,已形成了广告公司、广告客户、广告媒介、广告制作公司相互依存、密切协作的关系。广告公司的主要任务是为大的广告客户做好广告策划、广告设计,并代理客户向媒介投放广告。广告媒介单位的广告来源也是主要通过广告公司代理。广告制作公司主要是根据广告公司和广告客户的要求制作广告,收取制作费。广告公司不搞大的广告制作,具体制作任务主要委托制作公司。

香港广告公司的国际化特征十分明显,4A广告公司的经营模式也因此极具西方特点,其运作方式和创作理念也很"西化"。

香港广告业在社会、经济和生活中发挥了重要作用,其广告传播的功能并不限于商业营销活动,还表现在非商业性和观念性领域。广告中除了各类产品广告外,同时还有许多有关社会服务、公民教育、交通安全、户外活动安全、家居安全等非商业性广告,以及一些政治活动广告。因而,普遍认为香港的广告功能相对内地而言,是多元化的、社会化的。在香港地区,广告量最多的产品不是高档产品,而是市民大众生活所需的日用消费品。香港广告传播功能的多样化和社会化等许多做法,值得内地学习和借鉴。

三、香港地区的广告媒介

香港广告业媒介载体丰富,除了电视、报纸、杂志、广播等大众媒体外,户外广告、网络广告、邮寄广告、霓虹灯及车身等也被普遍采用。其中,电视广告市场份额最高,报纸广告紧随其后。

(一) 电视媒介

1957年5月29日,亚洲电视有限公司(ATV)的前身"丽的呼声(香港)有限公司"(Rediffusion Television Limited,简称RTV)建立,"丽的电视台"开播,香港电视业起步。用户只有登记并每月缴纳费用,才能收到"丽的呼声"提供的黑白电视信号,订户可以自行购买电视机,也可向RTV租赁。由于费用支出高昂,加上初期的播放时间仅限于下午5:00—6:00和晚上7:30—11:00,所以订户数目在初期增长缓慢。但是,电视媒体的出现为香港广告业的发展提供了契机。

1967年11月19日,香港电视广播有限公司(TVB)开播,打破了由"丽的呼声"独家垄断的有线电视广播服务,正式开启了香港免费的电视广播史,成为香港首家商营无线电视台(图10-2),由此电视媒体的运营进入传媒新时代。TVB的开播不仅使香港大众型的电视文化在短时间内踏进了普及化阶段,而且它的节目免费和靠广告经营的策略使广告也随着这个新媒体的诞生而加速发展。广告利用电视媒体丰富的图文声像表现手法,大大加强信息的表现力与感染力,电视广告获得了巨大的发展。

图10-2 香港电视广播有限公司主席邵逸夫

1971年,彩色电视节目在香港开播,节目内容主要有新闻、体育、娱乐、电视剧、外国影片、教育节目等。其中有代表性的有综艺型节目《欢乐今宵》《双星报喜》,电视剧《上海滩》《射雕英雄传》等。这些经典电视节目的热播,促使电视媒体迅速进入普通市民家庭。同时,经济大发展也使人们的生活水平和消费能力有了普遍提高,香港家庭拥有电视机的数量有了很大的变化。1967—1969年,香港家庭拥有电视机数目由9万户增至21万多户,占香港总家庭数的27%,到1975年这一比率则达到88.8%,收视人数达290万。

1973年12月和1974年4月,一直以来经营不善的RTV分别把它的中文频道和英文频道改为无线播放,并在经营上效仿TVB,主要通过广告收入来营利,但此时大部分份额已被TVB占有。1982年9月,RTV终因财政困难,改变了股东结构,并改名为亚视电视(ATV)。

与此同时,"香港广播电台"于1970年开始开设电视部,制作公共事务和教育节目。1976年4月,该台英文名称改为"Radio Television Hong Kong"。另外,1975年9月,香港第三家商业电视台——佳艺电视(CTV)开始运营。

电视媒体的迅猛发展促使电视媒介对于广告的意义越来越大。1972年,报纸广告还占媒体总广告额的54.7%,到1976年便下跌至39.2%,电视广告则上升到53.8%,取代报纸成为香港最大的广告媒介。

1991年10月,由香港和记黄埔集团出资创办的"卫星电视广播有限公司"(简称卫视)正式开播。它以香港为中心点,通过亚洲卫星一号向亚洲地区免费传送24小时不间断的电视节目,覆盖面遍及38个国家和地区,西起埃及,东至日本,总人口达27亿人。卫视设有音乐台、体育台、影视台、新闻台、合家欢台5个频道。卫视中文台凤凰卫视在香港、台湾及内地都有很大影响和很高的知名度。

香港地区电视广告具有如下特点:在电视上做广告的一般都是生活资料消费品,生产资料较少在电视上做广告;每个广告播出时间一般在10—30秒,但复播期很长;广告针对性强,能根据不同时间、不同对象的不同要求,适时地加以播放;电视广告制作生动、新颖,充分发挥电视形象化的特点;一种商品往往备有三四种不同创意的广告片,轮流播出,这样既使人加深印象,又不会产生厌烦感;充分利用文艺界、体育界、商业界各界知名人士来进行广告宣传;经常利用动画片来做广告,加强了广告的趣味性。

电视媒体的迅猛发展促进了广告业的迅速繁荣,电视广告作为记录香港社会经济变革的见证者,在与社会的互动中影响着香港的社会结构和社会意识的深层变革。从广告宣传的特点来看,香港的电视广告是配合日益加快的社会经济发展步伐一路走来的。如果说20世纪70年代香港的电视广告是反映中国的传统观念,那么20世纪80年代的电视广告影响就是在构建一种新的价值观和消费意识。这种变化是一种对社会大众既有行为模式与价值观的重塑,这种重塑是顺应社会经济及大众意愿的,在对广告资讯及意识的理解和认同的情况下不断演变。同时,20世纪70年代中期开始,香港社会经历着一场结构性变化。香港经济的成功过渡,使得社会出现了有闲消费阶层,诞生了一批中产阶级,他们拥有很强的消费能力,对事物持开放态度,他们的成长和壮大进一步刺激了消费和广告业的发展。

目前,香港拥有全球密度最高的有线电视网和移动宽频网。截至2019年11月底,香港有3家本地免费电视节目服务持牌机构,2家本地收费电视节目服务持牌机构,12家非本地电视节目服务持牌机构。香港观众最多可以收看超过800多个以多种语言播出的地面和卫星电视频道和收费电视频道。

(二) 报纸媒介

1841年,香港最早的报纸——英文的《香港公报》创办。1853年,香港第一家中文报纸《中外新报》出版。1874年,由华人独资经营的中文报纸《循环日报》(图10-3)创刊。

进入20世纪70年代前后,随着香港社会多元化和自由化的发展,经济的繁荣,香港的报纸媒体进入快速发展阶段。1969年1月22日,广东潮阳人马惜如、马惜珍兄弟和余名等人合资创办了《东方日报》,到1971年下半年,日

图10-3 早期的《循环日报》版面

报的销售量已逾8万份,1972年时增至两张,在逐渐净化副刊内容后,进一步突出香港社会新闻报道,日销售量突破11万份。

1977年,马惜珍之子马澄坤开始主持报社经营,对报社进行改革,将该报的读者群定位于社会底层的小市民和蓝领阶层,言论态度中立。1987年组成东方报业集团,上市招股。

在20世纪90年代,香港注册出版的报纸共有68家,其中每日出版的中文报纸44家,英文报纸5家。中、英文报纸日发行量达200万份,按当时香港586万人口计算,大约每2—4人即拥有一份报纸。日销量在10万份以上的中文报纸有5家。在每天出版的中文报纸中,时政性、综合性报纸34家,其余均为专门刊登影视界、娱乐界、赛马、赌博、色情等消息的娱乐性、消遣性报纸。期刊也达500多种,大致可分为三种类型:首先是以时政评论为主的新闻期刊,大多以知识分子及白领阶层为主要读者群,比较严肃、庄重,如《明报月刊》《新闻天地》《镜报月刊》《九十年代》等;其次是休闲、娱乐性刊物,以报道影视界新闻、明星动态、名人隐私为主要内容,如《明报周刊》《香港周刊》《城市周刊》《亚洲电视》《香港电视》等;最后是色情刊物,如《龙虎豹》《奇艳录》等。

2002年6月,香港第一家免费地铁报纸《都市日报》创办。《都市日报》

发行量曾达 33 万份,每期 40 版,除了国际新闻、香港新闻、内地新闻外,有不少介绍旅游和娱乐、卡通、文史的副刊。《都市日报》由瑞典传媒集团 Kinnevik 创办,20 世纪 90 年代该集团创办了 Metro。瑞典 Kinnevik 于 1996 年在捷克,1998 年在匈牙利,1999 年在荷兰、芬兰,2000 年在美国、智利、意大利、加拿大、波兰、希腊、阿根廷、瑞士及英国先后发行免费报纸,凭成功经验也在香港创办了《都市日报》。据悉,香港 2006 年全年广告业收入 120 亿港元,报纸占 30%,《都市日报》就占了 3%。有业内人士估测,扣除所有成本,《都市日报》每月能净赚四五百万港元。《都市日报》的盈利能力令不少商家蠢蠢欲动。2007 年,先后涌现了多份免费日报。星岛集团捷足先登,7 月 12 日推出以娱乐和八卦新闻为主打的《头条日报》。《头条日报》周一至周五免费派送,24 版,每天发行 40 万份,在交通枢纽地段、住宅区和商业区的 600 个点派送。中原地产主席施永青原定第四季度推出以青年人为对象的《AM730》,后唯恐落后,丧失商机,于是提前几个月出版。

2007 年,香港每天大约有 100 万份免费日报。香港生活节奏快,获得信息渠道丰富,读报时间越来越少,免费报纸都是小报形式,新闻和副刊的特点是短小精简,适宜上班上学一族在路上掌握贴身信息。而香港地小人口密度大,人流集中,交通四通八达,这给免费报纸的派送带来了便利平台。在上班上学路上,电视和互联网的使用目前还不普遍,因此适宜在车里阅读的小报就受到市民广泛欢迎。根据香港特别行政区政府统计的数据,截至 2019 年 11 月 30 日,香港共有 82 份日报和 531 份期刊。

(三)广播媒介

"一份调查资料显示,94% 的香港人有收听广播电台节目的习惯。其中,88% 的人表示他们最少一星期收听一次广播节目。从一般现象上看,香港人,无论是名人还是老百姓,似乎都十分钟爱广播。"①到 2004 年,香港有 13 个广播频道,其中香港电台拥有 7 个,香港商业广播有限公司拥有 3 个,新城广播有限公司拥有 3 个,这些频道的广播节目均是免费的。

香港电台(Radio Television Hong Kong),中文简称港台,英文简称 RTHK,是香港特别行政区政府商务及经济发展局下辖的部门,也是香港唯一的公共广播机构(行政上又称为广播处)及香港广播史上首家广播机构。香港电台原隶属工商及科技局,2007 年 7 月 1 日决策局重组后划入新成立的商务及经济发展局。

---

① 阳翼、万木春:《港澳台广告行业解读与案例赏析》,暨南大学出版社 2007 年版,第 66—67 页。

据官方刊物所载,香港电台的成立可追溯至1923年,是从香港业余无线电爱好者所创办电台(并向邮政总局借用GOW的呼号)的一次广播测试开始的。到1928年6月28日由政府接手经营,6月30日以GOW台号正式启播。电台于1929年2月1日将呼号改为ZBW,并于同年10月8日交由邮政总局管理,当时的邮政总监史密夫被委任为香港广播史上的第一任台长。1934年呼号为ZEK的华语台(以粤语为主)启播,同时两台开始提供新闻报道。1948年8月两台合称香港广播电台(Radio Hong Kong, RHK),以及取消两台的原有呼号。翌年,总台从中环告罗士打大厦迁往水星大厦——大东电报局的香港总部。1951年,广播工作改由政府新闻处接管,直到1954年4月成为独立部门广播处,由广播处长主管。目前,香港电台为香港特别行政区政府下辖机构,隶属于商务及经济发展局,是香港唯一的公共广播机构,拥有7条电台频道、3条数码地面电视频道。

新城电台(Metro Broadcasting Corporation Limited)是香港著名的电台。20世纪90年代,香港政府进行广播电台频道改革,并容许第三家广播电台加入,由和记黄埔、嘉禾电影、迪生创建及一家美国通信公司组成的高艺广播有限公司,在1990年获得第三家广播电台经营权。翌年以新城电台的名义于7月1日正式成立并于同年8月12日启播,开台初期设于九龙红磡黄埔花园第十一期地库。当时新城电台设有两个中文广播电台(FM99.7劲歌台及FM104金曲台)以及一个英文广播电台(AM1044 Metro News)。其中两个中文台(即"劲歌台"及"金曲台")在启播后的收听率虽然已无从考究是否比得上商台和香港电台,但在社会上也造成了不小震撼,可以说是新城的"黄金时期",而新城广播也在1999年把部分股权售给长江实业集团有限公司。

香港商业广播电台,全名为香港商业广播有限公司,简称商台。1959年8月26日,商台正式开台,当时的总部位于荔枝角(今天的美孚新邨)。商台是香港仅有的两家发牌照的商营电台中历史较长的一家(另一家是新城电台)。商台一直被视为敢言的传媒而深受香港市民欢迎。每天均提供24小时多元化广播节目,主要对象为香港听众,但也有网上即时广播服务,其网站881903.com亦提供月费等计划予本地及海外听众不定期收听。香港商业广播电台的主要频道为商业一台,频率为FM88.1—89.5,又称雷霆881,以资讯、时事和娱乐节目为主,是全港听众人数最多的电台。另一频道为商业二台,频率为FM90.3—92.1,又称叱咤903,以青年人为主要目标,经常播放流行曲,制作广播剧,以轻松、活泼、娱乐及创意为节目方针。此外,又设有一个英语广播频道(AM864),主要播放国际流行音乐及新闻。

（四）户外媒介

香港的户外广告是非常有名的，可以说已经发展到铺天盖地、见缝插针的地步，不仅数量多，并且追求创新。全港约 800 多家公司从事广告牌制作、出租业务，其中约 200 家是"香港广告牌制作协会"会员。现在，香港黄金地段的大厦外墙都是广告商眼中巨大的广告牌，一些广告画几乎覆盖了整个墙面。位于维多利亚海港旁边的大厦的天台广告，每月租金约 10 万至 100 万港元。香港的城市特点决定了户外广告是香港广告业的特色部分。

香港是商业城，户外广告牌为其增添许多光彩。在铜锣湾、旺角和尖沙咀等繁华商业区，户外广告也非常集中，且这些地区被认为是投放户外广告的最佳区域，不仅量多，而且价格不菲。

香港是不夜城，霓虹灯广告装饰了不夜的香港（图 10-4）。每当入夜，色彩艳丽的霓虹灯广告五彩缤纷、灿烂夺目。香港曾有世界最大的霓虹灯广告——伊丽莎白大厦上的西铁城手表广告，位于香港铜锣湾区伊丽莎白大厦顶上。它长 100 米，宽 9.15 米，高 99 米，使用的玻璃灯管共计 2 200 米，需 10 万瓦特的电力才能把

图 10-4　香港街头的霓虹灯广告

这霓虹灯广告开亮。2006 年，香港泰兴集装货运中心的一面墙上，有一个宽 91 米，高 46 米，面积 4 186 平方米，画面图案是八匹骏马的霓虹灯广告，由 5 000 多个灯泡组成①。

香港是交通极度发达的城市，车载广告和地铁站广告也很繁荣。出租车和双层巴士都被广告装饰着。香港的双层有轨电车是车载广告中的特色部分，由于香港电车车站密集，通过交通拥挤的繁华街区时，行驶速度缓慢，广告效果极佳。香港市民的出行非常依赖地铁，通过地铁对广告的接触效果可以和电视广告相媲美，而且这些广告创意新颖独特，制作精良考究，是香港广

---

① 参见《世界最大的霓虹灯广告》，扛旗世界纪录网，2014 年 11 月 29 日，http://www.carryingtheflag.cn/5959.html，最后浏览日期：2022 年 2 月 15 日。

告的又一重要特色。

虽然香港的户外广告标新立异，无处不在，却安全有序。设置广告牌，或在建筑物上加建广告项目，都必须经政府多个部门审批，只有符合工程安全和市容要求的户外广告才允许设置。

四、香港地区的广告管理

香港有着发达的广告业和广告管理体制，目前已经形成广告行业自律、消费者监督和行政管理有机结合的良好体系。

在行业自律方面，香港广告客户联会和华资广告业商会都是行业自律监督的重要组织。香港广告客户联会又叫广告商会或2A广告商会，是广告客户的组织。其会员是香港地区经常做广告的工商企业，广告公司也可以附属会员的身份加入2A广告商会。华资广告业商会又名CCAA广告协会，由全属华人资本建立的广告公司组成，其会员大部分是规模较小的广告代理公司及广告业者。这一组织不吸收在香港的跨国广告公司及一些由海外资本投资的广告公司为会员。

这些行业自律组织为政府和广告经营单位之间的联系架起了一座桥梁：一方面，政府利用这些广告组织贯彻广告管理法规、条例，引导各会员公司遵守政府法律、法规；另一方面，这些广告组织又代表会员公司向政府有关职能部门反映广告业界的意见和要求，维护广告业界的利益，帮助公司搞好经营管理，加强各公司间的交流及协调，督促、加强各成员公司的自律。

在消费者监督方面，利用消费者对广告业实行监督，是香港地区广告管理的一个重要内容。为了维护消费者的正当权益，保护广大消费者的利益，香港地区于1974年4月成立了消费者委员会，下设投诉、咨询、研究试验、刊物编辑4个组，还设立了7个咨询中心。任何消费者均可通过打电话、写信等方式向消费者委员会投诉、咨询有关商品及服务中的问题。该会还于1976年年底出版刊物《选择》月刊。该刊拒登任何广告，以示客观和公正；刊载来函调查事实、某些商品的试验及各项数据；对工商业界的不法买卖行为及欺骗性广告宣传进行揭露、曝光，并指导消费者如何选购商品。

在行政监督方面，香港政府管理广告的部门主要有广播事业管理局、影视及娱乐事务管理处，以及广播事业检讨委员会、电视咨询委员会、电影检察委员会等机构。其中，影视及娱乐事务管理处是最重要的广告管理机关，负责颁布广告准则及条例，对影视广告业务实施事前的审查。各种专业的广告还要送请其他相关部门审查,如有关医药的广告要送医务卫生处审查,有关教育的广告要送教育处审查。

香港地区现行的广告准则及条例有《电视广告标准》《戏院广告标准》《物业广告标准》《广告与儿童标准》《香烟及烟草广告标准》等。此外,在各专业、各行业的法律、法规中,都列有涉及广告管理方面的法规及条例,如《电视条例》《商标条例》《公众娱乐场所条例》《药剂及毒药条例》《商品说明条例》《售卖货品条例》《版权条例》《毁谤条例》《赌博条例》等,其中都列有各行业相关广告活动的管理条例。以上这些带有法规性质的标准和条例,对广告活动及广告也都有很大的约束力。

五、香港地区广告的新形态

(一)社会稳定性公益广告

近年来,我国香港地区的社会稳定问题成为显性问题,当地爱国民众出于保持香港稳定繁荣、追求幸福生活的初衷,自发集结刊登公益性质的广告,从对《中华人民共和国香港特别行政区维护国家安全法》(简称国安法)的支持,再到对新冠肺炎疫情期间内地援港医护人员的感谢(图10-5),香港民众在展现诉自身求的同时,也表达了对祖国的热爱与身为中国人的身份认同。

(二)数字广告

随着香港地区内部经济循环和到港旅游人数的增加,香港广告业也在不断拥抱数字化浪潮。早在2017年,香港的数字广告费用已达6.385亿元,占数字媒体在香港媒体广告总支出的21.3%。值得一提的是,数字广告不仅便利了香港商品的销售,而且为香港行政人员的选举增添了观赏性,候选人可以根据受众对线上选

图10-5 香港民众感谢内地援港医护人员的户外广告

举广告的意见数据及时地调整广告策略。

2021年,包括群邑媒介集团(GroupM)、邑策公司(Xaxis)、阳狮集团、哈瓦斯集团和电通国际香港在内的多家全球领先的广告与传媒公司选择与全球规模最大的独立程序化数字户外广告科技公司巢仕达(Hivestack)合作。总部位于香港的众多广告公司能够运用程序化购买的优势,通过在公开交易市场和私有市场的交易,借助巢仕达需求方平台激活优质的程序化数字户外广告库存内容。目前,程序化数字户外广告成为香港发展最快的传播渠道之一,为企业提供了至关重要的机会,使它们能够在优质的户外库存中规模化地规划和实施场景化、有针对性和可衡量的活动。同年,主营传统媒体广告的雅仕维传媒集团也宣布与巢仕达完成了香港地区首个以受众为主导的程序化购买合作项目。2022年,雅仕维还与全球领先的市场营销公司宏盟媒体集团旗下的两家代理OMD香港和PHD香港共同完成首个在香港合作的程序化数码户外广告项目(图10-6)①。通过数码户外广告与数据驱动相连接,借助程序化的灵活性,广告商可以更精准地接触目标受众,为户外媒体的布局拓展出一个新维度。

图10-6 雅仕维与宏盟集团合作的首个程序化数码户外广告项目

(三) 廉政广告

香港廉政广告是香港廉政公署自1974年以来投放的反贪污公益广告,其形式既有视频广告(图10-7),也有平面广告(图10-8)。早期的廉政广告多模拟贪污者造成公众利益受损的情景,告知香港民众应积极举报;后期的廉政广告多使用比喻的手法,如将贪污人员比作老鼠、蛀虫等,明确表达贪污行为对香港公职人员的人生和香港社会的危害。廉政广告具有突出的创意色彩,是香港广告的一大特色,对"诚""廉"精神的宣扬,以及对贪污后果的生动展现与每年反复强调的举报电话,成为阻吓贪污、促进香港政治廉洁的重

---

① 《雅仕维(01993.HK)与宏盟集团(OMG)携手合作 为香港的程序化数码户外广告项目实现约170万次曝光》,格隆汇百家号,2022年3月18日,https://baijiahao.baidu.com/s?id=1727626315921364884&wfr=spider&for=pc,最后浏览日期:2022年8月15日。

要动因。

图 10-7　香港廉政广告(视频)①

图 10-8　香港廉政广告(海报)②

第二节　澳门地区广告发展史

一般认为,澳门的近代商业广告史是从葡萄牙人将西方印刷广告带入澳门地区开始的。澳门作为转口贸易港,19世纪的澳门广告以进出口产品为主要广告内容,这时中国的传统书画艺术也渐渐成为重要的广告表现形式。在抗日战争期间,澳门爱国人士利用中国画开展了广泛的抗日斗争宣传,抗日主题也成为澳门广告的重要内容。第二次世界大战结束后,特别是20世纪70年代以来,澳门经济开始加速发展,现代广告特征也开始在澳门逐渐呈现出来,旅游、地产、酒店业开始走进澳门广告的中心。

一、澳门地区的广告业概况

早在19世纪中叶以前,澳门就出现了宣传出口商品的广告,如清朝乾隆年间出产的"青花圣水杯"广告,主要广告目的是告知产品的质量好、价格便宜等特点。"从19世纪中叶开始,澳门的报纸媒体在全国率先发展起来,成

---

① 参见香港特别行政区廉政公署网站,https://ichannel.icac.hk/player/html5.html?s=icac&v=tc/ichannel/api/1982_nightmare.mp4,最后浏览日期:2022年8月12日。

② 参见香港特别行政区廉政公署网站,https://www.icac.org.hk/sc/resource/mmu/poster/p79/index.html,最后浏览日期:2022年8月12日。

为澳门广告业发展的媒介和催化剂。"①但是长期以来,澳门广告业的业务比较单一,市场也相对狭窄,只有美术工作者来完成较为简单的印刷宣传广告。进入20世纪70年代以后,随着澳门经济的发展,招牌广告在市场的催生下得到较快发展。20世纪80年代中期到90年初期,澳门的旅游、酒店业和房地产业蓬勃发展,社会及商业机构数量增加,从而推动了澳门广告业的长足进步,广告公司的经营模式得到改观,客户对广告质量的要求也随之提高。但是,澳门地区媒体广告收入还不到其国民生产总值(GNP)的1%,与一般发达国家和地区的媒体广告收入占到国民生产总值的2%到2.3%相比,仍有较大差距,这在一定程度上说明了澳门广告业的现状。

二、澳门地区的广告公司

在澳门本地注册的广告公司一般以公关策划、平面设计、制作装饰、礼品订购和媒介代理等业务为主。大部分广告公司的经营范围较为多元化,究其原因主要是每家公司的规模较小,业务多元化能增加业者的生存空间,同时也造成了专业性不足的缺点。在一定程度上,澳门广告行业的进步需要通过人才的培养以及行业整体水平的提升才能逐步改善。当然,市场环境的变化与客户对广告认识的提高更是专业化的前提。由于澳门的商品市场规模较小,缺乏地区品牌,而进口货物的品牌进入狭小的市场,在广告经费上投放不多,使服务及意识的推广成为一般广告公司的主要业务,服务的广告以地区内的旅游娱乐业、酒店服务业、金融银行业为主,受众大多是旅客。而政府的公民意识的推广及政令颁布也在很大程度上通过广告来进行,像肃贪、环保、工业安全、公民责任等,而且相信公益形态的广告仍然会是未来十年的主流。

澳门地区不大,本地大众传播媒介并不需要通过代理公司推广其业务,故此现在澳门并没有一家纯粹以媒介代理为业务的公司,而是都会兼营其他业务,例如设计和公关策划等。

在澳门特区内,受代理的广告媒介以户外媒介为主,像南湾街的大型广告牌、中华广场的三面体广告牌及巴士广告等,均有其代理公司。

总体来讲,澳门的自由港和网络优势,决定了澳门地区的广告具有中西方文化融合的广告特点。澳门地区的广告吸收欧美、日本和香港地区的广告

---

① 阳翼、万木春:《港澳台广告行业解读与案例赏析》,暨南大学出版社2007年版,第14页。

优点和特点,所以丰富多彩。与此同时,澳门广告业在发展过程中综合了希腊文化、伊斯兰文化、印度文化和中国传统文化等多元文化的特点,形成了富有澳门特色的广告文化特点。

三、澳门地区的广告媒介

由于澳门地区独特的地理、经济、社会和文化环境,决定了澳门的广告媒介也有其鲜明特点。澳门电视媒介的发展水平与香港相距甚远,加上澳门居民以收看香港电视节目为主,使澳门的电视传媒发展受到限制,更使这方面的广告水平多年来仍停滞不前,电视广告因此无法成为强势宣传途径,间接使印刷媒介和举办活动成为广告主选择宣传媒介的主流方式。在澳门的媒介使用当中,纸质印刷媒介和户外媒介有其独特优势。目前,澳门大众传播媒介的广告发布是以报纸媒介为主,现有报纸媒介发布的广告占到澳门广告总量的80%以上,其中以《澳门日报》所占比例最多[①]。

(一)电视媒介

澳门广播电视股份有限公司(简称澳广视)成立于1982年,由澳门电视台(每天播出15小时)、澳视高清台和澳广视葡文台组成,是澳门首家提供免费无线电视广播的公司。澳门广播电视股份有限公司下属有24小时广播的中、葡文电台。

澳广视在1983年1月开始成立电台部,并接手原由政府管理的电台频道——中文频道和葡文频道,成为当时澳门的两个无线广播电台。电视台方面,1984年5月13日便开始对外开播,电视台于开播初期只在18:00—23:00广播,交叉播放中文和葡文节目。1990年9月17日分拆成葡文台和中文台两个频道,分别播放葡语和中文(粤语)节目。2007年3月29日董事会会议上通过正名,中文台为澳门电视台,葡文台名为 Canal Macau,于2007年4月1日生效,同日起两台之宣传片、新闻片头与称呼一同更新。2008年7月14日,第三个澳广视的电视频道澳视高清台开播。

由于澳门市场狭小,而且香港禁止其信号落地,加上香港的电视台长期对珠三角地区广播,在澳门亦形成惯性收视,本地电视节目质量难有提升,营运状况并不理想,未能自负盈亏甚至连年亏损,长期由澳门政府补贴资助运营。近年澳门经济环境转变,收视率与广告额稍微增加。

---

① 黄艳秋、杨栋杰:《中国当代商业广告史》,河南大学出版社2006年版,第279页。

(二) 报纸媒介

由于澳门独特的广告环境，澳门的报纸媒介相对来讲比较发达，是广告传播的主要途径。目前，澳门共有9家中文日报，发行量排在前3位的分别是《澳门日报》(图10-9)和《华侨日报》《大众日报》，其他还有《市民日报》《星报》《正报》《现代澳门日报》《华澳时报》和《濠江日报》。此外，还有6家葡文日报和1家英文日报。

图10-9 《澳门日报》版面

澳门古迹颇多，以澳门半岛最为集中，仅庙宇就有20多座，除妈祖庙、观音堂、莲花峰外，还有澳门最早的天主教堂遗迹——大三巴牌坊、第一个来华的传教士葬身之处马礼逊墓等，散发出澳门作为中葡文化交汇点的特有魅力。《澳门日报》就是在这样一种中葡文化交汇的土壤中产生的。

在澳门众多的中文报纸中，影响最大的是《澳门日报》，就连珠海、中山一带的人们也喜欢阅读《澳门日报》，以了解澳门近况。《澳门日报》的定位非常成功，深受海内外读者的欢迎。凡当地发生重要事情，无论是官员的言论，或是政府的政令措施，在报上都有及时的报道。正是因为立足本埠，报道澳人关心的民生话题，形成颇具特色的办报风格，《澳门日报》才能在与众多港澳报纸的激烈竞争中独占鳌头。

《澳门日报》的办报风格主要体现在"澳闻版"上。"澳闻版"版面图文并茂，注重使用大量彩色照片，编者利用照片补充一些无法言及的新闻，增添新闻的趣味性，或者加强版面的视觉冲击力，使整个版面显得生动活泼、缤纷绚丽。"澳闻版"除了争取以第一时间全面报道社会各方面的动态之外，还经常组织《特稿》《专访》《杂谈》《散记》等专栏，对读者关心的话题加以剖析、发表述评。这些栏目分别从各个不同的视角，透视出澳门五光十色的社会现状和人文走向。文章根据不同内容，采取不同的笔调，做到了行文轻松、雅趣、确切、生动、独异及风格多样。

《澳门日报》的另一个特点是坚持准确严谨的办报方针。相对于香港传媒，《澳门日报》十分重视报道的真实性。编辑经常亲自打电话或通过其他途径检验数字的真实性，确信无丝毫差错之后，才予以报道。《澳门日报》的新闻写作重视文风，用事实说话，用词通俗易懂。为了达到雅俗共赏的效果，

《澳门日报》力求做到详尽报道,版面生动活泼,既有"阳春白雪"的理论文章,也有"下里巴人"关心和喜欢阅读的新闻,朝多功能、全面报道的方向发展,以满足多层次读者的阅读要求。成为读者的贴心知己,反映读者的心声,是《澳门日报》鲜明的办报方针。

(三) 杂志媒介

在杂志媒体方面,澳门拥有官方的《澳门杂志》,私营的《澳门月刊》《商讯》,英文的 *Macau Business*、*Macau Closer* 等多份杂志期刊。

《澳门杂志》由澳门新闻局主持出版,新闻局局长担任社长。《澳门杂志》的编辑宗旨是面向澳门,推广澳门形象,加强各族群的和谐关系;坚持客观、公正的报道立场,拒绝成为任何政党或个人的宣传工具,但不妨碍报道获肯定的个人或机构所开展的有意义活动。《澳门杂志》的内容以澳门及其邻近地区、居于海内外的澳门人与华人生活状况、澳门的传统文化及中国文化为主。

在澳门还有其他印刷媒介形式,如书籍、海报、传单等也是广告传播的主要媒体。因此在澳门,平面设计成为广告工作中的重要一环。另外,举办活动也是澳门推广形式的主要项目,特别是政府部门青睐这一形式。据估计,每年澳门政府及民间团体举办的大小活动,例如晚会、晚宴、文娱康乐活动等,就达到 500 个活动日,如此使公众策划及广告制作在广告业务中扮演着重要角色。

(四) 户外媒介

澳门的户外广告媒介可以分为海报、招贴、招牌、灯箱、横幅、路牌、楼宇外墙、商店橱窗、电话亭、巴士和出租车车身广告(图 10-10)等。从总体来看,巴士车身广告是澳门户外广告的主流,澳门新福利公共汽车有限公司和澳门公共汽车有限公司都可以提供巴士车身广告服务。

图 10-10　澳门的巴士车身广告

四、澳门地区的广告管理

图10-11 澳门中区一礼品店内张贴的禁烟广告

澳门回归后,澳门特别行政区政府总部设有经济局并附设有宣传处,负责政府的宣传教育工作,如发布新闻、出版书刊、发布广告等,这有利于澳门广告业的有序发展。澳门对于烟草广告的管理是极其严格的。澳门特区《预防及控制吸烟制度》于2012年1月1日零时起正式生效(图10-11)。根据这一法律,澳门除娱乐场外的大部分公共及室内场所从2012年1月1日起全面禁烟①。2018年1月1日,新修订的《预防及控制吸烟制度》正式生效。此次新修订的"控烟法"除扩大控烟范围,包括的士站和巴士站十米范围内禁烟外,罚金也由600澳门元调升至1500澳门元。除机场及娱乐场可设吸烟室外,所有室内场所全面禁烟。电子烟也纳入管理范围,禁止售卖电子烟,并限制展示烟草制品等②。

澳门广告管理的一个显著特点是行业分类管理,如医药卫生类广告归卫生司负责,涉及旅游类的广告划归旅游司负责,其他类广告由其他相关职能部门负责。

五、澳门地区广告的新形态

(一)形象广告

澳门利用自身优越的地理条件,大力发展旅游业和服务业,发布了许多澳门地区形象广告(图10-12),向世界各地展示澳门地区得天独厚的自然景观和蕴含丰富价值的人文景观。2016年上线的《澳门你好!》形象宣传片,2018年上线的《澳门观光局-有礼

图10-12 澳门旅游广告

---

① 《澳门特区〈预防及控制吸烟制度〉正式生效》,中国政府网,2012年1月1日,http://www.gov.cn/jrzg/2012-01/01/content_2035558.htm,最后浏览日期:2022年2月15日。

② 《澳门新修订的〈预防及控制吸烟制度〉1月1日正式生效》,搜狐网,2018年1月2日,https://www.sohu.com/a/214123024_115239,最后浏览日期:2022年2月15日。

城市》形象广告片等,展现了澳门地区的美好形象。澳门地区形象广告的发布吸引了大量游客前来参观,带动了澳门地区旅游业和服务业的发展,促进了澳门经济的发展。

（二）公益广告

澳门地区的公益广告种类丰富,经常根据社会中出现的一系列问题有针对性地发布相关的公益广告,比如禁烟广告(图10-13)、禁毒广告、公益宣传广告等。澳门地区重视社会公众的生活环境和身心健康,禁烟禁毒的公益广告有利于建立健康、和谐、美好的澳门,维护社会稳定,创造良好的生活环境。澳门新冠肺炎疫情期间的公交车车身公益广告鼓舞人民士气(图10-14),呼吁人民养成良好的生活习惯。

图10-13 澳门的禁烟公益广告

图10-14 新冠肺炎疫情期间澳门地区公交车车身广告

（三）政治广告

澳门作为我国的一个特别行政区,其政治广告具有鲜明的特色。政治广告可以向人们传达政治讯息,影响人们的思想观念和政治态度,树立政府形象。2019年,在澳门回归祖国怀抱20周年之际,宣传片《澳门,我的名片我的城》(图10-15)发布,

图10-15 宣传片《澳门,我的名片我的城》①

---

① 《庆祝澳门特别行政区成立20周年〈澳门,我的名片我的城〉》,bilibili,2019年12月10日,https://www.bilibili.com/video/av78716281/,最后浏览日期:2022年6月1日。

庆祝澳门特别行政区成立 20 周年,展现了澳门地区的自然风光和文化特色,也体现出人们对澳门的浓厚情感和澳门地区民众深深的归属感。

(四)幽默广告

图 10-16　咀香园饼家广告

澳门地区的广告片幽默有趣,广告情节构思巧妙,广告人物形象鲜明,表演活灵活现,欢快的背景音乐营造出一种轻松愉快的氛围,令人看后不禁开怀大笑。澳门咀香园饼家的广告氛围就相当的欢快活泼,显示出一种舒适感,让人们在欢笑声中深深地被感染并牢牢记住这一食品品牌(图 10-16)①。

第三节　台湾地区广告发展史

一、台湾地区的广告环境

中国台湾的现代史是一部心酸曲折的发展史。台湾地区除很好地继承和发展了中国传统文化外,同时受到日本和西方近现代文化的影响,因此台湾地区的广告业发展具有鲜明的特点。台湾地区广告的出现可以追溯到 1896 年,日据时期台湾的"总督府"在当时创刊不久的《台湾新报》上刊登广告,这被视为台湾地区近代广告的开端。

日本的殖民统治在台湾地区结束后,台湾地区的广告业开始得到快速发展,广告公司作为广告业的主体,开始引领台湾广告的发展。1949 年前后,一些广告公司在台湾相继创办,例如大陆广告公司、蕾克广告公司和东南广告公司等。这些广告公司有一个共同的特征,那就是以推销报纸广告为其主要业务形式。1960 年 8 月,台湾地区的东方广告社更名为东方广告股份有限公司,综合代理的广告公司开始在台湾出现。进入 20 世纪 60 年代后,由于受到第二届亚洲广告会议的影响,对台湾地区广告业有着重要影响的一些广告公

---

① 《时隔 10 年 Soler 再拍澳门咀香园广告》,腾讯视频,2018 年 2 月 4 日,https://v.qq.com/x/page/a0545xuks5c.html,最后浏览日期:2022 年 8 月 12 日。

司开始创办,像台湾广告公司、国华广告公司、国际工商传播公司和华商广告公司相继成立,这一时期台湾地区广告业的发展受日本和美国的影响较大。20世纪70年代前后,台湾地区的广告业在经济发展、社会稳定的共同作用下,广告公司的规模、数量和从业人员均获得快速发展,广告行为也日趋科学化和规范化。之后的一个时期,也就是1986年前后,外资广告公司开始大举进入台湾地区的广告市场,如萨奇、李奥·贝纳、达彼思和智威汤逊等,台湾地区的广告公司面临巨大的生存压力,台湾地区的广告市场进入竞争时代。20世纪90年代之后,随着广告业整合的完成,台湾地区广告业的现代特征逐渐呈现,主要表现为外资广告公司和本地广告公司相互借鉴、竞争成长;大型广告代理公司和专业化广告操作成为台湾地区广告业发展的两个基本方向;广告公司的媒介行为日趋成熟,媒介购买和媒介代理成为广告公司的主要业务形式;在广告表现上,以消费者为中心、社会性和公益性的现代广告表现形式开始成为主流。

二、台湾地区的广告公司

台湾地区广告公司的历史可以从20世纪50年代末60年代初算起。1958年7月,毕业于日本神奈川大学商学系的温春雄(图10-17),在台湾创办了第一家综合广告代理公司,即东方广告社。该广告社位于台北甘谷街9号,当时只有3名职员。1960年8月,东方广告社改组为"东方广告股份有限公司"。到20世纪80年代,东方广告公司发展成为台湾具有相当影响力的广告公司,拥有职员近百名。

图10-17 东方广告社创始人温春雄

1960年10月,日本电通社主办的第二届亚洲广告会议在日本东京召开。台湾地区的一些重要媒体及工商界代表(在台湾当时尚未形成具有规模的广告公司,广告界没有代表参加)首次参与亚洲广告会议,使这次盛会成为台湾地区广告业迈向现代化经营的契机。代表们利用这次机会深入了解包括电通在内的日本各大广告公司的运营情况,并与之建立密切联系。时任电通社社长的吉田秀雄表示,电通愿意协助台湾地区建立广告代理业制度。这次会议让台湾地区的代表们深切体会到要发展现代广告业,必须建立现代广告公司,推行广告代理制度。

图 10－18 台湾著名广告人许炳棠

1961年起,台湾地区建立起具有现代意义的广告代理业制度。目前在台湾地区有规模的广告公司,多数是在1961年创立的,促成台湾地区广告代理制创立的契机就是第二届亚洲广告会议。1961年2月,参加第二届亚洲广告会议的黄圆球联合陈福旺、徐达光创办了台湾广告公司,这是台湾地区第一家综合广告代理公司。同年5月2日,在日本电通社的技术支持下,由原综合化学公司总经理许炳棠(图10－18)连同吕耀城、王超光等创办的国华广告公司成立。国华广告公司刚一成立,便与《联合报》等签订代理合同,台湾地区的现代广告代理业制度正式开始推行。许炳棠也因此被称为"台湾地区广告代理业制度的首创推行者和开拓者"。但是,国华广告公司在早期推行广告代理制的过程当中,遭遇到很大的阻力。当时各报社、广播电台,以及一般广告业务员都纷纷反对,感到推行广告代理制度后,将会失去很多广告客户,故许多报社及广播电台与许炳棠会商,劝其暂缓推行广告代理制。许炳棠深深体会到,如果不能获得各传媒业界有影响力的人的支持,广告代理制度将难以推行。因此,他特邀在新闻界有影响力的原"中央社"创办人萧同兹担任国华广告公司的董事长。在萧同兹的帮助下,广告代理制度慢慢地推行开来。继台湾广告公司、国华广告公司之后,相继又有华商广告公司、国际工商传播公司等出现,台湾地区的广告代理也开始快速发展起来。截至1966年年底,台湾地区共有广告代理公司170家,其中有完全代理能力的为11家。

1970年前后,台湾地区的工业生产总值开始超过农业,整个台湾地区开始由农业社会向工业社会转变。对外开放的实行,外资投入不断加大,房地产业开始兴盛,经济取得了较大发展,社会趋于稳定,民众的消费量大幅度增长,消费经济时代随之到来。1971—1973年,台湾地区年均经济增长率达到13%,广告业也乘经济发展之势步入快速发展阶段。1971年台湾地区广告投资总额为15.99亿元新台币,到1981年时,广告投资总额已达到113.57亿元新台币,1988年达到305亿元新台币,1989年更是接近400亿元新台币。

经济的起飞带动了广告业的飞速发展,新的具有较高水准、较大规模的广告公司纷纷创办,广告公司迅速增多,原有广告公司的实力也不断增强。广告公司内部的专业分工日益细致,专业水准显著提高。这一时期,加之广告教育的逐渐普及,广告专业人才素质大大改善,广告公司的发展不仅表现在数量上,还表现在质量和发展理念上。

1968年11月,清华广告公司创办,在创办之初该公司提出了"贡献我们的智脑,创造企业的繁荣"经营理念。清华广告公司还创建了广告活动的原则:审密周致的科学分析——"清"的原则,智脑左半叶的发挥;丰富精致的艺术创意——"华"的原则,智脑右半叶的发挥。

1974年5月,从美国留学归来的杨朝阳博士发起创办联广广告公司。该公司在原东海广告公司(1970年9月创办)的基础上改组而成,其董事长是后来任台湾海基会会长的辜振甫先生,总经理由原东海广告公司的总经理徐达光担任,杨朝阳是技术策划上的总负责人。联广广告公司成立当年,营业额即达1亿元新台币,居当时整个台湾地区首位。1977年5月扩大重组,由叶明勋担任董事长,杨朝阳任副董事长,辜振甫先生转任常务监察人。1980年1月起,由赖东明出任总经理,徐达光任副董事长。1990年4月又成立了联旭国际公司。1992年起,赖东明担任董事长。到1996年,该公司广告营业额已突破28.32亿元新台币,1998年为27.6亿元新台币。该公司在很长一段时间内都是台湾地区最大的广告公司。

这个时期,国外跨国公司还没有直接进入台湾地区的广告业市场,广告公司绝大多数都是由中国人自己经营,因此广告的本土意识很强。从20世纪80年代起,由于台湾地区经济的繁荣和对外开放的实行,世界各地众多的厂商和产品涌入台湾市场,台湾地区的经济与世界经济联系日益紧密。一些国际性跨国广告公司也开始采取独资、合资、技术合作等形式试探性地陆续进入台湾地区的广告市场。1986年前后,台湾地区的广告业对外资全面开放,外资公司开始大量涌入。1983年,台湾地区的华威广告公司同美国的葛瑞(Grey)广告公司进行技术合作,到1986年建立合资企业,并于1989年正式更名为华威葛瑞广告公司。1984年年底,美国李奥·贝纳广告公司在台湾地区设立了第一家分公司,拥有40位广告专业人员,成为台湾地区第一家完全由外资创办的广告公司。1985年7月1日,国泰建业广告公司与奥美广告公司合作,合资组建台湾奥美广告公司,并成为台湾地区第一家正式取得经济主管部门"外资投资审查会"批准的国际广告代理商。

到20世纪90年代初,世界排名前15位的跨国广告公司都在台湾地区创办了合资或独资公司。由此,台湾地区广告业的竞争格局呈现出外资公司和本地公司并存的态势,其特点是综合性的广告公司全部为外资或合资公司,本地的广告公司几乎全为独立经营的中小型公司。这一现象也表明了台湾地区广告行业的构成日趋符合世界广告业发展的整体趋势。外资广告公司进入台湾地区,给广告业的发展带来了很大影响。一方面,对台湾本地广告公司来讲,是一种压力和冲击。另一方面,外资的进入导致市场竞争迅速加剧,大量台湾本地的广告公司客户流失,业务减少,利润减少,人才流失,成本上升等,甚至一部分本土公司在激烈的竞争中被彻底淘汰,一些老牌的本地广告公司就是在这种竞争中出局的,如首席广告、世界广告等。此外,外资的进入对台湾地区的广告业来讲是一个机遇,这些外资广告公司拥有巨大的资本实力,人才素质较高,业务经验丰富,在与台湾本地公司和从业人员的合作中,带来了新的广告理念、新的经营管理方式和新的运作模式,也带来了先进的运作经验,大大地提高了本地人员的业务水平和整体素质,促进了台湾地区广告业的发展。同时,许多有创见的广告公司也开始扩大国际部门的编制,争夺精通英文或日文的高级广告人才,台湾地区的广告业由此迈入了国际化发展的时代。

到1995年年底,在台湾地区广告代理业的营业额中,美国资本的美系广告代理商占48%,日本资本的日系广告代理商占22%,台湾本地的广告代理商占30%。在国际广告资本进入的同时,整合营销传播思想也于20世纪80年代末传入台湾地区,广告业的发展开始受到其深刻影响。台湾地区的大型广告代理商顺应整合营销传播的思想潮流,进行了业务和公司机构的重组,广告代理也逐步朝向整合营销传播的方向发展,并且形成了和信整合传播联盟、奥美整合传播等几大巨型的整合营销传播集团。

20世纪90年代后,台湾地区经济持续高速发展,人均年收入不断增加,具有高消费能力的中产阶级逐渐形成。同时,持续降低的进口关税,加上台币对美元的升值,使进口货品售价降低,民众消费能力相对提升。另外,一系列的媒体改革措施开始实施,如解除报禁、开放电子媒体等,使媒体的广告空间大增。还有,大批广告专业人才不断得到培养,为台湾地区广告业的稳定成长提供了智力资源。

三、台湾地区的广告媒介

台湾地区的现代广告代理制之所以到20世纪60年代初才推行开来,除了20世纪50年代初的经济困难外,也与当时的政治背景紧密相关。

(一)电视媒介

在20世纪60年代,台湾地区的媒体也取得了一些发展,由于当时的报禁政策,台湾地区媒体的发展主要以电视媒体为主。1960年5月20日,台北

"中国广播公司"开始进行电视试转播,这标志着台湾地区电视事业的起步。1962年4月28日,台湾电视公司(TTV)由台湾当局、台湾水泥公司等民营企业,以及日本的4家电气公司富士、东芝、日立、日本电气合资成立,10月10日正式开播。这是台湾地区的第一家电视台。随后,"中国电视公司"和"中华电视公司"陆续开播,台湾电视媒体进入三台鼎足的时代。然而,当时三家电视台都由当局掌控,在娱乐大众的同时也扮演当局舆论导向的工具。

电视台的开播拓宽了广告方面单一的报刊广告路子,大大扩充了广告的容纳量,产生了经济效果,由于台湾当局对报纸的严格控制,广告进入电视时代。加之广告代理制在台湾的推行,台湾的广告业在20世纪60年代开始有了较大的发展,广告经营额由1961年的2.14亿元新台币(约合535万美元),增长为1970年的14.488亿元新台币(约合3 622万美元)。

到20世纪70年代中期,台湾地区基本上形成了覆盖全省的电视网络,色彩模式也由黑白全部发展为彩色。电视媒体的迅速发展,带动了电视广告额在台湾地区的大幅增长。1967年,电视媒体的广告额就超过了广播媒体,成为台湾地区的第二大广告媒体。到1972年,电视广告额已与报纸广告额非常接近。

20世纪80年代以后,电视媒体继续保持迅猛的发展势头。台湾地区的无线电视台主要是以VHF或UHF频段的信号发送。由于台湾地区多山地,电视信号接收不易,因此早期有所谓的第四台(有别于台视、中视、华视),由民间业者自行利用天线接收信号后,再以电缆传送电视信号至其他用户。之后,该台获得许可成立,被称为有线电视。1988年下半年,卫星电视开放接收。1994年,台湾地区宣布开放无线电视频道。卫星及有线电视的开放为台湾地区电视事业的大发展扫除了障碍。

20世纪90年代后期,电视媒体的广告额超过报纸媒体,成为台湾地区第一大广告媒体。1998年,台湾地区电视广告额达324亿元新台币,稳固地占据四大媒体的榜首。进入21世纪,台湾地区电视媒体的整体广告量从2012年的41.7%下降至2020年的23.8%(图10-19)。

(二)报纸媒介

早期,在报禁制度下,20世纪50年代台湾地区只有31家报纸。1955年4月21日,《战时新闻用纸节约办法》实施,规定报纸篇幅一律不得超过一张半。直到1958年8月,才开始对这一尺度放宽。在经济和政治等因素的综合作用下,到1961年,台湾地区的广告额只有2.14亿元新台币(约合535万美元)。

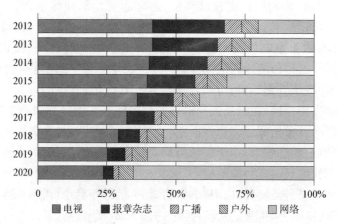

图 10-19　2012—2020 年台湾地区整体广告量比例趋势变化图①

1988 年 1 月 1 日,台湾当局也正式宣布解除持续了近 40 年的报禁。主要有两方面内容:一是开放报纸登记,准许自由办报;二是解除报纸限张发行,报纸可以自由扩版。这在一定程度上促进了报纸广告的发展。

(三) 广播媒介

早期,台湾地区的公营广播电台运营由当局资助,不接受广告投放。1962 年起,"中国广播公司"开始在每天的节目当中插播广告。在各种经营措施的支持下,"中国广播公司"渐渐成长为台湾地区广播业的最大媒体。同时,面对激烈的媒体市场竞争和受众需求的变迁,台湾地区的各个广播电台逐渐由区域竞争的定位转向社会价值和生活习惯的定位。为应对竞争,台湾地区的广播电台纷纷利用节目联播等策略以便形成规模和降低成本。

进入 21 世纪后,根据图 10-19 可以看到,广播媒介的整体广告量一直都是五类媒介广告量中最少的,可见其广告的影响范围有限。

(四) 杂志媒介

台湾地区的杂志媒体种类多,数量大,大体可以分为 25 类,主要包括商业、政治、娱乐、英文、生活时尚、电脑、健康、烹饪、汽车、女性、教育和旅游等,其中的商业类占比最大。但是,由于台湾地区人口基数有限,杂志的发行量普遍较低,发行量超过 10 万份的杂志不超过 5 家。

相关的调查显示,台湾地区杂志媒体的接触率逐年下降,1991 年的接触

---

① 转引自 DMA 台湾数位媒体应用暨营销协会发布的《2020 年台湾数位广告量统计报告》。

率为40.5%,到1999年下降为33.6%。虽然如此,在2000年,杂志媒体的广告收入仍然超过广播的广告收入,为72亿元新台币。2013年,根据台湾世新大学公布的"2013台湾民众媒体评鉴大调查",杂志的接触率再次下降,仅为31.4%[①]。近年来,由于台湾地区经济不景气、网络媒体挤压和外来资本介入等诸多因素的作用,杂志媒体在台湾地区的生存状况艰难。

进入21世纪,通过图10-19可以看到"报章杂志"一项的整体广告量自2012年起不断下降,到了2020年已经不足5%,可见网络新媒体的崛起对传统媒体的影响之大。

(五)新媒体

我国台湾地区新媒体的发展大致可划分为四种类型:第一种是传统媒体的网站设立,第二种是电子商务网站的开办,第三种是网络自媒体或小型网站的创办,第四种是社交媒体平台的建设和运营。

1987年台湾地区开放报禁以后,媒体进入快速发展的时期,商业力量对媒体的影响越来越大,新闻式广告和植入式营销较多,一定程度上影响了媒体的公信力。20世纪90年代以后,互联网快速发展,台湾地区的许多传统主流媒体纷纷开办网站。

电子商务网站的开办使台湾地区的新媒体发展进入一个新时期。在台湾地区,较受欢迎的电子商务网站有露天拍卖,它也是全球第四大拍卖平台,网站出售超1.1亿件商品,每月浏览量超10亿人次。PChome Online 网路家庭是台湾地区最大的电子商务集团,2014年公司营收金额为198亿新台币。1995年成立的博客来是台湾地区图书、影像销售第一大网络销售平台,被称为安全购物网站。在台湾地区,还有PayEasy线上购物网、"udn买东西"购物中心、momo购物网等,涉及电子商务购物的不同领域。

台湾地区的网络自媒体较多地关注与人们生活息息相关的公共议题,这一类媒体规模不大,受众群体有限。台湾地区有一定影响力的自媒体还有1997年成立的苦劳网,内容多涉及台湾地区的劳工运动,定位为社会运动报道网站,维持经费为社会小额捐款。类似的新媒体网站还有"上下游新闻集市"和"新头壳"新闻资讯平台,前者靠销售农产品和收取会员费维持生存,后者靠广告收入和会员费用保持运营。

台湾地区的社交媒体发展也较迅速。1995年,台湾地区的社交平台批踢踢实

[①] 《台湾媒体使用率:网络领先报纸 差距再拉大》,台海网,2013年7月19日,http://www.taihainet.com/news/twnews/twsh/2013-07-19/1103550.html,最后浏览日期:2022年8月13日。

业坊(PTT)创建,目标受众主要为当地的高中生和大学生群体。2011年,台湾大学信息管理系学生创办了名为狄卡(Dcard)的社交网站,受到在校大学生和青年人的欢迎。2021年,狄卡在台湾地区拥有500万名注册会员,每月不重复访客数1600万,月浏览量高达16亿次,是目前台湾地区最大的匿名社交平台①。

四、台湾地区广告的新形态

(一)意识形态广告

我国台湾地区的"意识形态广告"最早始于许舜英创办的台湾意识形态广告公司。许舜英将意识形态广告作为自己创作广告的一种主要表现形式。经过不断地发展,意识形态广告目前已经成为台湾地区一种富有特色的广告表现形式。意识形态广告呈现的广告内容可能完全与商品无关,而只是表达消费者内心的感觉、情感的宣泄和潜意识的想法。台湾中兴百货公司是使用意识形态广告的一个典型代表,它的广告作品大多是以意识形态广告的方式呈现的(图10-20)。

图10-20 台湾地区中兴百货公司的意识形态广告

(二)品牌形象广告

随着市场竞争的日益激烈,台湾地区各大品牌越来越注重品牌形象的宣

---

① 《【台湾新媒体发展现状】台湾原生的社交平台Dcard(狄卡)上》,新浪网,2022年4月24日,http://finance.sina.com.cn/wm/2022-04-24/doc-imcwiwst3760789.shtml,最后浏览日期:2022年9月15日。

传,改变了过去仅仅宣传单一产品的策略。台湾地区的品牌形象广告以情感诉求方式为主,直击消费者的内心,打动消费者,给消费者留下了深刻的印象。台湾地区的品牌形象广告经常从人们日常生活中的一件小事出发,为消费者讲述一个有温度的故事,通过感人的故事让消费者不仅了解产品,也记住了品牌。

(三) 微电影广告

台湾地区的微电影广告日益增多,广告主越来越热衷于通过拍摄有情节的微电影来宣传产品或品牌。这类微电影广告通过讲述感人的故事,将产品或品牌巧妙地植入故事情节,使消费者在观看微电影广告的过程中不知不觉地就记住了产品或品牌,最终实现品牌理念的渗透和推广,达到良好的广告效果。例如,2018 年,台北华南银行首度推出品牌形象微电影《第三十张希望》《追梦少年人》和《受益人》,三部微电影皆是由华南银行与客户间的真实故事改编而成①。这些微电影不仅显示出台北华南银行的形象,也增强了受众对其产品的了解。

(四) 竞选广告

台湾地区最早的竞选广告始于 1991 年,但台湾地区真正大规模地使用竞选广告还要追溯到 2000 年首次政党轮替以后。竞选广告是选民了解各位候选人的一个重要途径,每次台湾地区大选,他们都会发布代表自己执政主题的竞选广告,以赢得选民的支持,争取最多的选民为自己投票,最终赢得选举。

思考与练习

1. 思考香港特殊的地理位置、经济和商业环境对香港广告业发展有何具体影响。
2. 思考香港广告业和媒介的发展有何特点。
3. 具体分析澳门广告业的发展与香港、台湾相比有何局限性。
4. 试分析台湾的广告环境对台湾广告业发展有什么样的积极作用。
5. 台湾地区的广告业发展和广告媒介体系相对比较完整,请分析其原因。

---

① 《台湾感人微电影三部曲,99%的人都看哭了》,2018 年 8 月 19 日,搜狐网,https://www.sohu.com/a/248928365_161378,最后浏览日期:2022 年 9 月 15 日。

下 编

外国广告史

第十一章

外国古代的早期广告

 **本章摘要**

任何社会现象都有其发生、发展的历史,广告亦不例外。人类的第一次革命是农业革命。农业革命最早发生于两河流域,然后在埃及的尼罗河流域和中国的黄河流域也发生了农业革命。农业革命促使定居和城市的兴起,由此产生了农业文明产生。农业文明兴起后,一些原始的广告表现形式开始出现。

第一节 世界不同文明地区早期的广告表现形态

一、农业革命与古典文明的兴起

公元前9000年左右,人类历史从旧石器时代转向新石器时代,从狩猎和采集经济转向种植和畜牧经济,这种划时代的转变,就是农业革命。迫使农业革命出现的是人口的压力,随着人口缓慢而不断增长,靠捕猎为生的原始人不得不以自己种植的食物来补充采集食物的不足。毫无疑问,就每平方英里所能养活的人口而言,农业远远超过了食物采集。

农耕和畜牧的产生,是人类自学会用火以来又一次伟大的经济革命,它标志着人类从蒙昧时代转入野蛮时代。农业、畜牧业的出现,不仅使人类第一次摆脱了对自然物的依赖,而且带动了科学技术和知识领域等其他各个方面的发展。比如,在科学技术方面,人类发明了历法、数学、医学、动物学和植物学,在社会关系和结构方面,出现了社会分工和交换,部落和农村结合为国家和城市。

农业革命最早发生于西亚的两河流域。两河指发源于土耳其亚美尼亚高原托罗斯山脉的底格里斯河与幼发拉底河。两河流域的中下游地区,地势平坦,古希腊人称之为"美索不达米亚",意为"河间之地"①。由于春季融雪,两河定期泛滥,形成大片冲积平原,土地肥沃,适于种植业发展。这里便诞生了人类的早期文明。

尼罗河流域是农业革命的发源地之一。尼罗河流域的东西两面都是大沙漠,埃及的北面是尼罗河三角洲沼泽地,南面是难以通行的尼罗河险滩,因此,古代埃及是与周围世界隔绝的大块绿洲。古希腊历史学家希罗多德把埃及称为"尼罗河的恩赐"。埃及的降雨量较少,尼罗河是唯一水源。尼罗河的定期泛滥灌溉了土地,并用肥沃的淤泥施了肥。农业生产是埃及居民的主要职业。埃及人按照农业生产周期把一年分为三个时期:尼罗河泛滥期(7—10月),播种时期(11月—次年2月),以及收获时期(3—6月)。主要农作物是大麦、小麦和亚麻。这里也孕育了人类的早期文明。

中国也是农业革命的重要发源地之一。中国黄河流域的农业起源和西亚相当。在河南新郑的裴李岗遗址已经有粟和大量石制农具的发现。甘肃秦安大地湾遗址发现了黍与油菜的种子。古代黄河流域特别是中下游,气候温和,雨量适中,土壤肥沃,适宜于旱地作物黍、麦的生长。这里是东方文明的发源地。

二、美索不达米亚

(一) 美索不达米亚的社会、经济特征

城市孕育着商业,而商业又是广告的沃土。文明的先驱美索不达米亚文明是城市类型的文明,它的第一个中心出现在苏美尔。到公元前3000年时,苏美尔地区已经出现了12个独立的城市国家。但是由于各个城市国家为了称雄争霸而相互征战不休,结果大大削弱了苏美尔人的力量,致使他们很轻易被北方来的印欧人和南方来的闪米特人入侵者击败。

闪米特人的著名领袖萨尔贡一世(公元前2276—前2221年)就是作为

---

① 高德步、王珏:《世界经济史》,中国人民大学出版社2001年版,第16页。

该地区第一个帝国的建立者而名垂青史的,他以两河流域地区中部的阿卡德基地逐渐拓展,最后建立起了一个南达波斯湾、西到地中海的庞大帝国。另外一个伟大的帝国的创立者也是闪米特人,他名叫汉谟拉比,他因制定了著名的《汉谟拉比法典》闻名于世①。

尽管这些帝国幅员辽阔,城市却仍是美索不达米亚文明最基本的单位。大多数平民都是靠当农夫、工匠、商人、渔民和牧民来谋生。每个城市都有一个手工艺人阶层,包括石匠、铁匠、木匠、陶工和宝石匠。他们在自由市场上出卖自己的手工艺品,买主支付货币或以实物来代替货币。

城墙外面是农田,城市居民的生活状况最终取决于农田的收成。大部分农田都以大地产的形式被占有,其所有者是国王、祭司和一些富人。他们将土地分成小块,连同种子、农具和牲畜一起,租赁给为他们服务的农民。经营这些地产时需要记下详细的账目,比如从佃农那里收到的地租、牧群的头数、下次播种所需种子的数量,以及灌溉设施和灌溉计划所有繁杂的细节,都得上账或记录。管理事务和账目都用削成三角尖头的芦苇秆刻写在泥板上,然后将泥板烘干,以便于保存。这种人类最早的文字形式被称为楔形文字(图11-1),它显然是经营管理的一种工具,而不是作为智力游戏或文学活动才发明的。

图11-1 楔形文字泥板

(二)美索不达米亚的广告表现形式

闪米特人建立起的古巴比伦王国在第六代国王汉谟拉比时期空前兴盛。由于帝国的强大,使得远距离的陆路和海外贸易成为可能。巴比伦商人的经商能力闻名于世,他们雇佣招徕者向过往的行人吆喝他们的商品,并在商店

---

① [美]斯塔夫里阿诺斯:《全球通史:从史前史到21世纪》(第7版修订版),吴象婴、董书慧、王昶、徐正源译,北京大学出版社2006年版,第67页。

门口悬挂表示从事行业的标志。这便是早期美索不达米亚的广告表现形式。

三、古埃及

（一）古埃及的社会、经济特征

图 11-2　古埃及壁画

不同于城市文明的美索不达米亚文明，古埃及文明是一种帝国文明（图 11-2）。在埃及从公元前 3100 年统一到公元前 525 年被波斯征服这 2 500 多年间，有三个帝国统治过埃及，而且相继的帝国之间的间隔相当短暂，因此埃及文明稳定而保守。

由于北面濒临地中海，古埃及的造船业很发达，海上贸易兴盛。除了与地中海沿岸的国家开展贸易外，埃及还利用尼罗河的航运沟通国内的贸易。这种贸易主要是由法老属下的官商来经营的。法老还时常派出武装的商船，到海外去掠夺物品，如努比亚的黄金、塞浦路斯的铜、黎巴嫩的木材等。

公元前 4000 年，埃及人就有了文字。最初的文字是图画文字，是原始的象形字。后来有了表意字，如小青蛙的图案象征"多"；牛在水边奔跑象征"渴"；手持棍棒象征"打"。这便是象形文字，象形文字意为"神圣铭刻"，又译为"圣书体"，主要是祭司们使用，多用于碑铭或宗教方面。

埃及文字除多用于铭刻以外，一般写在纸草上。纸草是埃及沼泽地区的一种高秆植物，茎部的纤维质地很硬，将其剖成长条薄片，经压榨后再用树胶粘连起来，便成了很好的书写材料。这种纸张不仅在古埃及使用，而且通用于地中海东部地区。

（二）古埃及的广告表现形式

1. 文字广告

在古埃及的首都特贝发掘出了一条寻找逃奴的广告，现保存于大英博物馆中。广告是用芦苇纤维制造的，淡茶色，规格为 1 030 cm×1 456 cm。这一广告可能是现存世界最早的文字广告。

它的内容是悬赏一个金币寻找一个名字叫西姆的奴隶:"男奴隶西姆,从善良的织布匠哈普家逃走了。首都特贝一切善良的市民们,谁能把他找回来的话,有赏。西姆是希特族,身高 5 英尺 2 英寸①,红脸,茶色眼珠。若谁能提供他的下落,就赏给半个金币;如果谁能把他带回织布匠哈普的店铺来,就赏给一个金币。技艺高超的织布匠哈普总是应诸君的要求织出最好的布匹来。"这则广告在悬赏捉拿奴隶的同时,又为自己做了广告②。

2. 叫喊广告

在古埃及,叫喊已经是一种普遍的商业广告形式。叫喊人是指以那些告知船只的进港和出港及船上运载货物为生的一类人的名称。那些运载葡萄酒、香料、金属工艺品及其他物品的船主们让叫喊人宣传新到货物的好处。叫喊人要用生动的、押韵的语言把商品的名称、种类、产地等有关信息说唱出来,适当的时候,还要把这些货物在路上所经历的风险讲述出来,以增加趣味性。

3. 商品标签

在商品上贴上标签,包装后再出售的方法,是在 19 世纪后期才广泛使用。但是在古埃及,就有了在储存葡萄酒的容器上贴上标签的习惯,并在容器上拴有刻印。埃及十八王朝期间,法老的宫殿里贮藏酒的容器上就拴有"上等的葡萄酒""极上等的葡萄酒""极极上等的葡萄酒"等标签。这可以被看作现代商标的雏形。

四、古希腊与古罗马

(一) 古希腊的社会、经济特征

希腊地处巴尔干半岛的南部,由于这一地区多山,希腊的自然资源贫乏,找不到进行大规模农业生产的广阔平原。连绵不绝的山脉,不仅阻碍了农业的发展,还把乡村隔成了互不相连的小块,结果造成了希腊人没有天然可作为地区合并基础的地理政治中心。而入侵者在侵入之后就会在彼此隔离的村庄里安居下来。这些村庄通常坐落在易于防卫的高地附近,高地上又设立有诸神的庙宇,这些村庄扩大而成的居留地一般被称为"城邦",而提供避难所的地方则被称为"卫城"或"高城"。城邦多设在土壤肥沃的地方或商路附

---

① 1 英尺约为 30.48 厘米,1 英寸约为 2.54 厘米。
② 文春英:《外国广告发展史》,中国传媒大学出版社 2006 年版,第 9 页。

近,以此来吸引更多的移民,这便成为了该地区的主要城市。

刚开始时诸城邦主要靠种粮、放牧和捕鱼为生,但到公元前8世纪时这一自给自足的经济形态已经因为人口日渐密集而遭到破坏。失去土地的农民不得不到海上去当海盗、商人或殖民者,或者像当时普遍的做法那样,同时从事这三种活动。到5世纪时包括黑海在内的整个地中海地区已经布满了繁盛的希腊殖民地。

殖民地的建立引发了连锁反应,最终改变了整个希腊世界。殖民地把以谷物为主的各种原材料运到人口过剩的希腊本土,交换酒、橄榄油和布匹、陶器等制成品。这种贸易使希腊本国的商品经济急速发展。希腊的土壤适于种植橄榄树和葡萄树,而不适于种植小麦,现在既然小麦可以进口,这一转型使希腊能够养活的人口比以前种植粮食作物时增长了2—3倍,而且它对制造业的促进也很大。与此同时,希腊的商船队也在贸易运输方面获得了巨大的成功。那时的贸易物品与奢侈品体积都很庞大,希腊人将其运销各地。此外希腊人还率先使用硬币来作交换媒介(图11-3),硬币日渐广泛的使用有效地促进了经贸活动的发展。

图11-3 古希腊马其顿银币

(二)古希腊的广告表现形式

1. 叫喊人

叫喊人也是古希腊的一种广告表现形式,古希腊对叫喊人的职业素质要求很严格,他们要有美妙的声音和朗诵的才能,有时他们会和音乐家一同出行,遇到语音不正确的人还要予以纠正。叫喊人除了公布奴隶和牲畜拍卖的信息,同时也是拍卖的唱标人。发布新的法律、传讯、公布政府活动也是叫喊人的主要工作。

一位名叫艾斯克里普陀的雅典化妆品商人在销售化妆品时,就雇佣了叫喊人兜售他的商品。其词曰:"为了两眸晶莹,为了两颊绯红,为了人老珠不黄,为了合理的价钱,每一个在行的女人都会购买艾斯克里普陀制造的化妆品。"①

2. 海港的广告

由于希腊海上贸易繁盛,希腊有很多海港,停靠海港的贸易船只也很多。于是,针对水手和游客的餐饮、住宿和娱乐业非常兴盛。在希腊,色情业是自由的,除私营妓院外,还有国家经营的妓院。

那些较大的海港,都有很多妓院,妓女们通常喊着"海达伊拉"或"海达哎啦",意思是"女人"或"说话的伴",来招徕生意。海港小城柯林斯妓院林立,每当妓院里的女子走出来,沙地就会留下"跟我来,跟我来"的字样。近代的房地产开发商曾挖掘出鞋底刻有如此文字的女鞋,收藏在博物馆内②。

3. 铸币广告

古希腊历史学家、旅行家希罗多德在《历史》一书中写道:"吕蒂亚王库洛埃希斯最早使用了纯金和纯银的货币,并在货币上刻上代表他自己的纹章、狮子头和牡牛头。"后来铸币的方法传入希腊,希腊各城邦发行了各自设计的铸币。在希腊的各城邦中,有些城邦盛产葡萄酒、马,有些城邦盛产牛、谷物,有些城邦盛产橄榄油。因此,这些城邦便把自己的特长刻印在硬币上作为宣传,其中很有名的是盛产葡萄酒城邦的硬币,称为"酒币"。

(三) 古罗马的社会、经济特征

古罗马是意大利半岛上的一个小国家,以农业为主。经过三次布匿战争(公元前264—前146年),罗马打败了劲敌迦太基。然后又经过一系列的征战,吞并了马其顿、希腊以及小亚细亚的帕加马、比西尼亚和西里西亚,接着征服了塞疏西王朝的叙利亚,最后于公元前31年吞并了埃及。

公元前27年,屋大维统治时期的罗马,已经发展成为一个地跨亚、欧、非三大洲的帝国,地中海已经成为帝国的"内湖"。强大的帝国和有效的行政管理体制保证了帝国内外的贸易。来自埃及的小麦、纸莎草纸和玻璃制品,来自叙利亚的亚麻布、毛织品和各种水果,来自小亚细亚的羊毛、木材和地毯,来自意大利的酒、油和各种制成品,来自高卢的谷物、肉类和羊毛,以及来自西班牙和不列颠的各种矿物,能够畅通无阻地销往帝国各地。罗马还从国外进口各种商品,如波罗的海的琥珀、毛皮和奴隶,撒哈拉沙漠以南非洲的象牙、黄金和奴隶,以及来自亚洲的香料、宝石、调味品和丝绸。由于国外贸易的发达,商品甚至从遥远的中国源源不断地运往罗马。

---

① 刘家林:《新编中外广告通史》,暨南大学出版社2000年版,第61页。
② 文春英:《外国广告发展史》,中国传媒大学出版社2006年版,第15页。

图 11-4　古罗马角斗场遗址

罗马的城市体现了罗马的繁荣。帝国的都城罗马城，占地 5 000 英亩①，公元 2 世纪人口就已达到 100 多万。城市里有住宅区、自由市场和商店，还有为人们提供消磨时间的公共浴池、角斗场(图 11-4)。白天街道上人来人往，拥挤不堪。小贩大声叫卖货物，兑换钱的人敲击着硬币，修补匠抡动着锤子，玩蛇人吹奏着长笛，乞丐向过路人哀诉自己的不幸。由于白天禁止车辆从街道上通过，因而一到夜晚街上就会出现由运货马车、驮畜和赶车人组成的队伍，呈现一派繁忙的景象②。

(四) 古罗马的广告表现形式

1. 叫喊人

罗马也有受雇于政府和个人的职业叫喊人，叫喊人从事的职业范围广泛，如传唤被告、通知法庭宣判结果，在选举时唱票，在拍卖会上唱标，在竞技场上播报演出者姓名，公布优胜者，主持送葬仪式，当然也包括替人做寻物广告或商业广告等。

传说中的最古老的小说创作者，罗马的讽刺作家佩特罗尼乌斯，描写了一名官方叫喊人带领所有奴隶高声朗读一则布告的情景："最近从公共浴池逃走了一个 16 岁左右的卷发美少年，他的名字叫骑顿，把他带回来或者提供他的下落，就可得到银币若干枚。"叫喊人的身旁摆着一个盛放着银币的器皿。

2. 招牌

招牌，是一种将店名或行业名称写在木板等材料上，立在屋前或店头的一种标记。在罗马，招牌已经很普及了。

酒馆的招牌基本上是各种招牌中历史最悠久的了。西方有谚语，"good

---

① 1 英亩约为 4 046.86 平方米。
② [美]斯塔夫里阿诺斯：《全球通史：从史前史到 21 世纪》(第 7 版修订版)，吴象婴、董书慧、王昶、徐正源译，北京大学出版社 2006 年版，第 147 页。

wine need no bush",意思是好卖的酒不需要系葡萄藤。由此可以看出,葡萄藤是酒的标记。维克多·马格林在1979年出版的《招牌的历史》一书中写道:"酒店外系上葡萄藤很明显是罗马人的风俗。"看来葡萄藤也是酒店行业的标记。恺撒时期的其他行业的招牌还有:两只手拖着鞋的天使(鞋店的标记);奶牛(奶制品的标记);拉磨的骡子(面包房的标记);水壶的把手(葡萄酒馆的标记);还有一些刻着男性阳具的图案并写着"女士止步"字样的标记,很明显这是妓院的招牌。

3. 每日纪闻

罗马人在涂有石膏的特质木板上发布执政官的命令,公布元老院议员、公民大会的议事记录。人们把这种立在公众聚集场所的木板称为"album",并将写在上面的内容称为"acta publica",意思是"向公众发表",这是官报的雏形。

公元前59年,恺撒当选为执政官后,开始每天更换木板上所写的内容,并称之为"acta diurnal",翻译过来就是"每日纪闻"。当时罗马的元老院与民主派的斗争非常激烈,恺撒是民主派,他通过把元老院和公民大会的议事内容公布在"每日纪闻"上来争取舆论的支持。后来,"每日纪闻"也刊登婴儿出生、结婚、死亡及个人新闻。公元2世纪,罗马的妇女开始每天下午去"每日纪闻"上读环形剧场上演的剧目表、表演的有关报道。"每日纪闻"刊登的都是一些政治、社会新闻,没有商业广告,但是却有专门的编辑负责"每日纪闻"的材料收集和编写工作,这很像后来的报纸。

4. 庞贝古城的广告

公元79年8月20日维苏威火山喷发,将罗马城市庞贝吞没。1 500年后,一位工程师在勘测下水道时,偶然发现被埋藏于地下的庞贝古城。庞贝古城的发掘,使我们能够见到古罗马城市的面貌。

从发掘出来的庞贝古城遗址上,可以看到当时广告已很普遍(图11-5)。在街道建筑物的墙上和柱子上,图画广告、招牌、文字广告随处可见,仅墙面上的广告就有1 600多处。有一则角斗士表演的广告这样写着:"阿迪尔的角斗士们将在5月3日进行格斗表演,其中三个

图11-5 庞贝古城发掘出来的公告

角斗士将与野兽进行角斗,有遮阳棚。"①

除了大量的角斗士表演的广告,排在第二位的就是房屋出租的广告了。一则房屋出租的广告写在一面涂有白灰的墙上,是这样写的:"在阿利安的柏利安住宅区,格纳维斯的不动产从7月15日开始出租。房子是带有住宅的店铺和供骑士们居住的房间,如要租用,向格纳维斯的奴隶提出申请。"另一条房屋出租广告是这样的:"紧邻高级维纳斯浴池、妓院、店铺的两层公寓……出租5年。房屋主人的女儿埃利阿·普爱丽兹古斯。"

庞贝古城遗址还有大量的政治竞选广告,与选举有关的告示有600多个。在这些选举广告中,有些就写在自己家的墙壁上。拆洗店的玻利姆斯在自家的墙壁上写着:"维索尼维斯·玻利姆斯适于公职,请大家选他做修建官","拆洗店的玻利姆斯希望鲁西维斯·凯伊维斯·赛库多维斯被选为司法官","劝大家选卡伊维斯·比维斯·鲁忽斯为司法官,他是个对社会利益有贡献的人"。

从事同行业的人也会推荐自己的人选,如"理发师们推荐脱勒比乌斯为修建官"。此外,住在同一区域的人也会共同推荐某一人,如在伊丝兹神庙的墙壁上写着:"在伊丝兹神庙叩拜的人们一致推荐某某某为修建官。"②

还有一些竞选广告已经非常注重修辞手法和竞选策略,比如某些竞选广告对候选人进行评价,如廉直的青年、谦虚的青年,"他是一个善良的人",有的甚至还使用了"他是公积金的看门狗"这样的比喻。当然有些竞选广告恶语中伤竞争对手,比如"谁若是反对选举昆提乌斯,谁就是头蠢驴!"也有使用讽刺手法的竞选广告,如"所有的小偷都强烈要求你们选举瓦提亚为市政官,所有懒虫都强烈要求选举瓦提亚为市政官,所有酒吧女郎都支持瓦提亚"。看来这是瓦提亚的政敌发布的广告。

五、腓尼基

(一)腓尼基的社会、经济特征

腓尼基是古代地中海沿岸兴起的一个民族,一个亚洲西南部城邦国家,由地中海东部沿岸的城邦组成,位于今叙利亚和黎巴嫩境内,西临地中海,东倚黎巴嫩山,北接小亚细亚,南连巴勒斯坦。"腓尼基"是古代希腊语,意思是

---

① 陈培爱:《中外广告史——站在当代视角的全面回顾》(第二版),中国物价出版社2001年版,第204页。
② 文春英:《外国广告发展史》,中国传媒大学出版社2006年版,第25页。

"绛紫色的国度",原因是腓尼基人居住的地方特产是紫红色染料。腓尼基人强迫奴隶潜入海底采取海蚌,从中提取鲜艳而牢固的颜料,然后用紫红色染成花色的布匹运销地中海各国。

由于背靠高耸的黎巴嫩山,腓尼基人居住的地区不适合发展农业生产。然而他们的手工业和商业非常发达,同时腓尼基人以经商著名。他们不仅贩卖自己制作的各种精美的手工艺品,如玻璃花瓶、珠宝饰物、金属器皿和武器等,更销售来自各个地方的特产:有来自远东和印度的谷物、酒类、纺织品、地毯和宝石,有来自黑海沿岸的铅、黄金和铁,也有塞浦路斯的铜、柏树和玉米,以及希腊的各种工艺品。此外,西西里岛的酒和油,巴利阿里群岛的酒和科西嘉的蜡,从非洲内陆带回的象牙和奴隶,从西班牙带回的金银,甚至还有来自不列颠的锡,所有这些都汇集到了腓尼基人手里,经他们再卖出去。随着商业的发达,腓尼基人在地中海沿岸建立了许多商站或殖民地,这些商站都成了当地经济最繁华的地方,很多商站后来成了著名的商业城市,如今天法国的马赛,而非洲北部的迦太基(今突尼斯境内)是它最大的殖民地。

繁荣的海外贸易推动着航海事业的发展,腓尼基人是地中海出色的航海民族(图11-6)。腓尼基人在航行中依靠太阳和"腓尼基人的星"——北极星的位置,并根据所熟悉的海岸地形与地貌来辨别航行的方向。腓尼基人的船是当时世界上最好的海船,船头往往雕刻着一个高高昂起的鸟头,船尾竖着一条鱼尾巴。他们就是驾驶着这种半鱼半鸟的航船,穿过直布罗陀海峡,进入大西洋,来往于地中海各港口城市之间。腓尼基人发明了由22个辅音字母组成的文字系统。这些字母后来向东传播到西亚、南亚,以及东亚一些国家,成为这些国家文字的源头。后

图11-6 腓尼基商船

来,希腊人在这套拼音字母的基础上,加上几个元音字母,创造了希腊字母。而罗马人又师承希腊字母,创造了拉丁字母。这就是现今欧洲各种文字字母的渊源。腓尼基字母还是阿拉美亚、希伯来、阿拉伯、印度、维吾尔等字母的祖先。

(二）腓尼基的广告表现形式

据说，三明治广告人(sandwich-man)产生于迦太基城。那时候，商船一靠岸，船主就将该船运载的商品名称写在背心上，并让一些男子穿着这些背心到城镇的街市上去转悠，这些人便被称为三明治广告人。美国人詹姆斯·P. 沃德在1958年出版的《广告的故事》中记载，在腓尼基人的迦太基城，商店里就有这种专门的揽客者(shop barker)。

思考与练习

1. 为什么古代早期的广告会出现在大河流域？
2. 简述一下农业文明兴起后早期的广告表现形式。
3. 什么是"三明治广告人"？

第十二章

中世纪时期的广告

 **内容摘要**

中世纪是西方的封建史,进入中世纪后,西方的手工业、贸易和行会获得了不同程度的发展,城市也得到了复兴。这些都对广告活动的发展产生了影响。中世纪时期,除了古代广告的表现形式继续发展外,广告又产生了新的表现形式。中世纪也出现了早期政府对广告的管理。

第一节 中世纪时期的社会、经济特征

中世纪,也叫中古史,是欧洲历史上的一个时代(主要是西欧),西罗马帝国灭亡(公元476年)数百年后,在世界范围内,封建制度占统治地位的时期,直到文艺复兴时期(公元1453年),资本主义生产方式确立为止。"中世纪"一词是15世纪后期的人文主义者彼特拉克开始使用的。这个时期的欧洲没有一个强有力的政权来统治。封建割据带来频繁的战争,造成科技和生产力发展停滞,人民生活在毫无希望的痛苦中,所以中世纪或者中世纪的早期在欧美被普遍称作"黑暗时代",传统上认为这是欧洲文明史上发展比较缓慢的时期。当然商业和广告的发展也很缓慢。

一、中世纪的工业、贸易与行会

（一）中世纪的工业

这里的工业指工场手工业，中世纪时期，工业活动处于萌芽状态。在当时以自然经济和庄园经济为主的条件下，工匠的工作和农民的工作没多大区别，而这种活动基本上又局限于庄园范围内。在庄园内部，农民除了从事农业生产外，也从事一般的制造活动，以满足自己和家庭的需要。庄园内设有基本的工业设施，如磨坊、面包坊、酿酒坊等，农民中一部分人从事专门的手工业活动，如鞋匠、铁匠、泥瓦匠、木匠等。在这种自给自足的庄园经济中，工业的作用极其微小，对生产关系变革和社会进步意义也不大。

从 11 世纪开始，工业组织开始发生一些深刻变化。

首先，商业和货币经济的兴起，刺激了手工业的复兴。商人作为中间人不仅为手工业者提供了资金和原料，也为他们开辟了市场。所以，工匠开始和商人紧密地联系在一起。这种新的变化首先出现在城市和城市周围，不仅向城市提供产品，而且也为农村提供商品，这就使庄园内的工业失去了意义。

其次，消费和交换范围扩大。在城市出现的手工业，最初是工匠在家庭中从事的不需要高度专门化的生产，个人单干或在家庭成员的帮助下就能完成。随着订货的增加，有的工匠开始雇工，这样就产生了作坊。作坊需要独立购进原料，在作坊中加工成产品，然后到市场上去出售。大多数情况下，作坊同时也是一个商店。作坊主拥有一切生产手段，包括工具和劳动力，主要为订货生产，或者在店里售卖产品。

最后，手工业分工得到广泛发展。中世纪手工业的组织形式是以手工作坊为主的。作坊内基本没有分工，一件产品都由一个手工业者完成。而生产技术的提高和社会生产的复杂化是通过社会分工体现出来的，技术越发达，分工越细。

从 13 世纪开始，工业的规模开始扩大，在一些特殊地区和国际贸易发达的地区，如低地国家、意大利和法国西北部，出现了较大的工业。这些工业是为国际市场而生产的，例如根特、里尔、亚眠、佛罗伦萨的织布工业，威尼斯的丝织品工业，佛兰德斯的羊毛工业等。富裕的企业主和有实力的行会，出面对工业进行有效的指导，将工业发展推向新的水平。比如，英国的托斯卡纳羊毛业工会，在 12—13 世纪垄断了英国的羊毛和来自佛兰德斯及法国北部的半制成的纺织品，并且对这些半制成的产品进行加工、染色，最后出口到地中海市场。这些工场已经出现简单的管理和专门的管理者,资本和劳动的分离已经出现。可以说,这是近代企业的萌芽。

（二）中世纪的商业与贸易

中世纪,封建割据严重,罗马的道路系统年久失修破烂不堪,强盗经常出没,封建主们对过往的商人课以重税,这些都不利于商业贸易的发展。

中世纪早期,封建主在自己的领地内建立市场,包括农村市场和城市市场。不过,市场权力也是一种封建权力。封建主建立市场的目的,主要是满足自己的消费需要,同时满足自己的货币需要。因为市场不仅可以为封建主提供商品,还可以为他们提供税收。最早的市场大都设在教堂院内,附近的居民来这里交易自己的剩余产品。早期的市场是地方市场,交易范围也小。

随着交换的发展,出现了定期的集市。集市的开设,一般要经过国王或较大的封建主批准。集市往往可以延续一周、一月甚至更长时间。每个国家都有集市,国王和封建主通过各种措施保证集市的安全,并设立专门法庭来仲裁集市的纠纷。

到12世纪和13世纪,随着商业和工业的发展,集市的数量增加了。集市的发展促使一些商业城市形成,而城市的发展又促进了商业贸易的繁荣。比如,意大利最出名的集市设在比萨、威尼斯、热那亚;德意志的著名集市设在科隆、莱比锡、汉堡、法兰克福等;法国的集市设在卢昂、巴黎、波尔多等地,其中巴黎的圣得尼斯集市是最古老的集市,建立于630年,夏秋都有市,由圣得尼斯寺院管理,很受商人欢迎。

中世纪最著名的集市是法国的香槟集市(图12-1),香槟集市位于巴黎以东,由香槟伯爵负责管理。在每次开市之前,商人有8天的准备时间,正式开市以后各种商品轮流开市,每市10天,包括布匹、皮革、杂货等。最后是钱币兑换时间。还有5天的宽放日期,以便编造货物清单、结清账目,在所有的重要契约上加盖集市印章。

图12-1　法国香槟集市

香槟集市是个国际性贸易的集市。香槟集市位于从佛兰德斯到意大利的商路上,东方来的香料、丝绸等奢侈品及染料等经意大利商人之手,翻过阿尔卑斯山,到香槟集市再输往欧洲各地。佛兰德斯的呢绒也通常在香槟集市上集散,运往意大利和东方。香槟伯爵和许多国家签订条约,凡是往香槟集市去的商人经过他的领地时,可减免部分通行税。香槟集市的繁荣一直持续到14世纪。后来,由于国王捐税的增加、英法战争的影响,以及威尼斯人开辟了新的商路,香槟集市逐渐衰落了。

中世纪早期,西欧没有本地商人。叙利亚人经营着东西方之间的贸易。中世纪的商业风险很大,一方面,商业条件差,道路不通,交通工具落后,强盗横行;另一方面,封建割据严重,到处是关卡,税收沉重。为了抵御风险,商人们自发组织起来,创立了合伙经营的方式。早期的合伙经营是松散的队商,队商有自己的组织,选出队长,雇佣武装人员。不过,队商里每个商人都是独立的,他们的资金并不合在一起。后来的合伙形式是委托制和协作制。一般情况下,合伙的两方,一方是坐商,提供资本,另一方是行商,将商品运往目的地,进行交易。委托制是坐商提供全部资本,坐商获得收益的三分之二,行商得三分之一。协作制是坐商提供三分之二资本,行商提供三分之一资本,所得收益平分。13世纪时,商业条件有了很大的改善,道路良好,盗匪减少,商路安全大大提高,在有的地区出现了专门的运输行业,这样商人就转化成了专门的坐商。

最早的商业公司出现于13世纪,公司以家族成员为主,并以家族名字命名。公司的经营管理,一般由一个有能力、有经验的人负责,近似今天的经理。然后在各地设立分号,派出代理人。代理人是领薪水的雇员,但一般是经理的亲属。商业公司组织最早出现于海上贸易,海上贸易的风险性产生了组织公司的需要。这些公司可以看作近代经营方式的起源。

(三) 中世纪的行会

行会起源于教区会社和兄弟会,但是行会的重要性不在于它的政治活动,而在于它的商业活动(图12-2)。起初,各类商人和手工业者都是组织在一起的,从事某一行业的工人都倾向于集中在某一条街道和区内,这种聚居的要求,既是出于职业方面的便利,也是为了监视他人的经营活动,也有团结起来抵抗封建势力压迫的目的。在德国,最古老的行会是1106年沃姆斯的贩鱼者行会和1128年马格德堡的制鞋者行会,法国的里昂和波尔多到15世纪

图12-2 中世纪时期成立的
伦敦石匠行会标志

才出现行会。

行会具有经济、政治和社会三种功能。作为经济组织,行会使小手工业者在自然经济条件下能够保持其地位,进行正常的再生产。作为政治组织,行会是城市管理机构的组织系统,有严格的纪律,不仅自我管理,而且为市政当局组织市民选举、征收税款、建立城市武装等。作为社会组织,行会具有互助合作的成分,行会内部往往建立互助基金,举办慈善事业,扶贫济困等。

行会在本行业内的作用主要体现在以下四个方面。

第一,规定产品原料和其他辅助原料的质量和数量。

第二,规定作坊的规模,包括作坊所使用的学徒和帮工的数量,都不能超过规定,劳动时间不能超过一定时限,比如冬季工作时间为 12 小时,夏季为 15—16 小时,严禁夜间工作。这一方面是为了保证产品质量,而更重要的是限制生产者生产过多的产品造成生产者之间的不平衡。

第三,规定生产工具、技术设备和生产程序等,如织工行会规定生产者不能使用新式织机。

第四,规定产品的质量和数量,不能生产质量低劣的产品,也不能生产过量的产品。

行会还有一个很重要的作用,是为保证本行会的共同利益而进行行业垄断,即没有参加行会的人不能经营本行业的生产,而要参加这一行业又有严格的限制。14—15 世纪的欧洲,哪里有工商业,哪里就有行会制度,特别是工商业发达的城市,行会势力十分强大。例如,德国的法兰克福有 137 个行会,纽伦堡有 96 个,里加有 90 个,汉堡有 114 个,吕贝克有 129 个[①]。行会的成员及其家族形成了一个城市贵族阶层,到了中世纪后期,行会的活动已经成为阻碍经济发展的因素。正因为如此,行会制度的解体,是近代资本主义发展的前提条件。

二、中世纪城市的复兴与发展

(一)城市的复兴

罗马时代,城市文明曾达到一个极高的水平。但是由于日耳曼人的入侵,罗马的城市遭到了毁灭性的破坏。在中世纪初期,意大利还偶尔保留着

---

① 代轩宇:《西欧行会组织的发展与演进》,《中北大学学报》(社会科学版)2011 年第 2 期,第 37—41 页。

罗马时代的城市遗址,但这些城市只是一些不完整的城垣,和乡村没什么区别。到了10世纪时,西欧的城市出现了复兴,城市的复兴和发展是封建生产方式在历史上的转折点。美国中世纪史学家汤普森指出:"城市运动,比任何其他中世纪运动更实际,明显地标志着中世纪时代的消逝和近代的开端。"

商业和工业的发展,引起了城市的复兴。从11世纪中叶到14世纪,城市运动变得特别普遍,欧洲大部分地区的城市都复兴起来了。中世纪城市的复兴表现在以下三个方面。

1. 罗马古城

罗马城市的衰落并不像人们想象的那样严重,还是有不少城市保留了下来。所以,最先复苏的是在意大利的罗马时代的城市,如威尼斯、那不勒斯、米兰、佛罗伦萨以及罗马等。法国在罗马时代出现的一些城市,如马赛、图卢兹、波尔多、巴黎等,德国在莱茵河和多瑙河沿岸地区出现的城市,如科隆、奥格斯堡、勒琴堡等,英国的伦敦、约克等,也都复兴了。

2. 国王、教会和大封建主新建的城市

王国的都城一般来说都是最大的城市,如伦敦、巴黎等一直是著名的城市。法国巴黎在罗马时代称为留提齐亚,克洛维时代曾作为法兰克王国的首都,以后一直保持着中心城市的地位。除了国王外,封建主出于各方面的考虑而筑城,由于封建主筑城,形成了一些设防的居民点,这为手工业者从封建领地迁移出来大开方便之门。罗马时代的宗教文化中心被称为"主教城市",到了中世纪,城市的宗教中心地位仍然是很突出的。9世纪时著名的圣加尔教堂计划就是建立一个城市的计划。这些教会城市,由于定期的宗教活动招徕附近的农民和大量香客,交易活动频繁,逐渐发展成为商业城市。8—9世纪,为了防御诺曼人、阿拉伯人和匈牙利人的入侵,西欧各地建立起了不少城堡(图12-3),这些城堡在战争时期成为附近居民的避难所。随着商品经济的发展,商人活动的频繁,他们需要寻求安

图12-3 中世纪时期的城堡

全,将城堡作为经过和借宿的地方,所以这些地方也逐渐发展成为交易中心。

3. 商业、手工业城市

诸如前面所提到的中世纪的商业、贸易的发展引发了集市的繁荣,而集市规模的扩大便形成了商业城市。西欧最早兴起的商业城市,是意大利和西北欧的莱茵、默兹和斯凯尔特河口附近的城市,这些地区都是国际贸易发达的地区,例如意大利的威尼斯、热那亚、米兰,商人在有利的地点集合,不久也引起了工匠在那里集合,这样城市就发展起来了。

(二)城市同盟与城市国家

为了与封建主和国王对抗,中世纪中期出现了城市之间的结盟及城市同盟。城市同盟主要出现在德国。12世纪时德国的工商业得到了快速的发展,许多旧城市扩大了规模,而新的城市不断出现。然而国王和封建主制定了不利于城市和工商业发展的政策,国内关卡林立,赋税沉重,特别是无地的骑士和强盗公开掠夺,对商业贸易造成极大的破坏。一些利益相关的城市商人寻求联合,以对付封建主。13世纪,以美因兹为首,成立了沿莱茵河各城市的莱茵同盟,包括科隆、沃尔姆斯、斯特拉斯堡、巴塞尔等60多个城市。1254年,同盟发表宣言,建立武装,定期举行同盟会议,成立仲裁法庭解决成员间的纠纷,并争取到了莱茵河上通行税的权利。

德国城市同盟最著名的是汉萨同盟。"汉萨"一词最初是用来称呼德意志商人在伦敦和布鲁日的团体,意思是会所或商站。由于英国征服诺曼底刺激了英国和欧洲大陆之间的贸易,科隆商人获得了在伦敦的一个侨居地的特许权,后来吕贝克的商人也获得了类似特权。德意志的其他一些城市也在国外发展贸易,设立商站。相互接近和共同的利益使德意志商人在国外组织起来的类似集团自然地趋向于联合,形成更紧密的联盟,以提供保护和减少竞争。城市商人在国外的联合促进了国内城市的联合。1241年,吕贝克和汉堡商人订立同盟,共同反对干扰其贸易的敌人。1252年,两城市又与布鲁日建立同盟。1259年,吕贝克、罗斯托克、维斯马等城市也建立同盟,反对路上强盗和海盗。1260—1265年,汉萨同盟基本形成。到了14世纪,同盟以吕贝克为中心,扩大到北德意志大部分城市。汉萨同盟鼎盛时有七八十个城市。

加入同盟的城市有一定条件限制,包括必须是沿海地带、河口地区或通航河流两岸的城市,必须有自主权,否则不能加入同盟。同盟由一个议会统辖,同盟议会讨论的议题十分广泛,包括为保护货物应采取的措施、宣战和缔约、保护道路和海洋的方法与手段、保证从外国人那里获得更广泛的特权、新的水路和陆路交通线的开辟、确定货币和度量衡统一规划、滞销货物的处理、解决纠纷的方法等。会议还决定战争与媾和、向外国君主和诸侯发送公函、威吓和警告不履行义务的城市,同盟可以将其开除,被开除出同盟的城市商人,将丧失各项特权。

第二节 中世纪的广告表现形态

一、叫喊人与叫卖

(一)叫喊人

1141年贝星州(法国中部古代州名)的12个叫喊人得到了法国国王路易七世的特许,成立了叫喊人行会。1268年颁布的《巴黎职业书》对叫喊人的职业作了规定:"巴黎的叫喊人必须由市长及其助理给予许可,方可从事这一职业。巴黎所有的叫喊人,必须在所从事的酒店里举荐良民。如果发现有行为不轨的人,也必须举报。叫喊人必须尽力保护巴黎的酒店和百姓的利益。当酒店有客人前来时,叫喊人应询问客人需要什么价位的酒,不管店主愿意与否,叫喊人都要要求店主提供相应价位的酒。叫喊人可以饮用店主倒给自己的酒,但是不能将作为样品的酒拿出去。叫喊人按天取酬。如果酒店尚未雇佣叫喊人,那么就不能拒绝前来应聘的叫喊人。"[①]

当时规定,雇佣叫喊人要签订一定的契约。叫喊人从酒店收取酬金,作为宣传该酒店的报偿。叫喊人有责任监视店内顾客的行为,还要监督酒店是否以不公正的价格卖酒给顾客,可以检举出售劣质酒的酒店。

英国伦敦市政厅1299年的记录中也有关于叫喊人的记载:叫喊人必须宣誓效忠自己从事的职业;叫喊人除了公布罪犯的判决结果及其他一切种类的公文外,还可受雇发布商品的买卖信息。但是,教会的布告是个例外,那是由僧侣负责发布的。

(二)叫卖

叫卖是中外古代广告史上比较常见的一种口头广告形式。自中世纪以来,收集巴黎叫卖语言的书有八本之多。仅从1545年出版的《巴黎每天的

[①] 杨海军:《中外广告史》,武汉大学出版社2006年版,第315页。

107种叫卖声》一书中,便可知当时的叫卖声很丰富。书中记载的巴黎街头的叫卖声中,比较简单的有"炭哟,一袋五钱""上等的劈柴哟,几个铜板就买喽"。还有一些配上了传统的曲调,博得了劳动大众的喜爱。如有一首卖扁桃的小调:"生活艰难,道路坎坷!好心人呀,你在何方?发发善心,行行好吧!甜美扁桃,扁桃甜美!"还有一首卖梳子的小调:"黄杨篦梳,抓头虱之宝;保你头发干净完好。"有一些强调东西是新的、新鲜的,而且为了增加商品的质量,还要加上诸如"上等的""最上等的"等形容词,如"新鲜的青鱼""新豆荚哟""午安屋的黄油哟,巴黎最高级的黄油"。有的叫喊强调能给买主带来好处,如"金黄色的蜂蜜呀,诸神赐给您健康","专门卖给婴儿喝的奶,为了哺育孩子,快来呀。这里有壶,妈妈们"。还有一些叫喊可以说非常有新意,如"您需要水吗?诚如诸位所知,它是四元素之一啦!"①

伦敦的叫卖常使用"热乎的"一词,一方面和英国潮湿阴冷的气候有关,另一方面叫卖的商品多为食品,如"热乎的面包""热乎的豌豆""热乎的上等燕麦饼""热乎的苹果派和果馅饼"等。此外,还有"来买新鲜的上等鳕鱼""水芹,来买我的水芹啊""来买我的威尔士湾出产的柿子""来买老鼠的克星啊,老鼠的克星"等。

马赛斯·洛伦出版了一本专门描绘伦敦街头叫卖的铜版画集——《伦敦的叫卖》。书中描绘了很多叫卖的实例,其中一个卖醋的男人吆喝着:"像百合一样洁白的醋,一夸脱三便士。"而他的围裙上赫然绣着百合,既是招牌又是标志。另一幅画中,一个卖墨水的男子,背负一个小型的圆木桶,腰配一个玻璃容器,口中吆喝着:"上等的墨水!"由此可以看出,当时的墨水是散装出售的。

从这本版画集中我们看到商人把货物驮在马背上,摇着鼓边走边卖的情形,这便是行商。他们一般把货物放进一个箱子里,用带子穿上,挂在胸前;也有的将货物装在货车上卖。

二、招牌

(一)实物招牌

中世纪,同一行业的手工业者或商人集中在一条街上。商店的柜台面向街道,大门敞开,里面卖的商品一目了然。当顾客来到这条街上时,店主们便要想尽办法吸引顾客。当然招牌便是最简单实用的办法。

---

① 文春英:《外国广告发展史》,中国传媒大学出版社2006年版,第34页。

图 12-4 阿尔萨斯人开的旅馆招牌

中世纪的欧洲，旅馆和餐馆是兼营的。旅馆是社会各种人聚集的地方，因此选择什么样的招牌就显得极为重要（图 12-4）。在英国，基督教徒投宿的旅店用十字架作招牌；在屋檐下悬挂武器，不是说这家旅店出售武器，而是欢迎携带武器的军人投宿。

（二）图案招牌

随着商业贸易的发展，实物招牌慢慢演化成了图案招牌。一些店铺渐渐把该行业的工具或与该行业有关的商品信息绘制成图案挂于店头。比如刀具店用小刀的图案，金属加工店用水壶的图案，手袋店用手的图案，农具店用犁、锄的图案，裁缝用剪刀的图案。因为当时人们的识字率低，所以使用图案招牌也便于理解。

有的店铺在自己的招牌上写上了店名，这样更方便了顾客指名购买。为了防止不识字的顾客看不懂店名，就在店名的旁边加上图案。例如，一个名叫哈尔·波特（Hare Bottle）的店主，除了在招牌上写上自己的名字哈尔·波特，还把野兔和瓶子画在招牌上以便于顾客记忆。这种店主名字加图案的招牌是中世纪的欧洲最基本的一种招牌形式。

（三）纹章演变而来的招牌

中世纪还有一种招牌是由纹章演变而来的。纹章是将物体的形状图案化，并在上面涂上色彩，用来表示个人、家族特殊的地位、职责的一种符号。

把纹章的图案印在招牌上，逐渐被一些店主所采用。至于这种纹章演变的招牌是怎么来的，有两种说法。一种说法认为，中世纪，贵族的庄园会向过往的旅客提供食宿，而庄园的门口一般挂着该家族的纹饰，很引人注目。当地的人们便根据家族纹饰的图案称贵族的庄园为"狮子宅"或"龙宅"等（图 12-5）。莎士比亚的《亨利八世》中，就出现了一座叫作"玫瑰"的贵族庄园，就是因为家族的纹饰是玫瑰，所以被人们称为"玫瑰园"。

还有一种说法是，那时开酒店的老板很多都先

图 12-5 用得较多的纹章图案狮子和鹰

在教会、贵族和领主家里做事,出来后自己独立创业。因此,他们把服务过的教会、贵族的家族纹饰或徽章画在自己的招牌里,借以提高自己的声誉。

(四) 组合图案招牌

13世纪时,将两个没有任何联系的事物搭配起来组合而成的招牌开始增多,如"王冠与乌鸦""棒棒糖与三口棺材"这种组合。

为什么会出现这种招牌,有两种说法。一种说法认为,学习期满的学徒独立创业时,常常把师傅的招牌图案加在自己招牌图案前,这样便形成了组合图案招牌。比如,师傅使用的招牌是"王冠",学徒独立开业后使用的图案是"乌鸦",这样,"王冠"和"乌鸦"两种图案组合在一起便形成了新的招牌。

第二种说法认为,当一家店铺从一个地方搬到另一条行业街的时候,两个店铺的招牌便组合在了一起。比如,一家卖棺材的店铺搬到了一条主要是卖棒棒糖的食品街上,便在原来的招牌"三口棺材"旁边加上了"棒棒糖"的图案作为新的招牌。

时代环境的变化也会影响到招牌的变化,原来的图案不合时宜了,就要作出相应的调整。比如,《圣经》图案和天鹅图案组合的招牌,就是马丁·路德宗教改革的产物。因为天鹅是路德教派的象征,教会的信徒为了赞美马丁·路德宗教改革的功绩,同时也是为了表明店主自己是新教徒而使用这种组合图案的招牌。

(五) 招牌的管理

1393年,伦敦一酒馆由于没有使用酒馆通用的招牌(在木棍上系上常青藤)而遭到了指控。1430年的牛津法律规定:"以销售为目的的啤酒制造者,必须悬挂招牌;否则,啤酒予以没收。"这条法令旨在防止无照经营,当时只有得到国王的许可,才可以酿制啤酒,所以招牌实际上起到了执照的作用。

1419年,伦敦市政府会议通过一条法令:"酒馆的招牌不得比普通的招牌长,不得向超过街道七英尺以上的空间伸展。"英王查理一世在位时,颁布了要求所有店铺必须悬挂招牌的法令。此举是为了通过悬挂招牌的方法,方便了解店铺所属的行业以及店铺的位置,并以此为依据课税。18世纪,欧洲才开始出现门牌号,而在此以前的很长一段时间,招牌是寻找店铺的唯一线索。

三、标记

中世纪,在商品上使用标记已经很广泛了,因此也出现了伪造著名标记的事件。12世纪意大利的帕尔玛(Parma,意大利北部城市,以产干酪著称)已经有法律规定:"商人或行会不得使用他人或其他行会的标记,不得在刀或剑上使用同样的或类似的标记。如果违反该法令,将根据程度轻重予以罚款,而且不受理调停或和解。"以今天的眼光看,该法令是一种商标权益保护法。

在刀或剑上刻上生产者的名字,在商标的历史上是比较早的。1304年,德国的刀剑行会规定,该行会成员的产品必须有统一的标记,并刻上制造者的名字。这个标记图案就是黑底上的三柄短剑。14世纪时,除了行业使用标记外,政府的有些部门也开始采用自己的标记。比如,商品的质量检查机关就有自己特有的标记。

最早在印刷品上使用标记的,是1457年德国的法斯特和乔共同出版的《祈祷书》。该书是世界上印刷出版的第三本书,但是第一本注明出版者、出版年月的书。那时候对盗版的理解也不相同。盗印图书的内容不算犯法,但若使用原出版社的标记,却是侵权行为,会遭到起诉。

15世纪,在欧洲众多的出版商中,Aldus of Venice的"海豚与铁锚"标记广为人知。海豚象征敏捷,铁锚象征沉着。海豚的头向左偏,据说曾经有海豚的头向右偏的冒牌标记出现过。

思考与练习

1. 中世纪的工业、贸易和行会的发展对广告活动产生了怎样的影响?
2. 中世纪的广告有哪些表现形式?
3. 简述中世纪的招牌管理。
4. 中世纪时期的店铺招牌有哪几种?

第十三章

世界近代广告发展史

 **内容摘要**

现代广告的观念和运作模式是由近代广告发展而来的,近代广告在古代广告和现代广告之间起了一种承上启下的作用。近代广告的观念和运作模式相较古代广告已经发生了深刻变革,广告开始作为一种独立的职业和行业出现。而这种深刻的变革是以西方近代的社会、政治、经济、科技方面的深刻变革为基础的。随着中世纪的结束,文艺复兴运动的兴起,人们的思想逐渐解放,开始对科学和艺术进行探索,活字印刷术的发明推动了近代报纸的产生。报纸产生后,不仅传播了进步的思想,也是广告的第一个大众媒体载体,广告由此步入了印刷传播时代。地理大发现和商业革命又加速了资本主义生产方式在西方的确立和发展。资本主义的发展表现在工商业的繁荣上,商人开始寻求一切促销自己商品的手段。

第一节 西方近代的社会、经济变革

一、地理大发现与商业革命

(一) 地理大发现

地理大发现是指15世纪末16世纪初西欧国家大规模海外探险中对美洲大陆的发现和对通往东方新航线的开辟。地理大发现引起了商业扩张、市场扩大、商品关系和商业组织的发展、重商主义思想的形成,即商业革命,是工业革命前一系列革命性变化的真正起点。

促使地理大发现的原因有两个。

第一,西欧商品货币关系的发展诱发了封建贵族对贵金属的渴求,这是地理大发现的原始动机。14—15世纪,随着西欧商品关系的发展和农奴制的瓦解,一方面商品流通量不断增加,相应地要求货币流通量的有效供应,而此时金融手段还没有发展到利用纸币来弥补硬币不足的程度;同时,封建贵族为了支付日益高昂和频繁的战争费用,也为了满足其奢侈生活的需要,购买东方精美昂贵的消费品,需要更多的金银。而探寻金银的来源,在欧洲人看来,最理想的地方莫过于东方,因为东方国家被描述为财富无穷、金银遍地。因此他们积极地组织大规模的海外探险活动。

第二,西欧人从东方获取金银的欲望由于近东贸易危机受到了极大的阻碍。中世纪以来,欧洲与东方贸易的主要通道都是以地中海沿岸为起点,所以欧洲对东方的贸易活动一直是围绕地中海地区来进行的。但是,14世纪之后,奥斯曼土耳其帝国的兴起,使近东地区战争连年不断。1453年,土耳其人占领了君士坦丁堡,不仅控制了地中海的商业通道,而且在海上大肆劫掠,使商路基本断绝。因此,西欧国家希望找到一条绕开土耳其的商路到达远东来开展贸易。

图13-1 哥伦布

葡萄牙是最早进行新航路开辟尝试的国家。1488年,迪亚士率领的远征队到达非洲南端的好望角。1497年,达·伽马绕过好望角,驶入印度洋,并于1498年到达印度西海岸,从而打通了欧洲通往印度的新航路。

由于葡萄牙人控制了沿非洲西海岸南行的通道,使稍晚开始探险的西班牙人不得不沿另一个方向,即向西越过大西洋展开探险活动。在西班牙国王的支持下,1492年,由哥伦布(图13-1)率领的探险队到达圣萨尔瓦多、古巴和海地,以后又三次出航,登上了南美洲的一些沿岸地区和岛屿。这片大陆一直被认为是印度,后经实地考证,发现是一块从未到过的新大陆,被命名为亚美利加,美洲大陆被发现。之后,西班牙的航海家继续西行。1519年,麦哲伦率领的船队从西班牙出发,越过大西洋,经南美洲最南端的海峡进入太平洋,到达菲律宾群岛。麦哲伦本人在与当地部族的冲突中被杀,而他的部众渡过印度洋海面,绕道非洲西海岸返回西班牙。这是人类历史上第一次环球航行。

在西班牙、葡萄牙进行海外探险活动的同时,西欧其他一些国家,诸如荷兰、英国、法国和丹麦也紧随其后,积极地展开探险活动。地理大发现和新航路的开辟意味着世界市场和贸易规模的扩大,为人类的经济生活提供了更加广阔的舞台。

(二) 商业革命

地理大发现使欧洲社会经济生活发生了巨大的变革,这种变革集中表现在商业的革命性变化上。

1. 世界性贸易的出现

16—18世纪,在地理大发现和新航路的推动下,国际性贸易快速发展。到16世纪末,欧洲人对世界陆地面积的了解比14世纪时增加了5倍,这使得欧洲与外界经济联系的范围空前扩大,商业资本获得了无比广阔的活动场所。欧洲人当时跨洋贸易的两个主要方向,一是亚洲,二是美洲。

16世纪葡萄牙垄断了到东方的贸易,17世纪荷兰取代葡萄牙掌握了东方贸易,将贸易范围扩大到印度、锡兰、波斯、阿拉伯以至南非。欧洲与亚洲贸易的商品种类增多,印度的纺织品、茶、咖啡逐渐取代香料。新航路开辟后,随着进口量的增加,砂糖、咖啡、茶叶价格下跌,逐渐成为大众商品。茶叶贸易最具典型色彩,茶叶一度是欧洲上层社会消费的饮料。新航路开辟后,任何欧洲国家都可以开船直接进入广州采购,于是参与这项贸易的企业增多,竞争加剧,竞争带来的好处就是价格迅速下降,茶叶成了大众饮品。

欧洲与美洲的贸易形势截然不同于与亚洲的贸易,欧洲对新大陆的政策是殖民化,所以欧洲与美洲的贸易以移民到美洲的居民的日常生活用品、生产工具品为主,其中包括马匹、家具、各种工具、酒类和其他消费品。而殖民地对各类制成品的需求又直接刺激了英国工场手工业的发展。从非洲往巴西和西印度群岛贩运奴隶也是欧洲对美洲的一项重要贸易。17—18世纪,奴隶贸易发展到了顶峰,形成了三角形的贸易路线,即欧洲、非洲和美洲之间的贸易。奴隶贸易的巨额利润引起了欧洲国家的激烈竞争,先是由葡萄牙人和法国人控制,后又由英国人垄断。从新大陆流向欧洲大陆的物品主要有巴西的木材、糖、烟叶、棉花,纽芬兰的鱼和北美的皮革。

地理大发现的300年间,欧洲的商人奔走于世界各大洲,把欧洲原有的区域性市场同亚洲、美洲、非洲、大洋洲的许多国家和地区的地方性市场联结起来，出现了以西欧为中心的世界市场。这个时期的世界市场与机器大工业后形成的世界市场相比，还没有建立在国际分工的基础上，仍属于商品贸易的性质。但是，正如马克思在《资本论》中指出的，世界贸易与世界市场在16世纪揭开了资本的近代生活史。

2. 贸易路线的转移

新航路开辟后，特别是1501年葡萄牙人把第一批香料运到安特卫普后，完全依赖优越地理位置进行贸易转运的意大利诸城邦受到了挑战，西欧国家不仅可以向南经过非洲西海岸到达东方，也可以向西越过南美洲前往亚洲。这些新航线都是从欧洲大陆或英国出发的。这样欧洲与外界的联系，也就由地中海转到了大西洋。地中海变成了交通闭塞的内陆海，意大利失去了原有的重要地位，经济逐渐衰落。与意大利商业联系较为紧密又临近地中海的德意志南部诸城市也遭到同样打击。而大西洋沿岸国家的贸易地位大为提高，其中，葡萄牙的里斯本、西班牙的塞维利亚、尼德兰的安特卫普和英国的伦敦尤为突出。

自地中海贸易衰落后，首先是安特卫普成了各路商人的汇聚点。16世纪时，中欧的商人把德意志的银和铜运到安特卫普，葡萄牙人从东方运来了香料，西班牙人从新大陆运来了贵金属，进入这一地区贸易的货物还有毛纺织品、亚麻帆布、粮食等，安特卫普成了南德意志、汉萨同盟、葡萄牙、意大利、西班牙、英国各路商人的汇集点，它是横贯欧洲大陆的贸易与海上贸易的结合点。安特卫普成为16世纪中期繁荣的商业中心，被称为"世界商业之都"。

随后，荷兰取代安特卫普成为世界贸易的中心。1585年安特卫普被帕尔玛占领，荷兰人对斯海尔德河进行封锁，至此，安特卫普的贸易中心地位逐渐衰弱。而这一时期的荷兰人开辟了从北海绕过丹麦的最北端，穿过松德海峡进入波罗的海的航路。在这条航线上荷兰人掌握了大宗混合货物的运输，海盐和谷物的运输在当时国际海上运输中居于关键地位，它们在17世纪几乎被荷兰人垄断，在北欧和地中海的贸易中，荷兰人也发挥着重要作用。里斯本与但泽之间的盐、香料、谷物交换为荷兰人独揽。总之，17世纪荷兰控制着波罗的海地区、大西洋地区和地中海地区的贸易，阿姆斯特丹是世界上最繁忙的港口。而英国也是到18世纪才能够真正向荷兰发起挑战。

（三）价格革命

价格革命是商业革命的最直接体现。西班牙在美洲发现贵金属矿之后，先后驱使当地的印第安人和从非洲贩入的黑奴进行开采。殖民者将开采出来的金银，用军舰护送回西班牙。根据官方统计的数字，1521—1600年，从美洲运到西班牙的白银有1.8万吨,黄金200吨。西班牙国王用这些贵金属偿还了巨额外债,发动了殖民战争,并从意大利、法国、荷兰、英国的市场上采购商品,大量的贵金属就从西班牙向欧洲其他国家扩散。1500—1650年,仅由美洲流入的金银就使得欧洲黄金的总量增加了5%左右,白银的总存量增加了50%。

大量贵金属的涌入,使欧洲在16世纪经历了持续不断、规模空前的通货膨胀。价格绝对水平的提高和工资落后于其他价格的巨大差距,使这次价格上涨被称为"价格革命"。价格革命席卷了整个欧洲,1600年的价格水平比1500年高200%—300%。同期,西班牙价格上涨3.4倍,法国为2.2倍,英国为2.6倍[①]。

价格革命对欧洲的社会经济结构产生了巨大影响。在农村,采用租佃制的地主因为地租上涨最快而获利最大;相反,按照传统方式征收固定货币地租的封建地主却因此受到损失。租地经营的农场主不仅因为雇工工资低廉和农产品价格高昂获得利益,还因为向地主缴纳固定货币地租而享有价格上涨的好处,经济实力大大增强。工业品价格上涨虽不及农产品价格上涨的幅度大,但由于实际工资的下降、产品销路的扩大,手工工场主和商人成了新兴的经济贵族。雇佣工人和贫苦农民在价格上涨中不得不降低生活水平。这样,价格革命加速了社会分化——新兴的农场主和工商业者的壮大,旧式封建贵族的衰落,城乡劳动者的进一步贫困,从而有力地推动了资本主义的发展,加速了封建社会的解体。

(四)新的商业组织形式

贸易规模的扩大,需要有效率的商业组织的配合。这一时期商业组织的形式主要有两种方式:一是将意大利早先出现的合伙制扩大化;二是一种新的商业组织形式——特许公司。

1. 合伙制的推广

合伙制是意大利商人为了保护和增加商业资本,以及分摊贸易风险而发明的一种商业组织形式。合伙制最直接的优势是扩大了商人的活动范围和利润,并且比单枪匹马闯世界风险要小。合伙制有一次性合伙,也有长期合伙。一次性合伙出现在一些暂时性的组合中,像一次远洋航行、一趟大陆贸易等商业活动。在16—17世纪比较常见的是固定的由亲朋好友组成的长期合伙关系。长期合伙企业的基本资本由合伙人出,需要增加资本时,可以由

---

① 高德步、王珏:《世界经济史》,中国人民大学出版社2001年版,第174页。

原来的合伙人增资,也可以吸收别人的资金入伙。这种合伙企业相对于单个业主企业来说,具有相对独立的生命,一旦某个合伙人无意经营或死亡,企业业务不至中断。分享所有权的合伙制为以后所有权变成一种可以购买、转让、继承或分利的权利形式打下了基础。

2. 特许公司

特许公司是16—17世纪政府用特权交换利益的典型形式,也是荷兰和英国对外扩张最重要的商业组织形式。特许公司由政府授予一定的对外贸易垄断权,享有其他一些优惠待遇,例如公司拥有自治权,有的甚至拥有军事力量和自行铸币权,代替国家行使部分主权。

特许公司分为两类,一类是契约公司,另一类是早期的股份公司。

契约公司由一些独立经营、自担风险的商人组成,他们仍有各自独立的资本,但受公司组织的庇护和支持,条件是要在共同的经营条件所规定的范围内经商,并且服从集体的纪律。契约公司的典型例子是英国的商人冒险家公司。这家公司根据1564年的特许状,拥有垄断英国与尼德兰和汉堡所进行的布匹贸易的权利,17世纪中叶该公司有7 200名成员。

股份公司最早出现于意大利的热那亚和德意志的一些采矿业中。地理大发现后,国家将一个地区的贸易特权赋予一家公司,需要大型的贸易公司来执行,这种大型的贸易公司不得不采用股份的方法集资,不论是否商人都可以入股,股份公司应运而生。1550年,第一批英国股份公司成立,专门经营对俄国和几内亚的贸易。最著名的英国东印度公司在1600年得到英王的特许,每年可以运出价值3亿英镑的白银、黄金和外国货币,垄断英国与印度、中国及亚洲其他国家的贸易。当时,有100名商人入股,原始资本达68 373英镑。东印度公司(图13-2)运用其垄断贸易的特权,在亚洲收购商品时竭力压低价格,运到欧洲高价销售。到1617年,东印度公司入股人数已达954人,全部股金达162万英镑。东印度公司在

图13-2 英国东印度公司总部

印度建立起了150处商馆和货栈,并配备武装进行保护。到18世纪中叶已在印度建立起了150处商馆和15家大代理行。在荷兰,股份公司有1602年成

立的荷兰东印度公司,1621年成立的西印度公司。股份公司这种组织形式后来成为各种经营规模较大的企业的组织形式。1600年以后,股份公司的资本具有了永久性,股份公司具有了独立的生命力。

合伙制、股份制等商业组织形式的创新,为商业的进一步发展提供了保证,也为其他行业的企业组织形式提供了范例。

二、活字印刷术的发明

(一) 印刷术的发明

印刷术是中国古代四大发明之一。它开始于唐朝的雕版印刷,经宋仁宗时的毕昇发展、完善,产生了活字印刷,并由蒙古人传至了欧洲,所以后人称毕昇为印刷术的始祖。中国的印刷术是人类近代文明的先导,为知识的广泛传播、交流创造了条件。

在中国发明的雕版印刷和活字印刷的影响下,公元1445年,德国人约翰·古腾堡制成了铅活字和木制印刷机械(图13-3)。古腾堡不仅使用铅、锡、锑来制作活字,而且还制作了铸字的模具,因此制作的活字比较精细,使用的工具和操作方法也很先进。他还创造了压力印刷机和研制了专用于印刷的脂肪性油墨,

图13-3 古腾堡活字印刷术的操作情景

大大地提高了印刷质量。而以上这些都是毕昇发明活字版印刷术所没有的。古腾堡的创造使印刷术跃进了一大步,从而成为举世公认的现代印刷术的奠基人,他所创造的一整套印刷方法,一直沿用到19世纪。

谷腾堡的活字印刷术先从德国传到意大利,再传到法国,到1477年传至英国时,已经传遍欧洲了。一个世纪以后传到亚洲各国,1589年传到日本,翌年,传到中国。古腾堡的铸字、排字、印刷方法,以及他首创的螺旋式手扳印刷机,在世界各国沿用了400余年。这一时期,印刷工业的规模都不大,印刷厂多为手工业性质。

印刷术的发明是人类文明史上的光辉篇章,对欧洲的思想和社会产生了十分重大的影响,不仅促进了宗教改革和文艺复兴,也帮助了欧洲许多民族文字的创建,甚至鼓励了民族主义建立新兴国家。印刷术还普及了教育,提高了阅读能力和增加了社会流动的机会。总之,几乎现代文明的每一进展,都或多或少地与印刷术的应用和传播产生关联。

(二) 早期的印刷广告

印刷术的发明和广泛传播使得印刷广告的大量使用成为可能,而印刷广告的大量使用使得中世纪的叫喊人逐渐退出历史的舞台。

根据 S. H. 斯坦巴库的《印刷五百年》一书的记载,最早的印刷招贴是出版商们的书籍广告。在英国,最早的印刷招贴是威廉·凯斯顿于1477年印制的。凯斯顿大约生于1422年,年轻时曾在伦敦做过绸缎和呢绒商的学徒,后从商界隐退。1470—1472年,凯斯顿在德国科隆学习印刷术。1474年,他与朋友一起在比利时出版了最早的英语印刷书《特洛伊故事集》。1476年回国后,他在伦敦威斯敏斯特教堂开办了英国第一家印刷所,成为英国从事印刷术的先驱。

凯斯顿在1477年出版了《索尔兹伯里礼拜仪式通览》,并用哥特字体为该书印刷了广告传单,在伦敦各教堂的入口处张贴。招贴的内容是:倘若任何人,不论是教内还是教外人士,愿意取得以哥特字体印刷的、字体优美、印刷无误、适用于桑伯莱教堂礼拜仪式的书籍,请至威斯敏斯特附近购买。价格低廉,出售处有盾形招牌,自上向下有一红条贯以辨识。请勿揭下这张招贴。

很快,印刷招贴被应用于各种各样的领域:教会用印刷传单劝导人们来教堂分享圣餐,并发布有关宗教仪式的各种消息;小商贩向顾客分发印有插图的店铺广告传单;制药商则开始把类似招贴画的货签贴在瓶子上。

三、资产阶级革命与资本主义生产方式的确立

资本主义作为社会发展史上的一个历史阶段是从16世纪开始的。但早在14世纪时,资本主义的萌芽就在封建主义生产关系中产生了。

在中世纪,随着商品经济的发展,工商业城市在集市贸易的基础上逐渐发展起来。这些城市分散在西欧各个国家,是当时的手工业和商业中心,特别是地中海沿岸的一些城市,长期垄断东西方贸易,商业资本十分兴盛。这些新兴城市通过发达的对外贸易活动和手工业生产的发展,加速了商业资本

的积累,商人的经济实力大大增强,新的资本主义生产关系产生和发展起来。随着时间的推移,逐渐形成了一个新的阶级——资产阶级。新兴的资产阶级在政治、经济上受到封建主的压迫、剥削,便有了革命和改革的要求。

资产阶级革命始于英国,而后扩展到欧洲大陆和美国,最后扩展到世界其他地区。事实上,资产阶级革命是由经济上的革命引发的,而且可以在很大程度上说是经济革命决定着政治革命,因为它产生了一个有新利益、有使其利益合理化的新意识形态的新阶级。17世纪的英国革命标志着其开端,随后的美国革命和法国革命标志着其进一步发展,接着它在19世纪影响了整个欧洲,最后它则在20世纪席卷了差不多整个世界。

资产阶级革命的胜利为资本主义工商业的发展扫清了障碍,资本主义工商业的繁荣又为近代广告业的发展提供了沃土。

第二节　西方近代的广告表现形式

一、商业传单与小册子

自从发现新大陆后,欧洲的企业家一直在努力吸引新的移民到北美定居。纵贯整个17世纪和18世纪,欧洲的企业界人士印制了种类繁多的书籍、小册子和招贴广告向他们的同胞推销北美。这被称为"世界现代史上第一次协调一致而且旷日持久的广告战役之一"。

弗吉尼亚公司是一家英国国王特许开发北美殖民地的英国公司,这家公司为了宣传新大陆,制作了很多宣传传单和手册。以下是该公司1612年制作的一张招募移民的传单:"海格力斯号豪华油轮已经准备起航,向弗吉尼亚殖民地运送物资。我们不欢迎那些无所事事只想航海旅行的人,但我们欢迎木匠、冶铁匠、桶匠、渔夫、炼瓦匠等专业技术人士乘船享受旅行的乐趣。如果您想参加我们的旅行,请马上拿着能证明您技术和品行的文件,到萨·托乌斯·史密斯的事务所登记。我们将热情款待那些最终获得登船资格的朋友们。"

更多的传单把新大陆描绘成一个美丽的童话世界,那些企业家常常许诺给读者以美好的生活:黄金和白银,数不清的鱼和猎物,丰饶多产的土地,在那儿可以不费吹灰之力就获取食物,几乎根本不需要衣服和住处,温顺的土著可以为你服务,甚至皈依基督教。新大陆就是一片充满机遇的土地。

还有些推销商特别致力于吸引妇女去殖民地。因为直到 17 世纪中叶,在弗吉尼亚和马里兰两地,男人和女人的比例竟高达 6∶1。弗吉尼亚公司提供了一个解决办法:任何种植园主都可以从该公司用 120 英镑价值的"上等烟叶"买回一个妻子。而另外有一位卡罗来纳的推销商则通过广告鼓励妇女去"新世界"安家。这家公司的小册子是这样宣传的:"姑娘们或者单身女人要是想到卡罗来纳来,她们会发现自己置身于男人为女人买嫁妆的黄金时代。只要彬彬有礼,年龄不超过 50 岁,某个诚实的男人或者另外一位就会买她为妻。"①

二、新闻书与广告

(一)手抄小报与新闻书

图 13-4　17 世纪前期法国的新闻叫卖者

16 世纪的欧洲出现了手抄小报和新闻书(图 13-4)。手抄小报发源于意大利境内的威尼斯。15 世纪时,资本主义生产方式开始在意大利各城市出现萌芽,造船、纺织、玻璃等行业相当发达,手工工场林立,工人达 19 万名之多。这里的手工业主、商人、航海界人士十分关心商品的销路、各地的物价、来往的船期,于是有人专门打听这些消息,抄写后出售。后来,需要相同消息的人多了,他们就抄写多份,谁需要就卖给谁,这就是手抄小报。

至 16 世纪,威尼斯的手抄小报已相当兴盛。据记载,威尼斯在 1536 年已有专门采集消息的机构和贩卖手抄小报的人。1563 年,威尼斯同土耳其发生战争期间,威尼斯政府也曾发行手写的小报。1566 年这里又出现定名的小报,叫作《手抄新闻》(*Notizie Scritte*)。以上各种小报的内容主要是商品行情、船期和交通信息,间或也报道政局变化、战争消息和灾祸事件,因为这些都会影响贸易和交通。小报不定期发行,沿街兜售,

---

①　白光:《中外早期广告珍藏与评析》,中国广播电视出版社 2003 年版,第 215 页。

每份一个铜元(一说张贴在公共场所,凡入内阅读须付一个铜元)。当时的铜币叫作"格塞塔"(Gazzetta),后来这种小报流传到罗马以及欧洲各国,就称为《威尼斯小报》(Venice Gazette)。而"Gazette"一词也就成为欧洲各国早期报纸的名称①。

大致在手抄小报流行的同时,西欧等地陆续出现了一些不定期的新闻印刷品,内容常为某些重大事件的报道,与上节所述记事性小册子相比,新闻性明显增强。这些小册子多为书本形式,被称为新闻书(newsbook),也有单页的新闻传单(newssheet),通常在书店、集市或街头出售。自从通往美洲以及经非洲南端去远东的新航路开辟以后,欧洲的贸易集散地逐渐移到大西洋沿岸,尼德兰、法国、德国、英国都出现了一些重要的商业城市,它们取代威尼斯等地中海城市而成为新的信息中心。德意志是金属活字印刷的发源地,又是南欧和北欧交通贸易的联结点,因而这种新闻印刷品发展得比较早。尼德兰的安特卫普是欧洲重要的贸易中心,尼德兰革命后政治环境较为宽松,这里的新闻印刷品也比其他国家更早出现,有些小册子往往先在这里出版而后翻译成英、法等国文字,向其他国家传布。

1502年,在德意志境内出版过报道打败土耳其人的印刷品,并且首次使用了"Zeitung"(报纸)一词。英国1513年出版过有关苏格兰战争的新闻书。到16世纪末,英国的新闻书逐渐多起来,1590—1610年有过大约450种,在书名中常带有"真实的新闻"(true news)、"真实的报道"(true relation)等词。法国在1529年以后出现不少活页印刷品,内容多与宗教改革有关。意大利1549年出版的《特兰特会议新闻书》,报道天主教会议的新闻,曾译成德文和英文再版,影响比较广泛。美洲的墨西哥城1541年9月出版过一份报道危地马拉地震的新闻传单,此后这类印刷品又断断续续地在墨西哥出现②。

手抄小报和新闻书曾在相当长时间内并存发展,它们是近代报刊的雏形,也是近代印刷广告的主要载体。

(二)刊登广告的新闻书

1. 法国的新闻书广告

1612年,法国出现的《总招贴报》(Journal General d'Affiches)是一本专门刊登广告的新闻书,一般将它叫作"小招贴",后来改名为《巴黎的招贴》,一直发行到20世纪初。"Affiches"一词是传单、揭示、招贴的意思。这种早期的新

---

① 郑超然、程曼丽、王泰玄:《外国新闻传播史》,中国人民大学出版社2000年版,第10页。
② 同上书,第13页。

闻书广告就是把贴在街头的传单、招贴、海报等集中起来，主要刊登招聘、求职、公共或私人动产和不动产拍卖、招募生意合伙人、公共团体告示及其他法律公告等信息。到18世纪后期，变为8英寸×6.5英寸的小册子，由一周两次变为每日一次；在内容上添加了结婚、死亡、失物招领和文坛逸事等方面的内容。

泰奥弗拉斯托·雷诺德（图13-5）是法国报纸的创始人，被称为"近代广告的先驱"和"广告之父"。

图13-5 泰奥弗拉斯托·雷诺德

1631年5月29日，雷诺德刊印了《公报》（Gazette），当时是以新闻书的形式每周发行一期。《公报》从1631年7月4日，也就是从第6期开始标明日期。该期出现了赞扬奥鲁斯（塞纳河下游地区）矿泉水功效的广告。不过这条广告对《公报》是一个特例，因为雷诺德不在新闻书上刊登广告，而是在《公报》之外专门创办了一份广告报《广告局报》。

《广告局报》现在保存下来的有第15期（1633年9月1日）和第17期（1633年9月21日）。第15期《广告局报》被19世纪法国学者埃多鲁·胡鲁尼奥收藏，并在他的《历史·文学杂录》第9卷中收录了全文[1]。

《广告局报》第15期一开头，为了吸引读者兴趣刊登了一条新闻："引起轰动的西班牙人和葡萄牙人的决斗，选自葡萄牙公爵从里斯本送到巴黎的书信。"但新闻就此一条，后面是按照分类刊发的广告：①贵族（领主）出售领地；②出售带田舍的平民房屋；③出售巴黎的房屋；④求租巴黎的房屋；⑤转让养老金、抚恤金；⑥交换宗教职位及其待遇；⑦出让职务、地位；⑧出让家具；⑨其他[2]。

《广告局报》上的广告已经不采用新闻文体，而形成了一种独特的广告文体。这在很大程度上要归功于雷诺德。雷诺德将新闻性报纸和广告性报纸区分开，并创立了对它们区别处理的做法，使得在广告报上刊载的广告发展成了纯粹的广告文体。

---

① 文春英：《外国广告发展史》，中国传媒大学出版社2006年版，第55页。
② 同上书，第57页。

2. 英国的新闻书广告

关于英国最早的新闻书广告，有好几种说法。一是，英国最早撰写广告史的作家桑普森在他的著作中写道，1622年8月伯纳和巴特出版的周刊新闻书《新闻》上曾刊登告示："如果哪位绅士认识希望本报继续发行的人士，请转告他们，本报将出版第二号。"桑普森认为这是最早的广告。

第二种说法是，新闻书上最早的广告是1650年11月28日塞缪尔·佩克在《每日完整记录》上登出的关于马匹被盗的悬赏广告。其内容是：11月27日的夜间，在诺福克州赫克斯普鲁特，约有12匹马被带出城外……并详尽地描述了这些马的年龄和特征，然后许诺凡向巴古拉多先生提供这些马去向的人，都将得到20先令的赏金。

第三种说法是，根据大英博物馆的资料，1625年2月1日《我们的新闻周刊增刊》封面内容上刊登了乔治·马赛林的新书广告，这被认为是英国最早的新闻书广告。

第四种说法是，根据《不列颠百科全书》中英国最早的报纸广告条目："在英国，自1622年5月定期刊载新闻的新闻书创刊以来，至1647年4月没有广告出现。亨利·维加《以发生事件的完整记录》1647年4月13日上，出现了《教会统治的神圣权利》这本书的广告，是英国最早的新闻书广告。"

《广告的历史》一书的作者乔姆斯·布雷斯托、《英国的报纸起源》一书的作者乔塞·普兰和《英国广告史》的作者普兰奇·B.埃利奥多认为，1625年的《祝婚诗》出版广告是英国最早的新闻书广告。

(三) 新闻书广告实例

1. 咖啡广告

最早的咖啡广告出现在《公共信息》1657年5月19日第1期的《医药》栏里。"旧交易所后边的巴少鲁街上，从早晨到下午3点，出售一种叫咖啡的饮料。这是一种医学上认为对健康非常有益的饮品。它具有助消化、提神、使人心情愉快的作用，它还可以缓解眼睛的疼痛，能预防水肿、风湿、败血病、淋巴腺肿等疾病，同时还是治疗忧郁症的良药。"这是现在发现的最早的印于新闻书上的广告。

2. 最早的插图广告

从16世纪末开始，就有了在印刷的传单或小册子中加入插图的做法。但是带插图的新闻书广告在整个17世纪还是很少见的。最早的带插图的新闻书广告是1652年4月2日的《忠诚侦查员》(*The Faithful Scout*)上刊载的寻找两条丢失项链的广告：一个串有8颗玫瑰色宝石，下面垂挂着一颗珍珠；另一个串有13颗玫瑰色宝石,价值与前一个一样,都是70英镑。如果有人发现了这些项链,请通知伦巴第街上挂着月亮和星星招牌的金匠丘库罗。本人将以10英镑致谢!

3. 药品广告

17世纪,人们普遍缺乏有关药品的科学知识,而药品广告强调自己能够包治百病。1660年11月,《政治信使》(Mercurius Politicus)刊出了一条医药广告:"各位绅士请注意,哈格瓦斯先生在迈尔·伊达克林的寓所里为了公众的福利,制造出一种治疗肺病的片剂,并正在出售。该药对肺病、咳嗽、脑膜炎、哮喘、声音沙哑、口臭以及肺部的其他疾病均有疗效。此外,该药也可用作其他流行病、传染性疾病和胃病的解毒剂使用。为了方便一般公众,此药用盖有纹章的纸包好后,以便宜的价格出售。在圣保罗教堂北门前,有白狮子招牌的理查德·拉德茨先生和普利特街圣坦斯教堂对面的亨利·萨尔先生……以及其他店中均有出售。为了防止伪造和引起公众混乱,特印刷此文。"

从这条药品广告中可以看出,药品的包装有专门的纹章,这在当时主要是与假冒药品区别,便于患者购买。同时也可以看出当时假药泛滥,给公众生活带来了困扰。

4. 牙粉广告

1660年12月,《政治信使》上刊出了一条牙粉广告,牙粉在当时是按照药品来出售的。这条广告是这么说的:罗伯特·多拿先生制造出一种能够清洁牙齿、使其美观的牙粉,保证品质优良。可以使牙齿像象牙一样洁白,防止牙痛。即使经常使用,被它磨过的部分绝对不会引起牙痛,它有固齿、治愈口腔溃痛与脓肿的作用。这种药由圣保罗教堂东面学校附近,挂有"神圣牧羊"招牌的印刷出版人托诺斯·鲁库茨独家经营,封好的药包一个12便士,请诸君谨防假冒。

三、广告中介机构

17世纪前半期,近代广告业的发展极其缓慢,这是因为当时欧洲的主要工商业都由王室垄断。由国王向各个行会发放垄断经营许可,然后以行会交付的税金作为宫廷和国家财政收入的主要来源。由于盐、淀粉、肥皂等绝大多数生活必需品全都由制造商垄断,并通过行会销售,所以广告并不是必要的,因此通过做广告推销商品还没有成为商品售卖的主要模式。

（一）商业公共登记所的设想

当时，广告的主体主要是招聘和买卖不动产以及借贷。1611 年，英国宫廷决定把广告事务集中到一起，设立一个机构来提高广告的流通性和净化广告，并把特许经营权交给了亚瑟·乔治和瓦特·库珀。两人原来的计划是得到特许后，在伦敦设立一个通用商业公共登记所，将所有的广告都集中在这里。

亚瑟·乔治是整个计划的发起人，他把自己的构想写成了一本 42 页的小册子。在小册子中，他谈到：他要把登记所办成一个公共市场，尤其是当时没有银行，登记所还可以监督借贷方谋取过高利息的行为。他想效仿 15 世纪罗马风行的一种做法，提供一种公共性质的、无抵押的、低利息或无利息的慈善性贷款，除此以外，土地、商品、家产的买卖，也都可以在登记所进行。而且登记所里的官员精通商品买卖的相关知识，可以随时提供咨询和帮助。

他们得到的特许有效期是 21 年，每年向国王交纳 40 英镑。但这项计划在第二年就被迫搁置了，登记所计划完全失败。之所以出现这种结果，是因为乔治的设想超前于当时的时代状况，而实行强制登记制是失败的主要原因。

（二）广告局

前文提到的创办《广告局报》的泰奥弗拉斯托·雷诺德还开办了一个事务所。法国国王路易十三准许雷诺德特许经营，并在特许状中这样写道：允许雷诺德在他自己希望的任何一个城市开办这样的事务所。在事务所里准备一个本子，有招聘、求职以及其他需求的人，可以在本子上登记，登记一次交 3 个苏（当时法国的货币单位），贫民免费。

雷诺德在他的特许书中明确写着"不强制登记"，只为那些愿意接受这一服务的人提供服务。广告局还有类似今天旅行社的功能，负责安排出行旅游，了解海陆交通情况，回答各种相关资讯。银行家、不动产信用抵押人、贷款中介人、美术画廊主、古董商、药商、运输商等，各行各业的人都来广告局。广告局的营业时间为每天的 8:00—12:00 和 14:00—18:00。

（三）亨利·沃克的事务登记所

1649 年 8 月 31 日，亨利·沃克发出了一条通告，大意是为了方便伦敦、威斯特敏斯特及其周边地区的居民，计划成立"事务登记所"。与法国的做法一样，任何人只要交 4 便士的登记费，就可以前来寻找符合自己条件的东西或登记自己的需求信息。制作传单或以其他方式向公众传递信息都只收 4 便士，这可以起到广泛、快速告知的作用。

这个计划和雷诺德的一模一样，使用者在登记簿上记下自己希望做的事情、需要的东西、要求的条件等,别的使用者来到这里翻找登记簿,从而促成双方的见面和协商。沃克还经常翻阅登记簿,挑选一些广告登在自己的新闻书上。

(四)马查蒙特·尼德姆的广告活动

马查蒙特·尼德姆曾在长老会的学校学习,并在学校加入了唱诗班,于1644年24岁时成为《不列颠信使》(Mercurius Britannicus,1625年创刊,英国最早的有新闻标题的新闻书)的主要执笔者。他是英国新闻史上最著名的机会主义者之一,早期曾写了很多挖苦贵族的文章,把国王比喻成多头的怪兽。但是后来,当他得以出入宫廷的时候,却亲吻着国王的手,刊行了《宫廷信使》,埋头报道王室新闻,攻击长老教会。当时局发生变化,议会派掌权的时候,他在1650年写了一本《共和政体的问题》,因而得到100英镑的奖金和50英镑的赏金。同时,他得到了发行新的新闻书周刊《政治信使》的特权。到1655年,这份新闻书改为每周刊行两次,星期一刊行《政治信使》,星期四刊行的叫《公众信使者》(The Publick Intelligencer)。

尼德姆在1657年5月14日的新闻书中写道:"前无古人的创举,比以前所有的方法都有效。正在筹划为大众商品建立公众广告事务中心(office of publick advice),详述其要旨的《公众广告》(Publick Adviser)即将在伦敦的各个书店出售。"

在《公众广告》这本小册子里,他写道:过去以"address"为名,在巴黎和伦敦都尝试过建立中介机构,将社会各色人等的广告需求集中到一起,然后把这些需求以出版物的方式印刷出来。尼德姆认为,以前向广告双方都收费的方法是"愚蠢的",他的做法是仅从卖方收取费用,如果同时在周刊广告书中刊载广告,要征收新的广告费。他还制定了根据广告具体内容收取广告费的标准。

例如,船的出航广告一个月5先令,但如果船超过100吨,每超过一吨加收1便士;出售船具、锁具以及船上的家具,30英镑以下收5先令,超过的部分,每超出1英镑加收1便士;土地、房屋的出售、抵押、买入,每交易额1英镑收1便士;土地、房屋的租赁,评估额在30英镑以下收5先令;出售物品时,如果希望出售价格在30英镑以下,收5先令,30英镑以上每超过一英镑加收1便士;新刊行的书及其他印刷品收5先令。此外,包括招聘广告在内的分类广告,招聘小学教师、护士、劳力、手艺人等收4先令;招聘高级船员、各种职业的学徒,收6先令;寻找逃走的佣人、徒弟收8先令;招聘医生、科学教师、外国语教师收9先令。《公众广告》这本专门论述广告经营的小册子于1657年5月

19日刊行,售价1便士。

尼德姆以自己创办的新闻书作为宣传媒体,在伦敦和威斯敏斯特开办了八个公共广告事务中心,广泛开展职业介绍、商品买卖、金融中介等各项业务。

由于出版新闻书成了垄断性行业,新闻书的广告价值也就提高了。所以,尼德姆将广告费由一条6便士提高到半克朗,价钱增长了5倍。1656—1657年,《政治信使》的广告页增加了2页。

广告费上调后,广告的数量不仅没有减少,反而增加了,尼德姆发现了一个新的财源,尼德姆成了第一个将广告费作为报纸收入来源的人。此后,尼德姆策划了一个专门刊登广告的新闻书周刊。他也成了促进近代报纸广告经营体系建立的第一个开拓者。

四、报纸的产生与广告

(一)早期的报纸广告

1. 最早的报纸

近代报刊产生的标志,是定期刊物(至少每周出版一次)的出现。而世界上最早的定期刊物诞生于德国。1609年,德国境内出现了两种周报:《通告-报道或新闻报》(*Avisa Relation Oder Zeitung*)在沃尔芬比特尔(一说奥格斯堡)发行,每周一张,只有一条新闻;《报道》(*Relation*)在斯特拉斯堡出版,当年9月4日曾刊登著名天文学家伽利略制作一台新的望远镜的消息(图13-6)。这两份周报是德国最早的定期出版物。1615年,爱格诺尔佛·莫尔在法兰克福创办了《法兰克福新闻》,该报每期有数条新闻,因而被视为世界上第一家真正的报纸,艾莫尔也被人们称为"德国报业之父"①。

图13-6　1609年出版的德国最早的定期出版物《通告-报道或新闻报》《报道》

2.《伦敦公报》

1665年创刊的《牛津公报》(*Oxford*

---

① 郑超然、程曼丽、王泰玄:《外国新闻传播史》,中国人民大学出版社2000年版,第13页。

Gazetee)每周出版两期,在出版第 23 期以后,更名为《伦敦公报》(London Gazetee)。这是英国第一份符合真正意义的报纸全部要素的出版物。以前报纸是 5 英寸×7 英寸、4—20 页的小册子,因而被称为新闻书,《伦敦公报》则是一张折成两部分的真正的"newspaper"。

《伦敦公报》这种一页纸被分成两栏的版面构成方式,是后来数十年间报纸沿袭的范本。为了使更多的商人、绅士阅读该报,这张报纸不仅在伦敦出售,还在其他城市发行。

据当时记载,该报的第一期"极其漂亮,新闻稠密地排列着,但是没有评论"。玛迪曼从伦敦发来的新闻通讯是它的主要素材,而且新闻的长度也和玛迪曼的新闻通讯一样。这时的新闻已有了自己的标题,在许多方面成为后世报纸的原型。

《伦敦公报》上没有刊载任何广告。1666 年 6 月 18 日,《伦敦公报》上发布了一条消息:"报道新闻事件是报纸的宗旨,书籍广告、出版广告、药品以及其他商品广告不属于报纸的正当事业。本报今后将不刊载与政府无关的广告。刊载广告的报纸另行刊出,提供给广大的公众。"

这条消息发出后的第二周,即 6 月 25 日,出现了《公共广告》,这是一份专门刊登广告的报纸,两周出一期或多期,以低廉的价格刊发广告。但是价格低廉到什么程度并没有记载。

3. "广告"一词的演变

17 世纪,人们使用各种词语来指称"广告"。"address""intelligence""announce""information""encounter""advice"等都有"广告"的意思。法国的雷诺德最早使用了"address",是情报交流中心的意思,后来也都沿用此义。"intelligence"和"information"有情报的意思,在早期与今天新闻(news)的含义一样。罗伯特·伊内斯给自己的广告中介机构取名为情报交流中心(office of intelligence),就有此义。

"encounter"是遇到、遭遇、邂逅的意思。招聘、求职以及买卖双方见面,互换供求信息的广告,多使用这个词。在英国,尼德姆最早出版广告新闻书的时候,用的是"publick advice"这个名称。"advice"一般当劝告、忠告、消息、商业通知讲。

1645 年 1 月 15 日出版的 The Weekly Account 卷首就有"Collections of Several Advertisement from Portsmouth Manchester Oxford"专栏,说的是各地发生的新闻。"advertisment"在这里的实际含义是"特别要注意的重要事情"(notice of special importance)。

在莎士比亚时代,"advertisment"没有今天我们所说的广告含义,而是"advice"劝告的意思。"advice"一词源自法语"averter"(通知,告知),它变成名词就是"advertisment"。以后,这个词除了通知、告知的意思外,还有了书籍的序、序言的意思。虽然"advertise"一词源自法语,但是法语里反倒没有"广告"的意思,法语通常用"publicité"。

莱斯特兰奇的《公共广告》最早把"advertisement"用于报纸的标题,这个词演变成了一个新词"advertiser",意为刊载广告者。最早将"advertiser"这个词用作报纸名称的是1707年创刊的《慷慨广告主》(*The Generous Advertiser*),也叫作《商业信息周刊》(*Weekly Information of Trade and Business*)。

(二)广告报纸

1. 查尔斯·波利的《贸易总评》

查尔斯·波利(Charles Porey)1705年创办的广告报《贸易总评》(*The General Remark on Trade*),由于经营方式的创新,在广告史上留下了自己的足迹。

波利设立了一个叫作"贸易商信息交流所"(the Trader Exchange House)的广告信息中介机构,并为该机构发行了一份专门刊登广告的报纸《贸易总评》。波利为《贸易总评》制定了统一的广告收费标准。一般来说是一次2先令,对于连续6个月、每周登一两次的广告主,则按字数计算,可优惠登载一些数字少的广告:百字以内少于6便士,150字以内9便士,200字以内1先令,200字以上每多出50字加收3便士。

对广告文案的写法,波利也有自己的看法:"短文案和长文案一样,甚至可以达到长文案所达不到的效果。篇幅过长、让人厌烦的广告文案,谁也不会把它都读完,这样广告的内容也就不会为人所知。相反,篇幅短的文案,不仅很多人会读到它,它的内容也更容易让人记住。"这是广告史上最早的对广告文案的评论。

《贸易总评》是一种只刊登广告的定期出版物,与普通的报纸完全一样,也是由三栏组成的。他把这些报纸免费派送到商店、事务所等公共机构。关于为什么这样做,波利说:"拿到这些报纸的人,会在两三天内,使顾客阅读这些报纸,并带到一些公众场所。然后呢,我希望他们能用这些报纸作为包装纸,包裹那些他们要带到乡下去的东西。"

2. 马修·真诺的《每日广告报》

1730年2月1日,马修·真诺(Mathew Jenour)创办了《每日广告报》(*Daily Advertiser*)。这份报纸头四个月免费送到各个咖啡馆。创刊号中写道:"报纸售价1便士,订阅3个月6先令。广告费与其他报纸一样,普通长度的广告一次 2 先令,长一点的广告按照长度征收一定的费用。报纸内容原则上全部刊登广告,另外也刊载一些股票动态、破产公告及其他有趣的新闻报道。报纸每天都在皇家交易所、税务局、英格兰银行及公众聚集的场所张贴。"

此后,《每日广告报》由免费赠阅转为收费订阅。刚开始还能保证广告填满版面,并分门别类地给广告加标题,但很快,这种方法就不能维持报纸的正常运转了。后来,《每日广告报》在告白中说:"为了更有效地使用版面,为了使报纸亲切、易懂、有趣,今后,我们将每天选取国内外最新、最好的消息刊出。"随着编辑方针的调整,《每日广告报》逐渐成了消息与广告并重的报纸。但这份报纸更关注广告经营,一度成为发行量最大的报纸。

由于《每日广告报》的成功,"advertiser"这一报纸名称也被其他报纸广泛采用。

3. 亨利·伍德费尔的《大众广告报》

1744 年创刊的《大众广告报》(General Advertiser),也是以刊登广告为主的报纸。发行人亨利·伍德费尔(Henry Woodfall)是伦敦的著名报人,他有一种独特的做法,即与伦敦各大剧院协商,独家刊载伦敦所有剧院的广告,他向剧院支付垄断使用的信息费,换取最新上演剧目的一切新闻和广告。

《大众广告报》还在广告栏里标明了广告费,这在当时也是比较新颖的做法。比如,上下约两英寸的普通广告收 2 先令,栏外就印着"2";比标准长度长的广告,栏外就印着"3"。各项下面还有广告数字的合计,一看就知道每天广告费的总收入情况。这种标注广告费收入的做法是为了向广告主显示报社经营状况的良好。报纸每天 4 个版面中,有 3 个版面或更多的版面是广告,那么广告费收入就是五六英镑。

(三)日报时代的报纸及报纸广告

英国国会于 1693 年废除了压制出版业的《出版法案》,报业的发展一度活跃起来。

1.《每日新闻》

1702 年,英国一家日报《每日新闻》(The Daily Courant,图 13-7)由爱德华·马利特(Edward Mallet)在伦敦创办。该报最初只有半张,单面印刷,每页两栏。新闻无标题。内容以翻译荷文、法文消息为主,类似于新闻书。马特利在创刊

图 13-7 英国最早的日报《每日新闻》(1702 年 3 月 11 日出版)

号上申明:"该报创办之目的,在迅速、正确而公正地报道国外新闻,不加评论。而且相信读者智慧,对登载消息的确切含义,一定有正确判断。"

《每日新闻》出版后曾停刊一段时间,后由萨缪尔·巴克利(Samuel Buckley)将其复刊。他继承报道事实、不加评论的传统,又对版面作了重大改进。报纸由单面印刷改为双面印刷,新闻占一页半,内容仍译自荷文、法文报纸,另半页登分类广告和车船消息,后来扩版4至6页。1735年,政府为缩减津贴费,将其与《自由英国人》《伦敦新闻》合并,易名《每日公报》(*Daily Gazette*)。后来成为保守党的报纸,所以它又是世界上第一家保守党日报。

2. 约翰·贝尔

1772年约翰·贝尔(John Bell)和他人合办《晨邮报》(*Morning Post*)。1786年,贝尔离开该报,创办自己的报纸,先后有三家日报、五份周刊、七种杂志,其中《贝尔信差周刊》(*Bell's Weekly Massenger*)最负盛名。贝尔的经历证明,他是一位成功的书商、出版商和报刊发行人,所以后来很多刊物冠以"贝尔"的名字。

《晨邮报》因触犯诽谤法被罚后销路不畅,1795年卖给著名报人丹尼尔·斯图亚特(Daniel Struart)。在经营上,斯图亚特坚持独立办报的方针,充分发挥广告的作用。他说:"广告不仅增加财政收入,又可吸引读者,增进发行。而发行增加,又可吸引更多广告,所以广告在报业经营中具有双重作用。"这正是现代报业经济学的基本原理。在内容上他增加趣味性报道,认为报纸应该关注人类社会和日常生活,淡化政治论争。在他的主持下,该报的发行量直线上升,从接手时的350份增至4 500份,与《纪事晨报》齐名。

进入晚年,贝尔又有了新的想法。1805年,贝尔创办了《贝尔环球广告报》。1815年,他开办了一家名叫"威斯敏斯特中心市场及环球信息"的广告和职业介绍中介机构。

《贝尔环球广告报》本来打算免费派送,提供给主要的咖啡馆,但最后却还是收费了。该报的广告费比一般的报纸贵,60个字0.5几尼,超出每10个字加收一先令。

对他的"威斯敏斯特中心市场及环球信息"广告和职业介绍中介,没有详细的记录,但从1815年1月1日出版的介绍它的21页的小册子来看,借贷、买卖、求职等分类极其详细。分门别类地记录在本子上的信息可以免费阅读,但若想了解更详细的情况,就要按规定缴5先令的手续费。他每周把集中在中介中心的广告印成一个一览表,还建立了"公共告示"(public announcement)部门,把商店的广告宣传放在镜框里陈列起来,根据镜框的大小收取手续费。

3.《泰晤士报》

《泰晤士报》创办于1785年1月1日。该报原名《每日环球记录报》（Daily Universal Register），创办人是印刷商约翰·沃尔特（John Walter,1739—1812），1788年改为现名。因为他认为报纸应该是时代的记录（"时代"的英文是"times"，"泰晤士"是其音译），因此尽量公正、翔实地报道国会辩论、各国动态、商业行情等消息。

由于采用了新式印刷机，该报售价两便士半，比其他报纸便宜半便士。沃尔特希望用广告收入弥补发行损失，并实现经济独立。他经常抨击国王和大臣们，详尽报道国会辩论实况与法国革命进程，发行"欧洲大陆大事记"等举动，使该报几年后跻身伦敦一流报纸之列。

在创刊之初，沃尔特就把《每日广告报》当作在广告领域上的主要竞争对手。《每日广告报》在早晨6点开始送报，他也在相同的时间开始出售自己的报纸。他曾宣称违背法律道德、损害读者利益和使人心灵堕落的广告一律不许登在《泰晤士报》上。

《泰晤士报》第一版仍然全都是广告。创刊时的《泰晤士报》第一页有两栏是广告，以剧院广告为主。三年后第一版全部被广告填满，但剧院广告始终排在最前面。很长时间以来，报社都是免费为剧院登广告，因为当时人们认为剧院广告具有新闻性，剧院广告是报纸读者很重要的信息需求内容。《泰晤士报》创刊之前，《大众广告报》一年要向剧院支付200英镑的信息使用费。

1855年以后，廉价报纸的兴起使该报大受影响，虽然它竭力维持权威地位，但销量已不能与大众报纸相比了。

（四）北美殖民地的广告活动

1. 北美殖民地报纸诞生的环境

1492年哥伦布发现新大陆后，欧洲人开始向北美移民。17世纪早期，英国在大西洋沿岸建立了第一批殖民地：切萨皮克湾（Chesapeake Bay，包括弗吉尼亚和马里兰）和新英格兰（New England）。

1620年12月21日，载有103人的"五月花号"轮船从英国来到北美殖民地，虽然船上有一名叫威廉·伯留斯特的印刷技工，但他到美洲并没有从事印刷出版工作。

第一台印刷机是在1638年运到美洲的，捐给了哈佛大学，主要用于印刷一些神学和古典文学作品。第二台印刷机是在1660年为了向印第安人传福音，由宗教机构带到美洲的，用于印刷宗教性的书和小册子。接着1670年，第三部印刷机运到波士顿,主要用于印刷《圣经》。1665 年,在费城建立殖民地时,威廉·布拉德福德(William Bradford)从英国运来第四部印刷机。之后,布拉德福德于 1693 年在纽约从事印刷出版工作。

美国第一张报纸《国内外公共事件报》(*Publick Occurrences Both Foreign and Domestick*,图 13-8)1690 年在波士顿诞生了。它的创办人是本杰明·哈里斯(Benjamin Harris),但只出了一期就以"未得到当局许可"为由被查封了。1704 年 4 月 24 日,波士顿邮政局局长约翰·坎贝尔(John Campbell)出版了《波士顿新闻信》(*The Boston News-Letter*),这是在美国公开发行的第一份连续出版的报纸。《波士顿新闻信》的第三期上刊载了现在已知的美洲第一条付费广告。在三条广告中,有两条是悬赏广告,第一条是提供酬谢要找回被窃的货物,第二条是让人们归还两块铁砧,第三条是一个房产广告。第三条广告的内容如下:在纽约长岛的奥伊斯特湾,有座完好、宽大的作坊欲出租或出售,还有一座种植园,园内有座大砖房,旁边另有一座完好的房子可用作厨房或工作间,建有谷仓、畜圈,还有一座尚未结出果实的小果园和 20 英亩荒地。

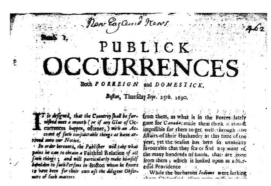

图 13-8 美国第一张报纸《国内外公共事件》

作坊可与种植园一并或单独出租。预知详情,请询问纽约印刷商威廉·布雷福德先生①

2. 本杰明·富兰克林

本杰明·富兰克林(Benjamin Franklin,1706—1790,图 13-9)出身于马萨诸塞州手工业者家庭,是詹姆斯·富兰克林的弟弟。他的整个生涯可以概括为:"事业的成功,丰富多彩和有益于社会,历史上从没有另一位美国人可与他相比。"历史对这位杰出人物给予很高评价。"本杰明首先是一位印刷商和新闻工作者,但他同时又是发明家、科学家、政治家、外交家、国务活

图 13-9
本杰明·富兰克林

---

① 白光:《中外早期广告珍藏与评析》,中国广播电视出版社 2003 年版,第 216 页。

动家、社会学家的先驱、商人、教育家和世界公民。"

富兰克林13岁起就在兄长的印刷所当学徒,还当过《新英格兰报》(The New England Courant)的投递员。他勤奋好学,利用工余阅读了大量书籍。1723年,本杰明为了谋求自立,离开兄长,从波士顿来到费城,先在塞缪尔·凯默的印刷所当工人,后被派去英国学习先进的印刷和刻版技术。1728年春,他创办自己的印刷所,1729年接办凯默的《宾夕法尼亚公报》(Pennsylvania Gazette),七八年后,富兰克林成为北美各殖民地最佳报纸的独资老板,《宾夕法尼亚公报》的发行量和广告刊登量都居首位。他凭自己的才干、巧妙的经营,使新闻事业变得有利可图,记者、编辑则成为受人尊敬的职业。

富兰克林十分重视报纸的广告,他是第一位在报纸广告中运用插图的美国人。富兰克林的广告插图吸引了零售业商人在报纸上刊登广告。为了使广告赏心悦目,富兰克林把每条广告都用空白分开,报纸广告上方居中是大标题,并增设一英寸砧木木刻插图。对于特殊的顾客,他创造了惯用的雕版印刷图版,比如说眼镜、钟盘,并且偶尔还配上装饰性的顶边。这些插图能使读者立即辨别出广告的性质。富兰克林还在头版上印刷广告,这与一般在背面版的最后竖栏上印刷广告形成了鲜明的对比。

富兰克林还很重视广告文案的写作,他为宾夕法尼亚壁炉写的广告文案非常生动:开口窄的暖炉缝隙里流出冷空气,对着这样的邪风坐着不仅是一件非常不愉快的事情,而且也很危险。由于女性比男性在室内待的时间更长,所以就更容易头冷,稀黏液(泪水、唾沫、鼻涕等)就会流入下巴和牙床里,漂亮的牙齿就会在年轻的时候变坏。暖炉火势强、太亮,会伤害眼睛,使皮肤变干,脸起皱纹,在年轻时就会有一张老太婆一样的脸庞。而宾夕法尼亚壁炉全无以上缺点。至今人们还把它称为"富兰克林壁炉"[①]。

富兰克林的广告实践使他赢得了"美国广告之父"的美誉。1864年,一位传记作家说:"我们必须承认,是富兰克林创立了现代的广告系统,可以肯定地讲,自他开始以后,我们才像如今这样使用强大的宣传机器,来进行广告宣传工作。"

富兰克林还是美国杂志的创始人,他于1741年创办了《综合杂志》(The General Magazine)。但是,当时的社会、文化教养和时间的余暇还不适宜杂志的生存,该杂志出版第6期后,以失败告终。不过有一条广告出现在《综合杂志》1741年的第5期上:波托马克河上开辟了渡轮航班(系由本刊赞助人开

---

① 文春英:《外国广告发展史》,中国传媒大学出版社2006年版,第92页。

办),这是一条邮政路线,而且还是从安纳波利斯到威廉斯堡的捷径。届时所有的先生们都可以乘坐一条性能优良的新船,船上配有称职的水手。由波托马克邮局副局长理查德·布莱德福供稿。

五、早期的广告评论

(一)阿狄森的广告评论

约瑟夫·阿狄森(Joseph Addison)和理查德·斯蒂尔(Richard Steele)合办了《旁观者》(The Spectator,图13-10)。这份报纸主要面对的是伦敦富裕的商界以及有地位、有知识的阶层。因此,这份报纸对政治、思想、艺术、演出、咖啡馆、酒吧等人间百态,都要加以评论,对于报纸上大量出现的广告,自然也少不了要评论一番。阿狄森在1710年9月14日的《旁观者》上,就曾对广告做过这样的评论:广告是一种野心勃勃的工具,在人们阅读报纸的时候,不知不觉中广告就会混进来。

当时的报纸,广告和新闻报道的排版方式是一样的,广告不断地插到新闻报道当中,而且广告的写法与新闻报道的写法也几乎一样,所以读者不知道什么时候读到的是广告。"广告起到告知

图13-10 《旁观者》

的作用,人们一切日常生活的需求都可以通过广告得到信息。比如头痛、肚子痛、能洗掉衣服上的污渍的药物及其使用方法、找回逃避的妻子等,甚至包括传教。广告是对人的精神和物质两方面生活都十分必要的、有用的东西。而报纸上的广告栏,就是人们寻找这些东西的地方。"阿狄森评论道。

阿狄森还指出,报纸上的广告虽然有一些格调优雅,但也有一些十分粗俗。而且广告主总是说自己的商品是"至今为止,世界上最好的",夸大人们的赞赏和评价。

(二)约翰逊博士的广告评论

萨缪尔·约翰逊(Samuel Johnson)是18世纪后半期英国著名诗人、评论家、文学家和词典编纂者。他和报纸出版商约翰·威尔克斯(John Willkes)曾以煽动性言论的罪名被关进监狱,从而激起广泛的社会反响。

约翰逊曾以"有闲人"（Idler）为笔名在《全球纪事报，或每周公报》（*Universal Chronicle, or, Weekly Gazette*）上连载了一些时评，其中就有对广告的评论：被称作广告的行业，在今天已日趋完美。广告，时而以高尚的，时而以忧伤的，时而以雄辩的方法，来引起注意，这显然是十分必要的。但是，所有的艺术都要服务于社会善良的一面，那些有权支配公众听到什么、看到什么的人，屡屡利用人们的感情，甚至玩弄人们的感情。现在，不把它当作道德问题来对待是不行了。孩子的监护人被数不清的商品广告困扰着，广告中互相谩骂攻击，常常出现有失风度的语言。广告中任何人都只想说对自己有利的话，但是在宣扬自己的长处和优点的同时，却不能任意贬低他人，在广告中标榜自己优秀的人，应该有几分自觉，因为他的广告将和普鲁士国王、德意志国王的名字一起，在报纸上出现，并流传下去。人们应对自己的行为有羞耻心，而且要考虑到对后世的影响，人们将看过的报纸漫不经心地随便丢弃，很快这些报纸就会在世上消失，但也有一些人觉得这样很可惜，还有一些好奇的人，每天辛勤地保存着这些报纸。

约翰逊还举了一些例子来批评当时的夸张广告和虚假广告。一条美肤液的广告声称，他们可以"使50岁的女人看起来像15岁"。约翰逊说这是根本不可能的，纯粹是卖化妆品的商人在夸张。一种镇痛项圈的广告说，戴这种项圈可以预防婴幼儿疾病。"由于没有给孩子戴上这种项圈，很多失去婴儿的母亲一辈子都在为这件事后悔。"约翰逊认为，这是商人把自己假扮成婴儿母亲设下的一个骗局。还有毛巾的广告宣称："这种毛巾比原来四五条毛巾加在一起还温暖，但却比一条还轻。"这明显是夸张广告。

第三节　近现代过渡期的广告发展史

一、工业革命及其影响

工业革命创造了对广告的需求。工业革命始于1750年左右的英国，然后传到美国，在19世纪以前，工业革命的进展一直比较缓慢，到了1850年，出现了可互换部件工作原理，缝纫机得到完善，再加上十年后的美国内战，这几个因素都为工业化的普及打下了基础。工业革命使自给自足的生活方式进入了依靠市场满足物质需求的生活方式。工业革命是促使商品批量生产快速增长的一个基本力量,而商品的批量生产又要求刺激需求,这正是广告非常擅长的事情。工业革命引发了对广告的需求。工业革命是广告由近代向现代过渡的一个基本影响力①。工业革命给世界带来了以下影响。

(一) 人口的增长与城市化

工业革命产生的一个重要影响是人口的进一步增长。随着农业生产率的提高,人口增长早已开始。尽管19世纪有数百万欧洲人移居海外,但是1914年欧洲大陆的人口却仍然膨胀到它在1750年的3倍以上。人口爆炸的原因首先是经济上的,其次是医学上的。此前大部分人口死于传染病,而传染病的传播在很大程度上取决于生活水平。随着19世纪马铃薯种植的增加,人们的营养水平得到提高,对疾病的自然抵抗力也相应增强,死亡率也自然下降。同时工业革命还改进了下水道系统,饮用水也更加安全,这也进一步降低了死亡率。

工业革命还引起了世界各地前所未有的城市化浪潮。以往城市的规模取决于其周围地区所能生产的粮食数量,因而人口最稠密的城市都分布于大河地区和冲积平原。随着工业革命的展开和工厂制度的建立,大量人口涌入新的工业中心,由于能够从世界各地获得粮食,这些新增城市人口也就得以生存下来。与此同时,工业革命使得技术和医学取得巨大进步,可以消除曾经害死城市居民的瘟疫。因而世界各地的城市都在以极快的速度向前发展,到1930年时城市人口已达41500万,占人类总人口的1/5。这是人类一个巨大的社会变化,因为在城市居住意味着一种全新的生活方式。人口的增长和城市化为大众媒介的商业化提供了机会,而大众媒介的商业化本身又是以广告业为基础的。

(二) 工商业的发展

工业革命通过在世界范围内有效地利用人力资源和自然资源,史无前例地提高了生产率。这方面英国首先受到影响,其资本从1750年的5亿英镑增长到1800年的15亿英镑、1833年的25亿英镑、1865年的60亿英镑。在19世纪后半期,不断增长的生产率影响了整个世界。新西兰的羊毛、加拿大的小麦、缅甸的稻米、马来西亚的橡胶、孟加拉的黄麻以及西欧和美国东部蒸蒸日上的工厂,所有这些都被编入了生气勃勃、不断扩张的全球经济之网。

19世纪后半期,工人们的生活水平大大提高了。生产率的大幅增长和

---

① [美]托马斯·C.奥吉恩、克里斯·T.艾伦、理查德·J.赛梅尼克:《广告学:从IMC的视点重新审视现代广告活动》,程坪、张树庭译,机械工业出版社2002年版,第65页。

巨大的海外投资所带来的利润一起,逐渐使得西欧的下层阶级也得到了实惠。工人开始享有普遍的繁荣和不断提高的生活水平。

(三) 消费主义的兴起

处于社会顶端的少数人和底层大众的收入同时增长,使得消费社会第一次在历史上出现成为可能。消费的欲望并非是独一无二的,就像莎士比亚在《无事生非》中提到的一样:"流行的衣服永远比人们能穿破的衣服要多。"而在工业革命前,人类社会中大众的收入太微薄,将近四分之三的收入都被用来购买食物,余钱还得购买其他必需品,因此他们根本没有余力去买一时兴起想买的东西或是时尚物品[①]。

18世纪的英国是打破这个常规的第一个国家。这要归功于伴随其圈地运动后农业革命的实行、海外事业利润的大量涌入、工业革命导致生产率的大幅提高而带来的国民收入的增加。随着国民收入增长的一部分流向大众,一个比以往仅有少数精英购买力的市场大得多的国内市场也就发展起来了。

商人们迅速改进其经营手段来迎合利润丰富的国内市场。其实早在18世纪他们就已运用一系列今天被认为是现代的销售技巧,包括市场调查、信用支票计划、手写账单、目录、报纸和杂志广告、不满意退款承诺等。这种大众商业的先驱之一是陶工乔萨·韦奇伍德,他坦诚地说:"时尚比美德更重要。"因而他制定了销售战略,使他的陶瓷成为全世界最知名、最受欢迎的陶瓷,尽管它往往既不是最好的,也不是最便宜的。

消费主义使整个社会开始购买从前从未有机会购买的东西。社会模仿效应使本来只买"体面用品"的人开始购买"奢侈用品",使本来只买"必需用品"的人开始买"体面用品"……事实上,时尚及其利用者提升了人们的"金钱体面"。大众消费主义正是以这种方式出现在18世纪的英国,而在20世纪它已成为全球社会的特点。

二、近现代过渡期的广告环境

(一) 廉价报纸的兴起与报刊经营的商业化

工业革命的迅速推进不仅给社会生活,也给近代报业带来了重大影响,使各国相继进入廉价报纸时期。其原因有:①城市化进程加快,人口迅速集

---

① [美]斯塔夫里阿诺斯:《全球通史:从史前史到21世纪》(第7版修订版),吴象婴、董书慧、王昶、徐正源译,北京大学出版社2006年版,第528页。

中,为报纸大量发行流通提供了条件;②经济的发展需要提高劳动者素质,于是教育有所普及,粗通文字的平民增多,形成了新的广大读者群;③工业革命使得工业无产阶级的队伍得到壮大,这就推动了各国政治变革的进程,使办报的政治环境逐步改善;④高速轮转印刷机的产生,降低了印刷成本,报纸印得更快;⑤工商业繁荣,广告数量增加,广告费收入成为报社的主要来源,报纸的廉价销售成为可能。

廉价报纸(cheap newspaper)指的是工业革命后各国先后出现的面向社会中下层的通俗小报,因售价低廉而得名。廉价报纸的特点有:①政治上标榜独立,不受制于某个党派;②经济上自主经营,不依赖政府或政党的津贴;③读者对象为平民大众,也称大众化报纸;④内容上注重地方新闻、社会新闻以及各种趣味性的软新闻;⑤形式上文字通俗,版面活泼,可读性强;⑥经营上完全商业化,大量刊登广告,以此来降低售价,扩大发行,进而赢得更多的广告①。

1. 本杰明·戴的办报及广告经营活动

《太阳报》(The Sun,图 13-11)是世界上第一家成功的廉价报纸,是本杰明·戴(Benjaminn Day)1833 年 9 月 3 日在纽约创办的。该报售价仅 1 美分,而当时大多数报纸的定价是 5 美分或 6 美分。该报版面尺寸为 9 英寸×12 英寸,大约是同时期其他报纸版面的 1/3。

《太阳报》的成功得益于本杰明·戴全新的办报方式。在创刊号上,戴宣称,该报的目的在于普及大众,提供"当天所有的新闻",售价低廉,以每一读者力所能及为度。与此同时,又为广告提供一种有利的工具。如果广告数量增加,页数还将扩大,而售价保持不变。借着发行面宽的优势,该报注重销售广告。第四版全是广告,第三版有一半专门刊登分类广告,甚至第一版也插登广告。

图 13-11 美国早期的廉价报纸
纽约《太阳报》
(1833 年 9 月 3 日)

---

① 郑超然、程曼丽、王泰玄:《外国新闻传播史》,中国人民大学出版社 2000 年版,第 15 页。

该报发行得法,主要靠报童在街头销售。本杰明·戴鼓励销售,给报童很大的回扣。100份报纸批发价只收67美分。凭借上述做法,《太阳报》获得了明显的成功,发行量不断上升,从创刊时的1000份升至3年后的30000份,广告量也急剧增加。

每位广告主在《太阳报》的年广告费为30美元,但是每天每个广告主只能使用10行刊登广告,也就相当于每行1美分。戴先生通常亲自为广告主撰写广告文案,并设法使所有的广告文案保持在10行以内,以保持《太阳报》小版面报纸的特色。按照当时的惯例,头几期上的广告都不是真正的广告主刊登的广告,而是从其他报纸的广告栏中摘录过来的广告,以保证版面上有广告出现。如果某些广告主愿意在该报上刊登广告,那就留下来并为今后所使用的版面付费,而另外一些广告则在找到更合适的广告主后就自然被删除了。

《太阳报》的一大特色是进行经营供需广告(help-wanted advertisement),该报发行量的扩大吸引了众多零散的小广告主,而大量的供需广告又有助于报纸吸引新的读者。供需广告有一个分类标题"需求",每条广告2—3行,供需广告版面不以年为单位出售,而是按次出售,每登一次0.55美分。另外,在"娱乐"栏下,剧院和博物馆也定期登载广告,剧院上演新剧通常会刊出全体演员表;而婚丧信息虽有新闻价值也通常放在广告栏登出。

1839年,《太阳报》宣称销量达到32000份,而同一时期,售价6美分一份的报纸销量最大的也不过5000份。在《太阳报》一共24栏的报纸版面上,广告版面占了17栏,其中仅供需广告就占了4栏。

2. 吉拉丹的办报及广告经营活动

埃米尔·德·吉拉丹(Emile de Giradin,1806—1881,图13-12)1826年发表自传体小说《埃米尔》一举成名。他于1828年创办《飞鹰》周刊,1829年又创刊《时尚》杂志。1831年创办《有益知识》杂志,因价格低廉大获成功,发行量多达13万份。这也坚定了吉拉丹办廉价报纸的决心。1834年他当选议员。吉拉丹于1836年7月1日创办《新闻报》(*La Presse*),一年订费40法郎,低于当时报纸报价一半,报纸立即受到读者欢迎,《新闻报》销路也不断上涨,1838年为13680份,1845年至1846年为2.2万份,报纸的利润也日增,1844年为183600法郎。

图13-12
埃米尔·德·吉拉丹

《新闻报》的特点有：①减少政治新闻和言论,大量刊登社会新闻和法院案件；②有关卫生、健康、食品、服装、家庭等方面的知识性、实用性文章占据近四分之一的篇幅；③连载巴尔扎克的《老姑娘》,开法国报纸刊登长篇小说的先河；④重视广告经营,在法国首创靠增加广告收入降低报价的先例。

吉拉丹是著名的报业改革家,他通过增加广告收入来保证报纸不会因为价格低而引起利润下降。在他的带动下,法国报业开始主动地大规模经营广告。法国新闻史学者贝尔纳·瓦耶纳对他的评价是:"如果说勒诺多是法国报刊之父的话,那么,吉拉丹无疑是法国报业的革新者。他的独特的商人性格中,流露出人民教育家的气质。他找到了借助广告收入以降低报价而增加报纸销数的诀窍。"吉拉丹不仅是法国廉价报纸的创始人,还是报纸企业化的先驱。

(二)广告语的出现

1850年,多数报纸要求所有的广告不得超过10行,分类广告一般为2—3行,所有的广告都用小号字体印刷,所有报纸广告都是一个样式,稍稍变个样子或加个标题都不行,任何东西都不能超过一栏。为什么呢？这一方面是因为廉价报纸的版面较小,为了容纳更多的广告,不得不对每个广告主所使用的版面加以限制；另一方面,人们认为如果不这样做,对小广告主不公平。而且,任何相同的广告连续登载最多不能超过两期,以保持广告的新奇生动。一天的广告费是0.5美分,两星期是2.5美元。这种做法使得每条广告都只能半英寸长,整个广告版面显得死气沉沉。

只做一次广告就可以卖完产品的广告主,会用两行或三行来宣传自己的产品；但长年累月出售相同产品的广告主,只能简单地提醒读者记得他们的存在。于是他们设计了口号(slogan)或标语(catchword),长度正好可以填满一行,他们将同一语句重复三次,以区别于上下邻近的广告,然后做两三个不同的版本,以遵守每两周必须更换一次文案的规定。于是就出现了这样的广告口号:"请使用莎普利奥肥皂。""你今天用梨牌了吗？""象牙香皂——它漂在水面上。""皇家发酵粉——绝对纯正。"这就是所谓的"重复广告",从而也开创了广告语的历史。

(三)广告公司的出现

1. 帕尔默与胡波尔

1841年,帕尔默(Volney B. Palmer)先在波士顿,后在费城、纽约开办了自己的广告公司；同一时期,约翰·胡波尔(John L. Hooper)在纽约也开办了一家广告公司。现在,已很难判定谁是第一家,两家公司创立的年份应该是只差一年或两年。

帕尔默自称是"全国的报纸代理商",他为报纸代理出售广告版面,当他确认某个广告主可以在某个报纸做广告后,就把广告送到该报纸,报纸则把广告收入的一部分付给帕尔默,据说佣金通常是25%。当时,广告主直接把广告费付给帕尔默联系的报社,因此,帕尔默的代理公司并不是今天意义上的广告公司的概念。

胡波尔的做法更接近于今天广告公司的概念,他批发购买广告版面,然后把版面零售给广告主。1841年,他在《纽约论坛报》(New York Tribune)做广告推销员,在他拿到一位客户的广告文案时,这位客户常常委托他把同一份广告文案刊登到其他报纸上。于是,他就想到办一家代理公司,为所有的报纸做版面代理。创办自己的公司后,胡波尔采用了不同于当时习惯的做法,自己直接支付版面费用。这是因为当时报纸出售的广告版面中约有25%的广告费收不上来。为了争取为更多的报纸做版面代理,胡波尔承诺用现金预先支付,因此他能拿到更便宜的价格。由于胡波尔直接支付版面费用,所以他特别用心筛选广告客户,据说他几乎从未失信。

在帕尔默和胡波尔之后,许多代理商也开始为特定的报纸做版面代理。在美国内战开始的1860年,全美已经有大约30家广告代理公司,其中约20家设在纽约。

2. 乔治·P.罗威尔

1865年,乔治·P.罗威尔(George P. Rowell)在波士顿开办了一个广告办事处。在19世纪50年代和60年代初,罗威尔是《波士顿邮报》的广告推销员,他和他的朋友杜德(Horace Dodd)筹集了1 000美元开办了自己的广告公司。罗威尔把佣金标准定在25%,同时只要出版商对大版面的订单再追加5%的回扣,他还同意付给他们现金。报纸出版商们欣然接受,因此罗威尔能拿到更优惠的版面价格,他再把版面分成小的单元,加价卖给广告主。即便如此,这个价格还是比客户自己在其他地方得到的价格要低。在公司经营的第一个月,他便从广告客户那里获得2 000美元的订单,而实际支付给报纸的费用只有600美元。现在的广告代理公司依旧使用罗威尔的方法,先付费给媒体买下版面和时段,然后再卖给广告客户。

在19世纪五六十年代,没有人确切地知道全美到底有多少家报纸,都是哪些报纸,也不知道每份报纸和杂志的真实发行量,而出版商自己公布的发行量往往比真实的数据要高,有时甚至超出5倍以上。广告公司不得不去调查各报纸公布的发行量数据,通过向报纸的竞争对手咨询,或把发行量与当地人口、城市规模做比照等方法,得到接近真实的发行量数据,而这样做的目的是为了获得最优惠的版面价格。

1869年,罗威尔出版了《美国报纸指南》(*American Newspaper Directory*),列出了在美国出版的5411家报纸和在加拿大出版的367家报纸的名录,并评估了每份报纸的发行量。这份指南揭穿了报界虚报发行量的事实,因而得罪了一大批报纸,甚至广告业同行。但是,即便是对罗威尔措辞最严厉、最强硬的出版商,也不会拒绝罗威尔的广告合同,因为他们知道罗威尔付款及时,从不失信。

3. 弗朗西斯·W. 艾耶

1869年,弗朗西斯·W. 艾耶(Francis W. Ayer,图13-13)在纽约开办了自己的广告公司N. W. 艾耶父子公司。该公司不仅从事报纸广告的媒介代理业务,并且向广告客户提供文案撰写、广告的设计与制作、媒介的建议和安排等方面的服务,甚至还开展市场调查,为客户提供广告宣传用的资料。艾耶率先提出了一项新的收费建议,即如实向广告主收取购买媒介版面的实际费用,另按一定的比例向广告主收取一笔代理佣金。艾耶把佣金定在了15%,这一新的收费方式,正式建立了广告公司与客户的代理与被代理关系。因此,艾耶广告公司被广告历史学家称为"现代广告公司的先驱"。

图13-13　弗朗西斯·W. 艾耶

这一时期的广告公司主要充当的还是媒体的"版面掮客"。广告公司提供的服务仅限于帮助广告客户购买版面,其他事情做得很少或根本不做。而全面代理型广告公司的大量出现是在20世纪20年代。

思考与练习

1. 地理大发现和商业革命对近代广告的发展产生了怎样的影响?
2. 简述印刷术发明后广告的表现形式。
3. 为什么说工业革命是广告由近代向现代转变的一个基本力量?
4. 简述早期报纸和广告的关系。
5. 简述最早的几家广告公司的概况。

第十四章

世界现代广告发展史

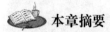 **本章摘要**

广播、电视等大众媒介的出现与广泛应用给广告带来了前所未有的发展良机,广告公司不再仅仅是"媒介的掮客",逐步发展成全面代理型的广告公司;杰出广告人的广告实践使广告理论从推销时代走向了创意时代;第二次工业革命后,美国逐渐成为世界的经济中心,随之美国也成为世界现代广告的中心。

第一节 现代广告发展期的社会、经济背景

一、第二次工业革命及其影响

1870年以后,科学技术的发展突飞猛进,各种新技术、新发明层出不穷,并被迅速应用于工业生产,大大促进了经济的发展。这就是第二次工业革命。当时,科学技术的突出发展主要表现在三个方面,即电力的广泛应用、内燃机和新交通工具的创制、新通信手段的发明。

第二次工业革命以电力的广泛应用为显著特点。从19世纪六七十年代开始,出现了一系列电气发明。德国人西门子制成发电机,比利时人格拉姆发明电动机,电力开始用于带动机器,成为补充和取代蒸汽动力的新能源。电力工业和电器制造业迅速发展起来,人类跨入了电气时代。19世纪早期,

人们发现了电磁感应现象,根据这一现象,对电作了深入的研究。在进一步完善电学理论的同时,科学家们开始研制发电机。1866年,德国科学家西门子(Ernst Werner von Siemens)制成一部发电机,后来几经改进,逐渐完善,到19世纪70年代,实际可用的发电机问世。电动机的发明,实现了电能和机械能的互换。随后,电灯、电车、电钻、电焊机等电气产品如雨后春笋般涌现出来。

第二次工业革命的又一重大成就是内燃机的创制和使用。19世纪七八十年代,以煤气和汽油为燃料的内燃机相继诞生,到了90年代,柴油机创制成功。内燃机的发明解决了交通工具的发动机问题。1885年,德国人卡尔·本茨(Karl Friedrich Benz)成功地制造了第一辆由内燃机驱动的汽车。内燃机车、远洋轮船、飞机等也得到迅速发展。内燃机的发明,还推动了石油开采业的发展和石油化工工业的产生。

1902年12月,以内燃机为动力的飞机飞上蓝天,实现了人类翱翔天空的梦想。随着内燃机的广泛使用,石油的开采量和提炼技术也大大提高。1870年,全世界只生产了大约80万吨石油,到1900年已猛增到2000万吨。

第二次工业革命期间,电信事业的发展尤为迅速。继有线电报出现之后,电话、无线电报相继问世,为快速地传递信息提供了方便。从此,世界各地的经济、政治和文化联系进一步加强。

第二次工业革命给人类社会带来了巨大的影响。

首先,新能源的大规模应用,如电力,煤炭等,这些新能源的大规模应用直接促进了重工业的大踏步前进,使大型的工厂能够方便廉价地获得持续有效的动力供应,进而使大规模的工业生产成为可能,并为之后的经济垄断奠定了基础。

其次,内燃机的发明解决了长期困扰人类的动力不足的问题。内燃机的发明又促进了发动机的出现,发动机的发明又解决了交通工具的问题,推动了汽车、远洋轮船、飞机的迅速发展,使人类的足迹遍布了全世界,也让各个地区的文化、贸易交流更加便利。

再次,通信工具的发明。自从19世纪70年代美国人贝尔(Alexander Graham Bell)发明了电话之后,人与人之间的交流就不再局限于面对面的谈话。

最后,生产力的快速发展直接导致了垄断资本主义的诞生,资本主义社会也由自由竞争时代跨入了垄断时代。

二、报业的垄断

(一) 新式新闻事业

第一次工业革命出现的廉价报纸在第二次工业革命后继续发展,出现了大众化的发展趋势。1880 年美国的报纸已经有 7 000 家,到 19 世纪 90 年代增至 12 000 家,销量也在惊人地发展着。1872 年只有《太阳报》和《每日新闻》超过 10 万份,1892 年有 8 家报纸超过 10 万份,其中芝加哥《每日新闻》为 243 000 份,纽约《世界报》为 374 000 份。1870 年至 1900 年,报纸数目增加了 3 倍,销售量增加了 6 倍,周刊数目增加了 2 倍,报刊经营权全面转入商业化轨道,从而形成一条"90 年代的分水岭",它标志着新闻事业进入现代化的时代进程已经完成。

1. 普利策的办报和广告经营活动

图 14 - 1　约瑟夫·普利策

约瑟夫·普利策(Joseph Pulitzer, 1847—1911,图 14 - 1)出生于匈牙利的一个家庭,受过良好的家庭和学校教育。1868 年被德文报纸《西方邮报》(Westiche Post)聘为记者,从此开始报业生涯。

1883 年普利策买下纽约《世界报》(The World),在发刊词中他宣称:要用完全与过去不同的经营管理方法,使《世界报》以新的宗旨、方针、信息和兴趣面向读者。普利策从两方面加强该报的影响力:一方面,注重严肃的言论和报道,不断揭露贪污行为,攻击不正当财富的拥有者,提倡在资本主义制度范围内进行有限度的改革;另一方面,大量刊登刺激性报道,采用煽情主义和耸人听闻的手段扩展销路。但同时他意识到自己喜爱有声有色的故事和新闻,难免会助长编辑、记者们添油加醋的作风,因此他命令在城市编辑部的墙上贴上一条标语:"精确,精确,再精确!"

该报销量不断上升,1887 年初超过 25 万份,1893 年时资产超过 1 000 万美元,成为巨大的资本主义企业。篇幅不断扩大,原为对开 8 版,后增至 12 版、16 版,报价不变,仍为 2 美分,靠广告补贴成本。星期日版是 20 版,后增至 40 版,出版 10 周年纪念号为 100 版,开美国报纸巨大篇幅之先河。

普利策从接手《世界报》伊始，就非常明智地认识到广告收入的重要性。他的报纸成为第一份依照发行量来制定广告价格的报纸，其广告费标准低于任何一家报纸。他还打破了当时广告刊载使用固定版面的惯例，鼓励广告主在报纸上使用大版面。

普利策深知良好的报纸必须有良好素质的工作人员，并十分注意进行新闻工作的专业训练。他在遗嘱中宣布捐赠 250 万美元作为建立新闻学院的费用。可惜的是当 1912 年哥伦比亚大学新闻学院落成时，普利策已经去世了。普利策还留有 50 万美元设立"普利策奖"，奖励优秀的文学、历史、音乐和新闻作品，其中以新闻奖的比例最大。"普利策奖"被认为是美国新闻界最高荣誉奖项。

2. 赫斯特的办报和广告经营活动

威廉·伦道夫·赫斯特（William Randolph Hearst，1863—1951，图 14-2）出生于旧金山一个矿业主家庭。19 岁进入哈佛大学担任过学生定期刊物《讽刺文摘》的事务经理。1887 年他主持其父的《旧金山考察者报》（San Francisco Examiner）。1895 年他来到纽约，购得一份陷入困境的报纸，更名为纽约《新闻报》，开始同普利策的《世界报》展开激烈竞争。

赫斯特的办报方针是，尽快得到新闻，不怕花钱；不断地以喧嚣刺激读者；攻击不正当财富，向穷人许愿，以吸引读者。该报注重犯罪新闻、丑行、灾祸报道和各种特写，并大量应用照片。其版面与刺激性，和普利策的《世界报》相比，有过之而无不及。

图 14-2　威廉·伦道夫·赫斯特

为了在竞争中取胜，他首先抓编辑部的班子，调来《旧金山考察者报》的总编，聘请著名作家、戏剧评论家任专栏作者，不惜高薪从《世界报》挖走该报星期日报的全班人马。在与普利策的竞争中，大量应用暴露性新闻与犯罪新闻是赫斯特的拿手好戏。他的《新闻报》在煽情主义方面超过了《世界报》，美国一位新闻学者曾说："赫斯特降低了新闻事业的水平，他出版了美国最坏的报纸。"该报版面充斥着黄色新闻，并配以木刻插画，耸人听闻的标题随处可见。

（二）报纸的兼并与集中

第二次工业革命后，报纸在相互竞争中逐步兼并集中，出现了拥有多家报纸的集团。报团便是这种集团的表现形式,报团是一个在两个以上城市,拥有两种以上日报的报业公司。这是20世纪新闻事业的最重要的发展。形成于19世纪80年代的美国斯克里普斯报团,是世界上第一个报团。1908年,英国的第一个报团北岩报团也形成了。法国报团的出现晚于美国、英国,是在第一次世界大战后才出现的。

1. 斯克里普斯报团

爱德华·怀利斯·斯克里普斯(Edward Wylies Scripps,1854—1926)出生于伊利诺伊州拉希维尔的一个农场。1872年,他在底特律《论坛报》做办事员,次年转入兄长办的《底特律新闻报》做发行和编辑工作。1878年11月2日,他在兄长的帮助下创办了《克利夫兰报》,在他的努力经营下,该报状况日趋改善。在办报方针上,抨击大企业的权势和法律、政治等各方面的权威,强调为劳工福利服务,他说:"我有一个原则,即竭力使富有的人难以再富有,贫穷的人易于不再更贫穷。"在编辑业务上,讲求语言简练可读,言论客观。

《克利夫兰报》成功后,斯克里普斯在19世纪80年代开始向其他城市扩张,接连创办了《圣路易纪事晚报》《辛辛那提邮报》《肯塔基邮报》等报纸,初具报团的规模。

1889年他与弥尔顿·A.麦克雷合作组成"斯克里普斯-麦克雷报团",拥有2/3的股份。这一联合报团不断扩大,相继增加了《堪萨斯市世界报》《阿克郎报》《哥伦布公民报》等。到1911年,该报团已经在俄亥俄、印第安纳、田纳西、艾奥瓦、科罗拉多、得克萨斯等州拥有18家报纸。1914年又增至23家报纸。

1900年,美国已经有8个报团,控有27家主要报纸,约占日报发行量的1/10。这是美国报业垄断化的开始。

2. 北岩报团

英国最早的报团是北岩报团。北岩先后创刊和购买了《每日邮报》《每日镜报》《观察家报》《泰晤士报》以及多种地方报刊,形成英国最大的报团。

3. 比维布鲁克报团

威廉·马克斯维尔·艾特肯(William M. Aitken,1879—1964)原是加拿大人,1910年定居伦敦,结识丘吉尔等政界要人,不久,当选为保守党下院议员。一战中,他以军事记者身份到前线采访。1917年受封为比维布鲁克勋爵。1918年任战时内阁情报大臣。战后,他辞去情报大臣职务,低价收购《每日快报》。1918年创办《星期日快报》(The Sunday Express)。1923年购入《标准晚报》,同年又购入几家地方报,形成比维布鲁克报团。至今仍是英国六大报团之一。

第二节 现代广告发展期的广告环境

一、现代广告中心的确立

广告业的发达程度与国家经济发展密切相关。仅从独立战争到南北战争这大半个世纪的时间里，美国的工业产值就从微不足道的地位进入了当时世界前四名的行列，仅次于英国、法国和德国。美国的商业也一直比较发达。在殖民地时期，奉行重商主义的英国把北美殖民地当作原料产地和产品销售市场，促进了殖民地的贸易增长。

工业革命在英国开始时，美国尚未独立。独立战争后这个新兴国家随即加入了这场革命。然而，在工业革命初期，由于缺乏资金和竞争能力，美国经济发展缓慢，直到1861年南北战争前，美国工业革命仍处于初始阶段，而且各地区发展极不平衡。而工业革命在北方的完成使南北矛盾极其尖锐。矛盾的不可调和导致了1861年内战的发生。内战结束后，美国进一步扫清了资本主义工商业发展的障碍，开始振兴工业，发展交通运输，鼓励修筑横贯大陆的铁路，改造南部的种植园经济。恩格斯也在内战结束后不久指出："奴隶制度一经粉碎，这个国家就会繁荣起来，在最短时期内它就会在世界历史上占据完全不同的地位。"

工业革命到19世纪80年代在美国得以完成。美国工业革命的特点在于集两次工业革命的科技成果于一身，既赶上了第一次工业革命的末班车，又搭上了第二次工业革命的首班车。在这不到半个世纪里的工业革命过程中，美国工业的产值和技术水平赶上和超过了当时世界上最先进的工业国家英国、法国和德国，后来居上。从美国国内工农业比重来看，到19世纪80年代，工业比重开始超过农业比重。1884年，美国的工业比重上升到53.4%，农业比重下降到46.4%。至此，美国的工业革命在全国范围内胜利完成了。就工业总产值来看，1860年英国为28.08亿美元，而美国不过19.07亿美元。经过30多年的发展，到1894年，美国的工业已经跃居世界首位了，工业总产值增到94.98亿美元，为同年英国工业总产值的2倍，法国的3倍多。而美国的工业产值约为欧洲各国工业总产值的一半。更为重要的是，美国工业的技术水平已经赶上和超过了当时世界上的先进国家。它不仅在电气、化学、汽车等新兴工业部门处于领先地位,而且在钢铁、机器制造等长期落后于英国的工业部门也赶上和超过了世界先进水平。

工业革命也促进了美国商业和贸易的发展。国内贸易迅速扩大,尤其是铁路网的扩大促使了全国性市场的形成。1869—1909年,全国零售商店的销售额从36亿美元(按产值估计)增长到132亿美元。同时,商业部门出现了许多新生事物,如百货商店、邮购商店、商标和大规模的广告等。在这个时期,直接出售家庭手工业品和农产品的现象逐渐减少,而通过专门化分配渠道买卖商品的趋势日益增强。在零售贸易方面,百货商店虽然在南北战争前已经出现,但直到这时才真正兴盛起来。也就是说生产和销售实现了分工。到20世纪初期,大规模的零售贸易已经成为美国国民经济中的一大因素了。销售出现了越来越强调商标的趋势,并广泛利用工厂的包装来宣传其商标。广告这时已经成为一项深入人心的商业行为了。随着美国成为世界经济最繁盛的国家,现代广告的中心也在美国逐步确立下来。

二、品牌的初始——商标的广泛使用

(一)商标的大规模使用

商标是商品的标志或标记。古代商品经济繁盛的时期,商标就已经出现,不过那时商标的出现都是一些零星现象,还没有形成规模。商标的第一次大规模使用是在工业革命后,同一种商品出现了众多的生产者和经营者,为了表明自己的商品质量优良和特色独具,许多生产者和经营者就在自己的商品上做记号,刻印标志,以示区别。后来商标就演变成为一种约定俗成的品牌标志(图14-3)。

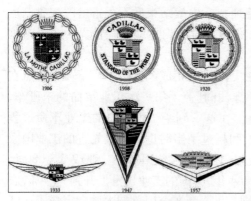

图14-3 凯迪拉克不同时期的标志

有商标的商品都比以前在社区商店里散装出售的商品贵,不过这些有牌子的商品更干净,包装更好,质量更稳定。报纸广告告诉读者这些产品更好,顾客在进商店以前就知道自己要买的牌子。有些牌子如"圣劳伦斯"可以说明身份和地位;而有些牌子,如"象牙"香皂,承诺的是亲切感和可靠性。人们在购物时希望把风险降到最低,而商标提供了这种保证。

在19世纪前半叶,特许药制造商最先开始使用商标,他们在药瓶上用货签标出服用剂量,有时货签上还特意绘上自己的肖像,保证顾客一眼就能从货架上辨认出自己要买的药。19世纪50年代,某些烟草公司发现富于创造性的商标名称有助于产品的销售。"熟樱桃"意味着这种烟草有香甜味,而"公牛约翰"则意味着味道更强烈。在以后的十年中,烟草商开始对商品进行单独包装,然后再出售,他们也开始用绘制的货签和装饰物让产品更引人注目。

其他制造商很快也仿照这一做法,给商品附上商标名称并加以包装。1860—1920年,带商标、独立小包装的商品大规模地取代了没有商标、散装的商品。装饰精美的瓶子向人们暗示里面的化妆品更高级、更能增添魅力;陶瓷瓶上的货签使里面的果酱更有诱惑力;锡箔纸包装的一块块糖果为从英国进口的巧克力制造了一种精美的形象。

为了保护商标和促进竞争,商标制度应运而生。现代意义上的品牌便是此后产生的。19世纪初,法国出现了世界上最早的有关商标的法律条文。1857年法国制定的《关于以使用原则和不审查原则为内容的制造标记和商标的法律》是世界上最早的专门成文的商标法。随后,在19世纪六七十年代,英国、美国、德国、日本也相继颁布了各自的商标法。1883年的《保护工业产权巴黎公约》和1891年的《商标国际注册马德里协定》,使商标制度步入国际化轨道。19世纪末20世纪,商标制度已风行全世界,得到了法律的认可和保障。

(二) 早期的品牌

19世纪是产品商标发展的一个黄金年代。很多产品经过时间的考验便成为后来的著名品牌,一些历史悠久的品牌,它们的故事都是在19世纪发生的,像大名鼎鼎的可口可乐、桂格燕麦、亨氏和象牙肥皂,等等。这些品牌至今长盛不衰的原因就在于这些企业从一开始就清楚地意识到品牌将决定企业和产品的前途和命运。

美国内战结束之后,在曾经到处都是美洲野牛的西部草原上,加利福尼亚州的畜牧业迅猛发展。农场主们要将成群的牛赶到集市上出售,那些赶牛人总是需要携带大量的现金来保证旅途中人畜的花销。在内战刚刚结束时期,安全很难得到保证,恰恰这时又赶上加利福尼亚的淘金热和内华达的淘银热,社会治安非常混乱。对于农场主和放牧人来说,必须用一种手段来区别牛的所属身份。当时,农场主多在牛身上烫上自己农场的名字作为牛所属身份的标记。1853年,在淘金热即将结束的时候,一个名叫李维斯的巴伐利亚人来到旧金山。1873年,他与一个名叫戴维斯的裁缝合伙,为一项技术申请了专利。这项技术就是将铆钉固定在牛仔裤上,使之更结实耐穿。直到今天,公司的一个很有特色的商标就是将公司的标记烙在小块的皮革上,以此提醒消费者,他们买到的是真货。"李维斯"自此成为享誉世界的一个著名品牌(图14-4)。

图14-4 李维斯早期广告

1886年,亚特兰大一位药剂师约翰·S.潘伯顿(John S. Pemberton)对自己新研制的糖浆兑碳酸水进行了测试,并宣布这种碳酸水会令人感觉清爽,随后这种饮料立即投入销售。潘伯顿的记账员弗兰克·罗宾逊以流畅优雅的字体写下这种饮料的商标名称——可口可乐(Coca-Cola)。随后,潘伯顿开始推销这种饮料。两年后,潘伯顿去世时,亚特兰大商人阿萨·坎德勒(Asa Candler)买下了该品牌名称的所有权和配方。这种碳酸饮料一开始被当作保健饮品兜售,在1892年初可口可乐刊载的一条广告上赫然印着大标题:"理想的大脑滋补品,令人爱不释手的冬夏皆宜的饮料!可治疗头痛,解除疲劳。"

19世纪末20世纪初,可口可乐改变了卖点,不再把自己当作滋补品来卖,而是把"精神清爽"作为广告的中心主题。为了传递这一概念,该公司把可口可乐与生活中令人愉快的美好事物联系起来,向人们展示帅哥靓女喝着可口可乐,在优雅的环境中休闲、打高尔夫球、打网球或在风景如画的地方游泳等情形。"饮可口可乐,芬芳爽口,精神抖擞"的广告口号随处可见,招贴画、商店招牌、托盘、钟表、墙壁、扑克牌上,到处都是可口可乐的广告。

第一批"可口可乐女郎"也在这时出现,女演员西尔塔·克拉克和大都市歌剧院的明星莉莲·诺笛卡都曾为早期的可口可乐广告做过模特。这些朝气蓬勃、令人愉快、美艳动人的明星,正是美国中产阶级妇女心目中的理想形象(图14-5)。

图 14-5　可口可乐早期广告

三、全面代理型广告公司的成立

广告公司从产生到现在,其职能发生了很大的变化。早期的广告公司的主要业务是为媒介代理其版面销售。到了 19 世纪末 20 世纪初,技术的发展使生产力获得了极大提高,尤其是美国,形成了全国性的市场。这时,企业的经营观念发生了重大变革,由生产导向转为销售导向。一些企业把经营视角转向研究市场和消费者,以使生产的商品能满足市场和消费者的需求。为了适应形势的重大变化,广告公司开始组织市场调查机构,帮助企业开展市场调查,广泛收集市场信息,为广告主制订广告计划和实施广告方案,开展统一的、系统的广告经营活动以及对于广告效果的测定和评估等活动。这样广告公司的经营活动开始向多智能型、能为广告客户提供全面服务的现代广告代理业过渡。于是,伴随着 20 世纪 20 年代美国广告业的一次浪潮,一批大型广告公司不断创建,广告的全面代理服务模式开始形成。

(一) 智威汤逊广告公司

智威汤逊广告公司(J. Walter Thompson,简称 JWT,图 14-6)创始于 1864 年。

自成立以来,智威汤逊一直以"不断自我创新,也不断创造广告事业"著称于广告界。智威汤逊以品牌全营销规划理念,结合广告、直效营销、促销、赞助及公关活动,致力于协助客户达成短期业绩成长,并创造长期的品牌价值。

作为一家世界顶尖的广告公司,JWT 有

图 14-6　智威汤逊公司的标志

300多个分公司、分布于各办事处的10 000多名成员,遍布在全球六大洲的主要城市,为客户提供全方位的品牌服务。目前智威汤逊隶属于全球最大的传播集团WPP。

智威汤逊广告公司创造了广告界的许多个"第一":全球第一家提出"广告不仅是卖产品讯息而是与消费者建立关系"理论的广告公司,全球第一家提出并执行品牌创意点的广告公司,全球第一家以市场调查来企划品牌的广告公司,全球第一家运用电台广播剧及电视剧做置入性营销的广告公司,全球第一家设立"品牌策略规划部门"的广告公司,全球第一家与客户(联合利华)合作关系超过一百年的广告公司,等等。

(二)麦肯·埃里克森广告公司

1902年,阿尔弗雷德·埃里克森成立埃里克森广告公司。1912年,哈里森·麦肯创立麦肯广告公司。1919—1929年,麦肯把麦肯广告公司的业务延伸到欧洲市场。1930年10月,两家各自取得长足发展的公司合并成麦肯·埃里克森广告公司。

1948年,麦肯·埃里克森广告公司重新发展海外业务时,基本无利可图。二战使公司经营惨淡,但是战时广告对提升美国士兵的士气起到了巨大的作用。战后,麦肯·埃里克森广告公司开始创作电视广告。

随着可口可乐和通用汽车加入麦肯·埃里克森的客户名单,麦肯·埃里克森开始获得长足发展。之后,对麦肯·埃里克森广告公司发展立下汗马功劳的是马里恩·哈珀。哈珀重建了麦肯·埃里克森广告公司,公司逐渐形成了包括广告、媒体购买、公关营销、活动营销、医疗保健营销、互动关系营销、品牌营销在内的从事整合传播的麦肯集团。

(三)扬·罗必凯广告公司

图14-7 扬·罗必凯广告公司标志

扬·罗必凯广告公司(Young & Rubicam,简称Y&R,图14-7)成立于1923年。两位创始人约翰·奥·扬和雷蒙德·罗必凯同为广告业巨子,特别是罗必凯,更是美国广告业承前启后的代表人物。在扬·罗必凯广告公司的发展史上还有一位杰出的广告人,他就是乔治·戈里宾。1935年乔治·戈里宾加入扬·罗必凯公司,从最基本的广告撰写员干起,经过20多年的磨炼,在1958年担任了这家赫赫有名的广告公司的总经理。在长期的广告生涯中,乔治·戈里宾创作了大量的独具特色的广告作品,他因此成为最早获得纽约文案俱乐部所颁赠的"杰出撰文家"荣誉称号的五位广告人之一。

自创办以来,扬·罗必凯广告公司秉持"拒绝平凡"的理念不断领先发展,成为第一家将总部设在纽约麦迪逊大街的广告公司,第一家提出整合营销"全蛋理论"的广告公司,第一家进入苏联的美国广告公司,第一家与日本广告公司合资的广告公司,中国内地的第一家合资国际广告公司,第一家进行全球范围周期性品牌资产研究的广告公司,第一家将上海作为亚太区域总部的4A广告公司,在全球6大洲80个国家的162个城市设立了超过550个分公司,拥有多于4 000名员工。

(四) BBDO 广告公司

1891年,乔治·拜顿在纽约成立Batten广告公司。1919年,布鲁斯·巴顿与罗伊·德斯汀在纽约成立Barton & Dustine 广告公司。1920 年,Barton & Durstine 广告公司与 Alex Osborn 广告公司合并。1928 年,Batten 广告公司与 Barton, Durstine & Osborn 广告公司合并成立 Batten, Barton, Durstine & Osborn 广告公司(简称 BBDO,中文名为天联)。

BBDO 认为广告公司的核心竞争力是杰出的创意能力和卓越的创意领导能力,更重要的广告公司是帮助客户建立起强大品牌的能力,并为客户的销售带来盈利。这被无数和它有超过10年合作关系的著名品牌所证实,如百事可乐、箭牌糖果(图14-8)、Visa、拜耳等。

图 14-8 绿箭口香糖广告

(五) 奥美广告公司

奥美广告公司(Ogilvy & Mather)由著名广告大师大卫·奥格威于1948年创立。奥美广告公司成立后,在奥格威的领导下取得了迅猛发展。1951年,大卫·奥格威为海赛威衬衫设计了"戴眼罩的男人"的广告形象(图14-9),使这家默默无闻的手工作坊式的小型衬衫厂顿时名扬世界。随后,奥美迎来了大量著名的广告客户:朵夫香皂(1955年)、芭比娃娃(1956年)、麦氏咖啡(1959年)、壳牌石油(1960年)、美国运通公司(1961年)、百事可乐(1974年)、福特汽车(1975年)等。

图 14-9　大卫·奥格威为海赛威衬衫设计的"戴眼罩的男人"

随着奥美代理的产品不断取得成功，1966年，奥美公司成为首家在纽约和伦敦股票交易市场上市的广告公司。1972年，奥美直效行销公司开业，建立了全球最大的直效行销网络。1980年，奥美公关公司成立。1979年，奥美率先在中国建立了分公司，并于同年3月15日在上海《文汇报》刊登了奥美代理的中国第一个外商广告——瑞士雷达表广告。

在大卫·奥格威广告思想的影响下和长期的广告代理实践中，奥美逐渐形成了"360度品牌管理"的广告代理风格，将VI规划、广告、公共关系、媒介、顾客关系、互动等手段加以整合，运用专业方法打造及呵护品牌，并在品牌与消费者之间建立有效的沟通，奥美称之为"360度品牌管理"。

（六）电通广告公司

1901年7月1日，光永星郎创办了日本广告株式会社，这是电通的雏形。在广告公司运转之后，光永星郎又着手创办了电报通讯社，并最终于1907年将电报通信社与日本广告株式会社合并，正式定名为日本电报通信社，经营新闻通讯业和广告代理业。到二战爆发前的1936年，日本军部和政府将日本电报通信社中的新闻通讯业务部和新闻联合社合并，形成为日本国家通讯社同盟社。从此以后，电通只负责经营广告代理业务，并逐渐成为纯粹意义上的广告公司（图14-10）。

在电通发展史上，还有一位重要人物，那便是1947年接任电通社长的吉田秀雄。吉田秀雄不但具有光永星郎的坚毅性格，更具有开放的眼光和超人的经营管理能

图 14-10　电通早期为 SONY 公司做的广告

力,素有广告界"鬼才"之称。

吉田秀雄对电通乃至整个日本广告业的一大贡献,体现在对广告价格和广告代理费标准的制定上。二战期间,资源贫乏的日本为了战备的需要,削减报纸数量,压缩广告版面。在这种情况下,广告公司的唯一生存之道就是提高广告价格,但是这遭到了日本政府的禁止。正是在这样一个关头,吉田秀雄显示了一个广告人的杰出智慧和运作能力。在吉田秀雄的努力下,终于制定并通过了广告价格和广告公司的代理费标准,使电通乃至整个日本广告业真正走上了现代化的道路。

在吉田秀雄的领导下,电通业务开始突飞猛进。1957年12月,电通当月营业额突破了20亿日元。1960年11月,电通的月营业额突破了40亿日元。电通公司通过其在国内的28家分支机构,为2000家以上的广告客户服务,其营业额占日本广告总额的3成。

在日本百年广告发展史中,电通公司之所以会脱颖而出,并成为日本乃至世界上最大的广告公司,除了有着杰出的领导者和勤劳的员工之外,其独特的企业精神和经营理念也是一个重要原因。在电通所有的企业精神中,吉田秀雄的"广告鬼才十则"可谓名气最大、流传最广,不但是电通全体员工的"座右铭",而且成为全世界广告人可资共享的精神财富。

在世界大型广告公司中,电通的特点是业务主要集中在日本国内。但是,随着世界范围内的广告公司的合并与跨国发展潮流,电通的业务也开始向国外延伸。

四、对于消费者的重视

(一) 市场调研的初始

随着广告业的发展,广告公司的规模、数量和提供的服务也成倍扩展。这一时期的广告公司提供的服务已经与今天相差无几,都包括广告策划、调查、创意和执行。在这一时期,广告的事前准备工作、广告教育和市场研究,成为广告业取得发展的标志。

但市场调查的观念推进得比较缓慢。广告客户面临着诸多问题:谁是我们的购买群体?他们想要什么?他们的喜好是什么?哪种广告效果更好?所有这些问题都很少能有答案。为了了解自己的用户,有些广告人会去实地销售产品,观察人们如何使用产品;有时为了获得消费者对使用该产品的直观感受,又会去和家庭主妇交谈。不过,按今天的标准来看,这些早期的研究还是相当原始的。

1912年,智威汤逊公司的斯坦利·莱索进行了一项"人口与人口分布"的研究。这项研究按商品种类、所在州列出了所有的商店,并持续更新这些数据,以期更精确地描述消费群,并跟踪大城市批发商和零售点的产品销售情况。

邮购反应测试(mail-order response testing)是当时比较常用的研究方法。其做法是把优惠券和广告印在一起,让读者把它剪下来,并寄回公司索要资料、样品、手册或奖品。在同一个城市中把相同的广告登在不同的杂志上,这样就可以把反馈回来的消费者偏好进行对比。同时也可以把同一产品不同版本的广告文案放在不同日期的同一版面上进行比较。通过这些研究,广告公司能够为某一特定产品找出最适合它的广告媒体。此后,独立的市场调研公司开始出现,广告公司内部也开始出现调研部门,去寻找能支持广告策划的详细资料。

(二)市场调研的进一步发展

在危言耸听的广告泛滥之时,扬·罗必凯广告公司的广告可谓独树一帜。当其他广告公司倒闭或裁员时,扬·罗必凯广告公司的营业额却扶摇直上,仅次于智威汤逊,位居第二。这其中的一个重要原因在于扬·罗必凯广告公司提倡科学的方法,聘请乔治·盖洛普(George Gallup,图14-11)率先把科学研究作为开发创意的一个组成部分,包括报刊阅读率、广播收听率这些概念等。盖洛普通过研究发现,读者希望冗长的文案能被分割成一些小的段落,喜欢看到斜体、黑体和大标题下的小标题。盖洛普还发现,连环画非常受读者欢迎,因此广告公司纷纷在周日报的漫画版上做广告。随后,用连环画做广告的方式从幽默小报扩展到其他印刷媒体。

市场调研观念不仅影响了扬·罗必凯广告公司,广告客户也想知道广告是否真的有助于销售,如果有,

图14-11 乔治·盖洛普

又是通过什么方式,在什么时候,如何实现的？纽约一家市场调研公司——AC 尼尔森公司(AC Nielsen)提供了《食品与药品纵览》报告,这份报告按产品和流通渠道,对食品与药品的购买量进行统计。纽约的另一家研究公司——丹尼尔·斯达奇联合公司(Daniel Starch)则调查消费者对杂志广告的反应和认知。此后,广告公司纷纷开始采用动机心理学、视线跟踪法、店面访谈、试点区域研究等方法进行调查研究。

(三) 消费者杂志的创办

1931 年,一份专门揭露虚假广告的杂志《耸人听闻》(Ballyhoo)非常热销,从中可以看出消费者对广告是多么的不信任。当时的一名文案撰稿人海伦·伍德沃德(Helen Woodward)写了一本《多面窗透视》(Through Many Windows, 1926),这本内容丰富的批评著作使广大读者了解了广告公司的内幕。而经济学家斯图尔特·蔡斯(Stuart Chase)和全国标准局的一位工程师弗里德里克·施林克(Frederick Schlink)在合著的《你的钱值多少》(Your Money Worth, 1927)一书中,对广告业进行了广泛的揭露,对假冒商品和低劣恶俗的促销手段给予抨击。

由于公众的反应很强烈,施林克干脆把设在纽约的消费者俱乐部扩展成全国性的产品检测机构——消费者调查公司(Consumers' Research Inc)。这家新公司聘请了技术专家,建立了实验室,并定期出版业务通讯,后来变成一份月刊。

一些教育消费者的组织也出现了。1936 年,消费者联合会创办了旨在保护消费者的杂志《消费者报告》(Consunmer Reports)。从一开始,《消费者报告》就对从麦片到汽车的各种商品发表意见,抨击虚假广告,揭露各种产品的恶劣生产环境,并拒绝刊登广告,以避免偏见。这份杂志逐渐成为全国最受欢迎的刊物之一,直到现在仍是消费者购买商品时参考的杂志。

五、广告研究与广告理论

1874 年 H. 桑普森写作《广告的历史》一书。1866 年 J. 劳沃德和 C. 哈顿合著《路牌广告的历史》。1898 年美国的 E. S. 路易斯提出了 AIDI 法则,认为一个广告要引人注目并取得预期效果,在广告的传播过程中必须达到引起注意(attention)、产生兴趣(interest)培养欲望(desire)和促成行动(action)这样一个目的。后来有人对 AIDI 法则加以补充,加上了可信(conviction)、记忆(memory)和满意(satisfaction)这样几项内容。1900 年美国学者洛·盖尔在多年调查研究的基础上写成了《广告心理学》。1903年美国西北大学校长、心理学家瓦尔特·狄尔·斯科特写成《广告原理》一书,拉开了20世纪广告研究的序幕。

(一) 推销时代的广告研究与广告理论

1. 理性推销派

图14-12 阿尔伯特·拉斯科尔

20世纪早期的广告理论,离不开阿尔伯特·拉斯科尔(图14-12)、约翰·肯尼迪、克劳德·霍普金斯等几位广告大师。他们形成了20世纪广告史最早的一个流派——理性推销派。这一派别也被人们称作原因追究法派或硬性销售派。

理性推销派主张在广告中必须说明销售理由和购买原因,也就是说广告必须提供一个切实的销售理由,说明为什么要让消费者花钱购买广告所宣传的产品。阿尔伯特·拉斯科尔、约翰·肯尼迪、克劳德·霍普金斯先后供职于一家广告公司——洛德暨托马斯公司。约翰·肯尼迪认为广告的形式并不重要,关键是要有销售促进力。因此,在他的广告生涯中,他一直遵循自己的广告观念,一反流行于19世纪末华丽的韵体诗的广告创作风格,而是创作朴素却有效的广告。他认为"广告是印在纸上的推销术"。这得到霍普金斯和拉斯科尔的一致推崇。

霍普金斯提出了许多至今仍然有效的广告原则。比如广告的预先占有权。他认为,如果某人提出了一个在该行业能被普遍接受的产品特征或质量要点,并声称拥有它,那么他就占有了它;一个广告只应该围绕唯一的销售要点来创作,这就是预先占有权。这对20世纪40年代的罗瑟·瑞夫斯启发很大,在他的USP理论中就体现了霍普金斯的这一观点。霍普金斯也十分反对华而不实的广告,所以在霍普金斯的杰作中,我们看到的是平实、朴素却有力的广告。

2. 感性推销派

与理性推销理论并存于20世纪美国广告界的还有感性推销理论。这一派理论不主张从科学、理性的角度去看待广告,而是从情感的角度去打造广告,因此也被称为情感氛围派。这一派的代表人物是西奥多·麦克马纳斯和雷蒙德·罗必凯。

"情感氛围派"主张把广告建立在消费者购买产品,然后拥有它或把它当作礼品所获得的那种满足感的基础之上。广告围绕着暗示和联想展开,这种暗示和联想都在传递产品质量和声誉的完美印象,赞美它将提供给购物者的是拥有的喜悦。这是一种有别于硬性推销的更为微妙的销售策略,旨在以暗示和联想所造成的极强烈的感染力和诱惑力告诉消费者:这是那种会满足你的需要或满足你的愿望的产品。麦克马纳斯为通用汽车公司创作的广告《对领导者的惩罚》便是这一流派的代表作:

在人类进步的每个领域中,处于领先地位的人,必定永远生活在公众注目的焦点处。不论是一个人还是一种商品,一旦出人头地,模仿、赶超和嫉妒总会接踵而来。在艺术界、文学界、音乐界和工业界,酬劳和惩罚总是相同的。酬劳就是得到公认,而惩罚就是遭到反对和疯狂的诋毁。当一个人的工作得到世人的一致公认时,他同时也成为个别嫉妒者攻击的目标。……这一切都没有什么新鲜的。如同世界和人类的感情——嫉妒、恐惧、贪婪、野心以及赶超的欲望一样,历来就是如此,一切都是徒劳无益。如果杰出人物确实有过人之处,他终究是一个杰出者。杰出的诗人、著名的画家、优秀的工作者,每个人都会遭到攻击,但每个人最终也都会拥有荣誉。不论反对的声音如何喧嚣,美好的或是伟大的总会流传于世,该存在的总是存在。①

上述两个理论流派都是围绕"推销"这一核心概念展开的,而这种理论方面的共同点是以生产者和产品为中心。广告作为一种推销术,其关键和中心在于生产者如何影响消费者,产品如何吸引消费者。这种以生产者和产品为主导的推销观念与当时的社会背景和市场环境分不开的。

3. USP 理论

20 世纪 40 年代,罗瑟·瑞夫斯(图 14 - 13)提出了 USP 理论。USP 是"unique selling proposition"的缩写,翻译为"独特的销售主张"。

---

① 转引自孙顺华、查灿长、刘悦坦、刘艳秋:《中外广告史》,山东大学出版社 2005 年版,第 196 页。

图 14-13 罗瑟·瑞夫斯

USP 理论的基本内容包括：第一，广告必须向消费者讲明一个明确的消费主张，买这件产品，消费者可以得到什么特定的好处；第二，它必须是一个独特的主张，其他竞争者无法提供或没有提供的主张；第三，这个主张必须能销售，能对消费者形成巨大的吸引力。

罗瑟·瑞夫斯的 USP 理论与霍普金斯的"预先占有权"理论有着一定的相似之处，但是比预先占有权更完美、更深刻、更全面。

（二）创意时代的广告研究与广告理论

20 世纪 60 年代，被称为美国广告史上的创意革命时代，也被称为品牌形象至上的时代。作为这一时期的广告理论的代表，是分别以大卫·奥格威、李奥·贝纳、威廉·伯恩巴克为代表的三大创意理论。这一时期的广告理论既是对传统广告理论的终结，又预示着新的广告理论时代的到来，表现出一种过渡型或转型期理论形态的特点。

创意革命时代的出现是有着深刻的社会背景的。第二次世界大战后，随着社会生产力的进一步提高，商品开始丰富起来，整个市场开始由卖方市场向买方市场转变，商品供过于求。这时，企业思维重点开始由怎样生产转向如何销售。这就使以产品推销为主的广告理论与实践，跟不上时代的节奏了。这就对广告创意提出了更高的要求。20 世纪五六十年代，电视在美国开始普及，消费者接收信息的媒介通道进一步拓宽。电视也是一种适合广告创意表现的媒介。广告人不再满足于推销产品或寻找产品本身的特点，而是更看重自身的主观能动性和创造力。他们张扬自己的创作个性，把广告看作是智慧的产物，使创意开始成为这个时期广告的核心理念。

1. 李奥·贝纳

1889 年，李奥·贝纳出生于密歇根州密歇根镇。中学毕业后，李奥·贝纳考入密歇根大学学习新闻学。大学期间，他曾兼职为一家百货公司写广告牌。在为几家不同的广告公司工作之后，1935 年 8 月，李奥·贝纳成立了以自己姓名注册的广告公司。李奥·贝纳和他领导的李奥·贝纳广告公司在创意理论上自成一派，也就是他自称的芝加哥学派。李奥·贝纳广告公司一度是世界上最大的广告公司,万宝路香烟的品牌形象策划是李奥·贝纳最出色的广告活动。

在谈到自己的广告创意理论时,李奥·贝纳认为关键在于研究商品本身的独特性。市场上的各种商品,无论是一张大饼,还是一辆汽车,只要它能够存在,就有某种特定的因素在起作用,使制造商去生产它,使消费者不断去购买它。广告的责任就是去尽力发掘这一客观存在的东西,同时采用适当的手段去表现,以引起人们的注意。这就是李奥·贝纳的广告名言:"产品即英雄",每一样产品本身都有"与生俱来的戏剧性"。因此,寻找、发掘产品"与生俱来的戏剧性"就成为芝加哥学派创意时所遵循的基本原则。

2. 大卫·奥格威

1911年6月23日,大卫·奥格威(图14-14)出生于伦敦西南不远的萨里郡的一个村子。大卫·奥格威青年时因学习成绩差而被牛津大学劝退。1936年,大卫·奥格威加入了美瑟·克劳瑟广告公司,并于二战前去了美国,加入了盖洛普博士的一个调查机构,奔波于纽约与好莱坞,从事民意调查。二战期间,他又加入了史蒂文森爵士领导的一个情报机构。1948年,大卫·奥格威成立了奥格威·美瑟广告公司,简称奥美广告公司,并最终成了一代广告宗师。大卫·奥格威一生写过很多经典的广告文案,其中著名的有海赛威衬衫、舒味思奎宁柠檬水、劳斯莱斯汽车广告。

图14-14 大卫·奥格威

大卫·奥格威的整个创意哲学是建立在"广告是科学"这一学科定位的基础上的。关于广告的学科归属,大卫·奥格威的基本观点是把广告看成是一门科学,因此广告创意必须遵从科学的各种规定。创意的科学基础和出发点必须是科学的调查研究,而不能是个人的主观设想。

大卫·奥格威认为广告的内容比表现内容的方法重要。也就是说,决定消费者是否购买商品的因素是广告的内容而不是广告的形式。在大卫·奥格威看来,"说什么"比"怎么说"更重要。

另外,大卫·奥格威还提出了品牌形象理论,这在创意主导的时代有着巨大的超前性。

3. 威廉·伯恩巴克

图14-15 威廉·伯恩巴克

威廉·伯恩巴克(图14-15)出生于纽约,毕业于纽约大学英国文学系。毕业后在葛瑞广告公司任创意总监。1947年,伯恩巴克和道尔、戴恩三人合伙在纽约成立自己的广告公司,这就是后来广告界著名的恒美广告公司(Doyle Dane Bernbach,简称DDB)。伯恩巴克本人直接创作了大量优秀的广告作品,经典的有大众甲壳虫汽车广告、埃飞斯出租汽车广告。

同样是广告大师,伯恩巴克对广告学科归属的认识与大卫·奥格威截然不同。伯恩巴克旗帜鲜明地指出:广告是一种艺术。他针对20世纪60年代美国广告界过于追求精确严格的科学调查而忽视艺术创新的情况,提出了广告不应该过于痴迷于技术崇拜,而要追求广告的真正本质——艺术表现。

伯恩巴克的广告创意理论集中表现为他的ROI理论。伯恩巴克认为,一个好的广告必须具备三个基本特征:相关性(relevance)、原创力(originality)和冲击力(impack)。

相关性强调的是广告、商品和消费者之间的相互关系。在这方面,伯恩巴克认为在开始工作之前,要彻底地了解所要广告的商品。广告人的聪明才智、想象力与创造力都要从对商品的了解中产生。

原创力就是要求突破庸常思维,与众不同。伯恩巴克认为,广告中最重要的东西就是独创性与新奇性。作为美国麦迪逊大道"创意风暴"的领导者,伯恩巴克的一系列精彩广告创意就是这条理论的极好注脚。

冲击力就是要让广告产生强大渗透功能,使广告进入消费者心灵深处。伯恩巴克说,在创意表现上光是求新求变、与众不同并不够。杰出的广告既不是夸大,也不是掩饰,而是要竭尽你的智慧使广告信息单纯化、清晰化、戏剧化,使之在消费者的脑海里留下深刻的、难以磨灭的记忆。这就是冲击力。

第三节　现代广告时期的广告表现形式

一、杂志广告

(一) 美国的杂志广告

美国南北战争后,特许药是报纸广告的主要来源。到 19 世纪末,特许药的年销售额猛增到 7 500 万美元,其广告费占到美国报界收入的三分之一。但是,报纸广告版面有限,迫使特许药制造商寻找新的广告空间。他们意识到杂志印刷精美,流通时间长,便于传阅,是一个很好的广告传播媒介。

金斯曼(F. G. Kinsman)是缅因州一家特许药公司的老板,他把杂志与宗教联系起来,资助各个地区的主日学校创办杂志,传播福音,而所有这些杂志的封底都是他的特许药的广告。这个计划很成功,越来越多的教会请求金斯曼资助它们创办主日学校期刊来传播自己的教义,因此每一本主日学校期刊后面都跟着他的药品广告,从而使他变成了全美最大的主日学校期刊的出版人,而金斯曼及其特许药公司则从宗教杂志提供的空白版面上获得了巨额利润。

新的致富门路一开,人们纷纷仿效。"广告"热潮席卷了美国乃至世界的期刊行业,很多杂志都在自己的封底开辟了《广告人》专栏,要求在杂志上刊登广告的订单越来越多,这些广告客户主要集中在四大行业:保险业、运输业、特许药和传统的图书出版。

在美国,广告一般都占到全部杂志内容的 50% 左右。美国刊登广告多的杂志,每期广告在 60 页到 210 页,平均每页广告额是 6 万美元。发行量 760 多万份的《美化家园》(*Better Homes and Gardens*)每页广告价格 19 万美元;发行量 1 000 万份的《读者文摘》广告价格每页是 16.6 万美元;发行量 400 多万份的《时代》周刊每页广告费 12 万美元。

杂志广告除了有半页广告、整页广告、跨页广告外,折页广告也是经常采用的一种形式。而且折页中往往包含着额外的广告信息。另外,实物展示也是美国杂志广告的一大特色,杂志中经常夹带着各种产品的样品供读者尝试。

(二) 欧洲的杂志广告

英国的杂志数量众多,分类较细,发行方式主要以街头零售为主,固定的订阅量较小。英国的杂志一般都会在封三刊登一份广告的索引,注明本期杂志全部广告所在的页码,这不仅方便读者查找广告,而且对广告客户也是一种肯定。

(三) 日本的杂志广告

1956年2月19日,《新潮周刊》创刊,标志着日本杂志界进入了以周刊杂志为主的时代。1955年至1965年,新创刊了50多种周刊杂志,周刊杂志之所以盛行,是因为战后日本社会逐渐形成了在教育程度、收入、价值观等方面同质化程度较高的大众。

日本的杂志广告很发达,有杂志1.8万种,其中刊登广告的杂志有7 800多种。在杂志上刊登广告的行业,按照广告额排列,依次为化妆卫生用品、服饰、饮料零食、信息通讯、汽车及相关产品。杂志作为广告媒体的价值大大增加。由于广告收入增多,杂志定价下调,从而使以低价支持大量出版和大量发行成为可能。

随着杂志广告经营规模的扩大,杂志广告操作也日趋合理化和现代化。1958年1月,日本杂志广告会设立了杂志广告奖,同年5月制定《杂志广告伦理纲领》。1959年11月制定杂志广告操作规则《杂志广告取引要纲》。

二、广播广告

(一) 广播的产生

1. 无线电通信的发现与发明

无线电的发现与发明得益于许多人的贡献。领导无线电领域科技发明的第一位理论家是苏格兰数学家麦克斯韦。1864年,麦克斯韦提出了著名的电磁波存在的理论,据此,后人发明了无线电和雷达。

1887年,德国物理学家赫兹首先验证了麦克斯韦关于电磁波发生和接受的理论。1888年,他测量了电磁波的速度和各种不同波长的电磁波参数,从而为电磁学的发展和无线电广播的应用奠定了实验基础。

1891年,法国物理学家布兰利发明了金属屑检波器,这种检波器被英国人洛奇加以改进。1902年加拿大人费幸顿(Reginaid Fessendon)发明了电子检波器,降低了电磁波传输中的噪音。1906年,美国人皮卡德和邓伍迪发明了更便宜的晶体检波器。晶体材料的采用,后来引起整个媒介科技的革命性变化。

1895年,在俄国喀琅施塔得任教的物理学家波波夫(Alexander Stephanovitch Popov)和意大利青年发明家马可尼(Guiglimo Marconi)同年宣告发明了无线电传送技术。然而,波波夫专注于研究可以预告雷雨的检测装置,并非通信系统;他的发明也主要用于俄国海军的军事用途,而并非商业市场。因此,在无线电技术发明和设备应用推广过程中,马可尼无疑占有更为重要的一席。马可尼在21岁的时候就完成了无线电器材的发明,信号可以传送几英里的距离。1896年马可尼来到英国,他在英国取得了他的第一个专利权,获准在世界各地推广他的无线电报系统。马可尼通过加高天线的方法,使无线电信号传送的距离越来越远。1899年,信号通过了英吉利海峡。1901年12月12日,摩尔斯电码"S"越过了大西洋,从英国最西端的康沃尔市传送到北美洲的东端,全球无线电通信的可能性终于得到了证实。

2. 音频广播的发明

1900年,电子工程师费幸顿得到了美国通用电气公司的帮助,与总工程师亚历山德森合作研制了可以产生高频连续电波的交流电发射机。他们的设计经过一系列的修改最终于1911年完成。到1915年,这种号称"亚历山德森发射机"的交流电发射机已经成为早期标准的无线电广播设备。

对于早期的音频广播而言,真空管的诞生比其他任何改进都有意义。爱迪生在1883年发明了真空管的白炽灯。1904年,在马可尼公司工作的英国科学家弗莱明用真空管中的阴极和阳极控制电流方向,发明了二极管。1906年美国科学家李·德福雷斯特研制成功了三极真空管,从而使大功率的发射和高灵敏度的接收、放大成了可能。1906—1907年,他取得了三极管的专利权,德福雷斯特将其命名为"音频管"①。

1908年,德福雷斯特在法国埃菲尔铁塔上广播唱片节目,被25英里外的法国军事电台收到。两年后,他又从纽约大都会剧院实况播出了由世界著名歌唱家卡卢索演出的歌剧。尽管信号受到干扰,大约50名观众还是听到了清晰的声音效果。

1918年,美国少年发明家阿姆斯特朗(Edwin Armstrong)通过反馈电路改进了扬声器,可以省去接收天线,而且不影响接收效果。1933年,阿姆斯特朗发明了调频制(frequency modulation,简称FM)方法,改变了原来的调幅制(amplitude modulation,简称AM)。调频方法的最大优势是抗静电干扰,可以避免声音失真。同时,调频广播覆盖的区域有限,因此可以在不同的地区使用同一波段进行广播。1947年,美国贝尔实验室的三位科学家——布莱顿、肖克利和巴丁发明了晶体管。晶体管不仅体积小、耗电更少、效果更佳,而且具有抗电击作用。最终,笨重且耗电的真空管为更为轻巧的晶体管所取代。

---

① 郭镇之:《中外广播电视史》,复旦大学出版社2005年版,第7页。

(二) 美国的广播电台与广播广告

1. 美国的广播电台

西屋电气公司的工程师康拉德(Frank Conrad)是一位无线电爱好者,他早在第一次世界大战前便在自家的汽车房里安装了一套小型的广播设备。1920年4月,他采用原有的业余电台的呼号8XK开始试验播放自制的节目,因为对连续不停的讲话感到厌倦,就用唱片取而代之。没想到,他开始收到其他无线电爱好者的来信,评论播音的质量,并请他播出某一段唱片,或在某一特定时间播出节目。于是,为了满足这些"听众"的"点播"要求,康拉德开始定期播出节目。

因为需要许多新的唱片,于是康拉德向当地的唱片商店借用,并答应在广播中提一下该商店的名字,以此作为报答。商店主人倒是发现,播出过的唱片销量超过了其他唱片,但这种"广告"竟然被唱片行业忽略多年,未能有意识地利用。康拉德的广播被百货商店注意到,于是在当地报纸上刊登广告,宣传康拉德的广播,并出售用以接收康拉德节目的大众化收音机。后来,康拉德所在的西屋公司决定将广播电台置于永久性的基础上,作为维持收音机销售的一个先决条件。1920年10月27日,负责颁发电台执照的美国商业部门分配给西屋公司一个商业性海岸电台的呼号——KDKA。

1920年11月2日,在美国宾夕法尼亚州的匹兹堡市,西屋电气公司创办的KDKA电台利用美国总统竞选的大好时机,围绕选情通报这一公众关注的焦点,大张旗鼓地开始了定期广播。由于宣传广泛,影响重大,KDKA成为历史记载的美国第一家正规广播电台,1920年11月2日这一天也被认为是世界广播事业的诞生日。

当时的西屋公司尚未认识到广播电台本身的商业利润,而仅仅将它当作刺激收音机需求的一种手段。果然,有了收听广播电台所制作节目的需求,西屋公司售价25美元的小矿石收音机相当畅销。随后,西屋公司在马萨诸塞州的斯普林菲尔德市和新泽西州的纽华克市也开办了电台。与此同时,竞争迫使RCA开始生产萨尔诺夫提议的"无线电音乐盒",并在离纽约不远的新泽西州建立了广播电台;GE在纽约州的斯克内克塔迪市的厂区开办了广播电台;AT&T也在纽约市开办了后来著名的WEAF电台。1922年年初,有28家电台活跃在广播领域;半年后,有378家;年底有570家。收音机销售极快,20年代末,已有半数美国家庭拥有收音机。

在与美国毗邻的加拿大,马可尼公司拥有的蒙特利尔XWAF电台与美国KDKA电台差不多同时创办。到1923年,加拿大已经有30多座广播电台在播出了。

2. 广播电台与广告的结合

广播最初用来播发广告,其节目只是促销收音机的手段。早期广播节目也很简单,有些电台只是播放旧唱片。但随着听众越来越多,对节目的要求也越来越高。一般听众不像无线电爱好者那样,只满足于听到清晰的声音效果,而要求丰富多彩的表演。而此前仅仅为满足表现欲而参与演播的演员,此时却不再热衷于免费的义务劳动,而要求付出演费了,唱片商也开始索求播放音乐的版税,广播节目的费用日益增长。高额的经济负担迫使实力弱的广播电台退出了这个领域。萨尔诺夫建议由公共经费资助广播节目,但无人理睬他的呼声。一些广播电台向听众征收捐款,也不很成功。

是 AT&T 首先设法解决经费的难题。它依照付费公用电话的先例,动员客户到 WEAF 广播电台播发消息,同时收取费用,称为付费广播(toll broadcasting)。第一个广播广告于 1922 年 8 月 28 日晚间播放,是昆斯堡公司促销房产的 10 分钟广告,宣传纽约附近某乡村公寓的种种优越性,连播 5 天,效果甚佳。为此,它仅付费 100 美元。在纽约 WEAF 电台的门口立刻排起了等待做广告的长队。这样,在不到一年的时间里,WEAF 就有了 25 位广告赞助商,其中包括梅西(Macy's)、高露洁(Golgate)和联邦人寿保险公司(Metropolitan Life Insurance)。不过,早期的广告客户还不知道怎么使用这种新媒体。起初,许多客户只是在买下来的整段时间里填满广告信息,而有些公司则尝试制作一些与产品有关的节目,比如吉列公司(Gillette)就赞助了一个以胡须时尚为主题的谈话节目。但是,到 1927 年,只有 20% 的无线电广播节目有广告赞助。

20 世纪 20 年代后期,音乐节目最受欢迎。《麦斯威尔音乐厅一小时》《帕尔默里夫一小时》都是当时最受欢迎的节目。这些节目由广告客户赞助,并经常播放广告客户的广告。由于音乐节目与综艺节目颇受欢迎,因此有广泛听众基础的节目大多有广告客户的冠名,比如可里克特饮料(Cliquot)冠名的《可里克特爱斯基摩音乐俱乐部》(*Cliquot Club Eskimos*)、每日电池(Everyday)冠名的《准备就绪的电池时光》(*The Everyday Ready Battery Hour*),还有 A&P 副食连锁店冠名的《A&P 吉卜赛人》(*The A&P Gypsies*)。大多数电台在播放节目的时候只允许提及赞助商和产品名称一次,但广告公司略施小计就打破了这种限制,它们设法用不同形式重复赞助商的名字。比如,金粉(Gold Dust)洗衣粉的广播广告就设法在一条广告里反复六次提到了赞助商的名字:

放松地一笑,为金金和粉粉笑一笑。金粉双胞胎在这里把它们的歌曲献给您,为您的生活增添光彩。金粉公司,也就是金粉洗衣粉的制造商,通过纽约的 WEAF 电台、普罗维登斯的 WJAR 电台、匹兹堡的 WCAE 电台、布法罗的 WGR 电台、波士顿的 WEEL 电台、费城的 WFI 电台和克利夫兰德的 WEAR 电台,让听众有机会与金金和粉粉欢乐开怀。今晚,让金粉双胞胎进入您的心田和家庭,您绝不会感到失望,它们定会使您的平凡生活熠熠生辉。①

这一时期,洛德暨托马斯公司和智威汤逊公司逐渐发展成为无线电广播领域中最重要的广告公司。洛德暨托马斯公司接手了《好运弹奏》(Lucky Strike Show),并大胆地在每首歌曲结束时插播香烟广告。该广告公司还制作了广播史上最受欢迎的喜剧之一《阿莫斯和安迪》(Amos and Andy Show),由派普索特牙膏赞助。这个戏剧节目在 1929 年 8 月开播,是一出由白人扮演黑人的歌舞杂要剧,故事吸引了全国的观众。为了适应《阿莫斯和安迪》的播出,全国甚至改变了作息时间,工厂早早收工,在东部时间 19:00—19:15 之间,出租车司机拒载乘客。

由于全国广播网和辛迪加集团的出现,广播广告得以跨越地理界限在全国播出,其广告价值亦被充分认识。电台的广告收入从 1927 年的 300 万美元上升到 1929 年的 4 000 万美元。到 20 世纪 30 年代,无线电广播如日中天,超过了杂志而成为第一大广告媒体。

(三)欧洲的广播广告

1. 英国的广播广告

英国在很长一段时间内只有一家广播电台,即官办的英国广播公司(British Broadcasting Company,简称 BBC),由私营电器和无线电公司集资成立。1922 年 10 月 8 日公司成立,11 月 1 日发出第一份收听执照(收费 10 先令),11 月 4 日开始播音。主要财政来源是出售收音机和收听执照费。后来英国政府收买该公司的全部股份,并根据英国皇家特许状设立,于 1927 年 1 月 1 日改为现在的 BBC。由于 BBC 是国家经营的广播公司,不播出广告,所以英国在很长的一段时间内没有广播广告。

2. 法国的广播广告

法国的广播广告业在欧洲比较发达。法国广播电台是法国主要的公共

---

① 转引自文春英:《外国广告发展史》,中国传媒大学出版社 2006 年版,第 142 页。

广播机构之一。负责经办3套全国性广播节目:《法兰西·全国》《法兰西·文化》《法兰西·音乐》。第一套为综合性节目,24小时播出;第二套以文学、戏剧、电影、科学技术等文化知识节目为主,每天广播约17个小时;第三套为调频广播,主要内容为古典、现代音乐和有关的评论及解说,24小时广播。据统计,法国人平均每天要收听3小时16分钟的广播节目,这在全球收听率排行中仅次于丹麦和爱尔兰,超过了美国。如此高的广播收听率自然使法国的广播广告业随之兴盛起来。据法国广告统计所统计,1999年,其广播广告的纯收入达到了42.3亿法郎。流通、电信和汽车是广播广告投放最多的三大领域,其份额占总量的52%左右。

3. 德国的广播广告

德国的广播电台分国家公共广播电台和民营地方广播电台。公共广播电台对广告限制极为严格,民营广播电台则主要靠广告来维持电台的运转。德意志广播电台建立于1960年,原是联邦德国对外广播电台之一,以欧洲各国为对象,用中波和长波广播,1962年1月开始广播,总部设在科隆。两德统一前,该台的办台方针是全面介绍联邦德国,而且也注重报道民主德国的国内情况。另外,大量播出西方热门音乐、摇滚乐、德国的流行音乐等。音乐节目占总播出时间的55%。

(四)日本的广播广告

1925年3月1日,日本第一座广播电台成立,由东京高等工艺学校创办。1926年8月,日本政府成立了日本广播协会。最初这个协会的性质是非营利的公用事业,不做广告,而是征收一定的收听费。二战后,日本开始开放广播业,民营的商业广播电台开始出现,广告也开始在广播媒介中播出。

三、电视广告

(一)电视的产生和发展

1. 电视的产生

电视的诞生稍晚于广播,19世纪末20世纪初期,德国、英国等国的科学家完成了一系列的无线电传送声音和图像的实验,为电视的产生奠定了基础。1884年,德国工程师保罗·尼普科发明了机械扫描图像,通过光电转换,人们可以在接收器上看到导线传送过来的图像,但机械扫描产生的图像不稳定,清晰度低。20世纪初,英国和俄国一些科学家提出了电子扫描原理。1923年,美籍俄裔工程师兹沃利金发明了光电摄像管,用电子束的自动扫描组合画面,为电视摄像机的发明作出了贡献。

1926年,英国科学家贝尔德采用电视扫描盘,完成了电视画面的完整组合及播送,在伦敦公开表演。这是世界上第一次电视无线传输;贝尔德也由于第一个完成长距离短波传送图像而被后人称为"电视之父"。1928年,美国通用电气公司的纽约实验室播映了第一部电视剧。1929—1935年,英国广播公司与贝尔德合作多次进行实验性电视广播。

1936年,英国广播公司建立了世界上第一座电视台,11月2日起定时向公众播出黑白电视节目,这被认为是世界电视事业诞生的标志。1938年,苏联在莫斯科和列宁格勒相继建台,第二年正式播送节目。1939年,美国全国广播公司转播了纽约世界博览会盛况。1941年,第一批商业台获准开业。

2. 电视的发展

电视虽然产生在20世纪20年代,但它的真正发展是在第二次世界大战之后。这是因为战争期间,欧洲很多国家卷入战火,刚刚兴起的电视事业中断了发展进程。

战后随着技术的进步和更新,电视媒介不断从低级向高级、从单一向多样化发展。

(1) 黑白电视

这一阶段从第二次世界大战结束到50年代中期。1945年5月7日,苏联迅速恢复了因战争而停播的电视广播。同年10月,法国也恢复了埃菲尔铁塔的电视广播。第二次世界大战期间,美国仍有六家电视台照常播出;战后,因战争而关闭的电视台也纷纷申请恢复。1947年6月1日,英国BBC重新恢复了因战争而停播的电视业务。1953年,日本开办了电视广播。随后,一些发展中国家,如菲律宾、泰国、巴西、阿根廷等也相继开办了电视广播。

(2) 彩色电视

1949年9月美国制造出彩色摄像管和彩色显像管。1951年,美国哥伦比亚广播公司(CBS)、美国广播公司(ABC)试播彩色电视节目。1954年,美国正式播出彩色电视,成为世界上第一个开办彩色电视的国家。彩色电视的出现是电视发展史上的一次重大飞跃。彩色电视由红、绿、蓝三原色交织而成。屏幕上出现更接近现实世界的彩色画面。由于能够再现客观实物本来的色彩,彩色电视往往给观众留下更为真实可信的印象。继美国之后,日本于1960年播出了彩色电视节目,成为世界上第二个开办彩色电视的国家。1967年,英国、法国、苏联、联邦德国也都播出了彩色电视节目。

(3) 卫星电视

1962年7月,美国发射了"电星一号"通信卫星,并且进行了同欧洲之间的越洋电视传播。1963年2月,美国发射了第一颗同步通信卫星"辛康姆一号",1964年通过"辛康姆三号"卫星转播了东京奥运会的实况。随后苏、英、法、联邦德国、日、加等国的同步卫星相继升空,完善了各自的电视传播系统。1965年4月,国际通信卫星组织发射了第一颗商用同步通信卫星"国际通信卫星一号",以后又发射了几十颗通信卫星(图14-16),分别放在大西洋、印度洋、太平洋上空,担负着全球通信业务,并使国际电视新闻交换经常化。通信卫星的出现是电视传播史上的一场革命,对电视事业的发展起到了巨大的作用。以前,电视发射台直接覆盖的范围有限,要使分散在广大地区的观众看到电视,需要大量建设发射台和转播台,并铺设把两者连接起来的同轴电缆或建设微波线路网络。从地面微波传送到卫星传送,这是个重大的飞跃。地面微波传送是一种接力方式的传播,每隔50千米左右就要设立一个中继站,因而传送环节多,建设费用昂贵。卫星传送比地面微波传送的环节少,覆盖面大,信号质量高,投资少,而且不受地形的限制,这就极大地促进了电视的普及和国际化。

图14-16 人造卫星发射时的情景

通信卫星是多用途的,可供电视传输的信道有限,而且发射功率小,只有技术设备很高的地面接收站才能接收到,然后依靠地面传输将电视图像传送到各地。为此,20世纪70年代起又有专门的广播卫星出现。广播卫星上的转发器功率大,普通的电视机用户安装简单的接收装置(包括小型蝶形天线等)就能直接收看卫星传送来的节目,这便是卫星直播电视。卫星直播电视的出现,可显著提高地面电波强度,进行大面积的电讯号覆盖,具有抗干扰性强、影像清晰度高等优点,标志着电视进入了一个崭新的发展时期。1974年,美国运用这一方式向阿拉斯加等边远地区播放电视。1976年,苏联启用广播卫星向西伯利亚地区播送电视。1984年1月,日本发射实用广播卫星BS-2

后,日本广播协会专门创办卫星直播频道供全国收看。20世纪80年代以后,卫星直播电视广泛使用跨越国界的电视传播,成为国际电视的重要传播和接收方式。

电视有无线和有线两种类型。有线电视,也称电缆电视。20世纪40年代末,美国为了提高偏远地区的收看效果,在山头竖起接收装置,将收到的电视信号用电缆传送到用户家中。在70年代,它被推广到城乡各地,众多的电缆电视系统将电视台传来的信号转送。现在这种电视通常同卫星传播结合起来,将卫星传送来的信号转送给用户。由于图像清晰,抗干扰性强,频道多,因而很受观众欢迎。80年代,发达国家的有线电视订户占全部电视机用户的一半以上。到了90年代,全世界开办有线电视的国家和地区已达66个。

(二) 美国的电视广告

第一条电视广告是1941年纽约WNBT电视台在棒球比赛节目中插播的布洛瓦手表广告,广告费9美元。当时约有4 000个美国家庭拥有电视机。早期的电视网像早期的广播一样,只播出和传输节目。此后由广告主赞助的电视节目才逐渐出现。例如,飞利浦·莫里斯烟草公司赞助了50年代收视率最高的电视节目《我爱露西》(*I Love Lucy*,图14-17)。当时广告主能够决定在什么时候,以什么方式插播广告,市场调查也开始研究哪个电视节目拥有的观众,也就是潜在的顾客人数最多。另外,赞助商也希望借电视节目为自己的产品树立一个良好的形象,以此吸引更多的顾客。

图14-17 《我爱露西》剧照

电视节目很快丰富多彩起来,新增加的节目花样繁多,有新闻评论、电影、情景喜剧、儿童节目、有奖竞猜等,观众的选择余地大大增多。到1950年,电视广告收入已达1亿美元。在此之后,电视的广告收入很快超过了广播。

最初的电视广告是制作简单的口播广告,有时甚至可以看到播音员拿着台词在念。这类广告与1957年前的大部分电视节目一样,由于那时还没有录像设备,因而采用的是现场直播的方式。

名人广告是早期电视广告中最常用的一种形式。丹尼尔·舒尔为雪佛兰、保罗·伯根为百事可乐、奥兹和哈瑞特·尼尔森为可口可乐代言过广告。观众们也习惯了在广告中看到光彩夺目的模特和明星。因此当动画形式的插播广告出现时,立刻引起了人们的注意。1948 年,阿加西洗洁剂首次推出了卡通形象代言人——阿加西·皮克西。此后,卡通形象大受欢迎,在 20 世纪 50 年代末达到顶峰。

广告也把孩子看作一个特殊的市场受众。在尚未对广告进行监管的时期,儿童食品广告通常会刻画孩子们吃了某种谷物后便获得了超人的力量。电视节目主持人也会在节目中间推销玩具、糖果和早餐食品。

1955 年,哥伦比亚公司的《64 000 美元有奖竞猜》节目成了收视率最高的电视节目。但是到 1958 年,当查明该节目事先经过彩排、存在严重舞弊的情况时,全美国有 20 个有奖竞猜比赛被停播。纽约一个陪审团在 1959 年调查中发现了所有舞弊情况,电视业的信誉受到了损害。但此时竞猜节目的广告赞助商们已经赚够了钱,如格瑞特、露华浓、毕瑞斯·梅尔等。

在有奖竞猜节目遭到起诉的过程中,电视网借机收回了一直被广告公司控制的厂家娱乐节目的制作权。接着,此前电视广告的最基本形式,即由广告赞助商制作节目、安排广告播出的方式逐渐消失。与此同时,广告主们也发现把整个电视节目包下来的价格过于昂贵,应该策略性地在若干个不同的节目里让自己的广告出现。20 世纪 60 年代以后,电视台开始负责制作节目,出现在节目中的广告被称作赞助商(participating sponsors),大部分广告以插播广告的形式播出(图 14 - 18)。

图 14 - 18　宝马汽车的经典广告

(三) 欧洲的电视广告

1. 英国的电视媒介与电视广告

20 世纪 20 年代,英国已经开始尝试播出电视节目。1936 年,英国广播公司在伦敦郊外的亚历山大宫建成第一座电视台,开始正式播出电视节目。英国的广播电视事业主要由英国广播公司和独立广播局经营。英国广播公司是官方媒介,不播出广告,独立广播局是半官方机构,其下属的地方性电视频道可以播出广告,但是有着较为严格的规定。

2. 法国的电视媒介与电视广告

法国是欧洲广播电视事业较为发达的国家之一。1932年,法国开始试播电视。1938年正式播出电视节目。法国的国家电视频道主要有三个,即法国电视一台、电视二台、电视三台。最初,法国政府对电视广告的播出做了严格的限制,在这三个电视台中,允许播出广告的只有一台和二台。1968年,全部国家电视台都向商业广告开放,此后,电视广告的经营开始迅速增长。

3. 德国的电视媒介与电视广告

德国电视台分为公共电视台和民间电视台两大类。公共电视台分别是第一电视台、第二电视台、第三电视台。第一电视台原为联邦德国的全国性广播电视台,两德统一后,正式向全德广播。节目由11个州广播电视机构共同举办。第一电视台的广告收入约占总收入的20%左右。德国对公共电视台的广告播出有严格的限制:星期日和全国节假日一般不能播广告,节目中间不能插广告。电视广告须集中播出,其每天播出时间的总和不得超过20分钟,只能在18:00—20:00播出等。第二电视台的收入主要靠电视收视费,广告收入所占比重非常小。广告播出限于17:00—20:00,同一般节目必须有明显的区别。

除了公共电视台,德国还有RTL和SAI两家民营电视台。民营电视台对广告的播出控制稍微宽松,但也不能超过全部播出时间的20%。

(四) 日本的电视广告

1953年2月1日,日本放送协会(NHK)公营的电视节目开始开播。同年8月,NTV商业电视台也开始正式播出电视节目,这是日本也是亚洲第一座商业电视台。从此日本的电视就分为了NHK公共电视台和私营的商业电视台两大经营系统。公共电视台不播出广告,靠收取收视费和国家拨款维持运转,而商业电视台的收入基本上是靠播出广告。在日本,最大的商业电视台是东京广播公司(TBS),另外,还有日本电视广播网公司(NTV)、全国朝日广播公司(ANB)。

四、户外广告

20世纪初,随着制造业的发展、铁路公路的拓展、人们消费能力的提高,户外广告自然而然地成倍增长。为汽车、轮胎、软饮料、口香糖和许多其他产品做广告的广告牌越来越多,点缀着户外风光。第一次世界大战后,户外广告更加科学化起来,应用统计分析来确定目标受众和人们喜爱的场所,并研究广告牌的数量、如何设计广告信息,以达到有效传达信息的目的。一般的情况是,由一些户外广告公司联合组成一家广告机构,提供一种便利的服务。例如,从美国东海岸到西海岸,经过分析后,或许在某一个或几个城市内设置广告牌,从而使广告主的广告信息通过计划好的精心设置的方式传到某个特定的受众群。

另外一种有独创性的户外广告形式是作为广告的建筑物,这种建筑多以稀奇古怪的外形引起人们的注意。例如设在公路两旁的建筑物,无门廊直接进入的"咖啡壶",巨大的"茶杯"和"托盘",两层楼的圆顶冰屋等。

思考与练习

1. 简述推销时代的广告理论。
2. 简述创意时代的广告理论。
3. 美国电视广告有什么特点?

第十五章

世界当代广告发展史

**本章摘要**

20世纪80年代以来,全球范围内的政治、经济格局发生了深远意义的转型。随着苏联和东欧社会主义阵营的瓦解,两极对峙的冷战格局走向终结。"和平和发展"成为时代的主题,跨国公司和经济区域集团化加速了全球经济一体化的发展。首先是传媒业开始了集团化的进程,然后广告业也开始兼并重组,形成了几大广告集团。互联网的出现不仅使广告的表现形式更加多样化,也改变了广告的理论和广告的运作模式。

第一节 当代世界的社会、经济特征

一、新科技革命与冷战的结束

(一)新科技革命

新科技革命兴起于20世纪四五十年代,到七八十年代以后出现了高潮,在21世纪还可能持续相当长的时期,其发展势头十分强劲。新科技革命的具体表现如下。

在电子技术方面,1971年,世界上第一台以大规模集成电路作芯片的微型计算机在美国制成;1976年,美国又推出第一台"苹果电脑",开创了个人电脑新纪元;1998年,美国宣布开发出每秒能运算3.9万亿次的超级计算机——太平洋蓝。

在信息技术方面,1973年,世界上第一个光纤通信实验系统建成,标志着光纤通信进入实际应用阶段;1989年,美国的Internet正式命名,共有30万台电脑联网;1990年,美国研制出世界上第一台光子信息处理机;1994年,全球兴起信息高速公路建设热潮;1996年,美国政府宣布投资1亿美元建设第二代计算机互联网,使信息网络技术更加成熟。

在空间技术方面,1957年,世界上第一颗人造地球卫星上天;1981年,美国第一架航天飞机飞行成功;1998年,阿尔法磁谱仪升空,开始从空间探测宇宙中的反物质。

在海洋技术方面,1975年,日本建成世界上最早的海上机场,并制成深海探测仪;1979年,美国建成海洋温差电装置。

在激光技术方面,1972年,世界上出现第一台自由电子激光器;1991年,美国科学家用激光将铯原子冷却到低于百分之一开的世界最低温度。

在生物技术方面,1973年,重组DNA(脱氧核糖核酸)生物基因工程成功;1982年,美国推出现代医学史上第一次使用的人工胰岛素;1990年,人类基因组工程开始实施,美国宣布在15年内编绘出人类的全部基因图;1997年,英国利用体细胞核移植技术克隆出名为"多莉"的绵羊,表明生物技术取得了重大突破。

在新材料技术方面,1988年,英国研制出世界上第一个超导通信器件,该超导材料用液氮冷却后电阻为零;1991年,日本又制成世界上第一个超导磁体。

在新制造加工技术方面,1974年,美国的哈林顿提出计算机集成制造系统(CIMS)理论;1991年美国研制出用一个原子启动的电开关,表明人类可进行单原子控制。

这一系列高新科技纷至沓来,其发展速度令人目不暇接,显示了变革生产和变革社会的前所未有的巨大的物质力量,从而使新科技革命具有一些不同于以往科学技术革命的新特点。

首先,新科学革命以科技群落的形式向纵深推进。第一次科技革命的主导技术是蒸汽动力;第二次科技革命的主导技术是电气动力;第三次科技革命则形成了由电子计算机技术、空间通信技术、信息技术、生物技术、新能源技术、激光技术、新材料技术、海洋开发技术、空间开发技术等组成的科技群落。

其次,新科学技术的发展更新加快。战后,各学科在继续分化的同时又出现了相互交叉、综合的趋势,涌现了一系列新兴的边缘学科、横断学科、综合学科与交叉学科。20世纪90年代工程师所掌握的知识,90%以上是与计算机科学技术的发展密切相关的。科学技术转化为现实生产力的周期也越来越短,呈加速度发展趋势,新技术、新产品层出不穷。1992年,美国橡胶公司共上市了大约360件新产品,几乎是每天一件。英特尔公司创始人之一的摩尔提出"摩尔定律",即现代芯片的集成度与功能、效用,每隔18个月提高一倍,而其成本与价格则每隔18个月下降一半,这突出地反映了科学技术发展之迅猛。

最后,科学、技术、生产的关系日益密切。在19世纪下半叶之前的数千年里,社会生产的需求推动着技术发明,而科学则主要是对生产与技术实践经验的总结,由此形成了"生产→技术→科学"的发展轨迹。在电磁学革命后,大公司纷纷建立了内部的科研机构,大学与企业的联系日益紧密。一方面,科学的发展不断催生新的技术,促进生产工艺的革新和发展;另一方面,生产的发展为技术的进步提出新的更高的要求,并对科学理论提出新的研究课题,促进科学技术的共同繁荣,这样,就形成了"科学↔技术↔生产"的新型发展模式。在新科技革命的过程中,科学、技术和生产之间的关系又表现出"科学技术化、技术科学化、科学技术一体化"的新趋势。所谓科学技术化,是指科学加快了向技术的转化,科学研究越来越离不开技术的支持;所谓技术科学化,是指高新技术的知识含量或科学含量非常高,而且高新技术的开发不断会遇到科学理论问题,只有这些问题得到解决,技术才能成熟并向生产力转化;所谓科学技术一体化,是指科学与技术的界限越来越模糊,出现了信息科学技术、生命科学技术、激光科学技术、材料科学技术、空间科学技术等新兴学科。

新科技革命与前两次科技革命相比,其影响是空前广泛而深刻的。以蒸汽机的发明为标志的第一次科技革命,将工业文明传送到欧美主要国家,为资本主义最终取代封建社会奠定了物质技术基础。以电力与内燃机的发明为标志的第二次科技革命,为社会化大生产进一步解决了能源和动力问题,促进生产和资本的集中,推动资本主义由自由竞争阶段向私人垄断和国家垄断阶段过渡。这次以信息技术为核心的第三次科技革命大大拓展了人类认识和改造世界的广度和深度,对当代世界的发展产生了深远的影响,进而使人类由电气时代跨入自动化、智能化时代。新科技革命对世界产生了如下一些影响。

首先,新科技革命提高了世界各国的劳动生产率,使科学技术成为第一生产力。新科技革命使生产力的构成要素发生了巨大变化,使劳动对象向广度、深度拓展,使劳动力由主要依靠体力向主要依靠知识智能转化,并为日益复杂的生产资料提供了新的技术手段,使科学技术成为推动生产力发展和经济增长的决定性因素。统计资料表明,20世纪初科学技术对西方国家国民生产总值的增长速度的贡献,仅占5%—20%;而新科技革命兴起以来,这种影响提高到60%—80%;在一些新兴的高科技产业中,甚至达到90%以上。

其次,新科学技术革命改变了国家的产业结构和就业结构。随着高新科技的蓬勃发展,第三产业迅速超过第一、二产业,在西方发达国家的经济生活中占据了主导地位。据经济合作组织的报告,其主要成员国的国内生产总值的50%以上都是以知识为基础的"新经济"的产物。1993年美国信息设备、信息技术的出口额已达620亿美元,远远超过了当年飞机出口的330亿美元。美国的信息高速公路计划在2000年使美国的劳动生产率提高20%—40%。与产业结构的变化相适应,西方国家从事体力劳动的蓝领工人逐渐减少,而从事脑力劳动的白领工人和知识工人不断增加。早在1956年,美国的白领工人就超过了蓝领工人。到21世纪初,美国的劳动力结构是蓝领工人占10%,非专业白领工人占20%—30%,其余60%—70%的劳动大军将由知识型人员组成,他们是掌握技术的制造队伍、信息系统设计人员、经营管理人员、教育工作者、科学家等。

最后,新科技革命促进超国家垄断资本主义的发展和整个世界格局的变化。新科技革命迫使西方国家的生产关系和上层建筑发生变革,以适应现代生产力的性质和水平。现代科学技术的研究和开发,越来越超出个别企业甚至个别国家的限制,以适应生产的国际化、全球化的要求。西欧国家于1985年开始实施"尤里卡"计划,建立"技术欧洲"或"欧洲技术共同体",以提升欧洲国家的经济在世界市场上的竞争能力。美国和日本也加强科技研究和开发方面的合作,以保持其在尖端科技领域的领先地位。从某种意义上说,正是在新科技革命等因素的推动下,西方发达国家相继进入超国家垄断资本主义的新阶段[①]。

(二)冷战的结束和"多极化"的发展趋势

二战结束后的近半个世纪里,世界处于美国和苏联的两极格局之中。在两极格局下,美苏的对峙和为争夺世界霸权而进行的斗争和军备竞赛,使世

---

① 罗文东:《新科技革命与资本主义、社会主义》,《江汉论坛》2006年第7期。

界处在新的世界大战甚至核战争的阴影中。

在两极格局中,其他力量也在缓慢发展。一是,随着西欧和日本经济的恢复和发展,逐渐加强了与美国的竞争。1973年,以美元为中心的资本主义世界货币体系崩溃。而日本和欧洲共同体积极地为提高自身的政治地位而努力,资本主义世界出现了美、日、西欧三足鼎立的局面。二是,1971年,中国在联合国的合法席位得以恢复。十一届三中全会之后,中国的改革开放取得了巨大的成就,综合国力不断提高,中国在国际舞台上发挥的作用日益增强。三是,20世纪70年代中期,第三世界的政治力量迅速增强,展开了建立国际政治经济新秩序的斗争,在一定程度上改变了世界的面貌,有力冲击了战后的两极格局。

1989—1990年,东欧局势发生了激烈的动荡。在短短的一年多时间里,东欧的波兰、匈牙利、民主德国、捷克斯洛伐克、保加利亚、罗马尼亚6国,政权纷纷易手或改变了性质。紧随其后,阿尔巴尼亚劳动党于1992年3月在大选失败后下台;南斯拉夫解体,其后在经历一年之久的内战后,于1992年4月最终分裂为5个国家。东欧各国的社会制度发生了根本性的变化。在政治上,实行多党制为基础的议会民主制;在经济上,否定公有制的主导地位,开始实行混合所有制或私有制基础的市场经济。1991年12月25日,苏联解体,标志着二战后持续近50年的冷战格局解体了。

两极格局解体后,华约组织宣布解散,美苏在欧洲紧张对峙的局面终于消失,美俄关系在很大程度上转向对话与缓和,这使得维护世界和平的可能性明显增强。苏联解体后,美国成为世界上唯一的超级大国,暂时形成了"一超多强"的局面,欧盟、日本、俄国、中国都是国际格局中的重要力量。从长远来看,世界格局的多极化趋势不可逆转。

二、全球经济一体化与跨国公司的发展

(一)经济区域集团化与全球经济一体化

1. 经济区域集团化

第二次世界大战后,经济区域集团化的发展十分迅猛。其原因在于,一方面,随着世界政治经济格局的变化和新科技革命的发展,国家间的竞争由军备竞赛变为综合国力的全面竞争,国际分工与合作逐步发展和深入;另一方面,由于美国、西欧和日本三极抗争的世界经济格局的形成,各国之间在综合国力的较量上日趋激烈,国际经贸领域竞争加剧,贸易保护主义盛行。这

些促使越来越多的国家选择走区域集团化的道路。欧洲联盟、北美自由贸易区和亚太经合组织是经济区域集团的典型代表。

(1) 欧洲联盟

1950年,法国外长舒曼建议法国和联邦德国的煤炭和钢铁工业合并,并且邀请其他国家参加。这就是著名的"舒曼计划"。1951年,欧洲煤炭和钢铁共同体正式成立,参加的国家有法国、联邦德国、比利时、荷兰、卢森堡和意大利。它消除了矿砂、煤炭和钢铁在共同体内部贸易中的关税和配额,统一了从共同体外进口产品的税率,并在生产和销售方面加以控制。在煤钢共同体的成功刺激下,1957年"舒曼计划"的参与者在罗马签订了两个条约:一是发展与和平利用原子能的《欧洲原子能共同体条约》,二是《欧洲经济共同体条约》。这两个条约统称《罗马条约》,1958年正式生效。

1967年,三个共同体合并,简称欧共体。1968年7月1日,关税同盟正式成立,成员国之间所有的关税全部取消,扯平了六个成员国之间的对外税率。1985年欧共体通过了"欧洲一体化文件"。1991年12月,欧共体12国通过了《马斯特里赫特条约》,确立了实现欧洲经济联盟和货币联盟的具体计划,一个经济、货币、政治、科技、防务等全面区域化和一体化的欧洲正在实现。

(2) 北美自由贸易区

1988年1月2日,时任美国总统里根和时任加拿大总理马尔罗尼分别在两国首都签署了《美加自由贸易协定》,1989年1月1日生效。该协定确定在10年内,逐步取消两国一切进出口关税。1992年8月12日,美国、加拿大、墨西哥就《北美自由贸易协定》达成一致意见,宣布成立北美自由贸易区。

《北美贸易协定》的宗旨是取消关税壁垒,制造公平竞争的条件,增加投资机会;保护知识产权;建立执行协定和解决贸易争端的有效机制,促进三边合作。相对于欧盟,北美自由贸易区仅处在一体化的初级阶段,距实现统一大市场,实现商品、人员、资金和劳务的自由流动,取消关税尚需一段时间。不过,北美自由贸易区拥有世界上最富有、经济科技最发达的国家,而且它还是世界上第一个由最富有的发达国家和发展中国家组成的区域经济贸易集团。

(3) 亚太经合组织(图 15-1)

1989年11月,亚太地区主要发达国家以及韩国和东盟共12国的27位外长、经济部长聚会堪培拉,召开亚太经济合作部长级会议(APEC)。这标志着亚太区

图 15-1 亚太经合组织的标志

域经济合作进入了官方性质的政策推进时期。此次会议,与会者一致确认亚太区域经济合作的必要性,并认为必须承认各国经济利益的差异性和各国的主权多样性。

1991年,在汉城(今首尔)第三届APEC部长级会议上,中国正式以主权国家的名义加入该组织,中国台湾、香港地区也分别以地区的名义加入。1994年11月,APEC首脑会议及部长会议在印度尼西亚的茂物召开。会议最终达成的《茂物宣言》首次明确了亚太经济合作的时间表,即发达国家及新兴工业经济不迟于2010年,发展中国家不迟于2020年实现"自由和开放的贸易和投资,扩大和加速贸易与投资便利计划,加强发展合作,以实现持续的增长、公平的发展和国家的稳定"。茂物会议作为亚太经济合作进程中的一块里程碑,标志着亚太地区经济合作开始从论坛正式形成严格意义上的亚太经济一体化的安排。

2. 全球经济一体化

经济全球化主要指各国经济高度开放与国际市场连为一体,具体包括全球范围内的资金流动、人才流动和技术转移。

自19世纪世界市场形成以来,各国家与地区之间的经济往来日益频繁,经济生活开始国际化。第二次世界大战后,随着科技和生产力的发展,国际分工的日益深化和国际贸易的超前发展,世界经济出现全球化趋势。具体表现在:第一,国际分工由垂直式发展为水平式、综合式,并且不断深化,加强了各国经济的相互依存性;第二,国际贸易以高于国民生产总值的速度发展,成为世界经济增长的发动机和维持动力,一个国家的进出口额成为衡量国家经济实力的重要标志;第三,跨国公司获得巨大发展,企业的跨国经营、资本和利润来源的多元化,使企业的国籍概念越来越模糊;第四,国际经济组织为协调国际经济运行发挥着越来越重要的作用;第五,出现了一系列一体化组织,在组织内部实现不同程度的贸易和投资自由化。

科学技术创新和信息时代的到来为经济全球化解决了技术问题。交通和通讯的成本已经大幅度降低,两者能够实现的速度按指数级加快,这使得在全世界实现新的沟通和控制成为可能。1930—1990年,空运的成本已从平均每英里68美分降到11美分,纽约与伦敦之间的3分钟电话费从244美元降到3美元。信息技术的发展,使大量信息数据在全球范围内快速、经济地传递,使跨国公司的生产者和经理们可以把生产的各个阶段广泛地分布在世界各地,通过信息传递,把这些生产统一组织起来而不至于形成管理失控。此外,由于信息技术的发展,使得管理者可以在瞬息之间了解世界各地的市场情况,并进行必要的计算,找出针对各地市场进行最有效的资源配置的盈利机会。

(二) 跨国公司的发展

跨国公司是一种特殊的企业组织形式,它在全球范围内组织生产和流通,成为经济全球化的动力和主体力量(图15-2)。跨国公司是在20世纪50年代以后发展起来的。第二次世界大战后最初十余年,主要是美国的跨国公司在向外扩张。主要资本主义国家的跨国公司在20世纪六七十年代获得巨大发展,美国的跨国公司仍然占有优势,西欧和日本的跨国公司发展迅速。

图15-2 在中国开展业务的部分跨国公司商标

进入20世纪70年代以后,跨国公司的发展以拥有部分股权为主。20世纪70年代中期,美国有180家跨国公司在发展中国家建立了子公司。80年代后,企业跨国合并成为对外投资的主要方式。80年代,美国跨国公司在西欧建立的子公司中,有一半以上是兼并当地公司的结果。其中著名的兼并有福特公司兼并美洲虎公司、百事可乐公司兼并史密斯和洛克公司等。同类企业为确保和扩大其海外市场,加强在国外的生产网络,往往竞相扩张,进一步推进兼并浪潮的发展。跨国兼并推进了各国经济上的相互依赖程度,使其向着更深的层次发展。

跨国公司的经营战略逐渐从地区型战略过渡到全球性战略。第二次世界大战后初期,跨国公司的分公司的各个东道国作为独立的实体采取行动,有高度的自主权,基本上每个分公司直接地与母公司联系,保证各个分公司的最大利润。随着科技进步,发达国家逐渐采取商品和资本自由流动的方针,越来越多的发展中国家采取开放政策,跨国公司加强了母公司和分公司之间、分公司与分公司之间的联系,即从全球范围来安排投资、生产、销售以及科研等经营活动,在确定其经营战略时,考虑的是整个公司利润的最大化,而不在于某个子公司的局部得失和眼前利益。跨国公司把设在各地的子公司紧密结合起来,形成网络,提高了生产和经营的一体化程度,根据生产要素的最佳配置原则,充分利用各国不同的资源和市场优势,凭借其雄厚的实力,在世界范围内选择生产某一产品,或某一产品的某个部件。跨国公司以世界为工厂,以各国为车间,促进了生产的国际化。跨国公司内部以及相互之间的贸易已成为当今世界进出口贸易的重要组成部分。跨国公司生产的国际化导致了大量的企业内部即子公司之间和子公司与母公司之间的产品跨国交易。跨国公司的活动还推动了金融全球化。金融全球化加速了资本跨国界流动的速度和规模,既是跨国公司发展的条件,又是跨国公司发展的结果。跨国公司作为国际投资以及产业和技术转移的主要载体,已成为世界经济发展直接的推动力。

第二节 当代广告业发展的广告环境

一、传媒集团化与广告集团化

(一) 传媒的集团化

20世纪初报业就已经走向垄断,形成了一系列的报团。第二次世界大战后,随着经济的恢复、发展,报业进入一个新的发展时期,出现了以下两个特点:第一,报团继续兼并形成了少数"超级"报团;第二,出现了跨媒介、跨行业、跨国经营的传媒集团。

1. 报团的继续发展

20世纪50年代以后,报业集团开始由家族型公司向公开上市的公众公司转变,在美国涌现出了一大批现代化的报业集团。如道琼斯报业集团、甘奈特报业集团、奈特·里德报业集团、纽约时报报业集团、时代镜报报业集团等。这些现代报业集团除了在公司性质上有别于传统的报业集团以外,在经营范围上也大大超过了传统的报业集团,它们在经营报纸的同时,也从事广播电视、书刊出版、通信服务,以及其他相关行业的经营业务,成了跨媒介经营的传媒集团。不仅如此,由于这类超大型的现代报业集团拥有巨额资本,实力强劲,它们除了在国内经营以外,也向海外发展,形成了跨国传媒集团。

经过一个世纪的发展演变,如今美国大约有130个报业集团,控制着全国1 500多家日报中的75%,以及8 000多家周报的80%。其中,最大的25个报业集团所控制的日报占全国总数的 43%，所控制的发行量占全国日报总发行量的 54%。拥有美国联邦通信委员会（FCC）签发许可证的商业电视台有 1 202 家，另有 360 家非商业电视台，电台达 11 000 家。

在英国，几乎所有的报纸均为报业集团所控制，其中最大的四个报业集团是国际新闻集团、镜报集团、联合新闻和媒介集团、每日邮报集团。此外还有些地区性的报业集团，如国际特里尼蒂报业集团、北岩报业集团、南方报业集团等。近年来，英国传媒受到其他国家传媒集团的兼并。《泰晤士报》于 1981 年被默多克的新闻集团收购，新闻集团还收购了《星期日泰晤士报》《太阳报》《世界新闻》；随后，新闻集团在英国开办卫星广播公司。英国的世界电视新闻社（WTN）在 1999 年也被美联社收购。

法国共有大小 20 多个报业集团，其中埃尔桑报业集团是最大的，它拥有 20 家地方性报纸，集团所属日报的总发行量接近全国日报发行量的 30%。《世界报》是法国第一大报，1988 年 5 月，法国总统大选期间，发行量达到 108 万份的最高纪录。

德国大众传媒主要掌握在两大媒体集团手中，其中最大的是贝塔斯曼股份公司。贝塔斯曼在德国除了拥有众多出版社和印刷厂之外，在广播电视行业还拥有 UFA 电影公司、汉堡广播电台等。它在 1996 年入股卢森堡 CLT 广播电视协会，并购了汉堡格督那和亚尔出版集团的大部分股份。1998 年，贝塔斯曼又收购了世界最有影响的英语书籍出版社，成为全世界最有影响的英语出版商之一。德国的第二大传媒集团是斯普林格股份公司。该公司的主要收入靠在德国独立出版和发行 6 种日报、2 种星期天信使报、10 种杂志，尤其是德国几家发行量最大的报刊均出自该公司。斯普林格股份公司又进军广播电视业，与克尔施传媒集团一起并购了德国第二大私营电视台——SATI。

日本的传媒集团垄断程度很高，报业集团主要有五家，分别是朝日新闻社、读卖新闻社、每日新闻社、日本经济新闻社、产经新闻社，这五家报业集团占有日本全国报纸发行量的 53.5%。《朝日新闻》是世界上发行量最大的报刊之一，日发行量高达 1 200 万份左右。朝日新闻社除拥有《朝日新闻》《朝日周刊》以外，还拥有 75 家各类公司，其中报社控股 50% 以上的公司就有 20 家。朝日新闻社每年的综合营业收入为 4 325 亿日元（约合人民币 288 亿元），其中广告收入为 2 080 亿日元（约合人民币 138 亿元）。

2. 跨国传媒集团

西方传媒的集中化趋势在20世纪90年代开始，尤其在美国《1996年电信法案》出台后，先是在美国、后是在欧洲掀起了一股集中化的浪潮。集中化的途径有两种：一种是通过自身业务做大，靠自身的积累；另一种是靠收购、兼并、联合来做大。

当今世界，影响力较大的跨国传媒集团有很多，如迪士尼集团、贝塔斯曼集团等。

迪士尼集团创建于1926年，主要业务涉及主题公园、玩具、影视制作、图书出版、电子游戏和传媒网络等，是目前全球最大的娱乐传媒集团。截至2022年，该集团拥有迪士尼乐园度假区、迪士尼世界，并授权经营六家迪士尼乐园：加州迪士尼乐园、奥兰多迪士尼乐园、巴黎迪士尼乐园、东京迪士尼乐园、中国香港迪士尼乐园和中国上海迪士尼乐园度假区。迪士尼集团旗下的电影发行品牌有：华特迪士尼影片（Walt Disney Pictures）、试金石影片（Touchstone Pictures）、好莱坞影片（Hollywood Pictures）、米拉麦克斯影片（Miramax Films）、二十世纪电影公司（20th Century Studios）、帝门影片（Dimension Films）、皮克斯动画工作室（Pixar Animation Studios）、漫威影业（Marvel Studios）等。在图书出版方面，迪士尼的印刷业务起自1930年限量发行的"米老鼠"系列（图15-3）。现今，迪士尼的童书作品已经走进全球68个国家和地区，被翻译成超过48种语言。迪士尼全球出版公司（Disney Publishing Worldwide，简称DPW）主要经营纸质和电子版童书、杂志及漫画的出版、发行、授权业务，旗下的图书品牌有Disney Press、Disney Editions、Disney·Hyperion、Hyperion、Disney Lucasfilm Press、漫威出版社等，每家出版社都在市场上形成了各自的规模①。在游戏方面，迪士尼出品有《梦幻迪士尼》《松松总动员》《迪士尼：无限》《冰雪奇缘：冰纷乐》《迪士尼梦之旅》等。迪士尼的第一款3D游戏《迪士尼：镜之

图15-3 迪士尼和他创造的米老鼠卡通形象

---

① 《迪士尼开发出版传媒产业的奥秘》，2016年6月8日，搜狐网，http://mt.sohu.com/20160608/n453570450.shtml，最后浏览日期：2022年9月12日。

守护者》于 2022 年 6 月上线①,其精良的视觉效果和愉快的游戏体验吸引了众多玩家的关注。

贝塔斯曼成立于 1835 年,是全球知名的国际传媒集团,业务遍及 50 多个国家,并在 2006 年于北京成立贝塔斯曼中国总部。整个联营集团包括八大业务单元:广播电视子集团 RTL 集团(RTL Group)、图书出版子集团企鹅兰登(Penguin Random House)、杂志出版公司古纳雅尔(Gruner Jahr)、音乐版权管理公司 BMG、服务供应商欧唯特(Arvato)、贝塔斯曼印刷集团(Bertelsmann Printing Group)、贝塔斯曼教育集团(Bertelsmann Education Group)和贝塔斯曼投资集团(Bertelsmann Investment Group)。根据 2017 年的集团财报,公司共拥有员工 11.9 万名,营业额达 172 亿欧元。具体而言,RTL 集团是欧洲具有领导地位的娱乐公司,持有全球 60 个电视频道和 31 个广播电台,以及多家制作公司的股份;企鹅兰登旗下有 250 家在编辑和创意上保持独立的子品牌和出版社,每年出版新书超 1.5 万种;BMG 专注于音乐版权管理,是一家创新型音乐公司,将传统产业模式下独立运作的唱片公司业务和词曲版权业务合二为一,并始终以艺术家和词曲作者的需求作为商业核心;欧唯特是国际化的外包服务供应商,业务遍布全球,主要为客户设计各种精妙的服务流程,帮助客户应对各种挑战②;等等。

(二) 广告的集团化

由于市场竞争的全球化、跨国公司的发展以及媒介的集团化,为了提供整合营销传播全面服务以及降低成本,提升竞争力,20 世纪 80 年代以来,全球广告业的竞争,正在逐渐转向以集团竞争为主。与一般业务较为集中的广告公司相比,广告集团一般都涉及广告代理、媒介购买、信息顾问、公关、品牌识别、健康营销、直销、关系营销、客户关系管理、互动营销、体育营销等专业营销业务。在广告代理方面,一方面通过收购、合并、联盟形成更大规模的集团;另一方面则向利基广告市场积极扩展,譬如建立网络、娱乐、戏剧、财经、少数民族、退休阶层、房地产市场、处方药、美容与服装、非营利组织与教育单位募款、儿童、互动广告等相关业务的代理机构。

经过一系列的并购和重组,当今世界逐渐形成了五大广告集团。

---

① 《拿下全球 30 个免费 Top10,迪士尼的第一款 3D 动作手游做得怎么样?》,2022 年 6 月 28 日,手游那点事百家号,https://baijiahao.baidu.com/s? id = 1736845213687473526&wfr = spider&for = pc,最后浏览日期:2022 年 9 月 12 日。

② 参见买购网,https://www.maigoo.com/brand/103113.html,最后浏览日期:2022 年 9 月 12 日。

1. 奥姆尼康集团

奥姆尼康集团（Omnicom Group，国内也称为宏盟集团）拥有三个全球运作的广告公司——天联、恒美、李岱艾，以及由业务多样的代理商组成的多元代理服务系统 DAS（Diversified Agencies Services）。它的发展起源于天联与恒美。

1949 年，名列《广告时代》"20 世纪最有影响的广告人"第一位的艺术广告派代表比尔·巴克和奈德·道尔离开葛瑞公司，与麦克·戴恩共同创建了 Doyle Dane Bernbach 公司（简称 DDB）。1982 年伯恩巴克去世后，DDB 的继任者开始把目光从艺术转移到资本运作上。1986 年，DDB 与 Needham，Harper & Steers 合并成 DDB Needham（国内称为恒美）。1986 年，恒美与天联合并，建立了奥姆尼康集团。

1968 年杰伊·恰特和盖·戴建立了 Chiat/Day 广告公司。Chiat/Day 一直崇尚放荡不羁的创意，因此赢得了许多客户，也失去了许多客户。1994 年，试图降低运营成本、提高工作效率的 Chiat/Day 又出惊人之举，把原来的办公室改成仓库，让员工带着笔记本电脑、手机回家，实行虚拟办公。但事与愿违，虚拟办公导致了工作效率更低、大批员工离职。1995 年，Chiat/Day 被奥姆尼康收购并与奥姆尼康 1993 年时收购的 TBWA 合并，形成现在的 TBWA/Chiat/Day（国内称为李岱艾）。

2. WPP 集团

WPP 目前拥有三个全球运作的全资代理商（扬·罗必凯、奥美、智威汤逊）、两个全球运作的媒体公司（Mindshare 与 Mediaedge：cia）、包括 Kantar 研究集团的几个调查公司、数个公关公司以及一些区域性、专业性公司。WPP 原来并不是做广告的，它的发展得益于一个熟悉广告的资本家——马丁·索罗（Martin Sorrell）。

1986 年，索罗离开了做了 8 年（1977—1985 年）财务总监、正处于巅峰时期的盛世（Saatchi），以 67.6 万美元收购了英国购物车制造公司 Wire & Plastic Products（WPP）。索罗显然没有兴趣去造购物车，而是用他的购物车去搜刮他所感兴趣的东西，广告业当然是他最熟悉的。

索罗在 18 个月内进行了 15 项收购。1987 年，以 5.66 亿美元收购著名的智威汤逊公司，及其下属的公关公司伟达（Hill & Knowlton）。1989 年，索罗以 8.64 亿美元收购了"广告教皇"大卫·奥格威创建的奥美广告公司。2000 年以不可思议的 47 亿美元收购了扬·罗必凯广告公司及其旗下的博雅公关、品牌形象设计公司朗涛（Landor）。除了这三大国际性的广告公司，索罗在不同国家、地区还入股、收购了一些与广告相关的公司,其中包括位于2002年世界十大广告集团之列的博报堂(拥有该集团25%股份)、旭通(拥有该集团20%股份)以及Cordiant传播集团,2002年6月收购中国本土公关公司西岸咨询(以奥美公关名义入股60%),2003年7月28日与日本博报堂入股上海广告公司(WPP与博报堂各占25%,中方东浩集团占50%)等。

3. IPG广告集团

IPG(Interpublic Group of Companies)拥有三个全球运作的广告公司(McCann-Erikson广告公司、Lowe & Partners广告公司和FCB广告公司)和2001年并购True North传播集团后独立的Campbell-Ewald公司。

1928年,联合利华下属的广告公司灵狮(Lintas)成立。弗兰克·罗(Frank Lowe)1981年在伦敦创建Lowe集团,1990年该集团被IPG收购。1999年,Lowe & Partners与Lintas合并,2000年改名为Lowe Lintas & Partners Worldwide;2002年1月,又改名为Lowe & Partners Worldwide(国内称之为励富)。

FCB(美格)的前身Lord & Thomas于1873年在芝加哥成立。1909年,广告科学派的代表霍普金斯加盟L&T。1943年,L&T改名为Foote, Cone & Belding。1963年,FCB在纽约证券交易所上市,成为世界上第三个上市的广告公司。

1990年,FCB开始与阳狮结盟,公司总裁布鲁斯·曼森(Bruce Mason)对公司进行了改革,并对外积极进行收购兼并。1994年,FCB改组成股份公司,并在其上建立True North传播公司。因为发现阳狮有收购FCB的企图,在经过了两年的法庭争斗后,FCB终止了与阳狮的联盟关系。1999年9月,True North兼并了FCB的竞争对手Bozell(后被IPG关闭)、Jacobs及Bozell的公关公司BSMG。但是这场兼并因为与Bozell代理的克兰斯勒汽车冲突,FCB失去了马自达汽车。2001年3月,在经过了与哈瓦斯集团的一番角逐后,IPG以21亿美元收购True North传播集团。世界广告史上的元老之一FCB正式被纳入IPG的麾下。

4. 阳狮广告集团

阳狮(图15-4)拥有三个全球运作的代理商(Publicis、Saatchi & Saatchi和Leo Burnett)、两大媒体公司(实力媒体与星传媒体)。

图15-4 阳狮广告集团标志

阳狮初期是巴黎一家专做平面的广告公司,于1926年由马塞尔·布鲁斯汀(Marcel Bleustein)创建,后来随着业务的扩展成为全面代理的广告公司,并在1946年后进入英国、德国、美国等市场。阳狮在创办人的带领下稳步前进,在资本运作上没有什么太大的动作。

阳狮先是在2000年2月收购了美国的Fallon广告公司,2002年3月7日又收购了拥有李奥·贝纳、达美高(D'Arcy)的BCom3广告集团。在BCom3被阳狮收购之后,2002年10月,阳狮正式宣布关闭达美高公司。达美高拥有宝洁、可口可乐、百威啤酒等知名客户,在全球拥有超过6 000名雇员,是2001年全美第11大、世界第14大广告公司。达美高在中国市场以较小的投入获得了可观的回报,在2001年香港4A广告公司中营业额排名第8位。但是,因为在阳狮的全球战略中,达美高所担负的作用有限,就这样,一个有着骄人业绩的百年老店被资本湮没了。

盛世多年来在中国广告营业额排行榜中一直名列第一,但它也同样在资本的操纵下经历了跌宕起伏。1970年,莫里斯·萨奇(Maurice Saatchi)、查尔斯·萨奇(Charles Saatchi)兄弟与蒂姆·贝尔(Tim Bell)创立萨奇广告公司(Saatchi & Saatchi)。1995年,因为公司股票在股市大跌,发行的巨额的可转换债券又使公司雪上加霜,萨奇公司董事会忍无可忍,赶走了创始人Saatchi兄弟。兄弟二人又建立了M&C萨奇广告公司分庭抗礼。同年,为了摆脱萨奇兄弟的阴影,萨奇广告公司改名为科戴安特传播集团(Cordiant)。1997年,科戴安特管理层决定把公司分隔为科戴安特传播集团和萨奇广告公司两个独立运作的公司分别上市。2000年萨奇广告公司被阳狮集团收购。

5. 电通集团

1955年,JATS正式改名为电通(Dentsu)。20世纪80年代,在亚洲与扬·罗必凯成立电扬广告,并在1986年成为首个进入中国大陆的外资广告公司。虽然电通已经控制了日本30%的广告市场和40%—50%的电视广告市场,但相比其他国际广告集团,其在国际市场的资本运作相对谨慎,并且收益甚微。集团95%的收入都来自日本本土。

由以上五大广告集团的发展历程可以看出,当代广告业发展的一个明显特征是资本并购。广告业已经发展到了以资本为后盾提供全方位服务的竞争阶段。广告集团是伴随着其服务的跨国业务的延伸而全球化的,同时,20世纪80年代开始的传媒集团化也促使着广告业的兼并与集中。

二、广告理论与广告运作模式的新发展

20世纪60年代,社会生产力进一步发展,产品空前丰富,买方市场逐渐形成。机器大生产造成产品的同类化程度日趋严重,寻找产品的独特功能变得越来越困难。在这样的背景下,大卫·奥格威明显感觉到必须把广告创意的重点转移到品牌形象的塑造上。产品的功能是相似的,创意可以模仿,但品牌却有着别人难以模仿的个性。产品的特性是满足消费者具体使用方面的要求,而品牌带来的却是一种不能替代的精神需要和心理感受。

（一）品牌理论

奥格威是这样理解品牌的:"品牌是一种最错综复杂的象征,它是品牌属性、名称、包装、价格、历史、声誉、广告形式的无形总和。"

奥格威品牌理论的主要内容有以下两方面。

第一,品牌要有自己的个性,品牌个性必须鲜明而突出,特定品牌只能使用于某一特定的消费群体,而不是"放诸四海而皆准"的普遍适用的"万金油"。

第二,树立品牌形象的长期性,保持品牌形象的一致性。创建一个品牌形象,是一个长期的过程。在这一过程中,必须高瞻远瞩,任何缺乏长远目标、只求眼前利益的短期行为,都是不可能塑造消费者心目中的良好品牌形象的。"每一则广告都应该被看作是对品牌形象这种复杂现象在作贡献",是对"品牌性格的长期投资"[①]。

（二）定位理论

定位理论是20世纪70年代在美国兴起的一种广告理论。1969年6月,美国人艾·里斯(Al Ries)和杰克·特劳特(Jack Trout)在美国《产业行销杂志》上发表了《定位是人们在今日模仿主义市场所玩的竞赛》一文,首次提出了"定位"这一概念,用来界定当时产品模仿日益严重的市场环境下的新的市场竞争策略和手段。随后,他们又在美国权威广告杂志《广告时代》发表了一系列论文,指出"现在创造性已经一去不复返,麦迪逊大道所玩的新把戏是定位"。里斯和特劳特的文章宣布了创意时代的结束和定位时代的到来。

里斯和特劳特对定位理论进行了十年的修正和完善,最终形成了一本专著《广告攻心战略:品牌定位》,于1981年正式出版。里斯和特劳特认为,所

---

① 转引自张金海:《20世纪广告传播理论研究》,武汉大学出版社2002年版,第52页。

谓定位,就是从传播方式的角度看待广告,在充分考虑消费者的消费心理的前提下,研究产品的竞争者,确立自己的消费目标群体,为产品在市场上找到一个合适的位置,并将关于产品的这一位置有效地传递给消费者。

定位理论有如下两个时代特征。

第一,注重对消费者心理进行分析。消费者中心地位的确立,是现代广告理论区别于传统广告理论的重要特点。在现代广告理论中,最早对消费者心理进行研究的就是定位理论。所谓"定位",在里斯和特劳特看来,是消费者对产品的定位,而不仅仅是广告主和广告人为产品定位。里斯和特劳特强调,企业必须同时了解自己的产品和竞争对手的产品在消费者心目中的相对位置,然后才能加以强化或者改变定位策略。任何一个定位计划的制定,都必须深入研究潜在消费者的心理。关于这一点,里斯和特劳特认为,定位难题的解答通常是在潜在顾客的心智中而不是在产品中找到的。

第二,引入市场观念,提升传统广告理论。定位理论和传统广告理论相比,一个很重要的区别就是重视市场,不再把广告简单地看作是一个不顾市场供求关系的推销术,也不再认为一两个杰出的广告创意能带来良好的销售业绩。

定位理论认为广告必须充分考虑市场。定位理论主张企业要努力建立品牌在同行业中的领导地位,以率先在市场或消费者心目中占据有利位置。如果说市场上已经出现占据第一位的品牌,企业则要选择"跟进定位"和"比附定位"法,即可以根据市场"空隙大小""价位高低""性别区分""年龄差异"等确定定位策略,以便争得尽可能大的市场份额。

定位理论对时代的贡献体现在两个方面:一是使广告理论由"产品本位"向"消费者本位"转移;二是使广告理论由"广告"向"窄告"转移。

(三) CIS 理论

20 世纪 50 年代,美国的国际商用机器公司(International Business Machines)就已经考虑到企业的统一识别问题。该公司采用的方法与一般的商业设计不同,不是简单地把各个分散的要素加以整理,而是对企业进行了统一的、全面的形象设计。为了便于识别,还把公司长长的名称简化为 IBM。IBM 所进行的企业形象识别工程,被认为是世界上第一个完整的、规范的企业形象识别设计工程。从此,这种通过设计整个系统来塑造企业的统一形象的做法被称为 CI 或 CIS(corporate identity system)。

20 世纪 60 年代,CIS 理论进入日本。1968 年,日本专业的 CIS 设计公司 PAOS 成立,标志着 CIS 观念开始被日本的一些企业接受。1971 年日本第一银行和劝业银行合并为第一劝业银行,并开始导入 CIS 理念。当年,伊藤百货公司也导入 CIS。导入 CIS 理念,使其均获得了巨大成功,这极大地促进了 CIS 理念在日本的推行。

20 世纪 80 年代,我国大陆引入 CIS 理念,其中的太阳神公司是较早引入 CIS 理念并获得巨大成功的企业。

CIS 理论主要包括三个方面。

第一,MIS(mind identity system),企业理念识别系统。MIS 作为企业理念识别系统,它是整个 CIS 系统的"想法",是一个企业经营活动的灵魂。

第二,BIS(behavior identity system),企业行为识别系统。BIS 作为企业行为识别系统,它是整个 CIS 系统的"做法",是一个企业经营活动的执行。

第三,VIS(visual identity system),企业视觉识别系统。VIS 作为企业视觉识别系统,它是整个企业的"看法",是一个企业经营活动的视觉化的传达。

(四)整合营销传播理论

市场经济的发展,导致竞争日趋激烈,企业和广告商对传播媒介的不断开发,造成了现代社会商品信息的爆炸。传播渠道和信息的增多,极易稀释和淡化消费者对具体商品信息的注意力。在这种情况下,广告自身的力量就越来越显得微不足道。20 世纪 80 年代中期以来,许多学者预感到具有战略意义的传播协同效果时代已经到来,并从各自的观点出发提出了传播协同效果的定义。只有广告、公关、大型活动、促销、包装设计、企业识别系统和直效行销等各种手段组合运用,企业才能在今天的市场竞争中立于不败之地。20 世纪 90 年代,这一新型的传播和营销理论终于浮出水面,并被最终归结为整合营销传播。

整合营销传播概念最早由美国学者唐·E. 舒尔茨在《整合营销传播》一书中正式提出。舒尔茨教授对整合营销传播的定义是:"整合营销传播是关于营销传播规划的一种思想,它明确了综合规划所产生的附加价值。依靠综合规划,可以对一系列传播学科的战略角色进行评价,并且将其融合,从而使传播活动明了、一贯并获得最大的效果。"

1989 年,全美广告协会促进了 IMC 的研究,对其下了定义:IMC 是一个营销传播计划概念。它承认综合计划的增加价值。它通过评估各种传播方式的战略作用,并将这些传播方式联合起来,使它们变得明晰、连贯,并且产生最大限度的传播冲击。

整合营销传播理论有如下两个特征。

第一,战术的连续性。指所有通过不同营销传播工具传播的信息,都应彼此关联呼应。战术的连续性包括物理的连续性和心理的连续性。所谓物理的连续性是指所有营销传播中的创意要素要有一贯性。心理的连续性是指消费者对该品牌的一贯态度，是消费者对企业"声音"和"性格"的知觉。可以通过广告和其他传播方式所一贯传播的主题来达成。

第二，战略的导向性。强调在一个营销战术中所有物理和心理的要素都应保持一贯性，它是战略性目标。许多广告人能够制作出杰出的广告作品，能够引起消费者的注意和获得广告大奖，但是未必有助于实现企业的战略目标。

第三节　广告的表现形式

一、网络广告

（一）国际互联网的产生

国际互联网脱胎于20世纪60年代诞生的美国军事网络阿帕网（ARPA.net）。它的发展分为三个阶段。

第一阶段，1969—1986年，是互联网的产生和早期应用阶段。这一时期互联网主要供研究人员、军事部门人员、政府职员和政府承包商使用。在这一时期，局域网和广域网的蓬勃发展对互联网的进一步发展起了重要作用。

第二阶段，1986—1995年，是互联网的民用化和商业化阶段。1986年，美国国家科学基金会NSF建立覆盖全国的美国国家科学基金会网NSF.net，使互联网向全社会开放，这是互联网民用化的开始。

1990年9月，Merit、IBM和MCI公司联合建立了一个非营利性的网络公司——先进网络和科学公司ANS（Advanced Network & Science, Inc）。1992年，其建立的ANE.net为互联网的骨干网。这是互联网的所有权向私人公司转让的开始，是其走向商业化的第一步。

在此期间，出现了对互联网民用和商业化至关重要的全球资讯网（world wide web，也译为万维网）。

随着民用化和商业化的完成，互联网开始挑战传统媒体在社会信息系统中的主导地位。

第三阶段，1995年以后，互联网渗透到生活的各个领域。网络服务商和网络内容提供商成为新兴的行业,竞争激烈。

互联网的特点是数字化,信息容量大,多功能,多媒体,星状网络,交互性,自由参与传播和全球传播。

(二) 网络广告

在互联网民用化和商业化的初级阶段,只有与电脑有关的行业才在网络上推销自己的产品。世界上第一条网络广告是美国电话电报公司在1994年10月14日的网络杂志《热线》上发布的。但现在,越来越多的行业开始在网上出现。旅行社、航空公司、花店、房地产、珠宝、图书等,几乎所有的行业都意识到了网络媒体的重要作用,开始在网络上销售产品或服务,电子商务与网络广告蓬勃发展起来了。

当前,网络广告的主要表现形式有如下一些。

1. 横幅式广告

横幅式广告,也叫旗帜广告、网幅广告等。横幅广告是网络广告的主要表现形式,一般使用GIF格式的图像文件,可以是静态图形,也可以是动态图形。横幅式广告最常用的广告尺寸是468×60像素,以GIF、JPG等格式建立的图像文件,定位在网页中大多用来表现广告内容,同时还可使用JAVA等语言使其产生交互性。目前,全球网络广告的形式主要还是以横幅式广告居多。

2. 关键词广告

如果在搜索引擎中检索某个关键词,如"数码相机",就会在检索结果右边的空白处发现"赞助商链接"栏目中的文字广告。这里显示的广告与用户检索的内容存在关键词匹配关系,因此被称为关键词广告。关键词广告是付费搜索引擎的主要形式之一,一般为文字广告,由广告标题、简介及网址等组成。

3. 赞助式广告

赞助式广告主要有三种赞助形式。第一,固定位置赞助,在站点的某个内容区域固定,经常出现赞助商的标志。第二,栏目赞助,和传统的媒介栏目赞助一样,网站的栏目赞助不但随栏目获得了稳定的受众群,而且也获得了除标题之外的多种营销方式。可口可乐的运动形象深入人心,常年来它一直赞助各种体育比赛以及和体育相关的活动。世界各国的足球排名是国际足联的一个传统评比活动,并且一直受各国重视,可口可乐便是国际足联这一活动的赞助商。第三,节日赞助,是指网站在特别节日所推出的网站推广活动。

4. 插页式广告

插页式广告又称弹跳广告、弹出式广告、画中画广告、跳出式广告。在网站或栏目打开时,插入一个新窗口显示广告。

5. 电子邮件广告

电子邮件广告亦称直邮广告,利用网站电子刊物服务中的电子邮件列表,将广告发送给相应的邮箱所有人。广告形式多样化,有横幅式广告、按钮广告等。

6. 链接式广告

在网上,几乎所有的标志广告都是链接式的。标志广告即按钮广告,是网络广告最早和最常见的形式。它显示的只是公司、产品或品牌的标志,点击它可以链接到广告主的主页或站点。标志广告通常有四种形式,即125×125(方形按钮)、120×90、120×60、88×31(小按钮),单位为像素。按钮广告的不足在于其被动性和有限性,它要求浏览者主动点选才能了解到有关企业或产品的更为详尽的信息。

除了标志广告以外,按钮(button)广告、图标(icon)广告也是常见的链接式广告。网络的交互性特点使消费者能够主动寻求广告信息,避免传统媒体的强制灌输。而网络的同步反馈特点,又使广告主和广告公司及时掌握广告的传播效果,并据此修改创意、文案。网络既有电视媒体声画结合的特点,又有印刷媒体便于空间存储的特点,使网络广告具有电视广告和报纸广告的优点。

7. 漂浮广告

漂浮广告是指漂浮在网站首页或各板块、帖子等页面的漂移形式的广告,它可以是图片,也可以是Flash。首页和各板块的页面都可以是独立的广告位,可以自动适应屏幕分辨率,不被任何网页元素遮挡,还可以支持多个图片漂浮。

8. 屏保广告

屏保能在计算机空闲时以全屏的方式播放动画,并且能配以声音,可以说是PC上最好的广告载体。许多知名品牌都制作了自己的屏保程序放在网上供用户下载,并且用户也会使用E-mail来传递屏保程序。

9. 指针广告

网页上的每一个部分都有可能成为广告的载体,甚至鼠标指针也能成为品牌的宣传工具。Comet Systems公司开了指针广告之先河,通过使用它们的软件,用户可以指定任何图片成为鼠标的指针,用户浏览的网页也可指定特定图片成为指针的形状。比如,一家网上花店可以把鼠标设定成一朵花,当用户点击他所要订购的花卉时,鼠标指针又变成"打×折"的字样。

二、传统媒体广告表现的新形式

（一）报纸和杂志

报纸和杂志积极寻找与其他媒介竞争的有效方法，它们运用新的印刷工艺和技术，试图在竞争中获得优势。越来越多的报纸和杂志开始使用折叠式插页广告（这种广告通常为海报大小），广告产品从化妆品、音响、汽车到香烟，几乎无所不包。这种做法增加了读者阅读广告信息的机会。

在网络化发展的时代，报纸也积极地向互联网领域挺进，拓展自己的生存空间。报业向互联网挺进的最早手段是通过互联网出版发行电子版。随着报纸接入互联网程度的逐渐加深，不少报纸开办自己的独立网站或与网络服务商联合经营各类信息与服务性网站，抢占网上分类广告份额，获取网络商机。

（二）电视

电视网、有线电视、电影，正尝试着通过多种渠道创造性地传播信息，以此来赢得观众。商业广告涉及的领域越来越广，其内容也越来越引人入胜，而广告与普通节目之间的差别也越来越难以辨认。

"软广告"的数量在增加，如果一个曾在广告中宣传过的产品，巧妙地被安排在电视剧中一个非常贴切的场景里，并被非常合适的演员使用，就会产生意想不到的效果和说服力。

1. 商业信息专题（长广告节目）

1984年，美国联邦通信委员会取消了对电视媒介商业广告时间的限制，从而为电视商业广告的发展开辟了新的途径。一种不受过多限制的节目型广告出现了，它不同于常规的广告，而是以半个小时的节目形式出现，叫作"商业信息专题"（infomercials）或"长广告节目"（program-length commercials）。最初，这类节目简单介绍食品切割刀具、车蜡、发胶等产品。后来，这种形式被证明有效后便被广泛采纳，种类繁多的产品便出现在节目中。健身器材、减肥产品及一些著名的品牌，如雅芳、露华浓、大众汽车、微软等都曾使用这种方式推销自己的产品。这种广告形式不仅画面节奏明快，还可以详细介绍和演示产品，解答问题，消除消费者的疑虑，并通过日常生活场景演示产品的使用方法。

2. 植入式广告

又称植入式营销，是指将产品或品牌及其代表性的视觉符号甚至服务内容策略性地融入电影、电视剧或电视节目内容,通过场景再现,让观众留下对产品及品牌的印象,继而达到营销目的。这种广告形式是随着电影、电视、游戏等的发展而兴起的,它是指在影视剧情、游戏中刻意插入商家的产品或服务,以达到潜移默化的宣传效果。

3. 电视冠名赞助

电视冠名赞助是特殊广告表现形式之一,大体分为栏目冠名和剧场冠名两类。此外,特殊形式广告还有栏目冠名、栏目提醒收看、特约播映、栏目冠名、节目导视、新片预告、片尾挂标、电脑背板等。

(三)户外广告

传统的户外广告在数字化转型过程中出现了一些新的广告表现形式。

1. 射灯广告牌

广告牌四周装有射灯或其他照明装备的广告牌被称为射灯广告牌。其特点是美观,晚上照明效果极佳,能清晰地显示广告信息。射灯广告牌由霓虹管弯曲成文字或图案,配以不同的颜色,具有缤纷的色彩。还可以配合电子控制的闪动形式增加动感,在夜间的视觉冲击力更强。还有单立柱广告牌,它置于特设的支撑柱上,以立柱式 T 型或 P 型为多。此类广告装置通常设立在高速公路、主要交通干道等地方,面向密集的车流和人流。普通单立柱广告牌的尺寸为 6 米高、18 米宽,主要以射灯作为照明装备。

2. 大型灯箱广告

这类广告多置于建筑物外墙、楼顶或裙楼等位置,白天是彩色广告牌,晚上亮灯则成为"内打灯"的灯箱广告。灯箱广告的照明效果较佳,但维修却比射灯广告牌困难,且所用灯管较易耗损。在码头范围内设置的各种广告牌,如站内大牌、站外大牌、廊桥灯布灯等就属于这一类广告。设置于公共汽车候车亭的户外广告也以灯箱为主要的表现形式,在这类媒体上投放的广告以宣传大众消费品为主,可以单独或通过网络购买多个站亭广告位,以达到较高的覆盖率甚至覆盖多个城市。

3. 地铁广告

地铁广告是在地铁范围内设置的各种广告的统称,具体有十二封灯箱、四封通道海报、特殊位灯箱、扶梯、车厢内海报等表现形式。在地铁内设置广告是因为此地人流集中,受关注的程度更高,能够提高人们对产品的认知度。

4. 公交车广告

公交车属于移动媒体,广告的表现形式为全车身彩绘及车身两侧横幅挂板等。其特点是接触面广,覆盖率高,可根据目标受众对象来选择公交车的行驶路线或所在地区。

5. 机场广告

机场广告指设置在机场周围和机场内部的广告牌,一般针对层次及收入较高的受众,如公干、旅游人士。

6. 火车站广告

火车站广告设置在火车站范围内,以往来各地的旅客为主要目标对象,特点是人流量高,并且可覆盖邻近区域。

7. 特殊场地广告

特殊场地广告可以说是电视时代的产物,主要设置于体育场馆内比赛场地周围,以及大型集会活动场地。场地广告实际是通过现场观众和电视转播两种途径传递信息。随着电视直播类的大型节目日益发展,场地广告的效益已大大提高。

8. 电梯广告

电梯广告是一种新型广告媒体,它是指在城市楼宇中的电梯内壁上制作、刊载广告。电梯广告的类型多样,一般多放置在商务电梯、楼宇电梯的轿厢内,以相框状为主,还有一种是在电梯门上直接安装广告牌。

9. 电子户外广告

电子户外广告是一种比较新颖的表现形式,常见于都市空间。它由电脑控制,制作者将广告图文或电视广告片作为程序输入装置,轮番地在画面上显示色彩缤纷的图形与文字,能在较短的时间里展示多个不同厂家、不同型号的商品,具有动感、多变、新颖、别致、可反复播放等特点,能引起受众极大的兴趣。

(四)移动广告

随着智能手机和平板电脑的兴起和普及,大众的注意力开始向移动终端迁移,这一类广告因为其展现方面的优势——移动、互动、趣味和执行方面的优势——分众识别、个众锁定、定向推广,受到了营销界的重视。

1. 横幅式广告

横幅式广告是最普遍的移动广告展现形式。一般使用 GIF 图,可以是静态图形,也可以是多帧图像拼接成的动画图像,通常出现在 App 的底部或顶部,尺寸较小的话对用户的干扰和影响也较小。它的特点归结起来就是短小精悍、重点突出,不足是较易被忽视。

2. 插屏广告

相较于横幅形式,插屏的广告形式会更加大气、美观,广告的点击率、转化率也高于横幅等广告形式。插屏广告主要采用自动广告适配和缓存优化技术，可支持多种炫酷的广告特效，视觉冲击力强。插屏广告是目前比较有效的精准广告推广形式。

3. 开屏广告

开屏广告是在用户打开 App 时，以全屏方式出现 3 秒至 5 秒，可以是静态的页面，也可以是动态的 Flash 效果。开屏广告对于广告主来说是一种广告效果最大化的广告形式，在广告发布页面中，它基本上处于主导位置。

4. 积分墙广告

积分墙广告是除横幅广告和插屏广告外最常见的移动广告形式，是第三方移动广告平台提供给应用开发者的另一种新型移动广告盈利模式。积分墙是在应用内向用户展示各种积分任务（下载安装被推荐的优质应用程序、注册账户、填写信息等），供他们完成任务并获得积分的页面。用户在带有积分墙的应用内完成任务，该应用的开发者就能得到相应的收入。目前，积分墙广告主要支持 Android 和 iOS 系统。

5. 信息流广告

信息流广告是社交媒体用户的好友动态、资讯媒体和视听媒体内容流中的广告。信息流广告的形式有图片、图文、视频等，它的特点是算法推荐、原生体验，可以通过标签进行定向投放，根据用户的需求选择推曝光、落地页或应用下载等，最后的广告效果受创意、定向、竞价三个关键因素影响。

思考与练习

1. 简述定位理论的主要观点。
2. 网络广告有哪些主要的表现形式？
3. 传媒集团化和广告集团化有什么关系？

第十六章

世界各国广告管理、教育与国际广告组织和奖项

 **本章摘要**

  广告活动和其他经济活动一样,是一种市场行为,要受到一定的约束、限制和控制。本章勾勒了广告管理体系的两个层面,即广告的行政法规体系、广告行业自律体系。广告专业教育承担着培养广告专业人才的重任,国外的广告教育从大学的专业教育和广告公司的培训两个方面开展。国际广告协会、亚洲广告协会联盟、欧洲广告标准联盟及国际发行量认证署联合会是权威而影响广泛的国际广告组织。国际广告奖项是世界各国广告人创意思想和创意水准的重要体现,是世界各国广告文化碰撞与交流的重要平台。代表国际、地区、国别广告创意水准的广告奖引领着世界各国广告文化的发展方向,也是全球广告人交流创意思想、欣赏优秀广告作品、展现广告艺术魅力的盛会。

第一节 美国的广告管理和行业自律

一、行政、法规管理

(一) 广告监管机构

  美国政府对广告进行管理的机构很多,包括联邦贸易委员会(FTC)、联邦通信委员会(FCC,图 16-1)、食品与药品管理局(FDA)、邮政管理局、烟酒

图 16-1 联邦通信委员会的标志

税务司、粮食局、证券和交易委员会、民航局、专利局、司法部及国会图书馆等。其中联邦贸易委员会是广告管理最活跃也是最具影响力的机构。

联邦贸易委员会1914年由国会设立,委员会由五名委员构成,委员由总统提名,参议院通过后上任,任期五年。下设六个局,其中欺诈行为局下设一般广告处、食物药品广告处、一般营业处、科学意见处,并在地方设立分支机构。它监督全国广告,有权要求广告客户证明广告属实。如果贸易委员会认为某广告是假的,可让广告客户撤回其广告,也可进一步要求客户加以更正,或对违反委员会命令的广告客户处以罚金。

此外,美国联邦通信委员会、食品与药品管理局等机构也在限制广告方面起着积极的作用。1976年,联邦通信委员会宣布吸烟是有争议性的问题,播放香烟广告的广播电视台应以相等的时间播出反对吸烟的宣传节目。美国卫生总监也于1971年1月2日下令,广播、电视一律不得播放香烟广告,报纸杂志上的香烟广告要注明"警告:卫生总监指出,吸烟于健康有害"。

(二)广告管理法规

1906年,美国颁布《食品及药品法》,规定商品的包装与刊登广告均应符合法律,禁止伪造、冒牌和不实之词。这是美国最早涉及广告管理的法令。美国最早的专门的广告法案可以追溯到1911年通过的《普令泰因克广告法草案》。该法案规定:任何人、任何企业和广告代理均不得进行欺骗性的广告宣传。任何不真实或令人误解的广告,都将以诈骗罪论处。同年,美国广告工业杂志《印刷业油墨》制定了著名的《印刷油墨法规》,确定对虚假和欺骗性广告的惩处办法。该法于1945年修订后,更名为《印刷油墨模范法规》,被美国大部分州定为广告法①。1914年,美国国会通过了《联邦贸易委员会法案》。该法规定了虚假广告的含义、法律责任及虚假广告的管理机关等。根

---

① 周茂君:《广告管理学》,武汉大学出版社2002年版,第61页。

据该法成立了联邦贸易委员会,具体执行管理广告的工作。1938年,国会又通过了《惠勒-李修正案》,进一步严格规定了虚假广告的界限,并赋予联邦贸易委员会对广告管理、保护消费者利益的更大权力。同年,美国制定了《食品、药品和化妆品法》,对欺骗性广告提出了严厉的制裁措施。1965年制定了《联邦公路美化法案》,1970年修正,用以维持高速公路两旁的美观,而且对户外广告也有重大影响。该法规定未经批准而设立的广告牌以及会引起公众反感的广告牌必须移走。它还建议各州通过与此法案相一致的实施法案。

二、行业自律

从企业来说,为避免与政府管理机构产生矛盾,体现对社会负责,一般都建立了严格的审查和评价制度。企业广告部门或广告代理商制作的广告稿,需要提交到研究制作部,根据调查和其他方式获取的数据资料,进行分析评判后,再进行审批,才能通过。美国全国广告主协会几乎吸纳了全国所有的大的厂家作为会员。每年广告费支出要占全美国广告费80%的200多家企业都参与该协会的活动。该协会代表广告主的利益,为广告主提供各类信息,进行广告业务培训,并介绍推荐各种审查机构。

美国广告代理公司成立了多种行业协会组织,并通过这些协会组织协调各方面的关系,为协会会员制定行为规范,对会员单位的广告进行审查。主要的协会组织有美国广告联盟、美国广告学会、美国广告代理协会。它们共同制定《广告业务准则》,提出了广告的戒律:不准登虚伪夸张的广告,不准登影响优良风俗的广告,不准登曲解事实或专家言论的广告。

美国的全国广告审查委员会及其下属的全国广告部是美国最重要的广告自我管理组织。全国广告审查委员会由优化商务局理事会、美国广告联盟、美国广告代理协会、美国广告主协会四个团体选派代表组成,主要任务是对有关广告的投诉进行调查,对政府制定的法律提出建议,对不实广告进行审理并监督其改正,还将一些虚假广告提交联邦贸易委员会和其他政府机关处理。

第二节 英国的广告管理和行业自律

一、行政、法规管理

英国是世界上资本主义制度最早确立的国家之一,也是广告管理法规最为完善的国家之一。1712年,英国议会通过了关于对报纸广告征收特税的法案,该法案规定,报纸广告无论篇幅大小,见报便征收3先令6便士。这是世界上最早对广告进行征税的法案。1907年,英国颁布了管理户外广告的《广告法》,这是世界上第一部专门的广告管理法。该法提出禁止广告妨碍娱乐场所、公园、风景地带的自然景色;1925年修订扩大到凡是影响乡村风景、公路、水道、公共场所及任何有历史价值的建筑物及场所,均禁止设置广告;1927年又增加了禁止车辆装饰成广告行驶于街头闹市,闹市中任何人步行、骑马或乘车以做广告,凡是阻碍居民和行人者,均在禁止之列。广告方面最重要的法规是1973年英国独立广播局制定的《独立广播局广告标准和实务法》。该法主要对电视和广播广告进行管理。为体现独立广播局的社会责任,该法规非常严格,就广告活动事务涉及的36个方面作出了全面系统的具体规定。

1968年,英国颁布了《医药条例》。该法规定,在为医药产品做广告时,每个产品都必须与医药委员会颁发的许可证相符合。1975年,英国制定了《香烟法规》,1979年修订,该法规是英国卫生和社会保障部、制造商和进口商以及广告标准局共同制定的。1973年,独立广播局制定的《独立广播局广告标准和实务法》是管理广播电视广告的重要法规。

二、行业自律

英国的广告自我管理体系也是世界上最完善的自我管理体系之一,主要表现在四个方面:18个签约广告组织的管理,广告实物准则委员会的指导,独立广告标准局的监督,广告主、广告公司和媒体单位的自我约束,从而形成了一个严密的自我管理体系。

英国很早就成立了广告行业的自律组织——广告协会,它在1962年设立了广告标准局(Advertising Standards Authority),这是英国自我管理体系的最高机构,管理对象包括广告主、广告媒体、广告公司以及和广告有关的一切活动。其主要任务是统一对《英国广告职业行为准则》的解释,对违法广告作最终判定,处理所有公众的投诉,与政府部门和消费者团体保持密切联系等。这个机构中起主导作用的是广告实物标准委员会(Code Advertising Practical Committee),下设18个有关的广告团体,这些团体在活动和职能上是完全独立的,各自制定了自我限制的标准,同时也参与广告标准局的工作。广告实物标准委员会拥有的四个分会与独立的广告专家顾问一起,分别审核健康和营养、金融、邮购和促销四个方面的广告。有五个广告文稿咨询小组,负责审查广告文稿。

《英国广告职业行为准则》是英国广告业自我管理中的主要法则。该准则主要限于印刷广告、电影广告的管理,基本原则是一切广告应合法、正派、诚恳、真实。另有一个重要规则是《英国促销职业行为准则》,于20世纪70年代提出草稿,1980年、1984年分别又进行了修订,确保各种促销广告做到合法、正当、诚实、可信。

第三节　日本的广告管理和行业自律

一、行政、法规管理

日本对法律进行直接或间接管理的法律很多,归纳起来有六种。

（一）公法

宪法中有些条文涉及广告管理,如宪法第21条有关表现自由的规定,第22条、第29条有关在不违反公共秩序和良好的风俗,也不违反消费者自由的利益,以及不违反各种法制的条件下保障广告表现自由的内容。

（二）民事法

民事法中有少数条款规定了广告主、广告公司和广告媒体之间的权利和义务。

（三）社会法

对国家、地方公共团体、企业经营者和消费者四个方面所负的责任和应尽的义务,分别予以明确规定,对虚假广告制定了惩罚措施。

（四）经济法

有"禁止私人独占及保证公正交易的有关法律",简称"独禁法"。该法维护和发展合理的自由竞争,排除限制竞争的不合理的交易和私人独占,以保证消费者的一般利益,促进国民经济民主健康地发展。

(五) 不当赠品及不当表示防止法

简称"赠表法",防止在有关商品和劳务交易中,用不正当的赠品及表示引诱顾客的行为,确保公正竞争,保护消费者的一般利益。

(六) 不正当竞争防止法

从制止经济活动中不正当竞争行为角度规定了禁止的广告。这些法律与广告管理更为直接。

二、行业自律

日本广告业的自律是比较完善和严密的。日本广告业自律是在遵守各项法律基础上的自我限制,对推动日本广告业的健康发展起到了重要作用。

在广告业界方面,1947年成立的日本广告会,成员包括广告主、广告媒体、广告公司等几个方面,成立后就致力于广告的净化和道德活动。在此基础上,1953年10月又成立了全日本广告联盟,成为日本广告业界的全国性组织,在其领导下,修订了《广告伦理纲领》,并制定了《广告伦理实践纲要》等。

媒体方面,报纸主要通过《新闻广告伦理纲领》明确拒绝刊登和保留内容的标准。日本《朝日新闻》《日本经济新闻》等报社和五家以代理报纸广告为主的广告代理公司,共同出资建立了审查报纸广告的机构——报纸广告审查协会,每天对报纸送来的广告进行调查,将调查结果分成ABCDE五个等级,处于DE级则拒绝刊载。此外,日本新闻协会发布了《报纸夹页广告标准和细则》。日本民间放送联盟成立后,在1951年10月制定《日本民间放送联盟电视播放标准》,后又把两个标准合并成现行的《日本民间放送联盟播放标准》,规定在一周的总播放时间里,商业广告时间不能超过18%。

广告主方面,1957年,日本仿照美国广告主协会成立日本广告主协会,1960年发表《正确的广告》,表明广告主企业对广告的方向和注意点。该协会在1961年又发表《企业与消费者》,表明广告主的基本态度,正确传送信息,接受和处理各种控诉。这些文件为广告主加强自律打下了基础。之后,各个行业纷纷建立团体组织,制定有关广告的规约、标准、注意事项等,加强自我约束。例如,日本制药团体联合会制定了《有关医药产品广告自慎纲要》,电影伦理管理委员会制定了《电影宣传广告标准》等。

第四节 世界各国的广告教育

一、美国的广告教育

1874年,H.桑普森写作《广告的历史》一书;1898年,美国的E.S.路易斯提出了AIDI法则;1900年,美国学者洛·盖尔在多年调查研究的基础上写成了《广告心理学》;1903年,美国西北大学校长、心理学家沃尔特·D.斯科特写成了《广告原理》一书。

随着这些先驱的不懈努力,广告开始作为一门课程出现在欧美的一些高等学校中,并逐渐发展为一个专业。20世纪30年代,美国开设广告学课程的大学就已达30多所。到了20世纪50年代,已经有60多所大学开设广告学课程,广告学开始作为一门新兴学科在高校里迅猛发展。

美国的广告教育主要分为公司培训和大学教育两种。

广告公司的内部培训曾为美国20世纪上半期的广告业培养了大批优秀人才。20世纪初,美国大学还没有设立广告学专业,广告人才主要是从新闻、艺术设计等相关专业转行过来的。他们在广告业取得成绩后非常注意对自己员工的培训。例如,著名的罗德暨托马斯公司的总裁阿尔伯特·拉斯科尔就非常注意对自己员工的培训。也正是这些在拉斯科尔手下受到良好训练的广告人后来纷纷离开罗德暨托马斯公司自立门户,成为20世纪上半叶美国广告业的栋梁之材。

广告公司的员工培训构成了美国广告教育的重要一环,但是广告公司内部师徒式的培训方式和经验型的教育内容,毕竟不能适应现代广告业的发展要求。广告作为一种现代学科专业,其发展离不开正规的学校教育。

美国大学如今的广告教育有以下四种。

第一种,技校方式。学生在学校里学习专业技术,并通过广告服务来得到锻炼。这种教育方式旨在尽量模拟广告业的运作过程。教师多是广告业中退下来的优秀人才及经验丰富的资深广告人。他们一般没有较高的学历,也不必做学术研究,主要目的在于帮助学生毕业后可以很快适应广告行业。

第二种,理论与实践方式。广告学专业的学生必须先学习大众传播和营销学方面的专业理论,然后再选几门广告课程。有些课程比较理论化,如广告社会、广告管理,另外也有一些技能课,如广告文案、广告设计和媒介策划等。

第三种,管理方式。这是大多数商学院采取的方式,这种管理模式强调把广告作为一种营销工具使用或作为管理功能的一部分。课程设置从广告主的角度而非广告公司的角度考虑,把广告信息传递过程和消费行为的基础理论作为教材,几乎不重视广告的基础知识。

第四种,专业化方式。把广告课程分为两类:一类是制作,另一类是管理。制作类的学生将以广告制作为职业;管理类的学生可以做客户服务、媒介策划等工作。为了增强竞争力,对制作感兴趣的学生必须花费更多时间接受更加专业的培训,而不必再选其他关系不紧密的课程。

关于广告学的学科定位,在美国高校教育中没有明确划分。有的广告专业设在大众传播类的院系下,有的设在商业管理类的院系下。因此,课程的开始和教学的重点也不一样。大众传播类的广告学课程,偏重于传播理论,把广告看作大众传播的一个组成部分。商业管理类的广告学课程,偏重于营销理论,把广告看作市场营销的一个组成部分。这也反映了广告学边缘性、交叉性学科的特点。美国广告学学科定位在一定程度上反映了世界范围内广告学教育的现状。

二、日本的广告教育

与欧美西方国家不同,日本的高等教育总部开设广告学科。日本的教育体制认为广告需要的是人的综合素质和能力,而这种综合素质和能力是学校教育所不能提供的。

日本广告从业人员主要是通过两种渠道来接受广告方面的专业培训和教育:一是由社会上的资深广告人到大学开设专题性的广告讲座,二是各大广告公司内部的员工培训。

在日本不同类型的大学中,经常有各种各样广告方面的讲座,这些讲座有基于广告基本原理的,也有侧重综合实践方面的课堂演习和练习,还有专门针对广告各个环节的专题讲座。在日本各类高校中,有着大量从事广告讲座的客座讲师。他们都是广告界的资深从业人员,有着丰富的广告实践经验。

除了高等学校的广告讲座,广告公司的职员培训是日本广告教育的另一条重要途径。在日本,像电通、博报堂等大型广告公司,每年都会从高校毕业生和社会上招聘若干新职员。这些新职员来自不同的学科背景。进入广告公司,他们都会受到三个月或半年左右的广告专业培训,然后根据其特长被分配到不同的职业部门。部长以下的职员一般还需要不断地研修和派外进修,以适应现代广告业的迅猛发展。

第五节　国际广告组织与世界广告奖项

一、国际广告组织

(一) 国际广告协会

国际广告协会(International Advertising Association)是最大最权威的国际广告组织。创建于1938年,总部设在纽约,现拥有会员2800名以上,93个公司会员和35个团体会员,遍布世界78个国家和地区。中国于1987年5月12日,以"国际广告协会中国分会"的名义参加国际广告协会。

国际广告协会的宗旨是促进会员之间在学术、经验和思想等方面的交流,并通过与其他组织合作,研究和探讨广告的发展趋势。鼓励会员遵守国家和国际组织制定的道德规范和实践标准。与消费者组织合作,维护消费者的利益。保持中立的立场,举办由广告客户、广告经营单位和广告媒体的代表参加讨论会,调解他们之间的利益纠纷。同各国政府官员和机关进行联系和合作,加深他们对于广告作用的认识,同各国政府有关部门协商,研究税收、广告法、政治运动以及药物广告和烟酒广告的管理问题。

国际广告协会的会员有个人会员、团体会员、组织会员、准会员、院校会员、资深会员和名誉会员七种。其中团体会员由企业构成,组织会员由各国协会、学会、基金会和政府部门构成。准会员包括各分会一些有名望并积极参加广告工作,但不足以成为正式会员的年轻人(30岁以下)。院校会员包括在院校担任广告和销售课程的教员。资深会员是已经退休或年龄达到60岁并具有5年以上会籍的会员。名誉会员由国际广告协会世界委员会或理事会选举产生,被选举者首先要具备个人会员的资格。

国际广告协会每两年召开一次全体会议。其最高权力机构是世界委员会,每逢单年选举代表参加世界委员会。世界委员会选举产生40名理事、世界委员会主席和担任协会地区理事的副主席。在协会理事会休会期间,协会的日常事务由时任委员会主席、作为地区理事的副主席、秘书、财务和理事会主席组成的执行委员会负责。

（二）亚洲广告协会联盟

亚洲广告协会联盟（Asia Federation Advertising Association）成立于1978年，是由亚洲地区的广告公司协会、与广告有关的贸易协会和国际广告协会在亚洲各国的分会组成。我国在1987年6月14日以"亚洲广告协会联盟中国国家委员会"的名义加入亚洲广告协会联盟。

亚洲广告协会联盟是一个松散型的组织，与会者在会议期间共同探讨一些有兴趣的问题，交流广告活动经验。它的宗旨是团结亚洲从事广告专业或业务，提高广告从业人员的道德水平和业务水平；促进各国对广告作用的认识，收集地区性的广告和市场的资料和信息；增进广告业的自我调节能力；制定和实施关于广告的教育计划，协调开发亚洲广告人才。

（三）欧洲广告标准联盟

欧洲广告标准联盟全称是 European Advertising Standards Alliance（简称 EASA），是当前最大的跨国化的国际广告行业组织。

EASA 的组织结构有两个层次。第一个层次是广告行业自律成员组织，包括欧盟成员的22个国家的24个自律组织，还有4个非欧盟国家和美国的广告行业自律组织。这个自律组织体系拥有4个世界广告强国——美、英、法、德，使得 EASA 管理的广告组织占世界广告市场的三分之二强。

第二个层次是广告行业协会成员。EASA 不断推进欧洲各国的广告协会和世界广告协会合作，如世界广告主协会、欧洲通信公司联盟、欧洲报刊协会、欧洲商业电视联盟、欧洲广播协会等，把广告行业自律的观念、准则渗透到广告客户、广告公司、媒体中去。

在 EASA 内部，董事会主席由选举产生，一般任期两年。EASA 还设有法定官员：两名副主席，财务主管一人，秘书长一人。选举任命主席和官员，都特别注意上下两届主席之间、上下两届官员之间、同一届主席和官员之间、官员和官员之间的国别不同，分别所属不同的广告行业自律组织和广告协会。

（四）国际发行量稽核局联合会

报刊发行量是广告客户根据经过稽核认证的报刊发行量的真实数据和资料来实施刊登广告的依据，是确保广告市场公平竞争的基本条件。

目前，国际上通行的报刊发行量认证制度是 ABC 制度和 BPA 制度。两种制度都起源于美国，是非营利组织，是国际上公认的报刊发行量认证机构。20世纪20年代以后，类似的发行量核查组织，在法国、德国、英国、澳大利亚等国相继成立。ABC也成了报刊发行量核查制度的代名词。

二战后,为了统一各国的核查标准与核查报告形式,使世界各国能够达到分享ABC数据和资讯的目的,1963年,国际发行量稽核局联合会(International Federation of Audit Bureaus of Circulations,简称IFABC)宣告成立。这标志着发行量认证制度在国际范围内得到认可。目前世界上已有29个国家和地区的32个组织成为其成员,美国的ABC发行量认证署和BPA国际媒体认证公司均已成为IFABC组织的成员。

ABC和BPA都是非营利组织。日常开支由会员缴纳的会费承担。董事会是组织的最高权力机关,由会员大会制定通过一部章程作为日常工作运行的基础。凡接受该组织章程的报刊社、广告主和广告公司均可申请加入,成为会员。

ABC和BPA两种认证体系的认证机构定期向全体会员公布经过精确核查过的报刊发行量,并对接受认证的媒体进行长期的连续跟踪,提供连续3—5年的发行数据和发行趋势分析报告。广告主和广告代理公司据此掌握所投放广告的受众质量,实时评估广告价值和全程监测广告传播效果,并作出更好的广告投放决策。如果某些报刊被发现声称的发行量高出核查后的正式发行量的15%,就会被认证组织在报告书上予以标明并受到一定处罚。

二、世界广告奖项

(一) 戛纳广告奖

戛纳广告奖(Cannes Lions Advertising Campaign)源于戛纳电影节。1954年,由电影广告媒体代理商发起组织了戛纳广告奖,希望电影广告能同电影一样受到世人的认同和关注。此后,戛纳和威尼斯开始轮流举办此项大赛,戛纳在1977年正式成为永久举办地。1992年,组委会又增加了报刊、招贴与平面的竞赛项目,这使得戛纳广告奖成为真正意义上的综合国际大奖。

戛纳广告奖于每年6月下旬举行,其间,各国广告代表来访。广告客户、制作公司、策略部门、创意团队在此开设一系列的交流会,研讨专业,商洽业务。

戛纳广告对参赛作品规定如下:①参赛对象可以包括全球与广告和媒介相关的各种机构;②直邮广告作品和促销材料不得参赛;③作品参赛必须事先征得广告主的同意;④作品必须按照客户的付款合同创意制作,不得自行设计构想;⑤所有作品必须在上一年度3月至截稿日期间被公开发表过;

⑥曾参加过该广告节的作品不得再次参赛；⑦凡是侵犯民族宗教和信仰及公众品位的广告不得参赛。

与戛纳电影奖同名的金棕榈奖是戛纳广告奖专为影视广告制作公司设立的大奖。获奖标准是根据各家制作公司作品在大赛（影视广告）项目上的表现来判定的,大奖得10分,金狮奖得7分,银狮奖得5分,铜狮奖得3分,入选作品得1分。

1993年,组委会还设立了年度最佳表现广告公司奖,颁给同时参加平面与影视广告并获得总积分最高分者。大奖10分,金狮奖7分,银狮奖5分,铜狮奖3分,入围1分。

（二）纽约广告奖

纽约广告奖(The New York Festivals,简称NYF)始创于1957年,当时这个全球竞争性的奖项主要是为非广播电视媒介的广告佳作而设。在此后的20年间,这项大奖在全美的工业界与教育界取得了非凡的声誉。组委会在20世纪70年代增添了电视、电影广告、电视节目和促销等诸多项目。国际广播广告、节目和促销竞赛项目开始于1982年;印刷广告、设计、摄影图片、图像项目开始于1984年;为了适应技术和科技的发展,全球互联网络奖项亦于1992年正式设立;1995年又添设了广告市场效果奖,以嘉勉那些创意精良且市场销售突出的广告活动。

NYF大赛的评委被评为最好的工作组,他们力求没有文化和地域歧视,评选出最优秀的作品。进入决赛的选手都会获得一份决赛证书,从中再进一步决出金、银、铜奖,金奖的获得者还将参加纽约大奖奖金的角逐。获奖者的作品将刊载在《广告时代》等权威杂志上,并在互联网上让全球的创意爱好者分享这些佳作。所有进入决赛的作品都将被收入当年广告年鉴出版发行。

1990年,纽约广告节专门为联合国公共信息部门设立了联合国大奖,授予那些把联合国的宗旨及种种设想诠释得最为出色的公益广告作品。

自2011年开始,纽约国际广告奖增设了由20多家国际广告集团的全球创意总监们组成的纽约广告奖执行评审团,每年的4月28—30日在纽约对进入第二轮评选的作品进行终审（初审由来自全球60个国家、400多位各国当红的创意总监组成的国际评审团组成在网络评出）,评选出全场大奖、金奖、银奖、铜奖及入围奖。

为了嘉奖"未来的广告创意大师"而设立的纽约广告节国际学生奖设立于2007年,自2013年起,所有学生奖的参赛作品将直接由20多家国际广告集团的全球创意总监们组成的纽约广告奖执行评审团在纽约评出金、银、铜奖和入围奖。

(三) 克里奥广告奖

克里奥广告奖(CLIO Awards)创立于1959年,迄今已有50年的历史,是世界上历史最悠久、规模最大的世界性广告大奖之一,汇集了来自全球各地的广告公司和专业制作工作室提交的一流创意作品。克里奥广告奖评委会由在本领域内享有盛名的国际专家组成。评委们独立地评选出最佳获奖作品。

在古希腊神话中,克里奥又称为"缪斯",是掌管文艺、音乐等的女神。克里奥广告奖50年的辉煌历史验证了世人对缪斯女神的推崇和向往,同时也充分反映了克里奥广告奖勇于探索、推陈出新、推动世界广告发展的精神和使命,这点正好与克里奥女神的天职不谋而合,故以此来命名克里奥广告奖。

克里奥广告奖的奖项设置如下:

① 经典荣誉杯奖。参赛的作品首先必须是影视广告,其次是已经发布了五年以上,最后还要求已取得过一次国际性金奖。

② 单项影视广告奖。要求片长不得超出180秒,Betucam、U-matic、录像带,均可报名。

③ 单项平面广告奖。其中包含报纸、印刷、招贴与户外等项,参赛时作品需经过装裱,并提供35 mm菲林片及媒介发布使用的证明资料。

④ 单项广播广告。录音带总长不超过180秒。

⑤ 系列广告奖。为同一品牌广告、同一诉求点所做的系列作品,在影视、平面、广播任一媒介上发布过,3幅以上。

⑥ 整合媒介运动奖。在两种以上的媒介发布了3—6种的系列作品。

⑦ 包装设计。

⑧ 全球互联网网址设计。这个项目作为一种高新科技媒体而受到鼓励。基于其概念、吸引力、冲击力等要素来评判其创意与执行力。

来自全球各地的30位执行评委在一周内对所有作品作出评判。第一轮的幸存者被列为"入围",第二轮的评选决出铜奖,第三轮决出银奖,第四轮决出金奖,直至第五轮决出克里奥大奖。报名作品的公司名称将对评委保密,为确保评选的公正、民主和无政治偏见,故规定评委不能评审本国的作品,对广告文化背景不了解,评委也不得投票,参赛作品的成绩由参与该作品评审的评委投票决定。包装设计和技术类别奖由那些在该项领域中享有盛誉的专家来评选。例如导演评选执导,剪辑师评选剪辑,设计家评选包装设计。

金、银、铜奖获奖通知书在颁奖典礼前2—3周寄出。所有金奖、银奖的获得者都将应邀出席在纽约举行的克里奥颁奖典礼。

克里奥广告奖组委会本着公正、民主和非政治性原则对评委们的评判工作不作任何指导。克里奥广告奖最大特点就是看重原创,依此准则择优而录。评委们首先评选出最佳候选作品,然后从这些进入决赛圈的精品中抉择出金、银和铜奖作品。有时,评委们还会给旷世杰作颁发克里奥大奖。每年5月,克里奥广告奖颁奖典礼在世界商业和金融中心,也是号称世界广告之都的美国纽约市举行。这一盛会是对当今世界广告作品的一次总巡视和检阅,也给人们提供了观摩世界最优秀广告作品的机会。克里奥广告奖素有"广告界的奥斯卡"之称。在广告大会上,来自世界各国的广告精英欢聚一堂,聆听各类广告创意讲座,欣赏丰富多彩的广告作品,参观艺廊及各种丰富多彩的会间活动,角逐奖项,盛况空前。通过交流,激发出更新颖的创意灵感,提高广告制作的水准,创作出更多、更有时代节奏感的旷世广告作品。

(四) 艾菲奖

艾菲奖(Effice Awards)创立于1968年,是纽约美国营销协会为表彰每年度达到营销目标并获得优异成绩的广告主、广告公司所设置的特别广告奖项,它与戛纳广告奖、克里奥广告奖、纽约广告奖等国际奖项的区别在于,它更关注广告带来的实际效果,是以广告的实际效果作为评审标准的唯一奖项。在艾菲奖的评选中,参赛作品必须阐述清楚营销目标,并提供达到或者超过这个目标的实践证明,评选过程以达到目标的客观证据为基础。

艾菲奖重点关注整个广告运动从规划到执行并取得效果的广告策划案,考核的内容包括市场综述、广告运作目标、目标对象、创意策略、其他交流传播、媒介策略、媒体种类与媒体支出、效果证明等方面;全面考核广告主与广告代理公司的策划、执行、控制能力,体现了企业经营的实效性。艾菲奖是营销广告界最重要的奖项,把荣誉颁发给那些市场成绩最杰出的广告运动,是广告主们最希望自己的代理公司赢得的奖项。

自1968年创立以来,艾菲奖已经在全世界包括美国、法国、德国、俄罗斯、波兰、墨西哥等成员国在内的30个国家和地区设立,成为目前世界上唯一一项以广告效果为主要评审依据的权威广告奖项。因此,艾菲奖不仅是对广告效果的评估,而且还是对广告代理策划公司以及广告主广告策划实施能力水平的一次严格检验。

艾菲奖对广告主的重要意义在于:有利于广告主掌握实效广告投放的知识和标准;有助于广告主学习实效广告案例的成功经验;可以让广告主接

触和了解有水平、有实力、能给品牌带来实际效益的广告公司及媒体,以便开展有效的合作;有助于广告主把握与世界同步的机会,朝国际化的方向发展;可以使广告主学习安排综合性实效广告的投放与监督。

艾菲奖对广告代理公司的重要意义在于:可以使广告代理公司借此机会掌握为企业服务、投放实效广告的方法和知识,提高全面代理广告的能力;有利于广告代理公司在每年的广告竞标中胜人一筹,向广告主展示自身实力;有利于广告代理公司在行业内树立企业形象,确立竞争优势;有利于广告代理公司掌握本行业评定公司业务水平的统一标准;有利于广告代理公司与其所服务的广告主建立更密切、更稳定的长期合作关系。

(五) 莫比广告奖

莫比广告奖(The Mobius Advertising Awards)创建于1971年,是全球五项最重要的广告大奖之一。其总部设在美国芝加哥。莫比奖的参赛者来自世界各国,每一届都有几十个国家的数千件作品参加,其中既有全球知名的跨国广告公司,也有一些地区性小型广告代理商。每年10月1日,参赛作品汇集芝加哥,12月中旬评选工作结束,第二年2月举行全球瞩目的盛大颁奖仪式。随后,获奖作品在世界各地巡展,供业界观摩。

莫比广告奖的创始人是美国著名营销专家J. W. 安德森,早年毕业于美国马里兰州大学。他拥有广泛而丰富的工作经历,从事过的行业包括销售、促销、广告、公共关系,涉及消费品及工业产品两大部分。他曾服务过数家国际著名公司。安德森是美国展览公司(Show America Inc)董事长兼首席执行官,还是法国比亚里茨(Biarritz)国际电影节和多媒体市场评委之一。在2000年4月的中国之行中,安德森对中国广告人讲了如下的话:目前,世界上大多数广告做得还很差。它们的确具有冲击力,但这不是主旨所在。广告公司和广告主渴望广告得到注意,但是却忘了应该告诉消费者些什么。你虽然看到了巨幅、整版的报纸、杂志广告,或是15—30秒的电视广告的密集"轰炸",你还是不禁会说:"它们到底在说什么?"对于中国广告,安德森这样认为:"正如大家所看到的,尽管存在着语言和文化上的差异,中国的广告作品完全具备竞争的能力,而且已经获得了莫比广告奖。"

莫比广告奖设金奖和杰出创意证书两个奖项。广告奖不同于体育比赛,它的目的不是评出谁是第一,而是鼓励好的作品。广告不同于艺术作品,对它的评估要考虑经济、市场等各方面的因素。莫比奖的评审尽可能多地考虑了这些客观因素,它对作品的分类非常细致,每个类别都设有金奖和第二名(杰出创意证书)。莫比奖认为,对广告作品的评价要基于作品自身水平和同类作品的对比,这如同在市场竞争中的真实情况一样,同时也为参赛者提供更为公平的获奖机会。莫比奖为每一类别的第一名颁发金奖,为第二名颁发杰出创意证书。一座金光闪闪的莫比奖杯意味着值得骄傲的杰出成就。它象征着创意无限,传播无限,以及永无止境的思想与信息的交流。这就是莫比奖用莫比环作为奖杯造型的真正含义。

(六)One Show 国际创意奖

One Show 国际创意奖是全球最负盛名的国际广告创意奖项之一,其标志性的金铅笔已成为全球创意人追求的至高荣誉,每年有上千家广告代理公司、公益项目及商业品牌广告商参与评选。The One Club for Creativity 于每年5月的第二个星期在纽约举行 One Show 国际创意节,这是全世界最著名的广告创意奖项之一,也是北美地区规模最大的创意奖项和系列活动。

One Show 奖由纽约艺术指导俱乐部与文案俱乐部在1974年联合设立。One Show 名称的意义源于柯南道尔在其领导的创意革命中提出的艺术指导与文案一体化的概念。1977年,One Club 正式成立,并独立主办 One Show 大奖。

One Club 向广告界宣称,将把创意作为一个广告作品是否有机会赢取 One Show "金铅笔"的主要标准。这种新颖的主张使 One Show 迅速从纽约最佳广告奖一跃成为全美乃至全球最佳广告奖项。随着 One Show 声誉日长,它涉及的领域也日益扩大。1994年,One Show 创立了教育部门,并设立年度最佳学生作品展,体现了 One Show 着眼于未来的做法,也使 One Show 成为世界权威级广告大奖中唯一注重学院风格的奖项。也正是基于这种远见,各种互动类作品早在1996年就出现在 One Show 中,这些门类的作品迅速受到重视,并成为独立的广告奖项。1998年,One Show 互动奖被《广告时代》命名为世界最佳互动广告奖。

在2001年,One Show 来到中国,开始与中国广告界共同举办年度广告论坛、峰会等。到了2005年,One Show 中国办公室正式成立,它在中国迎来了全面发展的新时期。One Club 在中国推出了专门为华语广告设计青年人才设置的"One Show 中国青年创意竞赛和创意营活动",以及配合竞赛同期举办的 Dr. Idea 大师进校园巡讲,One Show 全球作品展览等[①]。

[①]《中国青年创意竞赛》,2021年9月15日,挂云帆网,https://www.guayunfan.com/baike/834138.html,最后浏览日期:2022年9月12日。

思考与练习
1. 简述美国的广告管理状况。
2. 日本的广告教育有什么特点?
3. 你知道的广告奖项有哪些?

参考文献

1. 杨海军.中外广告史[M].武汉:武汉大学出版社,2006.
2. 杨海军.中国古代商业广告史[M].开封:河南大学出版社,2005.
3. 杨海军.现代广告学[M].开封:河南大学出版社,2007.
4. 杨海军,王成文.世界商业广告史[M].开封:河南大学出版社,2006.
5. 黄艳秋,杨栋杰.中国当代商业广告史[M].开封:河南大学出版社,2006.
6. 苏士梅.中国近现代商业广告史[M].开封:河南大学出版社,2006.
7. 陈培爱.中外广告史——站在当代视角的全面回顾[M].2版.北京:中国物价出版社,2002.
8. 刘家林.新编中外广告通史[M].2版.广州:暨南大学出版社,2004.
9. 吴慧.中国古代商业[M].增订版.北京:商务印书馆,1998.
10. 周月亮.中国古代文化传播史[M].北京:北京广播学院出版社,2000.
11. 余虹,邓正强.中国当代广告史[M].长沙:湖南科学技术出版社,2000.
12. 王桧林.中国现代史[M].北京:北京师范大学出版社,2009.
13. 许俊基.中国广告史[M].北京:中国传媒大学出版社,2005.
14. 如来生.中国广告事业史[M].上海:上海新文化社,1948.
15. 田彧.中国古代广告概述[M].福州:海潮摄影艺术出版社,1991.
16. 张则忠.古今中外广告集趣[M].北京:中国经济出版社,1991.
17. 唐忠朴.中国电视广告十年(1984—1994)[M].乌鲁木齐:新疆美术摄影出版社,1995.
18. 益斌.老上海广告[M].上海:上海画报出版社,1995.
19. 樊志育.世界广告史话[M].北京:中国友谊出版社,1998.
20. 现代广告杂志社.中国广告业20年统计资料汇编[M].北京:中国统计出版社,2000.
21. 周伟.工商侧影——一个世纪的广告经典[M].北京:光明日报出版社,2003.
22. 寇非.广告·中国(1979—2003)[M].北京:中国工商出版社,2003.
23. 黄勇.中外广告简史[M].成都:四川大学出版社,2003.
24. 卢泰宏,李世丁,陈俊勇,等.广告创意100[M].广州:广州出版社,1995.
25. 方汉奇.中国新闻事业通史(1—3卷)[M].北京:中国人民大学出版社,1992—1999.

26. 高德步,王珏.世界经济史[M].北京:中国人民大学出版社,2001.
27. 文春英.外国广告发展史[M].北京:中国传媒大学出版社,2005.
28. 中央编译局.马克思恩格斯全集[M].北京:人民出版社,1995.
29. 白光.中外早期广告珍藏与评析[M].北京:中国广播电视出版社,2003.
30. 郑超然,程曼丽,王泰玄.外国新闻传播史[M].北京:中国人民大学出版社,2000.
31. 孙顺华,查灿长,刘悦坦,等.中外广告史[M].济南:山东大学出版社,2005.
32. 郭镇之.中外广播电视史[M].上海:复旦大学出版社,2005.
33. 张金海.20世纪广告传播理论研究[M].武汉:武汉大学出版社,2002.
34. 周茂君.广告管理学[M].武汉:武汉大学出版社,2012.
35. [美]大卫·奥格威.一个广告人的自白[M].林桦,译.北京:中国友谊出版公司,1991.
36. [日]仁科贞文.广告心理[M].李兆田,任艺,译.北京:中国友谊出版公司,1991.
37. [美]吉·苏尔马尼克.广告媒体研究[M].刘毅志,译.北京:中国友谊出版公司,1991.
38. [美]艾·里斯,杰·特劳特.广告攻心战略——品牌定位[M].刘毅志,译.北京:中国友谊出版公司,1991.
39. [美]唐·E.舒尔茨,史丹立·田纳本,罗伯特·劳特朋.整合行销传播[M].吴怡国,钱大慧,林建宏,译.北京:中国物价出版社,2002.
40. [美]罗杰·菲德勒.媒介形态变化认识新媒介[M].明安香,译.北京:华夏出版社,2000.
41. 陈刚,等.新媒体与广告[M].北京:中国轻工业出版社,2002.
42. 丁柏铨,等.加入WTO与中国新闻传播业[M].北京:社会科学文献出版社,2005.
43. 黄升民,丁俊杰.媒介经营与产业化研究[M].北京:北京广播学院出版社,1997.
44. 阳翼,万木春.港澳台广告:行业解读与案例赏析[M].广州:暨南大学出版社,2007.
45. [美]托马斯·C.奥吉恩,克里斯·T.艾伦,理查德·J.塞梅尼克.《广告学:从IMC的视点重新审视现代广告活动》[M].程坪,张树庭,译.北京:机械工业出版社,2002.
46. 韩光军.现代广告学[M].北京:北京经济学院出版社,1996.
47. 王纯菲,宋玉书.广告美学——广告与审美的理性把握[M].长沙:中南大学出版社,2005.
48. [美]威廉·阿伦斯.当代广告学[M].丁俊杰,等译.北京:人民邮电出版社,2005.
49. 黄升民,段晶晶.广告策划[M].北京:中国传媒大学出版社,2006.
50. 饶德江.广告策划与创意[M].武汉:武汉大学出版社,2003.
51. 魏炬.世界广告巨擘[M].北京:中国人民大学出版社,2006.
52. 迟双明.广告——广告文案创作50法和精彩实例[M].北京:中国国际广播出版社,2004.
53. 傅汉章,邝铁军.广告学[M].广州:广东高等教育出版社,1985.
54. 唐忠朴,贾宜宾,杨作魁,等.实用广告学[M].北京:工商出版社,1981.
55. 杨荣刚,潘大钧,李安民,等.现代广告全书[M].沈阳:辽宁人民出版社,1994.

56. 马建青.现代广告心理学[M].杭州:浙江大学出版社,1997.
57. 高萍.广告媒介:寻求传递广告讯息的最佳通道[M].长沙:中南大学出版社,2005.
58. 王晓,付平.欲望花窗:当代中国广告透视[M].北京:中央编译出版社,2004.
59. 苏炜.广告学概要[M].北京:中国经济出版社,2003.
60. 余明阳,朱纪达,肖俊崧.品牌传播学[M].上海:上海交通大学出版社,2005.
61. 韩光军.打造名牌:卓越品牌的培育与提升[M].北京:首都经济贸易大学出版社,2001.
62. 巨天中.品牌战略[M].北京:中国经济出版社,2004.
63. 李光斗.卓越品牌七项修炼[M].杭州:浙江人民出版社,2003.
64. 陈放.品牌学:中国品牌实战原理[M].北京:时事出版社,2002.
65. 张继焦,帅建淮.成功的品牌管理[M].北京:中国物价出版社,2002.
66. 由国庆.老广告里的岁月往事[M].上海:上海远东出版社,2010.
67. 杨海军.中外广告通史[M].北京:高等教育出版社,2012.
68. 王凤翔.广告主对大众媒体的影响与控制——基于广告话语权视角[M].北京:社会科学文献出版社,2013.
69. 冯捷蕴.广告话语与中国社会的变迁[M].英文版.北京:对外经济贸易大学出版社,2014.
70. 刘林清,和群坡.公益广告学概论[M].北京:中国传媒大学出版社,2014.
71. 陈刚,沈虹,马澈,等.创意传播管理[M].北京:机械工业出版社,2014.
72. 范用.爱看书的广告[M].2版.北京:生活·读书·新知三联书店,2015.
73. 龚建培.摩登佳丽——月份牌与海派文化[M].上海:上海人民美术出版社,2015.
74. 阳翼.数字营销[M].2版.北京:中国人民大学出版社,2019.
75. 刘鹏,王超.计算广告:互联网商业变现的市场与技术[M].2版.北京:人民邮电出版社,2019.
76. 刘庆振,赵磊.计算广告学:智能媒体时代的广告研究新思维[M].北京:人民日报出版社,2017.
77. 罗弈.《东方杂志》广告研究[M].厦门:厦门大学出版社,2016.
78. 张向南.新媒体运营实战技能[M].2版.北京:人民邮电出版社,2019.
79. 杨海军.上海近代广告史研究[M].西安:世界图书出版公司,2019.
80. 明学海.信息流广告实战[M].北京:清华大学出版社,2020.
81. 杨海军.广告舆论传播研究——基于广告传播及舆论导向双重视角研究[M].北京:中国社会科学出版社,2020.
82. 杨海军.新媒体广告教程[M].上海:复旦大学出版社,2021.

后　记

本书以《中外广告史新编》为基础进行修订,编写大纲由杨海军拟定,初稿由杨海军和以下人员共同撰写,定稿由杨海军通审。以下人员参加了本书的资料收集和部分章节内容的撰写,具体分工如下:第二、三章:阴雅婷;第六、七章:苏利超;第八、九、十章:程广周、金鑫鑫、宋晌晌;第十四、十五、十六章:张睿、韩逸美。王成文为本书资料的收集、整理做了大量的具体工作。

复旦大学出版社章永宏编辑和刘畅编辑为本书出版花费大量心血,一并致谢。

杨海军

2022 年 8 月

图书在版编目(CIP)数据

中外广告史教程/杨海军等著. —2版. —上海：复旦大学出版社，2022.11(2023.7重印)
新闻与传播学系列教材：新世纪版
ISBN 978-7-309-16239-4

Ⅰ.①中… Ⅱ.①杨… Ⅲ.①广告-历史-世界-高等学校-教材 Ⅳ.①F713.8-091

中国版本图书馆 CIP 数据核字(2022)第 186909 号

中外广告史教程(第二版)
ZHONGWAI GUANGGAOSHI JIAOCHENG(DI-ER BAN)
杨海军 等 著
责任编辑/刘 畅

复旦大学出版社有限公司出版发行
上海市国权路 579 号 邮编：200433
网址：fupnet@fudanpress.com http://www.fudanpress.com
门市零售：86-21-65102580 团体订购：86-21-65104505
出版部电话：86-21-65642845
上海新艺印刷有限公司

开本 787×960 1/16 印张 29.75 字数 471 千
2022 年 11 月第 2 版
2023 年 7 月第 2 版第 2 次印刷

ISBN 978-7-309-16239-4/F·2916
定价：68.00 元

如有印装质量问题，请向复旦大学出版社有限公司出版部调换。
版权所有 侵权必究